KB230918

나말려초

선종정책

연구

나말려초 선종정책 연구

최인표 지음

나말려초 선종에 대한 연구들이 대체로 선종은 왕실과 교종에 대해서 부정적인 입장을 나타내는 것으로 파악하여 지방에서 새롭게 등장하는 호족 및 민과 연결되는 것으로 이해하는 경향이 있었다. 이것은 선종의 도입 당사자들이 대체로 6두품 이하 신분이었고, 또 낙향한 진골귀족 출신과 민 출신이었다는 것이 주된 근거였다.

한국학술정보(주)

책 머리에

나말려초 선종에 대해 관심을 가지고 연구하기 시작한 것은 박사 과정을 시작하면서부터였다. 난해하기 이를 데 없는 선승들의 비문을 이해할 한문에 대한 지식, 또 교학에 대한 기본적인 지식이 필요한 이 분야에 관심을 가지고 접근할 수 있었던 것은 비문에 대한 주석서가 있었기 때문이다.

나말려초의 선종에 대한 연구들은 선종과 호족 및 민을 연관시켜 이해하는 것이 일반적이었다. 따라서 선종과 정권 담당자들과의 관계들에 대해서는 거의 관심을 두지 않는 상태였다. 그러나 비문을 읽으면서 선승과 정권 담당자들이 상호 부정하지 않고 있다는 느낌을 받았다. 이 느낌이 지금까지 선종과 정권 담당자의 상호관계에 매달리게 된 계기였다.

종교는 신자와 성직자, 교리의 상호관계에 놓여 있다. 신자들은 성직자들의 교리해석과 사회 및 정치적 성향에 강한 영향을 받으며, 성직자들은 신자들의 사회, 정치적 욕구에 영향을 받는다. 성직자들이 신자들의 욕구를 무시했을 때 신자들은 성직자를 더 이상 신뢰하지 않게 된다. 이 경우 종교는 더 이상 존속할 수 없다. 신자 없는 종교는 존재가치가 없기 때문이다.

선종도 이런 관계에서 자유로울 수 없다. 선종의 신자들로는 민, 호족 등도 있었지만 왕실을 포함하는 집권자도 있었다. 특히 승려들은 혼인을 하지 않기 때문에 성직자로서의 승려를 세속에서 공급받아야 하고, 또한 교단을 유지하고 이끌어갈 경제적인 공급도 필요했다. 선종사원의 경제적 기반이 어디에서 유래한 것인지는 논의의 여지가 있으나, 고위 집권층의 후원을 무시할 수는 없었다.

한편 신라왕실과 고려 건국 세력의 입장에서 생각해 보면 당시의 권력은 매우 불안정한 상태에 있거나, 부정되었으며, 여러 가지 지배질서들은 정당성을 의심받는 경우도 있었다. 그러므로 집권자들은 승려들이 단월들에게 불안정한 권력과 지배질서에 정당성을 부여하고 지지하는 발언을 하거나, 침묵을 기대하며 적어도 현재의 권력과 지배질서를 부정하지 않을 것을 바랄 것이다. 여기서 집권자들은 선승과 선종사원에 대한 여러 가지 정책적 수단들을 강구하게 되는 것이다.

이 정책적 수단이 무엇인가 하는 의문이 늘 머릿속에 맴돌았다. 그러나 선승들의 탑비가 대부분 집권자들에 의하여 건립되었고, 또한 신라 및 고려와 관련되었던 선승들의 비문만 현존하며, 비문 내용의 대부분은 집권층과 교류나, 수행과정을 나열하는 것이어서 자료상의 한계를 느끼지 않을 수 없었다. 이런 한계를 무릅쓰고 지금까지의 연구결과를 정리하여 내어 놓게 되었다.

이 연구결과를 내기까지에는 여러 분들의 도움이 있었다. 우선 대구대학교 이명식 선생님께서는 학부와 석사과정 지도교수로 연구의 방향과 학위논문들을 꼼꼼하게 읽으시면서 연구의 방향과 내용을 조언하여 주셨으며, 이후에도 늘 곁에서 지켜보아 주셨다. 이문수 선생님은 근·현대사에 대한 시각을 넓혀주셨고, 고인이 되신 허창일 선생님께서는 종교사회학에 주의할 것을 늘 당부하셨는데 이 연구에 많이 반영되었다. 대구 가톨릭대학교 대학원에서는 최광식 선생님께서 지도교수로서 사상사에 대한 시야를 넓혀 주셨으나, 고려대학교로 옮기시면서 끝까지 함께하지는 못하였다. 그리고 노영택 선생님은 정년을 앞두시고서도 필자의 박사학위 논문을 읽어주시고 조언을 하여 주셨으며, 박주 선생님, 최상천 선생님, 송춘영 선생님께서는 논문심사 과정에서 조언을 아끼지 않으셨다. 또한 필자가 연구하는 과정을 지켜봐 주신 부모님과 힘든 과정을 함께 하면서도 격려해준 아내에게 감사의 마음을 전하며, 이 책을 만드느라 애쓴 출판사 관계자 여러분에게도 감사드린다.

2007년 7월
저자

제4장 高麗 初 王權과 禪宗 / 213

제5장 結 論 / 315

제1장

序論

　나말려초 선종사에 대한 기초 정리는 이능화·忽滑谷快天·권상로 등에 의하여 이루어졌다. 이능화의 연구는 자료 정리단계에 머물렀고,[1] 忽滑谷快天의 연구도 극히 개괄적으로 다루었다.[2] 권상로는 나말여초의 선종을 9산 선문으로 소개하였다.[3] 이후 김영수,[4] 김동화[5] 등의 연구가 있었다. 이 연구들은 우리나라 선종사 연구의 방향을 제시하고 자료를 제공하였다는 점에서 의의가 크나 사회적인 상황과 관련시켜 역사적인 성격을 구명하는 데는 많은 한계가 있다.

　나말여초 선종을 사회와 관련시킨 연구는 1970년대에 이르러서야 본격적으로 이루어지며, 다양한 방면에서 성과들이 제시되고 있다. 이들 성과를 정리해 보겠다. 먼저 신라 말에 선종이 유행하게 된 배경에 대해서는 선종의 혁신적이고 민중적인 성격이 신라사회의 모순을 해결하고자 하였기 때문인 것으로 파악하고, 왕실과 기존의 귀족보다는 새롭게 일어나고 있던 호족, 6두품 이하 불만세력과 연계되는 것으로

1) 李能和, 『朝鮮佛敎通史』下, 慶熙出版社本, 1968.
2) 忽滑谷快天, 『朝鮮禪敎史』, 春秋社, 1930, 정호경 역, 1978, 보련각.
3) 權相老, 「朝鮮의 禪宗은 어떠한 歷史를 갖었는가」, 『仙苑』1·2, 1931·1932.
4) 金煐遂, 「曹溪禪宗에 就하야」, 『震檀學報』9, 1938.
5) 金東華, 『三國時代의 佛敎思想』, 民族文化社, 1987.

보았다.[6] 그러나 선종이 비록 교종에 대하여 비판적인 시각을 가지고 있었다 하더라도 왕실과 진골귀족의 존재를 인정하고 일정 부분 후원을 받고 있었다 하거나,[7] 진성여왕 이전에는 왕실과 일정한 관계를

---

6) 崔柄憲,「新羅下代 禪宗九山派의 成立 —崔致遠의 四山碑銘을 中心으로—」,『韓國佛教禪門의 形成史研究』, 民族社, 1989.
　　崔柄憲,「羅末麗初 禪宗의 社會的 性格」,『韓國佛教禪門의 形成史研究』, 民族社, 1989.
　　崔柄憲,「道詵의 生涯와 羅末麗初의 風水地理說 —禪宗과 風水地理說의 關係를 中心으로 하여—」,『韓國史研究』11, 1975.
　　崔柄憲,「新羅末 金海地方의 豪族勢力과 禪宗」,『韓國史論』4, 1978.
　　高翊晉,「新羅下代의 禪傳來」,『韓國佛教禪門의 形成史研究』, 民族社, 1989.
　　金杜珍,「朗慧와 그의 禪思想」,『韓國佛教禪門의 形成史研究』, 民族社, 1989.
　　金杜珍,「新羅下代 崛山門의 形成과 그 思想」,『省谷論叢』17, 1986.
　　金杜珍,「新羅下代 禪師들의 中央王室 및 地方豪族과의 關係」,『韓國學論叢』20, 1997.
　　金杜珍,「新羅下代 禪宗 思想의 成立과 그 變化」,『全南史學』11, 1997.
　　金杜珍,「新羅下代 禪宗山門의 社會經濟的 基盤」,『韓國學論叢』21, 1999.
　　朴貞柱,「新羅末 高麗 初 師子山門과 政治勢力」,『震檀學報』77, 1994.
7) 曺凡煥,「新羅末 鳳林山門과 新羅王室」,『震檀學報』78, 1994.
　　曺凡煥,「朗慧無染과 聖住山門」, (서강대학교박사학위논문), 1997.
　　曺凡煥,「朗慧無染과 聖住寺 創建」,『韓國古代史研究』14, 1998.
　　曺凡煥,「新羅末 聖住山門과 新羅王室 —朗慧無染과 新羅王室과의 관계를 중심으로—」,『國史館論叢』82, 1998.
　　秋萬鎬,「羅末 禪師들과 社會諸勢力과의 關係」,『史叢』30, 1986.
　　秋萬鎬,『나말려초 선종사상사 연구』, 이론과실천, 1992.
　　秋萬鎬,「나말려초 새김돌(탑비)건립에 보이는 사찰장인」,『新羅文化祭學術發表會論文集』13, 1992.
　　秋萬鎬,「신라말 사상계의 동향」,『新羅末 高麗初의 政治·社會變動』, 신서원, 1994.
　　李啓杓,「新羅下代의 迦智山門」,『全南史學』7, 1993.
　　韓基汶,「高麗太祖의 佛教政策 —創建寺院을 中心으로—」,『高麗初期佛教史論』, 民族社, 1989.
　　崔仁杓,「新羅末 禪宗政策에 대한 一考察」,『韓國傳統文化研究』9, 1994.
　　崔仁杓,「朗慧無染의 現實認識과 指向社會」,『大丘史學』51, 1996.

유지하나 이후로는 호족과 관계가 밀접해지는 것으로 이해하기도 하
였다.8)

신라 말 불교 행정제도에 대한 연구는 거의 이루어지지 못하고
있는데 출가의 연령과 力役의 관계, 受戒 및 선종사원의 자치조직
이라 할 삼강전, 승관조직으로서의 정법전에 대한 연구 등이 있다.9)

선승 개인의 사상에 대한 연구는 김두진의 것이 거의 유일한 것
이라 할 수 있다. 김두진은 무염의 무설토론,10) 동리산문·굴산문의
사상을 분석하여 선종사상이 호족의 존립을 뒷받침하는 것으로 이해
하여 선종과 호족의 관계를 다시 강조하였다.11) 그러나 최인표와 조

崔仁杓, 「羅末麗初 師子山門의 動向」, 『韓國傳統文化研究』11, 1996.

崔仁杓, 「新羅末 高麗初 禪宗佛敎統制 －行政的인 規制를 中心으로－」, 『加
  羅文化』13, 1996.

崔仁杓, 「新羅下代 禪宗敎團의 動向과 王室의 對應」, 『新羅文化』27, 2006.

李喜寬, 「聖住寺와 金陽 －聖住寺의 經濟的 基盤에 대한 一檢討－」, 『성주사
  와낭혜』, 서경문화사, 2001.

이경복, 「新羅末·高麗初 大安寺의 田莊과 그 經營」, 『梨花史學』30, 2003.

韓基汶, 「新羅末 禪宗寺院의 構造」, 『韓國禪學』2, 2001.

8) 金杜珍, 앞의 논문, 「朗慧와 그의 禪思想」, 1989.

  金杜珍, 「羅末麗初 桐裏山門의 成立과 그 思想－風水地理思想에 대한 再檢
    討－」, 『東方學志』57, 1988.

  추만호, 앞의 책, 1992.

9) 許興植, 「新羅佛敎界의 組織과 行政制度」, 『新羅文化祭學術發表會論文集』8,
    1987.

  李弘稙, 「新羅僧官制와 佛敎政策의 諸問題」, 『白性郁博士頌壽紀念佛敎學論文
    集』, 1959.

  金在應, 「新羅末·高麗初 禪宗寺院의 三綱典」, 『震檀學報』77, 1994.

  洪再善, 「金石文에 보이는 新羅僧官」, 『素軒南都永博士華甲記念史學論叢』,
    太學社, 1984.

  郭丞勳, 「元聖王의 正法典 整備와 그 意義」, 『統一新羅時代의 政治活動과 佛
    敎』, 國學資料院, 2002.

10) 無舌土論에 대해서는 그 자체가 무염이 생존하던 시기에 존재한 것이 아니
    라는 견해가 있다.(추만호, 앞의 책, 1992, pp.168~182.)

범환은 무염이 교종과 선종의 공존을 강조하였으며, 유교적인 정치
이념을 사회개혁에 원용하려 하였던 것으로 이해하여, 호족보다는
왕실 및 진골귀족과의 관련성을 강조하였다.12)

　고려 초의 선종사 연구는 태조의 통일정책 및 이후 국가체제 정
비와 관련하여 설명하고 있다. 후삼국시대 대부분의 선승들은 신라
왕실과 관계를 단절하고 왕건과 연결되었는데, 통일과정에서 선승을
매개로 호족을 회유하며, 통일의 이념, 민심의 수습, 왕권의 粉飾에
기여하였으며, 지방의 사원들은 그 거점으로 중요시되었다고 하였
다.13) 한편 불교행정제도를 마련하여 불교계에 대한 효율적인 통제
책을 마련하였다고도 하였다.14)

---

11) 金杜珍, 앞의 논문, 「朗慧와 그의 禪思想」, 1989.
　　金杜珍, 앞의 논문, 「新羅下代 禪師들의 中央王室 및 地方豪族과의 關係」,
　　　　1997.
　　金杜珍, 앞의 논문, 「新羅下代 崛山門의 形成과 그 思想」, 1986.
　　金杜珍, 「新羅下代 禪宗思想의 成立과 그 變化」, 『全南史學』11, 1997.
12) 崔仁杓, 앞의 논문, 「朗慧無染의 現實認識과 指向社會」, 1996.
　　曺凡煥, 앞의 논문, 「朗慧無染과 聖住山門」, (서강대학교박사학위논문), 1997.
13) 金杜珍, 「王建의 僧侶結合과 그 意圖」, 위의 책, 1989.
　　韓基汶, 앞의 논문, 「高麗太祖의 佛敎政策 －創建寺院을 中心으로－」, 1989.
　　蔡尙植, 「淨土寺址 法鏡大師碑 陰記의 分析 －高麗初 地方社會와 禪門의
　　　　構造－」, 『高麗初期佛敎史論』, 民族社, 1989.
　　許興植, 「開京寺院의 機能과 所屬宗派」, 『高麗佛敎史硏究』, 一潮閣, 1992.
　　朴貞柱, 앞의 논문, 1994.
　　徐珍敎, 「高麗 太祖의 禪僧包攝과 住持派遣」, 『高麗太祖의 國家經營』, 서울
　　　　대학교출판부, 1996.
　　沈在明, 「高麗 太祖와 四無畏大師 －太祖의 結緣意圖를 중심으로－」, 위의
　　　　책, 1996.
　　金杜珍, 「高麗初 四無畏師와 須彌山門의 開創」, 『韓國學論叢』27, 2005.
14) 許興植, 「禪宗의 繼承과 所屬宗派」, 앞의 책, 1992.
　　許興植, 「高麗時代 僧科制度와 그 機能」, 앞의 책, 1992.
　　韓基汶, 「新羅末 高麗初의 戒壇寺院과 그 機能」, 『歷史敎育論集』12, 1988.

선승 개인의 사상적인 경향에 대해서는 教禪一致의 경향을 보이
고 있으며, 이 사상체계는 대호족이 군소호족을 흡수·통합하는 데
기여하였다고 하면서 왕실 중심이 아닌 대호족을 중심으로 집권적
권력체계를 수립하기 위한 것으로 이해하기도 하였다.[15]

고려 초 불교사 연구에서 또 하나 주목되는 시기는 광종대로 강
대한 호족세력을 숙청하고 전제왕권을 형성할 때 불교가 이념적인
기반을 제공하여 준 것으로 이해되고 있다. 이때 중심이 되었던 사
원은 귀법사이며 균여·정수 등의 화엄종 승과 법상종·법안종 등이
중요한 역할을 하였다고 한다. 그러나 이러한 사상은 대호족을 중심
으로 군소호족을 통합해 가는 성격을 지니고 있어 국왕을 중심으로
전제왕권을 추구하던 광종의 입장과 완전히 일치하는 것은 아니었다
고 한다.[16] 한편 광종대는 불교와 관련된 여러 가지 제도적인 정비
가 시작되는 시기로 사원의 자율성이 크게 훼손된 시기로 이해한 연
구도 있다.[17]

한편 나말려초 불교사를 선종 일변도로 이해하는 데 반대하고 교

---

15) 金杜珍,「了悟禪師 順之의 禪思想 ―그의 三遍成佛論을 中心으로―」, 『歷史
　　　學報』65, 1975.
　　　金杜珍,「玄暉(879~941)와 坦文(900~975)의 佛敎思想 ―高麗初의 敎禪融
　　　合思想과 關聯하여―」, 『歷史와 人間의 對應』(韓國史 篇), 한울,
　　　1989.
16) 金龍善,「光宗의 改革과 歸法寺」, 『高麗光宗研究』, 一潮閣, 1987.
　　　金杜珍,「均如華嚴思想의 歷史的 意義」, 『高麗初期佛敎史論』, 民族社, 1989.
　　　金杜珍,「高麗光宗代 法眼宗의 登場과 그 性格」, 『高麗初期佛敎史論』, 民族
　　　社, 1989.
　　　金杜珍,「高麗光宗代의 專制王權과 豪族」, 『韓國學報』15, 1979.
　　　金杜珍,「高麗初의 法相宗과 그 思想」, 『高麗初期佛敎史論』, 民族社, 1989.
　　　許興植,「華嚴宗의 繼承과 所屬寺院」, 앞의 책, 1992.
17) 許興植,「宗派의 起源에 대한 試論」, 앞의 책, 1992.
　　　許興植,「佛敎界의 組織과 行政制度」, 앞의 책, 1992.

종도 화엄종을 중심으로 꾸준히 성장하고 있었으며, 나름대로 자구책을 모색하고 있었을 뿐만 아니라 사상적으로도 선종은 화엄종을 바탕으로 성립하고 있다 하여, 나말려초 불교사에서 화엄종의 존재를 강조하는 견해들도 제시되고 있다.[18]

이 시기 선종사 연구에서 또 하나 쟁점이 되고 있는 것은 9산파설과 선종설이다. 신라 불교를 5교 9산으로 파악하는 것은 개설서류에 그대로 반영되어 일반화되어 있다. 그런데 이에 대한 비판적인 견해들이 제시되고 있다.[19]

나말여초는 우리 역사에서 유례를 찾을 수 없을 정도로 여러 분야에서 역동적인 움직임을 보여주던 때였다. 이 시기는 정치·경제·사회적인 변화와 함께 사상계에 있어서도 커다란 변화들이 나타났다. 특히 불교계의 변화는 선종의 유입과 함께 초래된 것으로 신라 말 사회에 큰 충격을 주었다.

신라불교는 교종이 우세하여 주도권을 가지고 주로 지배층과 결탁하여 체제의 정당성을 뒷받침하면서 교학의 발전을 도모하여 왔으나, 신라하대에는 사회 변화를 수렴하고 따르지 못하는 데서 오는 부작용을 노출시키고 있었다. 이러한 때에 받아들인 선종은 특유의 사유체

---

18) 金福順, 「新羅 下代 佛敎界의 動向」, 『新羅文化』10·11합집, 1994.
　　曺庚時, 「新羅下代 華嚴宗의 構造와 傾向」, 『釜大史學』13, 1989.
　　金惠婉, 「新羅下代의 彌勒信仰」, 『成大史林』8, 1992.
　　南東信, 「羅末麗初 華嚴宗團의 對應과 ≪華嚴神衆經≫의 成立」, 『外大史學』
　　　　5, 1993.
　　崔源植, 「新羅下代의 海印寺와 華嚴宗」, 『韓國史硏究』49, 1985.
19) 韓基斗, 「新羅時代의 禪思想 －新羅禪의 南岳과 北山－」, 『韓國佛敎學』1,
　　　　1975.
　　金煐泰, 「曦陽山禪派의 成立과 그 法系에 대하여」, 『韓國佛敎學』4, 1979.
　　許興植, 「禪宗九山門과 禪門禮懺文의 問題點」, 『歷史敎育論集』5, 1983.
　　高翊晉, 앞의 논문, 『新羅下代의 禪傳來』, 1989.

계를 가지고 나말여초 사회를 풍미하는 새로운 사상체계로 자리잡았다. 나말여초에 선종이 크게 성행할 수 있었던 요인으로 다양한 것들을 지적할 수 있으나, 무엇보다 신라사회에서 고려사회로 넘어가던 과도적인 시기에 6두품 지식인, 호족 및 민들이 지지하였고, 왕실 또한 종교정책 차원에서 큰 관심을 가지고 있었기 때문일 것이다.

그러나 같은 사상체계라 하더라도 수용자의 정치·사회·경제적인 입장에 따라 달리 인식되는 측면이 존재하고, 사유체계는 그 사회의 총체적인 상황을 반영하고 있으므로 선종 역시 나말여초 사회 상황과 무관하지는 않았을 것이다. 따라서 선종에 대한 태도는 왕실과 진골귀족, 그리고 6두품 지식인 및 호족·피지배층들이 서로 달랐을 것이다. 이런 점에서 선종과 6두품 및 호족의 관계를 강조하는 기존의 연구는 집권세력의 입장이 배제되어 있으므로 나말여초 선종에 대한 총체적인 이해에 일정한 한계를 지닌다고 할 수 있다. 이제 그 문제점을 지적하고, 본 연구가 지향하고 있는 바를 제시해 보도록 하겠다.

우선 선종이 기존의 신라사회구조를 부정하는 호족의 사상으로 도식화되고 있으나, 선승들이 당시 신라사회를 어떻게 생각하고 있었는지, 또한 선승들의 동향에 대한 신라 왕실의 태도가 어떠하였는지에 대한 구체적인 설명이 부족하다. 호족들이 기존의 골품제적 신라사회를 부정하고 있다면, 선승들도 이와 유사하거나 동일한 사회를 지향하고 있다는 것이 밝혀져야 함에도 선승들의 출신이 6두품 이하이며, 왕실에 대한 소극적인 자세, 사상경향이 분립적·분권적 성격을 가졌다는 것으로 선종이 호족의 사상이란 결론을 도출하는 것은 불합리하다.

둘째, 전체적으로 보았을 때 신라 왕실과 선종은 일정한 거리를 두고 있었으며, 대부분의 선승들은 기존의 사회구조에 부정적인 성향을 보이는 것으로 파악되었다. 그러나 현존하는 선승 탑비의 대부분은 신라 왕실과 고려 왕실의 주도하에 건립된 것들이며, 선종사원의 경제기반인 토지의 대부분은 왕실 및 고위 지배층이 제공한 것으로 나타난다. 선승들이 기존의 사회구조를 부정만하고 있었다면, 복잡한 절차와 거대한 비용, 노동력이 소요되는 탑비의 건립과 선승 및 선종사원에 대한 후원에 적극적이었을까 하는 의문이 있다.

셋째, 태조가 호족의 통합과 민심의 수습에 선종을 이용하는 것으로 파악하여 태조의 통일정책에 도움을 준 것으로 이해하고 있다. 그런데 선종은 분권적, 분립적인 성격을 지녀 호족을 뒷받침하는 사상으로 이해되고 있다. 태조는 즉위 후 호족의 통합과 왕권의 강화 및 중앙집권적인 지배체제의 형성에 주력하였는데 이는 선종의 성격과 배치된다. 이런 선종에 대한 태조의 구체적인 입장의 제시가 없다.

넷째, 신라 왕실과 고려 왕실이 모두 선종의 종교적 권위를 이용하여 체제안정을 꾀하였다고 하는 것은 종교정책의 성격을 지닌다. 그렇다면 선종사원이나 선승들을 지배체제 범위밖에 방치하고서는 지배체제의 안정을 꾀하는 종교정책의 목적을 달성하기 어려웠을 것이다. 그러므로 어떤 형태로든지 선종사원과 선승들을 지배체제 내에 편입시키려 하였을 것이며, 이는 결국 선종에 대한 규제로 나타날 수밖에 없는 것이다. 그 규제의 모습에 대한 설명이 부족하다.

다섯째, 기존의 연구들은 선종 수용계층으로 소외계층과 선승에 대해서는 관심을 보이면서도 집권자의 입장에 대해서는 거의 고려가 없었다. 더욱이 선종이 기존의 지배구조에 반기를 들고 있는 사람들이 적극적으로 받아들이고 있다 하였으므로 어떠한 형태로든지 집권자의 반응이 있어야 하는데, 이에 대한 고려가 없다. 종교의 성격은 여러 가지 조건들이 복합적으로 작용하여 결정된다 할 수 있으므로 집권자의 입장을 배제한 것은 선종이 갖는 사회적 의미의 일면만 보는 것이 될 것이다.

이상의 문제점을 염두에 두고 나말여초 사회변동기에 선종이 갖는 사회·정치적 지위와 집권자의 반응을 살펴 국가권력과 선종의 상호관계를 밝혀보고자 한다. 이를 위하여 본 연구에서 다룰 내용을 다음과 같이 구성하였다.

제2장에서는 선승들이 제시한 시무책을 중심으로 신라하대 사회에 대한 선승의 기본 시각을 보고, 한편으로 신라 왕실이 선승에 대해 무엇을 기대하고 있었는지를 보겠다. 이를 위해 기존의 지배구조에 선승들을 직접 참여시킨다는 측면에서 신라하대에 새롭게 부각하고 있던 황룡사와 흥륜사에 혜소와 성주사를 소속시킨 예와 가지산 보림사와 사자산 흥녕사를 국왕의 권력기반으로서의 근시기구인 선교성과 중사성에 예속시킨 예를 통하여 신라 왕실의 선승에 대한 규제 실태와 그 의도에 대하여 살펴보고자 한다. 그리고 나아가 佛事와 선승 개인에 대한 규제를 통하여 선종 불교계를 장악하면서도 각종의 후원을 통하여 선승들을 포섭하고 회유하는 모습과 의도를 살펴보고 이것이 선종의 발전에 어떠한 영향을 미치고 있는지를 볼 것이다.

제3장에서는 고려의 건국과 선종의 관계에 대하여 살펴보겠다. 후삼국 시기 선승들이 호족을 어떻게 보고 있었는지, 선종의 발전과 존속에서 호족의 기여도는 어느 정도였는지, 그리고 태조에게로 옮겨 가는 선승들의 의도 등을 확인하여 후삼국 시기 선승과 호족의 관계를 확인한다. 그리고 태조가 후삼국을 통일해 가는 과정에서 선종에 대한 태조의 태도와 선종의 역할을 살펴보았다.

제4장에서는 고려 초 권력구조의 재편과 집권력 강화에서 선종이 가지고 있는 정치·사회적인 성격과 정치권력의 변화에 대응해 나가

는 선종의 모습을 보겠다. 또한 태조의 불교규제를 선사 개인에 대한 규제와 경청선원의 예를 통하여 사원건립에 대한 규제의 구체적인 실상을 보고, 고려 초의 정치집단들이 선종사원을 어떻게 이용하고 있었으며, 이때 선종사원은 어떻게 대응하고 있는지 흥녕사를 통하여 보겠다. 그리고 광종대 전제왕권의 형성과정에서 비롯한 화엄종의 성행과 정치적인 상황변화에 대응하는 선종의 모습도 보겠다.

종교는 한 시대의 여러 가지 조건들이 복합적으로 작용하여 성격이 형성되며, 사회 내에서 종교의 위치도 수용집단들의 입장이 상호작용하여 결정된다. 따라서 본 연구는 선종이 신라에 본격적으로 유입되고 급격히 기반을 넓혀 가던 9세기 중엽부터 개국공신 계열의 호족세력을 무자비하게 숙청하면서 국가체제 정비를 시도하여 어느 정도 안정시킨 고려 광종 때까지를 연구의 범위로 삼고, 지배체제를 유지하려는 신라 말 정치권력과 새로운 사회구성을 추구하면서 집권력 강화를 시도하던 고려 왕실의 입장에서 선종에 대한 제반의 문제를 살펴보고자 한다.

제2장

新羅下代 禪僧의 動向과 王室의 對應

제1절 新羅王室의 禪宗寺院 장악과 그 의도

1. 禪僧의 動向

헌덕왕 13년(821) 西堂智藏의 법을 받은 도의가 귀국하여 선을 보급하려 한 시도는 교종에 물들어 있던 신라사회에 큰 충격을 주었다. 佛經의 가르침과 觀心法을 익혀 정신을 보존하는 방법을 숭상하던 불교계는 도의의 선법에 대해 '허탄하다,'[1] '마귀의 말'[2] 등 격렬한 言辭로 비난하여 결국 은거하게 한 것은 도의의 禪 보급 활동이 신라사회에 준 충격이 매우 컸음을 반증하고 있다.[3]

신라하대에 선종이 사회·정치적으로 주목을 받아 신라 왕실의 집중적인 관심을 유발하기 시작하는 때는 민애왕 이후가 아닌가 한다.[4]

---

1) 「寶林寺普照禪師彰聖塔碑」, 李智冠, 『校勘譯註歷代高僧碑文』(新羅篇), 伽山文庫, 1994, p.106.
   (이하 비문자료는 이 책을 이용하고, 「興寧寺澄曉大師寶印塔碑」·「太子寺朗空大師白月栖雲塔碑」·「地藏禪院朗圓大師悟眞塔碑」는 李智冠, 『校勘譯註歷代高僧碑文』(高麗篇1), 伽山文庫, 1994를 이용함)
2) 「鳳巖寺智證大師寂照塔碑」, p.302.
3) 도의에 앞서 신행이 북종선을 공부하고 귀국하였으므로 신라사회에서 禪이 전혀 생소한 것이 아님에도 이 같은 격렬한 반응이 나오는 것은 남종선 전래 초기 신라 불교계와 사회의 이해 부족과 충격을 엿보게 한다.
4) 물론 흥덕왕 때 홍척이 초청을 받고 경주에 들어와 교학의 문제점을 禪으로 극복할 수 있음을 제시함으로써(曺凡煥, 「新羅 下代 禪僧과 王室」, 『新羅文

그것은 이 시기에 혜철·무염·체징 등 많은 선승들이 귀국하여 각 지역에 정착하고, 다양한 성향의 많은 단월을 받아들여 영향력을 급속도로 확산해 가면서 무시할 수 없는 수준의 세력을 형성해 갔기 때문일 것이다.[5]

이 시기에 선승들은 왕실의 초청을 받아 경주에 오기도 하고, 요청에 의하여 시무책을 제시하기도 하였다.[6] 이러한 선승들과 신라 왕실의 관계에 대해서는 기존의 연구들에서 많이 언급하고 있으므로[7] 여기서는 선승들이 제시한 시무책을 중심으로 당시 선승들의 동향을 살펴 보려 한다.

시무책은 대부분 왕실의 요청이나, 초청을 받아 경주에 온 선승들이 제시한다. 시무책은 선승들의 사회인식을 바탕으로 신라사회 및 집권자의 취약점을 지적하고 이에 대한 개혁의 방향을 제시한 것으로 볼 수 있다.[8] 따라서 선승들이 제시한 시무책들은 사회개혁의 방향 설정인 동시에 개혁의 주체인 신라 왕실에 대한 기본적인 시각을 은

化』26, 2005. p.10.) 흥덕왕과 충공의 도움을 받아 실상사를 개창하였고, 혜소는 흥덕왕으로부터 상주 노악산 장백사를 제공받아 머물다 경제적인 어려움으로 인하여 지리산으로 이주한(「雙谿寺眞鑑禪師大空靈塔碑」, p.143.) 예가 있기는 하나 왕실에서 크게 관심을 집중한 것처럼 보이지는 않는다.

5) 이 시기 집중적으로 이루어지는 선종사원에 대한 지원과 寺域의 설정, 선승에 대한 집요한 초청은 선종에 대한 신라 왕실의 관심을 보여준다.

6) 이 시기 선승들에 대한 왕실의 초청과 선승들의 반응에 대해서는 추만호, 『나말려초 선종사상사 연구』, 이론과실천, 1992, pp.154~155, <표 5> 참조.

7) 신라 말 선종과 관련한 대부분의 연구에서 직·간접적으로 언급하고 있어 매우 많은 연구 성과들이 있으나, 일일이 제시하지 않는다.

8) 시무책은 신라 왕실에 두 가지 측면으로 영향을 준 것 같다. 하나는 시무책의 제시를 통하여 신라 왕실과 선승들의 관계가 돈독하며, 선승들이 신라 왕실의 정책에 적극적으로 참여하고 있음을 내외에 천명하는 것이고, 다른 하나는 시무책이 신라하대 사회의 취약점을 지적하고 그 개혁을 주장한 것이므로 이에 대한 실현 과제를 안게 되어 상당한 압박 요인으로도 작용하였을 것이다.

연중에 표출한 것으로 볼 수 있으므로 이를 통하여 선승들의 동향을 살펴보겠다.

먼저 혜소의 경우부터 보겠다.

A)-① 개성 3년(민애왕1, 838)에 이르러 愍哀大王이 갑자기 임금의 자리에 올라 깊이 불교에 의탁하였다. 명령을 내려 齋의 비용을 준비하고, 따로 親見하기를 구하였다. 禪師가 "부지런히 善政에 힘쓰는 데 있는 것이지 어찌 만날 필요가 있겠습니까?" 하였다. 使者가 왕에게 復命하자 왕이 듣고 부끄러워하며 깨닫고, 선사는 색과 공을 다 초월하고, 禪定과 지혜를 함께 원만히 갖추었다 하여 사신을 보내 호를 내려 慧昭라 하였다.(「雙谿寺眞鑑禪師大空靈塔碑」, p.144.)

② 使者가 말을 타고 임금의 명을 전하여 멀리서 法力을 구할 때마다 "무릇 王土에 거주하면서 佛日을 이고 있는 자로서 누군들 마음을 기울이고, 생각을 다해서 임금을 위해 복을 빌지 않겠습니까? 또한 어찌 멀리서 마르고 썩은 나무에 綸言을 더럽히려 하십니까?"(「雙谿寺眞鑑禪師大空靈塔碑」, p.147.)

③ 성품이 꾸밈이 없고, 말을 꾸며하지 않았으며 옷은 삼베라도 따뜻하게 여겼고, 음식은 싸라기라도 달게 여겼다. 도토리와 콩을 섞은 밥에 채소반찬은 항상 두 가지가 없었다. 貴人들이 때때로 이르러도 일찍이 다른 반찬이 없었다. 문인들이 거친 음식을 가져다 드리기 어려워하니 禪師께서 "마음이 있어 여기에 왔으니 비록 거친 밥인들 무엇이 해롭겠는가?"라고 하면서 높은 사람이나 낮은 사람, 나이 많은 사람이나, 어린애를 접대함이 한결같았다.(위와 같음, p.147.)

A)-①은 민애왕이 즉위하여 혜소에게 만남을 청하는 것이다. 명목은 불교에 의탁하였기 때문이라 하였으나, 실제는 자신의 즉위에 대한 정당성과 합법성을 인정받고자 하는 의도가 있었을 것이다. 민

애왕은 흥덕왕 사후 김균정·김우징을 물리친 후 희강왕을 즉위시키고, 자신은 상대등에 취임하여 권력을 장악하였으며, 다시 희강왕을 핍박하여 살해하고 왕위에 올랐다.9)

비록 김균정은 피살되었으나, 김우징 등은 청해진의 장보고에게 의탁하여 여전히 큰 세력을 지니고 있었고, 이들을 지지하는 사람들도 상당수에 달하였다. 따라서 민애왕은 즉위과정의 살상으로 인하여 왕위계승의 정당성과 합법성을 의심받는 한편으로 권력기반도 매우 취약하였다. 민애왕은 이를 극복할 방안으로 혜소와 만남을 시도하였다.

혜소가 상주 노악산 장백사에서 지리산으로 들어가 자리를 잡을 때 홍척은 흥덕왕과 민애왕의 아버지 충공의 도움을 받아 실상사에 머물고 있었고,10) 희강왕 2년(837)에는 현욱이 귀국하여 실상사에 머물면서 민애왕·신무왕·문성왕·헌덕왕과 師資의 예를 맺었다.11) 현욱은 신라 왕실과 매우 밀착되었던 선승으로 알려져 있다.12) 민애왕의 혜소에 대한 관심은 지리산을 중심으로 하는 이 같은 선승들의 친신라적인 성향을 고려한 것이었을 것이다.

그러나 혜소의 반응은 "在勤修善政"하라는 냉정한 것이었다. 이는 민애왕이 善政하지 않고 있다는 비난으로 볼 수도 있을 듯하다. 나아가 민애왕의 즉위과정에 대한 문제점을 지적한 것으로 보이기도 한다. 이에 대하여 민애왕은 부끄러워하였다 하였으나, 오히려 상당한 절망감을 느껴야 했을 것이다. 혜소가 민애왕을 끝까지 인정하지 않았던 것은 "사신들이 오고 가고 해서 말고삐가 엉길 정도였으나, 산처럼 우뚝 서서 그 뜻을 굽히지 않았다."13)고 한 것에서 확인할

---

9) 『三國史記』卷10, 新羅本紀10, 僖康王 卽位年 및 2·3年條.
10) 高翊晋, 「新羅下代의 禪 傳來」, 『韓國佛敎禪門의 形成史硏究』, 民族社, 1989, p.90.
11) 『祖堂集』卷17, 東國慧目山和尙.
12) 曹凡煥, 「新羅末 鳳林山門과 新羅王室」, 『震檀學報』78, 1994, p.46.

수 있다.

혜소는 민애왕뿐만 아니라 다른 왕들에 대해서도 적극적이지는 않았으나, 이것이 곧 신라 왕실에 대한 부정으로 이어지지는 않은 듯하다. 비록 王命에 대한 의례적인 수사일 수도 있지만 '王土에 거주하고', '임금의 복을 빈다.' 등의 표현에서(A)-② 신라 왕실의 권위를 전면적으로 거부하지 않고, 일정하게 배려하는 흔적을 볼 수 있기 때문이다.[14] 또한 그의 비문에서 "眞을 지키고 俗을 거스르는 것이 모두 이러하였다."[15] 한 것은 세속과 관계를 거부하는 입장을 밝힌 것이라기보다는 수행하는 승려로서의 자세를 말하는 것으로 볼 수 있을 듯하다.

한편 A)-③에서는 신분과 세속의 상황에 구애받지 않는 수행자로서 혜소의 생활모습을 볼 수 있다. 이러한 혜소의 수행태도는 엄격한 신분제하에서 여러 가지 특권을 누리며 호화롭고 사치스러운 생활을 하던 신라 왕실과 주변의 귀족들에게는 상당히 충격적이었을 것이다.[16]

더욱이 흥덕왕 이후 치열한 권력투쟁 과정에서 수많은 殺傷을 행하고서 즉위한 왕들에게는 상대적으로 많은 政敵이 존재하였고, 이는 신라 왕실의 정당성과 권력기반의 취약성을 초래하였다. 이런 상태에서 혜소의 민애왕에 대한 태도와 검소함을 강조하는 수행 방식은 신라 왕실의 경각심을 불러일으키기에 충분하였다.

---

13) 「雙谿寺眞鑑禪師大空靈塔碑」, p.145.

14) 혜소는 황룡사를 통하여 경제적 지원을 받고 있었다.(金楨權, 「眞鑑禪師 慧昭의 南宗禪 受容과 雙谿寺 創建 −新羅 下代 南宗禪 受容의 한 例−」, 『湖西史學』27, 1999, p.28.) 「物情自隘」를 이유로 상주 장백사를 떠나 지리산으로 이주한 혜소가 신라 왕실과의 관계를 완전히 단절하기는 어려웠을 것이다.

15) 「雙谿寺眞鑑禪師大空靈塔碑」, p.147.

16) 흥덕왕 9년(834)에 교서를 내려 사치풍조를 지적하고, 단속의 의지를 강력히 내비치고 있었던(『三國史記』卷32, 雜志2, 色服.) 사실에서 당시 신라사회의 분위기를 짐작할 수 있다.

다음은 동리산문 혜철의 경우를 보겠다.

B)-① 문성대왕이 이를 듣고 "像法과 末法시대에 걸쳐 많은 몸을 나타
냈다."이르고, 자주 글을 내려 위문하면서 겸하여 머물고 있는 절
의 사방 밖에 禁殺幢 세우는 것을 허락하였다. 이에 사신을 보내
나라 다스리는 요체를 묻거늘 선사가 封事 약간조항을 올리니 모
두 당시 정치의 급한 일인지라 왕이 매우 가상하게 여겼다.(「大安
寺寂忍禪師照輪淸淨塔碑」, p.90.)

② 禪師가 조정을 도와 이롭게 하고, 왕후들이 예를 행한 것은 이루
말할 수 없다.(위와 같음)

동리산문 혜철은 문성왕의 요청을 받고 봉사 약간 조항을 바쳤는
데, 모두 '時政의 急務'였다 하나, 내용은 확인할 수 없다. 문성왕
조정이 안고 있던 최대의 과제는 권력기반을 확대하고, 아버지 신무
왕의 즉위과정에 깊숙이 관여하였으며,[17) 納妃문제로 갈등을 일으키
고 있던 청해진의 장보고와 그를 제거한 후에는 그 잔당들[18)에 대
한 문제였다.[19)

또한 문성왕대에는 자연재해로 인한 기근과 반란들이 거의 매년
연속적으로 일어나고 있었다.[20) 따라서 혜철이 제시한 時政의 急務
도 이와 관련되었을 것이다.[21) 이로 인하여 문성왕과 혜철의 관계는

---

17) 『三國史記』卷10, 新羅本紀10, 閔哀王 卽位年·2年條.
18) 『三國史記』卷11, 新羅本紀10, 文聖王7·8年條.
19) 장보고문제와는 별개의 것이기는 하나 성주사를 습격하던 남포의 군적을
물리친 후 문성왕은 무염의 교화력이 지방지배에 상당한 기여를 하고 있음
을 강조한 바 있다. 이는 문성왕 즉위 후 지방지배가 상당히 곤란하였음을
보여준다.(「崇巖山聖住寺事蹟」, 『考古美術』98, 1968, p.450, 참조.)
20) 『三國史記』卷11, 新羅本紀10, 文聖王2·3·5·6·11·12·15年條.
21) 혜철은 무주 쌍봉사에 머물면서 장보고의 지원을 받았던 것으로 이해하기
도 하고,(曺凡煥, 「新羅 下代 武珍州地域 佛敎界의 動向과 雙峯寺」, 『新羅史

상당히 밀착되었던 듯하다. 혜철이 조정을 돕고 왕후들이 禮를 행한 것이 많았다 하기 때문이다.(B)-②)

신라하대에 왕실과 밀접한 관련을 맺고서 시무책 제시에 적극적이었던 선승은 성주사 무염이었다.[22] 비문에 의하면 무염은 문성왕 7년(845)에 귀국하였으며, 김흔의 요청을 받아들여 성주사의 전신인 오합사로 이주한 것이 대중초년인 문성왕 9년(847)경이었다.[23] 그러나 연구에 의하면 비문과 달리 무염이 오합사에 주석하는 데 결정적인 역할을 한 인물은 김흔과 政敵관계에 있던 김양이었다.[24]

그리고 폐허였던 오합사[25]를 정비하는 데는 신라 왕실의 경제적 도움이 많았는데 특히 김양의 도움이 결정적이었다.[26] 이에 따라 무염은 신라 왕실과 밀접한 관계를 맺고 성주사에 머물면서 많은 시무책을 제시하였는데 헌안왕과 헌강왕대에 집중적으로 나타난다.[27]

> C)-① 비로소 나무토막 같은 행장을 풀어보니 대사가 중국에 유학하고, 신라에 돌아온 해 구족계를 받고, 禪理를 깨달은 인연, 公卿과 관리들이 귀의하여 우러르던 일, 佛殿과 影堂을 창건한 일 등은 故翰林郎金立之가 찬술한 성주사 비에 상세하게 서술되어 있다.

學報』2, 2004, p.195, 참조) 봉사 약간조의 내용이 장보고와 관련되었을 것으로 추정하기도 한다.(이경복, 「新羅末·高麗初 大安寺의 田莊과 그 經營」, 『梨花史學』30, 2003. p.125.)

22) 성주사와 무염에 관한 연구 성과는 매우 많으나 일일이 제시하지 않는다.

23) 「聖住寺朗慧和尙白月葆光塔碑」, p.188.

24) 李喜寬, 「聖住寺와 金陽 -聖住寺의 經濟的 基盤에 대한 一檢討-」, 『성주사와 낭혜』, 서경문화사, 2001, p.140.

25) 金壽泰, 「烏合寺」, 『성주사와 낭혜』, 서경문화사, 2001, 참조.

26) 李喜寬, 앞의 논문, pp.142~151, 참조.

27) 경문왕의 경우 "무릇 시행할 것은 반드시 달려가 물은 후에 거행하곤 했다."(「聖住寺朗慧和尙白月葆光塔碑」, p.191.)는 것을 보면 경문왕에 대해서도 시무책의 제시가 있었을 것으로 생각되나, 비문에는 나타나지 않는다.

부처님을 받들고, 法孫을 위하여 편 德化와 임금을 돕고, 스승을 위했던 명성, 세속을 진정시키고 마구니를 항복시킨 위력, 붕새처럼 떠나고 학처럼 돌아온 자취 등은 태부 헌강왕이 친히 지은 심묘사 비에 갖추어 기록되어 있다.(「聖住寺朗慧和尙白月葆光塔碑」, pp.174~175.)

② 헌안왕이 왕위를 계승하고 교서를 내려 도움의 말을 청하니 대사가 답하되 "周豊이 魯公에 대하여 한 말에 뜻이 담겨 있습니다. 『예기』에 드러나 있으니 청컨대 좌우명을 삼으소서"라고 하였다.(「聖住寺朗慧和尙白月葆光塔碑」, pp.190~191.)

③ (헌강왕이 翊室에 居하게 되었다.)바라건대 "대사는 멀리 가지 마시고 거처할 곳을 마음대로 선택하십시오." 하였다. 대답하여 "옛날의 스승으로 六經이 있고, 지금 보필하는 신하로는 三卿이 있습니다. 늙은 山僧이 무어라고 앉아서 누리와 좀벌레처럼 땔나무와 좋은 음식을 좀먹겠습니까? 세 마디가 있으니 어찌 더 드릴 말씀이 있겠습니까? '能官人'입니다."라고 하였다.(「聖住寺朗慧和尙白月葆光塔碑」, pp.194~195.)

④ (헌강왕이)나라에 도움이 되는 물음을 내린 데 대하여 대사는 何尙之가 宋文帝에게 좋은 일을 하도록 권하고, 나쁜 일은 하지 않도록 諫하던 말을 인용하여 대답하였다.(「聖住寺朗慧和尙白月葆光塔碑」, p.195.)

⑤ (헌강왕을 만난 후)대사가 물러 나오면서 王孫인 蘇判 鎰을 만나 몇 마디 이야기를 나누고는 곧 감탄하여 "옛날의 임금들 중에는 法統은 이었지만 그 정신을 잇지 못한 이들이 있었는데 이제 우리 임금은 이 둘을 갖추었고, 신하들이 公才는 있지만 公望이 없는 이들이 있었는데, 그러나 당신은 모두 갖추었으니 나라가 잘 될 것 같다. 마땅히 덕을 숭상하고 스스로를 사랑하라." 하고는 하직하고 돌아갔다.(「聖住寺朗慧和尙白月葆光塔碑」, p.199.)

C)-①은 무염과 신라 왕실의 관계를 보여준다. 김입지가 찬술한 성주사 비와 헌강왕이 찬술한 심묘사 비에는 무염이 신라 왕실과 교

류한 내용과 성주사의 개창과정, 公卿과 관리들이 귀의하여 우러렀던 일, 임금을 돕고 스승을 위했던 명성, 세속을 진정시키고, 마구니를 항복시켰던 위력이 기록되었다고 한다.

그런데 무염의 비문 撰者인 최치원은 열반에 든 시기와 塔號내린 것에 그치고, 후학들에게 경계할 바가 아닌 것은 쓰지 않는다 하여[28] 세속과 관련된 무염의 행적 상당 부분을 기록하지 않았음을 밝히고 있어 신라 왕실을 포함하는 무염과 세속의 관계에 대한 부분이 많이 누락되어 있음을 짐작할 수 있으며, 이 부분을 C)-①의 성주사 비와 심묘사 비가 보충하고 있는 것이라 할 수 있다.

심묘사는 경문왕의 요청으로 무염이 한 때 머물렀던 사원인데,[29] 비문을 헌강왕이 직접 찬술하면서 무염에 대하여 자세하게 언급한 것은 양자가 밀접한 관계에 있었음을 반영한다. 또한 성주사 비편에는 성주사의 단월로 위흔(김양)·선화부인·윤흥 등이 언급되고 있다.[30]

C)-②는 헌안왕이 즉위하여 도움의 말을 청하자 무염은 주풍과 노나라 애공의 고사를 인용하여 정치에 대해 설명했다는 것이다. 주풍은 魯나라의 隱士로 哀公이 민심을 얻을 수 있는 방법을 물었을 때 禮儀·忠信·精誠으로 백성을 대할 것을 말하였다. 이는 군주의 도덕성을 강조한 것으로 공자의 사회윤리사상과 통하는 것이다.[31] 무염이 헌안왕에게 군주의 도덕성을 강조하면서 백성을 위한 정치를 권한 것이라 하겠다.

C)-③은 어린 나이로 즉위한 헌강왕이 떠나려는 무염을 놓아줄

---

28) 「聖住寺朗慧和尚白月葆光塔碑」, pp.175~178, 참조.
29) 「聖住寺朗慧和尚白月葆光塔碑」, p.193.
30) 「聖住寺碑」, 『韓國金石全文』, pp.263~268, 참조.
31) 崔仁杓, 「朗慧無染의 現實認識과 指向社會」, 『大丘史學』51, 1996, pp.27~28, 참조.

때 헌강왕과 무염이 주고받은 말이다. 이때 헌강왕은 자신이 어리고 정치에 미숙함을 호소하고 있다. 이는 무염이 자신의 곁에 남아 있으면서 정치를 도와줄 것을 직접 요청한 것으로 정치적 후원자가 되어 줄 것을 바라는 것이라 할 수 있다. 그러나 무염은 이를 거절하고, 정치의 스승과 보필자로 六經과 三卿이 있다 하고, '能官人'을 말하였던 것이다.

六經은 유학의 경전들을 말하는 것으로 보이며, 이를 스승으로 삼으라 한 것은 유교정치를 시행하라 한 것으로 볼 수 있다. 三卿은 왕의 정치를 도울 보필자를 가리키는 것으로 헌강왕 조정의 신하들을 지칭하는 듯하다. 무염은 소판 김일에 대하여 커다란 신뢰를 표한 바가 있다.(C)-⑤)

한편 정치의 요체로는 '能官人'을 말하였다. 이것은 관리 임용의 원칙을 제시한 것인데 무염이 이를 강조하는 것은 정치의 성패가 인재의 등용에서 비롯됨을 말한 것이다. '能官人'은 能力있는 관리라 하거나,[32] 맡길 만한 인재에게 벼슬자리를 주라고 한 '任賢人'의 의미로 해석한다.[33] 어느 쪽이던 골품에 따른 관리임용방식에 대한 비판으로 볼 수 있으며,[34] 주로 6두품을 염두에 둔 것으로 생각된다.[35]

---

32) 田美姬, 「新羅 景文王・憲康王代의 <能官人>登用政策과 國學」, 『東亞研究』 17, 1989, p.46.

33) 秋萬鎬, 「羅末 禪師들과 社會諸勢力과의 關係」, 『史叢』30, 1986, p.6.

34) 그러나 C)-⑤에서 公才와 公望을 언급하고 있어 단순히 신분과 능력의 문제만으로 볼 것은 아니라고 생각된다.

35) 田美姬, 앞의 논문, 1989, pp.47~48, 참조. 한편 헌덕왕 때 녹진이 상대등 충공에게 관리임용 원칙으로 재능이 큰 자는 높은 직에 두고, 작은 자는 하찮은 소임을 준다면 안으로는 六官과 百執事, 밖으로는 方伯・連率・郡守・縣令에 이르기까지 조정에는 빈 직위가 없고, 직위에는 부적당한 사람이 없을 것이며, 上과 下가 정해지고, 賢과 不肖가 나누어질 것입니다. 그런 후에야 王政이 이루어질 것입니

C-④는 헌강왕이 ‘興利除害策’을 물었을 때 무염이 하상지와 송문제의 고사를 인용하여 유교정치의 시행을 건의하였던 것이다.[36] 이 건의가 있은 후 헌강왕은 “三畏는 三歸依에 비견되며, 五常은 五戒와 같다. 능히 王道를 실천하는 일, 이는 바로 佛心에 부합된다고 하였다.”[37] 이것은 헌강왕이 한 말이지만 무염의 건의를 듣고서 이 말을 하고 있으므로 무염의 뜻도 이와 다르지 않았을 것이다.

C-⑤는 무염이 소판 김일을 만나 한 말이다. 이때 무염은 왕의 조건으로 法統(遠體)과 精神(遠神)을, 신하들의 조건으로 公才와 公望을 제시하였다. 法統(遠體)은 왕위계승의 정당성과 왕으로서의 장대한 體度를 의미하는 듯하며, 精神(遠神)은 군주로서 멀리 내다볼 수 있는 神智를 의미한다. 또 公才는 재상으로서의 자질을, 公望은 재상으로서의 大體를 지녀서 信望을 받는 것을 의미한다. 무염은 헌강왕과 김일에 대하여 法統(遠體)·精神(遠神)·公才·公望을 모두 갖추었다 하여 이들을 긍정적으로 평가하였다.

소수의 진골만이 정권에 참여할 수 있었던 신라사회에서 法統(遠體)·精神(遠神)을 갖춘 군주와 公才·公望을 갖춘 신하를 확보한다는 것이 매우 어렵다는 것을 무염이 모를 리 없었을 텐데도 이를 제시하는 것은 통치자에 대한 자신의 속뜻을 내비친 것이라 할 수 있다.

이외 심희는 왕궁에 가서 ‘理國安民의 術’을 일러 주고 三寶에 歸依하라 하였는데,[38] 구체적인 내용은 확인할 수 없다. 그러나 봉림산문의 현욱은 신라 왕실과 밀접한 관계에 있었고,[39] 심희의 경우

다.(『三國史記』卷45, 祿眞.) 한 것에서 6두품의 동향을 볼 수 있다.

36) 무염이 하상지의 고사를 인용하여 말한 興利除害策에 대해서는 崔仁杓, 앞의 논문, 1996, 曹凡煥, 앞의 논문, 1997을 참조.

37) 「聖住寺朗慧和尙白月葆光塔碑」, p.96.

38) 「鳳林寺眞鏡大師寶月凌空塔碑」後記, p.364.

39) 曹凡煥, 「新羅末 鳳林山門과 新羅王室」, 『震檀學報』78. 1994, p.46.

진성여왕과 효공왕의 초청을 거절하여 소극적인 자세를 보였으나, 경명왕 이후 박씨 왕실에 대해서는 상당히 긍정적인 입장을 지니고 있었던 것으로 파악되고 있다.[40] 따라서 그의 '理國安民의 術'도 후삼국 시기의 사회 상황과 정치에 대한 내용일 것으로 판단된다.[41]

한편 굴산문의 행적은 효공왕 11년(907) 초청을 받고 경주에 와서 시무책을 제시하였다.

> D) 道를 높이 숭상함에는 伏羲氏와 軒轅氏의 術을 說하여 주고, 나라 다스림에 있어서는 堯임금과 舜임금의 風道를 일러 주었다.(「太子寺朗空大師白月栖雲塔碑」, pp.387~388.)

복희는 중국 고대 전설에 나타나는 神으로 八卦를 창시하고, 고기잡이와 목축을 가르치며, 瑟이라는 악기와 嘉辯이라는 樂曲을 만들었다. 그는 동방의 天帝가 되어 나무의 신 句芒의 보좌를 받았다. 그는 손에 規를 들고 몸과 생명을 관장하여 그가 나타날 때는 대지가 다시 소생하고, 만물이 소생하는 봄이 된다고 한다.[42] 또한 복희는 살아서는 木德으로 천하의 왕이 되었고, 죽어서는 동방에서 제사지내 木德의 천자가 되었다고 한다.[43]

황제 훤원은 神農氏의 후예로 일어났다. 이때 제후들이 서로 侵伐하여 백성들에게 포학하게 대하였으나, 신농씨가 정벌하지 못하였다. 이에 황제 헌원이 군대를 길러 최대의 적이었던 蚩尤와 炎帝를 격파하여 五氣를 다스리고, 곡식을 재배하며, 백성을 위무하고, 4방

---

40) 曹凡煥, 위의 논문, 1994, pp.52~57, 참조.
41) 曹凡煥, 위의 논문, 1994, p.56.
42) 『淮南子』卷3, 天文訓.
43) 『呂氏春秋』, 孟春紀, 高誘注.

을 헤아려 천자가 되었다. 천자를 따르지 않는 자를 정벌하고, 평탄한 것은 지나고 산을 헤쳐 길을 통하여 평안하지 않음이 없도록 하였다는 것이다. 이러한 복희와 헌원의 事蹟을 인용한 것은 신라 왕실을 중심으로 권력을 집중하고, 할거하던 호족을 제압하면서 백성의 삶을 평안하게 할 것을 건의한 것이라 할 수 있다.

요와 순은 중국고대의 두 賢君이며, 이상적인 군주였다. 요는 인자하고, 관대한 군주로 관용적인 태도를 취하였으며, 백성은 자유스럽고 안락한 생활을 영위하여 국가의 간섭을 받지 않았다. 천하를 公的인 것으로 생각하여 帝位를 순에게 양위하였다고 한다. 순은 효로 이름이 높았으며 요에게 발탁되어 국정을 위임받아 천자가 되었다. 순은 재능 없는 신하는 죽이거나, 축출하였으며, 많은 어진이를 등용하였다.[44]

심희가 요와 순의 풍도를 정치의 방법으로 제시한 것은 관용적인 정치를 베풀어 백성들이 자유롭고 편안한 삶을 영위할 수 있도록 하며, 어진 신하의 등용과 용렬한 신하의 축출을 주장하는 것으로 보인다.

이상에서 신라하대 선승들이 제시한 시무책에 대하여 보았다. 선승들이 제시한 시무책은 당시 신라사회의 정치 및 사회상을 반영한 것이었고, 이를 바탕으로 도출된 것으로 선승들의 정치 및 사회인식의 일단을 내비친 것이었다. 시무책은 신라 왕실의 요청이나, 선승을 초청하였을 때 제시된 것으로 신라 왕실을 개혁의 주체로 인정한 것으로 볼 수 있어 신라 왕실로서는 긍정적으로 받아들일 수 있는 것이었다. 그러나 한편으로는 매우 당혹스럽고도 긴장을 유발하는 것이기도 하였다.

선승들이 제시한 시무책이 유교적 왕도정치의 시행, 신분을 초월하는 유능한 인재의 적소 임용, 왕권의 강화와 호족에 대한 문제 등

---

44) 傅樂成 辛勝夏譯, 『中國通史』上, 宇鍾社, 1982, pp.10~12, 참조.

으로 이루어져 있어 실현이 거의 불가능해 보이기 때문이다. 또한 선승의 시무책은 현실사회에 대한 인식을 바탕으로 시급히 해결해야 할 과제를 제시한 것이므로 이를 받아들이고, 실천해야 할 신라 왕실로서는 큰 고민에 빠지지 않을 수 없었다.

그러나 이것이 신라 왕실을 등지고 반대하였다는 의미는 아니다. 선승들이 모든 왕에 대해서 그런 것은 아니지만 그 개혁 의지에 상당한 기대를 하고 있었고,[45] 신라 왕실에 시무책을 제시하여 개혁의 주체로 인정하였으며, 초청이나 사원의 제공 등을 거부하지 않고 대부분 받아들이고 있기 때문이다.[46] 일부의 선승들이 왕실의 초청을 거부하거나 소극적인 자세를 보이는 경우가 있으나, 이는 수행자로서의 자세를 지키려는 것이었지 신라 왕실 자체를 부정했기 때문은 아니었다. 따라서 선승들은 신라하대 사회가 많은 문제점을 지니고 있어서 이를 개혁해야 할 필요성을 느끼고 개혁의 방안들을 제시하고 있었지만, 신라 왕실을 개혁의 주체로 인정함으로써 등지고 부정하지는 않았다.

2. 新羅 王室의 禪僧 認識

선승들은 신라 왕실에 부정적이지 않았고, 시무책의 제시를 통하여 정치와 사회에 대한 시각의 일단을 드러내고 있었으며, 이것은 신라 왕실에 상당히 긍정적인 것이었지만, 한편으로 긴장감을 유발시켰다. 이러한 선승 및 선종사원에 대한 신라 왕실의 시각은 어떠했는지를 각 왕별로 나누어 보겠다.

---

45) 崔仁杓, 앞의 논문, 1996, 참조.
46) 崔仁杓, 「新羅末 禪宗佛敎政策에 대한 一考察」, 『韓國傳統文化硏究』9, 1994, 참조.

E)-① 문성대왕이 이를 듣고, "像法과 末法時代에 걸쳐 몸을 나타냈
　　다."이르고, 자주 글을 내려 위문하면서 겸하여 머물고 있는 절의
　　사방에 禁殺幢 세우는 것을 허락하였다.(「大安寺寂忍禪師照輪
　　清淨塔碑」, p.90.)

　② 문성대왕이 그 교화함을 듣고 "임금의 德化를 돕지 않음이 없다."
　　고 하면서 "매우 본받을 만하다."하고 편지를 보내 크게 위로 하였
　　다.(「聖住寺朗慧和尚白月葆光塔碑」, p.189.)

　　E)-① ②는 문성왕이 선승을 대하는 태도와 의도를 드러낸 것이다.
E)-①에서 문성왕은 대안사에 머물던 혜철이 상법과 말법시대에 걸
쳐 몸을 나타냈다 하여 자신이 다스리는 사회가 말법시대는 아니지만,
그 경계에 있다 함으로써 상당히 혼란하다는 것을 인정하고, 이 사회
에 혜철이 있다고 하였다. 이는 문성왕이 자신의 정치와 관련하여 혜
철의 도움을 은근히 기대하고 있는 것이라 할 수 있다. 혜철은 무주
쌍봉사에 머물 때 장보고의 지원을 받았으나, 염장에 의하여 장보고가
피살된 후 대안사로 이주하였으며,[47] 장보고 제거 이후 무주 지역에
대한 안정에 기여했다고 한다.[48] 금살당의 건립 허용도 이러한 협조
와 계속적인 관계유지를 위한 문성왕의 성의 표시였을 것이다.
　　E)-②는 무염이 성주사에 머물면서 자신의 정치를 많이 도와주었다
고 매우 긍정적으로 평가하고 있는 것이다. 이 점은 다음의 자료에서

F) 熊州는 바닷가 변방으로 사람의 성품이 흉악하고 거만하여 짐이 꾸짖
　　기도 하고 두렵게 하기도 했으나, 복종하지 않았다. 선사가 이에 佛法
　　이 웅장하고 빼어나 도덕을 감당할 만하여 사람들이 스스로 善을 행하
　　니 짐이 매우 기쁩니다. 청컨대 禪道로 나라를 안정시킬 좌표로 삼게

---

47) 曺凡煥, 「新羅 下代 禪僧과 王室」, 『新羅文化』26, 2005, p.276.
48) 이경복, 「新羅末·高麗初 大安寺의 田莊과 그 經營」, 『梨花史學』30, 2003, p.125.

하소서.(「崇巖山聖住寺事蹟」, 『考古美術』98, 1968, p.450.)

한 것처럼 성주사에서의 활동이 웅천주 지역에 대한 지배권 행사에 큰 도움이 되고 있음을 말하는 데서 확인할 수 있다. E)-②에서 문성왕이 임금의 德化를 돕지 않음이 없다고 한 것은 결국 웅천주 지역에 대한 지방지배에 무염이 상당히 기여하고 있음을 인정한 것이다. 문성왕이 무염에게 깊이 의지하고 자신의 정치에서 그의 역할을 극찬하는 목적이 어디에 있는지를 잘 보여준다 하겠다.

G)-① 겨울 10월에 왕이 다시 명령을 내려 승려와 俗人 사신인 영암군 僧正 連訓法師와 교지를 받든 馮瑄 등을 보내 왕의 뜻을 전하여 가지산사로 옮겨 거처할 것을 청했다. 드디어 마지못해 錫杖을 날려 가지산사(보림사)로 옮겨 들어가니 그 산은 곧 元表大德이 옛날에 거처하던 곳이었다. 원표대덕은 法力으로써 정치에 도움을 주었으므로 건원 2년(759, 경덕왕18) 왕이 특별히 명하여 장생표 기둥을 세우게 하였는데 그 標柱가 오늘날까지 남아 있다.(「寶林寺普照禪師彰聖塔碑」, p.109.)

② (雪山 億聖寺에 머물 때)임금께서 道風을 듣고 덕을 사모하여 …… 설법하니(결락) 이에 임금의 얼굴은 (결락)밝은 하늘을 보는 듯하였다. 그 후 열흘을 넘기지 않고, 작별을 고하니 임금이 명령을 내려(결락) 도중에 쓸 경비를 하사하고, 또한 임금께서 사신을 보내 산에 이르기까지 호위하여 모셔다 드리게 했다.(「沙林寺弘覺禪師碑」, pp.122~123.)

③ 헌안왕이 왕위를 계승하고 교서를 내려 도움의 말을 청하였다.(「聖住寺朗慧和尙白月葆光塔碑」, p.190.)

G)-① ② ③은 헌안왕과 체징·이관·무염의 관계에 대한 것이다. G)-①은 헌안왕이 체징을 경주로 초청하고 김언경에게 맞게 하

였으나, 이를 받아들이지 않자 858년 10월 다시 사신을 보내 가지
산사로 옮기게 한 것이다. 헌안왕이 체징을 가지산사로 옮겨 가게
한 것은 단순한 존경의 표시[49]와 사원 제공의 의미에 머문 것 같지
않다.

가지산사는 경덕왕 때 法力으로 정치에 도움을 주었던 元表가 머
물렀고, 경덕왕이 그를 위하여 特命으로 長栍標를 세워 주었던 곳이
었다.[50] 헌앙왕은 체징을 가지산사로 이주시켜 경덕왕 때 원표가 왕
정의 수행을 도왔듯이 체징도 자신의 정치를 도와줄 것을 기대하였던
것이다.

G)-②는 설악산 억성사에 머물던 이관이 헌안왕의 초청을 받고
경주에 와서 설법하고 돌아갈 때 왕이 여비를 지급하고, 사신으로
호위해 주고 있다. 설악산 억성사는 도의의 제자인 염거가 머물던
곳이다. 이관은 현욱에게서 공부하고 억성사로 옮겨 가서[51] 염거의
제자가 됨으로써 도의의 법맥을 잇게 된다.[52]

억성사가 위치한 강원도 동해안 지역은 일찍부터 진표의 미륵신앙
이 성행하여 굴산문에도 영향을 주고 있었다.[53] 진표의 미륵신앙은
민중적, 반신라적 성격을 지니고 민중들을 중심으로 확산되었다.[54]

---

49) 그의 비문에서 "소문을 듣고 도를 우러러 꿈속에서조차 사모하여"라고 하
    였다.(「寶林寺普照禪師彰聖塔碑」, p.108.)
50) 元表는 화엄종 승이었으므로 원표가 머물던 가지산사는 당연히 화엄종 사
    찰이었다. 여기에 헌안왕은 선승인 체징을 옮겨 가게 함으로써 화엄종 사
    찰을 선종사찰로 바꾼 것이다. 元表에 대해서는 呂聖九, 「元表의 生涯와 天
    冠菩薩信仰 硏究」, 『國史館論叢』48, 1993, 참조.
51) 「沙林寺弘覺禪師碑」, p.123.
52) 權德永, 「新羅 弘覺禪師碑文의 復元試圖」, 『伽山李智冠스님華甲紀念論叢 韓
    國佛教文化思想史』(上), 1992, p.641.
53) 趙仁成, 「彌勒信仰과 新羅社會 －眞表의 彌勒信仰과 新羅末 農民蜂起와의
    관련성을 중심으로－」『震檀學報』82, 1996, p.49.
54) 李基白, 「眞表의 彌勒信仰」, 『新羅思想史硏究』, 一潮閣, 1994, p.272.

이관에 대한 헌안왕의 정중하고도 은근한 대우는 설악산 억성사를 중심으로 이 지역에 확산되고 있던 반신라적 분위기의 불교세력을 견제하고, 포섭함으로써 중앙정부의 지배력을 강화하려는 목적이 있었던 것으로 생각한다.[55]

G)-③은 헌안왕이 즉위하여 도움의 말을 청하였을 때 무염은 周豊과 魯公에 대한 『예기』의 고사를 인용하여 대답하였다. 이때 헌안왕이 구체적으로 어떤 생각을 가지고 있었는지는 알 수 없다. 하지만 성주사의 최대 단월인 문성왕·김양과 헌안왕의 관계[56]를 고려하면 자신의 정권에 대한 지지의사를 기대하고 있었던 것 같다.

헌안왕은 문성왕의 妃父인 김양이 죽자 왕을 핍박하여 자신에게 왕위계승을 하도록 遺詔를 내리고 죽음으로써 즉위할 수 있었다.[57] 말하자면 헌안왕은 성주사 최대 단월이었던 문성왕과 김양에게는 정치적 경쟁자였던 셈이다.

성주사는 문성왕의 큰 정치적 후원자로서 문성왕 사후 정치적 경쟁자였던 헌안왕에 대한 입장의 정리가 필요하였다. 헌안왕은 이런 성주사에 대하여 정치적 조언을 구하는 것으로서 자신의 정권에 대한 지지를 요청한 것이라 할 수 있다. 이에 대해 무염이 周豊과 魯나라 哀公의 고사로 대답한 것은 의미심장하다. 이 고사의 본뜻이 군주의 도덕성을 강조하고 있기 때문이다.[58]

---

55) 曺凡煥, 앞의 논문, 2005, pp.273~274.
56) 성주사는 김양 등의 많은 후원을 받았다.
57) 尹炳喜, 「新羅 下代 均貞系의 王位繼承과 金陽」, 『歷史學報』96, 1982, p.74.
　　　또한 김양의 정계퇴진은 계명이 주도하고, 헌안왕, 김안 등의 도움이 있었다고 한다.(송은일, 「新羅 下代 景文王系의 成立」, 『全南史學』22, 2004, pp.138~140.)
58) 崔仁杓, 앞의 논문, 1996, pp.27~28, 참조.

H)-① 태사에 추증된 선대왕(경문왕)이 즉위함에 공경하고 존중함이 先
朝의 뜻과 같으면서도 날로 더욱 두터워 무릇 시행할 것은 반드
시 달려가 물은 후에 거행하곤 했다. 함통 12년(경문왕11, 871)
가을에 교서를 보내 전령으로 부르며 "산림은 어찌 가까이 여기며
성읍은 왜 소원한가?"라고 하였다. …… 홀연히 서울에 이르러 배
알하니 先大王이 袞服차림으로 좌정하고 스승으로 삼았다. (「聖
住寺朗慧和尙白月葆光塔碑」, p.191.)

② 임금이 억지로 할 수 없음을 알고, 이에 교서를 내려 상주의 심묘
사가 서울에서 멀지 않으므로 禪那別館으로 할 것을 청하였다. (「聖
住寺朗慧和尙白月葆光塔碑」, p.193.)

③ 건부 3년(헌강왕2, 876) 先大王이 몸이 편치 않아 근시에게 명하
기를 빨리 우리 大醫王을 모셔오라고 하였다.(위와 같음)

④ 경문대왕이 …… 멀리서 禪師의 덕을 듣고 좋은 (결락)세우려고
생각하였다. (결락)월 5일에 관영법사를 보내 멀리서 조칙을 내려
산문을 위로하고 월광사를 빛내어 깊이 禪師로 하여금 주지하게
하였다.(「月光寺圓朗禪師大寶禪光塔碑」, p.225.)

⑤ 증태부 경문대왕이 마음으로 三敎에 융통하여 지증대사를 한번 보
고자 하였다. 멀리서 그 생각을 간절히 하여 국정을 도와주기를 바
랐다.(「鳳巖寺智證大師寂照塔碑」, p.315.)

H)-① ② ③은 경문왕과 무염의 관계를 나타내고 있다. 경문왕은
시행할 것은 반드시 무염에게 자문을 구하였으며, 왕의 스승으로 삼았
다. 그리고 죽음에 이르러서도 무염을 간절히 부르고 있어 그 대우가
각별하였음을 알 수 있으나, 무염이 곧 떠나고 있어 좋은 반응은 얻지
못한 듯하다. 이에 경문왕은 상주 심묘사를 선나별관으로 하여 옮겨 머
물게 하였다.[59]

---

59) 경문왕이 선나별관으로 삼아 무염을 머물게 한 심묘사는 교종사원으로 왕
   실과 밀접한 관련을 가진 사원이었을 것이다. 무염을 심묘사에 머물게 한

경문왕이 무염을 각별히 대우하는 것은 국정에 대한 자문을 구하는 데 주된 목적이 있었던 것으로 보인다. 이 점은 굳이 떠나려는 무염을 신라 왕실과 밀접한 관련 아래 있던 상주 심묘사에 移錫시키고 있는 데서 확인된다. 상주 심묘사는 헌강왕이 심묘사 비문을 직접 찬술하여 무염과 왕실의 돈독한 관계를 밝힌 바 있고,(C)-① 이에 앞서 흥덕왕은 혜소를 상주 장백사에 머물게 한 바가 있다.[60] 따라서 상주는 남종선이 도입되는 시기에 신라 왕실이 선승들을 머물게 하는 주요 지역이었다.

또한 상주는 정치적으로도 신라 왕실에 매우 중요한 지역이었다. 이 지역은 교통의 요지로 중국에서 경주로 들어갈 때 반드시 거쳐야 하는 관문이며, 김헌창의 반란 때 동조한 세력들이 많았던 지역이었다.[61] 이러한 지역에 무염을 이주시킨 것은 무염으로 하여금 정치적 자문에 임하게 하면서도 신라의 지방지배에서 중요한 거점인 상주 지역을 중심으로 주변 지역에 대한 영향력 증대를 위한 것이라 할 수 있다.

H)-④는 경문왕이 관영법사를 보내 월악산 월광사에 머물던 대통의 주지를 추인하는 것이다. 월악산은

I. (자인선사가 글을 보내)월광사는 神僧 道證이 창건한 절이다. 옛날 우

것에 대해서는 일종의 억류 조치로 이해하거나,(秋萬鎬, 「羅末 禪師들과 社會諸勢力과의 關係 －眞聖女王代의 農民叛亂에 주목하여－」, 『史叢』30, 1986.) 통제책의 일환이었던 것이라 하기도 한다.(曺凡煥, 「新羅末 聖住山門과 新羅王室 －朗慧無染과 新羅王室의 관계를 중심으로－」, 『國史館論叢』 82, 1998, p.158.)
60) 「雙谿寺眞鑑禪師大空靈塔碑」, p.143.
61) 洪承基, 「後三國의 분열과 王建에 의한 통일」, 『韓國史市民講座』6, 일조각, 1989, pp.59～61, 참조.)

리 태종대왕이 백성들이 도탄에 빠진 것을 가슴 아프게 여기고 (결락)三
韓을 정복하고 통일을 이룩하던 때에 (결락)을 입어 영원히 (결락)재앙
을 없앴으므로 특별히 이 산을 봉하여 으뜸가는 공로를 기렸다.(「月光寺
圓朗禪師大寶禪光塔碑」, pp.223~224.)

한 것처럼 무열왕이 삼국을 통일하여 재앙을 없애는 데 공로가
있어 封하여 기리던 산으로 신라 왕실과는 정신적으로 매우 긴밀한
관계에 있었다. 경문왕은 이 월악산 월광사에 머물던 대통의 주지를
추인하는 조치를 취하였다.[62] 이는 재앙을 없앤 공으로 봉함을 받은
월악산에 대통을 머물게 함으로써 월악산을 중심으로 충청내륙 지역
에 대한 영향력을 증대하고, 정신적 지주로 삼으려는 의도가 있는
것으로 보인다.

H)-⑤는 경문왕이 도헌에게 국정에 대한 도움을 바라는 것이다.
도헌은 이를 거절하였으나,[63] 경문왕의 누이인 단의장옹주가 864년
도헌을 當來佛이라 부르면서 현계산 안락사를 제공하였는데, 도헌은
이를 받아들였다.[64] 그리고 3년 후인 867년에 단의장옹주는 안락사
에 농장과 노비를 헌납하여 영원히 바뀌지 않게 함으로써 경제기반
을 마련하여 주었다.[65] 이에 도헌은 자신이 소유하고 있던 莊 12區
의 田 500결을 안락사에 예속시키고,[66] 헌강왕 8년(882) 입적할 때
까지[67] 거의 대부분의 시간을 여기서 보냈다. 경문왕과 단의장옹주

---

62) 대통은 무염의 제자로 성주산문 소속이었다. 성주산문이 신라 왕실과 긴밀
　　한 관계에 있었음을 감안하면 대통의 주지를 추인하는 절차를 거침으로써
　　왕실의 영향권 내에 두려는 조치로 판단된다.
63) 「鳳巖寺智證大師寂照塔碑」, pp.316~317, 참조.
64) 「鳳巖寺智證大師寂照塔碑」, p.318.
65) 「鳳巖寺智證大師寂照塔碑」, pp.318~319.
66) 「鳳巖寺智證大師寂照塔碑」, p.319.
67) 「鳳巖寺智證大師寂照塔碑」, p.309.

의 사회·정치적 성향을 동일한 것으로 볼 수 있다면 도헌이 경문왕의 요청을 실제적으로 거절한 것은 아니라 하겠다.

> J)-① 헌강대왕이 翊室에 居하게 되었다. 울면서 왕손 훈영에게 명하여 뜻을 알리되 "내가 어려서 부친상을 만나 정치는 잘 알지 못하지만 임금이 되어 부처님을 받들어 널리 많은 사람을 구제하는 것은 홀로 자기 몸만을 착하게 하는 것과 같다고는 말할 수 없을 것입니다."(「聖住寺朗慧和尙白月葆光塔碑」, p.194.)
>
> ② 당 희종이 (헌강왕을) 책봉하던 해(878)에 국내에서 도를 말할 수 있는 자에게 이로움을 늘리고, 해로움을 없앨 방책을 바치도록 하고, 특별히 蠻牋에 글을 써 보내니 하늘의 총애를 입었음은 그럴 만한 까닭이 있어서이다.(「聖住寺朗慧和尙白月葆光塔碑」, p.195.)
>
> ③ 헌강대왕이 중국 풍속으로 폐단을 없애고 지혜의 바다로 마른세상을 윤택하게 하였으니 평소부터 靈育의 아름다움을 흠앙하였고, 法深의 論을 듣기를 갈망하였다. 이에 마음을 계족산에 두고 편지를 안락사에 보내 부르면서 外護하였던 조그마한 인연이 벌써 1년이 넘었습니다. 안으로 큰 지혜를 닦을 수 있도록 한번 오시면 다행이겠습니다.(「鳳巖寺智證大師寂照塔碑」, p.324.)

J)-① ②는 헌강왕과 무염의 관계를 나타낸 것이다. J)-①은 경문왕 사후 헌강왕이 즉위하여 무염을 놓아주는 과정이다. 이때 헌강왕은 정치는 잘 알지 못하지만 임금으로서 불교를 통하여 사람을 구제하는 것이 獨善하는 것보다 가치 있는 것이라 하였다. "정치를 잘 알지 못한다." 하고서 "불교를 통해 사람을 구제하겠다." 한 것은 무염을 정치적 후견인으로 삼고 정치를 하겠다는 의사의 표현으로 보인다. 이에 대한 헌강왕의 구체적인 행동이 J)-②의 정치적 조언을 구하는 것이었다.

이때 무염은 하상지의 故事를 인용하여 대답하였다.[68] 무염의 정치적 조언에 대하여 헌강왕은 "三畏는 三歸依에 비견되며, 五常은 五戒와 같다. 능히 王道를 실천하는 일, 이것이 바로 佛心에 부합된다. 대사의 말씀이 지극하시니"[69]라고 하여 매우 긍정적으로 평가하였다.

J)-③은 헌강왕과 도헌의 관계를 보여준다. 헌강왕은 중국의 풍속, 즉 유학을 통한 개혁정치를 시행하면서 도헌의 조언을 구하였다. 비록 法深의 論을 듣고자 했다 하여 불교에 대한 교리 설명을 듣고자 한 것처럼 하였으나, 헌강왕이 개혁정치를 통하여 왕권의 강화에 전력을 기울이고 있었다는 점을 고려하면,[70] 불교뿐만 아니라 정치에 대한 조언을 구하는 것으로 볼 수 있다.

다음은 진성여왕 이후 신라 왕실이 선승들과 관계를 유지하려는 태도를 보겠다. 진성여왕 이후 신라 왕실과 선승들의 교류는 그 빈도와 지역적 범위가 크게 축소되어 소수의 특정 선승들과의 관계만 드러나고 있어 이전의 활발하던 모습은 나타나지 않는다. 진성여왕 3년(889) 이후 광범위하게 확산하는 농민항거와 후삼국의 정립으로 인한 신라 중앙정부의 지배 영역 축소와 관련이 있는 것 같다. 그러나 선승들에게 기대하는 것은 앞 시기의 왕실과 큰 차이는 없어 보인다.

K)-① 진성대왕이 御宇한 지 2년 만에 특별히 명주의 삼석과 포도 두 스님과 東宮內養 안처현 등을 보내 綸言을 전달하여 國泰民安을 위해 法力을 빌고, 나아가 陰竹縣의 元香寺를 先那別館으

---

68) 「聖住寺朗慧和尙白月葆光塔碑」, p.195.
69) 「聖住寺朗慧和尙白月葆光塔碑」, p.196.
70) 田美姬, 「新羅 景文王・憲康王代의 <能官人>登用政策과 國學」, 『東亞研究』 17, 1989, 참조.

로 영속시켰다.(「興寧寺澄曉大師寶印塔碑」, p.294.)

② 임금(진성여왕)이 대사가 길이 국가를 복되게 하며, 겸하여 北堂을 위해서 無量寺와 靈神寺 두 절을 헌납하여 住錫하도록 했다.(「興寧寺澄曉大師寶印塔碑」, p.295.)

③ 대왕(진성여왕)이 …… 항상 스님을 王佐의 재주로 흠모하였으므로 이제 국사의 예를 表한다고 하였다.(「興寧寺澄曉大師寶印塔碑」, pp.297~298.)

④ 효공왕이 寶位에 오르고 특히 선종을 흠모하여 …… 왕궁으로 초빙하였다. …… 천우 3년(효공왕11, 907.) 9월 초에 홀연히 명주 교외를 나와 京邑에 도착하였다.(「太子寺朗空大師白月栖雲塔碑」, p.387.)

⑤ 과인(경명왕)은 大業을 받고 나라의 기틀을 이어 道安, 慧遠과 같은 교화를 돕고자 하였고, 禹임금, 湯임금과 같은 세상 이루기를 기약하였는데 …… 정명 4년(경명왕2, 918) 겨울 10월에 훌쩍 절을 떠나 王城에 이르렀다. …… 나라를 다스리고 백성을 편히 하는 방법을 說하고 스님들께 귀의하고(「鳳林寺眞鏡大師寶月凌空塔碑」, p.319.)

⑥ 본국의 경애대왕이 대사의 덕이 천하에 으뜸이고, 명망이 해동에 두텁다는 소문을 들었으나 …… 鴛廬로 초빙해서 王道의 危急함을 扶護하는 방법을 물었으며, 국사의 예를 表하였다.(「太子寺朗空大師白月栖雲塔碑」, p.151.)

　　K)-① ② ③은 진성여왕과 사자산 흥령선원 절중의 관계를 나타낸다. K)-①은 진성여왕이 국태민안을 위해 法力을 빌고 있으며, K)-②에서는 국가를 복되게 하고, 北堂을 위해 사원을 제공하여 주석토록 하였으며, K)-③에서는 王佐의 재주를 흠모하여 국사의 예를 표하고 있다. 진성여왕이 절중에게 집착하면서 관계를 유지하려 하는 이유가 분명해진다. 즉 국태민안과 北堂을 위한 王佐의 재주를 흠모해서였다. 이는 진성여왕이 절중의 도움을 받아 사회혼란을

수습해 보고자 하는 의도를 가지고 있었음을 나타내는 것이다.

K)-④는 효공왕이 행적을 초청한 것이다. 초청의 이유는 구체적으로 제시되지 않았으나, 행적이 도를 높이 숭상함에는 복희 씨와 헌원 씨의 術을 說하여 주고, 나라를 다스림에 있어서는 요임금과 순임금의 風道를 일러 주었다는 것을 보면[71] 정치에 대한 자문 요청이 있었을 것이다.

K)-⑤는 경명왕이 심희를 초청하면서 禹와 湯의 정치를 이루고자 하는 포부를 밝혔다. 이에 대하여 심희는 나라를 다스리고 백성을 편안히 하는 방법을 말하였다. 심희가 경명왕에게 말한 것은 禹와 湯의 정치를 이루는 방법이었을 것이다.

K)-⑥은 경애왕이 개청을 초청하면서 王道의 위급함을 扶護하는 방법을 묻고, 국사의 예를 표하였다. 이 초청은 성사되지 못하였으나, 개청의 단월이 주로 명주의 호족들로 구성되어 있어서[72] 王道의 위급함을 扶護하는 정치적 조언과 더불어 가능하다면 개청을 통하여 명주 지역 호족들까지도 포섭하고자 하였을 것이다.

위에서 살펴본 바와 같이 신라 왕실은 선종사원과 선승들을 부정적으로 보지 않았다. 신라 왕실은 선승들로부터 국가 경영과 관련한 조언을 구하고, 나아가 정치에 참여시키는 동반자적 관계를 형성시키고자 하였다. 이러한 왕실의 선승에 대한 인식은 정치적 조언자로서의 기능을 강조한 것이기도 하겠지만 한편으로는 지방사회에 대한 영향력의 증대에도 목적을 두고 있는 것이었다.

신라 왕실이 선승들과 교류하면서 진성여왕 이전인 민애왕·문성왕·헌안왕·경문왕·헌강왕 등이 주로 성주산문을 중심으로 가지산

---

71) 「太子寺朗空大師白月栖雲塔碑」, pp.387~388.
72) 「太子寺朗空大師白月栖雲塔碑」, pp.149~152, 참조.

문·동리산문·안락사의 도헌·쌍계사의 혜소 등과 관계를 형성하기 위하여 노력하며, 관심과 후원도 이에 집중하고 있다. 물론 봉림산문의 현욱은 민애왕·신무왕·문성왕·헌안왕과 師資의 관계를 맺었으며,[73] 굴산문의 범일은 경문왕·헌강왕·정강왕의 초청을 받고 국사로 봉함을 받았다.[74] 그리고 도윤이 경문왕과 교류한 것으로 되어 있으나,[75] 그 자세한 내용은 알 수 없으며, 현욱을 제외하면[76] 왕실과 긴밀한 관계도 아니었다.

지역적 분포에 있어서도 명주의 굴산사가 포함되어 있으나, 대부분 충청·전라도 지역에 거의 국한하고 있다. 대부분의 선승들이 이 지역에 집중하여 주석하고, 비교적 일찍 산문을 형성시켰기 때문일 수도 있으나, 특정 지역 선종사원과 밀접한 관련을 보이는 것은 이 지역의 동향과 관련하여 주목해야 할 것이다.[77]

진성여왕 이후에는 이전에 큰 주목을 받아 후원을 받으면서 교류가 활발하던 성주산문·동리산문·가지산문 등과 교류가 거의 단절되는 반면에 봉림산문,[78] 굴산문,[79] 사자산문과 관련한 사원 또는

---

73) 『祖堂集』卷17, 東國慧目山和尙.
74) 『祖堂集』卷17, 溟州崛山故通曉大師.
75) 『祖堂集』卷17, 雙峰和尙.
76) 曺凡煥, 앞의 논문, 1994, p.46.
77) 신라하대 지방사회의 동요가 이 지역에서 특히 격심하게 일어나던 상황과 관련이 있는 듯하다. 청해진의 장보고는 중앙의 왕위계승에 관여하였고, 혜철과도 교류하였는데 문성왕은 혜철을 후원한 바가 있다. 김헌창이 반란의 근거로 삼았던 웅천주의 성주사는 김양·문성왕 등의 후원을 받았다. 또한 가지산문은 신라 왕실과 밀접한 관련을 가진 원찰로 이해되고 있다.(李啓杓, 「新羅下代의 迦智山門」, 『全南史學』7, 1993, pp.283~286, 참조)
78) 현욱은 경문왕의 도움을 받고, 혜목산으로 이주하여 밀접한 관련을 맺었겠지만, 현욱 입적 후 혜목산과 신라 왕실과의 관계가 잘 나타나지 않는다. 현욱의 제자인 심희가 머물던 봉림사는 진성여왕 이후 왕실과 집중적인 교류가 이루어진다.
79) 신라 왕실은 범일에게 교류를 거절당한 후 제자인 개청과 행적에 대한 교

선승과 교류를 갈망하고 있다. 이는 진성여왕 이후 후백제가 성립하면서 충청·전라도 지역과 지리산 지역 등 선종사원이 집중 분포한 지역이 후백제의 영향권 내에 편입되어 교류가 차단되면서 강원도 등지의 선종사원에 관심을 보이면서 나타난 현상으로 보인다.

그러나 강원도 지역이 후고구려의 영향권 내로 편입되면서 이 지역의 선종사원 및 선승과 교류도 차단되었을 것으로 보인다. 따라서 이 지역을 이탈하는 선승에 대한 관심이 증대하였다. 굴산문 행적의 경우는 강원도 지역을 이탈하여 석남산사로 이주하여 궁예의 세력권에서 벗어나 있었고,[80] 절중의 경우에도 궁예에 의하여 흥령선원이 위협을 받아 소실된 후 남하하여 정착하지 못하고 후백제 지역을 떠돌고 있었다.[81] 따라서 이들과 교류가 활발하였다 말할 수 없고, 또 선승들의 반응도 냉담하였다. 그러나 이전 시기에 비하여 이 지역에 위치하였던 선종사원과 선승들에 대한 신라 왕실의 관심도가 높아진 것은 분명하다.[82]

진성여왕 이후 후백제·후고구려·고려가 차례로 성립되면서 신라의 지배 영역이 경상도 일대로 축소되어 선종사원 및 선승과 교류가 차단되고, 선종사원 및 선승의 관심이 신라 왕실보다는 이들 새로운 국가지배자에게로 옮겨 가고 있는 상황에서도 선종과 교류에 집착하는 것은 기존의 선종정책을 답습하면서 붕괴해 가는 권력을 유지하

류를 시도하고 있다.

80) 崔仁杓, 「羅末麗初의 太子寺 −朗空行寂을 中心으로−」, 『안동문화』11, 2003, pp.32~39, 참조.

81) 崔仁杓, 「羅末麗初 師子山門의 動向」, 『韓國傳統文化硏究』11, 1996, pp.232~240.

82) 궁예는 미륵신앙에 관심을 갖고 이를 정치에 이용하고 있으나, 선종에 대해서는 크게 호감을 갖고 있지 않았던 듯하다. 이 점이 궁예 세력권 아래 있거나, 이탈하는 선종산문에 대한 관심을 증폭시킨 요인이 되었을 것이다.

려 한 데서 원인을 찾을 수 있다.

그러나 사회상황의 변화에 적절히 대처하지 못하고 기존의 정책적 수단에 매몰되어 있는 신라 왕실의 선종정책이 더 이상 효과를 발휘할 수 있는 상황은 아니었다.

3. 禪宗寺院의 近侍機構化

신라하대 선승들이 신라 왕실에 가지고 있던 태도는 부정적인 것이 아니었다.[83] 신라 왕실도 선종을 긍정적으로 평가하고, 王政의 동반자로 인정하여 적극적인 관계형성에 노력하고 있었다. 선승들의 대부분은 신라 왕실의 초청을 받으면 이를 받아들였고, 신라 왕실의 요청을 받아 시무책을 제시하기도 하였다. 선승들은 대개 신라 왕실의 초청을 거절하지 않았으나, 일부의 선승은 수행자의 도리를 내세워 소극적인 자세를 보이는 경우도 있었다. 이것은 선종과의 교류와 협력을 통하여 권력의 기반을 확대하려던 신라 왕실에 부담으로 작용하기도 하였다.[84]

또한 선승들이 제시하는 시무책은 신라사회의 현실을 바탕으로 마련된 것이었으나, 골품제가 지배하는 신라사회에서 실현되기 어려운 선언적인 내용도 많았다.[85] 시무책은 대개 왕실의 요청에 의하여 제

---

83) 선승들이 왕실의 초청을 거절하는 것은 왕실을 부정해서가 아니라 수행자의 도리를 지키기 위한 것이었다. 또한 진성여왕 이후 선승들과 교류가 차단되고, 신라 왕실에 대한 태도가 일부 강경한 입장을 드러내는 경우가 있으나, 이것이 신라 왕실 자체를 부정하여 타도의 대상으로 삼은 것은 아니었다.

84) 선승들이 수행자의 도리를 내세우는 것은 세속과 관계 맺기를 거절한 것으로 비쳐질 수도 있기 때문이다.

85) 시무책의 제시는 양면성을 지닌다. 개혁의 주체로서 왕실을 인정하고 개혁을 하고자 하는 적극적인 의사의 표현일 수 있으나, 다른 한편으로는 구체

시된 것이긴 하지만 실현시킬 힘과 능력이 부족하였던 신라 왕실로서는 부담이 되는 것이었다. 따라서 신라 왕실은 선종의 동향에 민감하게 반응하였고, 이에 대한 대응책을 강구하지 않을 수 없었다.

신라 왕실의 선종에 대한 대응책은 크게 회유·포섭과 규제의 양 측면에서 동시에 시행된 것으로 보인다. 선종에 대한 회유·포섭 방법으로는 '경제적 지원'·'사원의 제공'·'국사 책봉'·'탑비의 건립'을 통한 명예 부여 등이 있다. 선종에 대한 신라 왕실의 대응에 대해서는 대개 회유·포섭의 관점에서 접근한 상당수의 연구 성과들이 있어 윤곽을 파악할 수 있다. 그러므로 여기서는 선종의 규제와 관련하여 선승이나 선종사원을 제도권 내로 편입시키는 실태와 의도에 국한하여 살펴보고자 한다.

> L)-① 개성 3년(민애왕1, 838)에 이르러 민애대왕이 갑자기 임금의 자리에 올라 깊이 불교에 의탁하였다. …… 선사는 色과 空을 다 초월하고 禪定과 智慧를 함께 원만히 갖추었다 하여 사신을 보내 號를 내려 慧昭라 하였는데 聖朝의 廟諱를 피해서 바꾼 것이다. 이에 僧籍을 大皇龍寺에 올리고 서울로 나오도록 청하였다.(「雙谿寺眞鑒禪師大空靈塔碑」, p.144.)
>
> ② 문성대왕이 그 교화함을 듣고 임금의 德化를 돕지 않음이 없다고 하면서 매우 본받을 만하다고 편지를 내어 위로하였다. 대사가 山中宰相에게 답한 네 마디를 아름답게 여겨 사찰의 이름을 바꾸어 聖住라 하고 大興輪寺에 예속시켰다.(「聖住寺朗慧和尙白月葆光塔碑」, p.189.)
>
> ③ 이때 헌강대왕이 鳳筆을 보내 궁궐로 초빙하고는 사자산 흥녕선원

적인 신라사회의 현실을 바탕으로 사회의 약점과 병폐현상을 지적한 것이므로 이의 실현을 과제로 안게 된 신라 왕실로서는 부담을 느끼지 않을 수 없었을 것이다.

을 中使省에 예속시켜 대사를 그곳에 있게 하고는 나라의 중흥을 기꺼워하였으나, 갑자기 헌강대왕이 승하하여 탄식을 금할 수 없었다.(「興寧寺澄曉大師寶印塔碑」, p.293.)

④ 또 왕이 望水宅 등에게 金 150分, 租 2千斛을 내게 하여 절을 장식하는 功德의 비용에 충당하도록 하고, 사찰을 宣敎省에 예속시켰다.(「寶林寺普照禪師彰聖塔碑」, p.110.)

L)-① ② ③ ④는 각각 민애왕이 쌍계사 혜소를 대황룡사에 貫籍하고 문성왕이 성주사를 대흥륜사에 예속시킨 사실과 절중이 머물던 사자산 흥령선원을 중사성에 예속시키고, 체징이 머물던 가지산 보림사를 선교성에 예속시킨 것을 보여준다. 신라하대에 신라 왕실이 선승과 선종사원을 교종사원이나 근시기구에 예속시킨 예는 이 네 가지뿐인 듯하다.

L)-①은 민애왕이 쌍계사 혜소를 대황룡사에 貫籍시킨 것이다. 혜소는 흥덕왕이 상주 장백사에 머물게 하자 가서 주석하였지만 경제적 어려움 때문에 지리산으로 옮겨 갔다.[86] 이때 민애왕이 즉위하여 齋의 비용을 준비하고 초청하였는데 善政에 힘쓰라는 퉁명스러운 대답을 보냈다.[87]

치열한 살상과정을 주도하면서 즉위한 민애왕으로서는 매우 실망스러운 대답이었다. 齋의 비용을 준비하고 이를 핑계로 혜소를 경주에 불러올림으로써 회유·포섭하려는 의도가 실패로 돌아간 것이다. 민애왕은 혜소와 새로운 관계를 모색해야 할 필요를 강하게 느꼈을 것이다.

그러나 민애왕이 선택할 수 있는 방법은 매우 제한적이어서 무력

---

86) 「雙谿寺眞鑑禪師大空靈塔碑」, p.143.
87) 「雙谿寺眞鑑禪師大空靈塔碑」, p.144.

을 동원하는 강제력을 행사하거나, 제도권 내에 편입시켜 규제를 가하는 방법밖에 없었다. 민애왕은 무력을 동원한 강제력의 행사가 현실적으로 불가능한 상황에서 합리적이면서도 선전효과까지 노릴 수 있는 제도권 내에 혜소를 묶어 두고 규제하면서 정치에 참여시키는 방법을 선택하였다. 그것이 혜소를 황룡사에 貫籍시키는 것이었다.[88]

혜소는 애장왕 5년(804) 歲貢使의 뱃사공으로 입당하여 滄州 神鑑에게 가서 출가하였다.[89] 그리고 헌덕왕 2년(810) 숭산 소림사 유리계단에서 구족계를 받았다.[90] 따라서 혜소는 당에서 출가하고, 구족계를 받아 당의 승적은 가졌겠지만 신라의 승적은 갖지 못하였을 것이다. 민애왕이 혜소를 황룡사에 관적시킨 것은 신라의 승적을 부여함과 동시에 교종사원인 황룡사에 소속시킨 것을 의미한다.[91] 이로써 혜소가 건립하고, 민애왕이 사액한 쌍계사는 황룡사의 末寺化되었다.

황룡사는 진흥왕 14년(553) 2월 월성의 동쪽에 건립하기 시작하여 동왕 30년(569)에 완공하였다.[92] 황룡사는 중고기에 신라의 왕권을 상징하는 호국사찰로서 전국의 불교교단을 통괄하고 감독하는

---

88) 이미 지리산에는 흥덕왕과 민애왕의 아버지인 충공의 후원을 받는 홍척의 실상사가 형성되어 있었고, 현욱도 실상사에 머물렀다. 민애왕이 혜소를 왕권 아래 예속시켜 둘 수만 있다면 이를 매개로 하여 지리산 지역의 선종세력을 자신의 권력기반으로 두었다는 것을 은근히 천명할 수도 있었을 것이다.

89)「雙谿寺眞鑑禪師大空靈塔碑」, p.141.

90)「雙谿寺眞鑑禪師大空靈塔碑」, p.142.

91) 승적을 부여한 것은 국가에서 승려로서의 신분을 공식적으로 부여한 것으로 볼 수 있고, 이에 따라 승려에게 주어지는 신분적 특권을 누릴 수 있었을 것이기 때문에 민애왕이 은혜를 베푼 것이라 할 수 있으나, 한편으로 국가의 관리하에 편입되는 것을 의미하기 때문에 규제의 의미도 지니는 것이었다.

92)『三國史記』卷4, 新羅本紀4, 眞興王 14年 봄 2月.

기능을 갖고 있었다.[93] 그러나 중대에는 교단과 관련된 불교 통제의 기능을 사천왕사 등 成典寺院에 넘겨주면서 퇴조하게 된다.[94] 하대에는 무열왕계통의 왕권이 붕괴하여 방계왕족들이 정치에 두각을 나타내면서 황룡사는 國刹로서의 기능을 회복한 것으로 추정되는데,[95] 이는 황룡사에 설치되는 성전의 존재로 확인된다.[96]

신라하대 황룡사에는 정법전의 승관들이 소속되어 있었다. 이들은 불교교단과 관련된 다양한 행정업무를 수행하고, 불교교단과 관련된 왕명을 받아 전달하거나, 이를 집행하였다.

M)-① 寶曆 2年(826) 세차 병오년 8월 초엿새 신축일에 中初寺 동쪽의 僧岳에서 돌 하나가 갈라져 둘이 되었다. 같은 달 28일에 두 무리가 일을 시작하였고, 9월 1일 이에 이르렀으며, 정미년 2월 30일에 모두 마쳤다. 節州統은 皇龍寺 恒昌화상이다(「中初寺幢竿石柱記」, 『韓國金石全文(고대)』, p.164.)

② 태화 7년(833) 3월 일에 청주 연지사의 종이 이루어졌다. …… 성전화상은 혜문법사와 □혜법사이며 …… 節州統은 皇龍寺 覺明和尙이다.(「菁州蓮池寺鐘」, 『韓國金石全文(고대)』, p.166.)

③ 專知修造僧康州咸安郡統敎章(「昌林寺無垢淨塔願記」, 『韓國

---

93) 李基白, 「皇龍寺와 그 創建」, 『新羅時代의 國家佛教와 儒教』, 韓國研究院, 1978, pp.61~67, 참조.
94) 蔡尙植, 「新羅史에 있어서 皇龍寺의 位相과 그 推移」, 『新羅文化祭學術發表會論文集』22, 2001, pp.195~200, 참조.
95) 蔡尙植, 앞의 논문, 2001, pp.200~201.
96) 황룡사 성전의 성립 시기에 대해서는 직관지 성전 기록의 하한인 애장왕 5년(806) 이후 흥덕왕 2년(827) 사이로 추정한 견해(李泳鎬, 「新羅中代 王室寺院의 官寺的 機能」, 『韓國史研究』43, 1983, p.227.)와 황룡사9층목탑이 중수되는 경문왕 12년(872)으로 본 견해가 있다.(蔡尙植, 앞의 논문, 2001, p.115.) 비록 황룡사 성전의 설치 시기에 대한 이견이 있기는 하나 하대에 들어와 국가 불교 통제와 관련하여 황룡사의 역할이 증대하고 있음을 확인하는 데는 충분하다.

金石全文(고대)』, p.175.)

④ 그해 9월에 南川郡統 訓弼로 하여금 別墅로 표시하게 하고 生場을 구획하였다.(「鳳巖寺智證大師寂照塔碑」, p.320.)

⑤ 겨울 10월에 왕이 다시 명령을 내려 승려와 속인 사신인 僧正 連訓法師와 교지를 받든 馮瑄 등을 보내 왕의 뜻을 전해 迦智山寺로 옮겨 거처할 것을 청하였다.(「寶林寺普照禪師彰聖塔碑」, p.109.)

M)-① ②는 황룡사 승려인 節州統 恒昌과 覺明이 각기 지방의 佛事에 참여하고 있음을 보여주며, M)-③ ④에서는 창림사 무구정탑 건립과 도헌이 머물던 안락사에 기부된 토지에 대한 공인과 生場의 구획에 咸安郡統 敎章과 南川郡統 訓弼이 참여하고 있다. 그리고 M)-⑤에서 僧正 連訓法師가 俗官인 馮瑄과 함께 왕명을 전달하고 있다.

절주통 항창과 각명이 어떤 인물인지는 알 수 없으나, 황룡사 소속의 승려였다. 남천군통 훈필과 승정 연훈법사는 각각 「皇龍寺九層木塔刹柱本記」 道監典의 維那僧 勛筆과 皇龍寺 上座 然訓과 동일인으로 추정되고 있어,[97] 이들도 황룡사에 소속되었던 승려로 볼 수 있다.

주통과 군통은 『삼국사기』 직관지에 각 9인·18인이라고 했으므로[98] 모든 州郡에 파견되어 상주하던 승관은 아니었으며, 통일 이후 설치되어 지방 불교계에 대한 통제를 담당하였다.[99] 이들의 교단 통제는 지방사원의 불사에 속인과 함께 참여하거나, 왕명을 받아 사

---

97) 李泳鎬, 앞의 논문, 1983, pp.109~110.
98) 『三國史記』卷40, 雜志9, 職官(下), 正法典.
99) 郭丞勳, 「新羅 皇龍寺 僧侶들의 活動」, 『新羅文化祭學術發表會論文集』 22, 2001, p.165.

원에 기증된 토지의 경계를 획정하는가 하면 승려들의 거주지 이동을 요청하는 왕명 전달자의 역할을 수행하기도 하였다.

이처럼 신라하대 황룡사 승려들은 승관직을 가지고 불교교단을 통제하는 중심 기구로서 僧政 전반을 장악하고 있었다. 이들은 왕의 직접 지배하에 있는 정법전의 僧官을 겸임하고[100] 있었다. 따라서 신라하대의 황룡사는 왕권의 직접적인 명을 받아 불교교단을 통제하고 있어 불교계에 대해 국왕권을 행사하는 합법적 기구로서의 기능을 가지고 있었다.

민애왕이 이러한 황룡사에 혜소를 貫籍시킨 것은 혜소를 직접적으로 지배하는 한편으로 승정기구에 참여시킴으로써 선종에 대한 동향 파악, 왕명의 전달 또는 집행을 위한 조처로 볼 수 있다.

L)-②는 무염이 주석하고 있던 성주사를 문성왕이 대흥륜사에 예속시켰다는 것이다. 무염은 신라 왕실과 밀착되어 있었다. 성주사는 신라 왕실의 웅천주 지역 지배와 연관되어 있었으며, 문성왕은 이를 높이 평가하고 있었다.(E)-②, F) 웅천주에서 성주사는 단순한 종교적 중심지로서의 기능을 넘어 지방지배와 관련되어 있음을 인정한 것으로 볼 수 있다. 문성왕이 성주사를 흥륜사에 예속시키는 것은 왕실과 밀접한 관련을 맺고 있던 성주사를 왕권에 강하게 예속시키고, 이를 거점으로 주변 지역에 대한 지배력을 강화하려는 조치였다.

앞의 혜소가 개인적으로 황룡사에 예속되었다면 성주사는 사원이 흥륜사에 예속되어 차이를 볼 수 있다. 이 차이는 사원의 개창과 관련하여 쌍계사가 민애왕 당시 그리 큰 규모가 아니었고, 개창과정에 왕실의 영향력이 비교적 적게 작용하였기 때문에 개인을 황룡사에 예속시킨 것으로 보인다.

---

100) 정법전의 승관인 郡統과 僧正에 황룡사 소속 승려들이 임명되고 있었다.

그러나 성주사는 개창과정에 신라 왕실과 진골귀족의 적극적인 후원이 있어 성주사의 경제력은 대부분 이들에게서 나왔다.[101] 즉 성주사에 예속된 경제력 등에 대한 관심과 성주사가 위치한 웅천주 지역이 지방지배와 관련하여 매우 민감한 지역이었던 등의 요인으로 사원 전체를 흥륜사에 예속시킨 것으로 보인다. 이로써 유학 중에 구족계를 받아[102] 신라의 승적을 갖지 못하였던 무염도 성주사와 함께 흥륜사에 예속되어 승적을 갖게 되었다.

흥륜사는 신라 최초의 사원으로 법흥왕 14년(527) 공사를 시작하여 진흥왕 5년(544)에 완공하였다.[103] 흥륜사에는 법흥왕이 만년에 法空이란 法名으로 머물렀으며, 大王興輪寺(大興輪寺)라 사액되었으며,[104] 불교 흥법의 성지로서 불사리의 보관, 외교에서 불교관계 사항의 주관, 왕실과 귀족의 治病활동 등 신라 왕실과 밀접한 관련을 맺고 있었으며,[105] 신라 왕실의 직접적인 지배하에 있었다. 그러나 중대에는 성전사원들이 성립하면서 황룡사와 함께 그 위상이 크게 격하되었다.

하대에 들어오면서 흥륜사는 고승들의 추모활동과 관련하여 크게 부각된다.

N)-① 원화 2년 정유 8월 5일은 즉 제41대 헌덕대왕 9년이니 흥륜사의

---

101) 성주사 비편에 이찬 위흔·윤흥·선화부인 등 진골로 추정되는 인물들이 보인다.
102) 崔仁杓,「羅末麗初 禪宗佛敎政策 硏究」,(대구가톨릭대학교박사학위논문), 1998, p.207.
103)『三國遺事』卷3, 興法3, 阿道基羅.
104)『三國遺事』卷3, 原宗興法.
105) 韓基汶,「新羅 下代 興輪寺와 金堂十聖의 性格」,『新羅文化』20, 2002, pp.174~175, 참조.

　　永秀禪師(이때 瑜伽諸德을 다 禪師라 稱하였다.)가 이 무덤에
　　예불할 향도를 결성하고 매월 5일에 魂의 妙願을 위해 壇을 모으
　　고 梵會를 하였다. 國統 惠隆과 法主 孝圓·金相郎·大統鹿
　　風·大書省 眞恕·波珍湌 金嶷 등이 舍人의 옛 무덤을 수축하
　　고 큰 비석을 세웠다.(『三國遺事』卷3, 興法3, 元宗興法, 厭髑
　　滅身)
② 흥덕왕 때인 太和 元年 丁未(827)에 당에 갔던 고구려 學僧
　　丘德이 佛經 몇 상자를 가지고 오므로 왕이 여러 절의 중들과 함
　　께 흥륜사 앞길에 나가 맞이하였다.(『三國遺事』卷3, 塔像4, 前
　　後所藏舍利)
③ (경명왕2, 918)흥륜사 上座 釋彦林과 中使省 內養 金文式을
　　보내 겸손한 말과 두터운 예로 지극히 간절하게 초빙하였다.(「鳳林
　　寺眞鏡大師寶月凌空塔碑」, pp.357~358.)
④ 흥륜사 僧에게 물으니 승이 말하기를 형을 아내로 맞으면 곧 세
　　가지 이익이 있고, 동생을 (아내로 맞으면) 곧 이와 반대로 세 가
　　지 손해가 있을 것이라 하였다.(『三國史記』卷11, 新羅本紀11,
　　憲安王 4年)

　　N)-①은 헌덕왕 9년(817)에 이차돈의 무덤을 수축하고 비를 세
우며, 예불향도를 결성하고 정기적으로 법회를 열었다는 것이다. 그
런데 이차돈의 비 건립에 國統·大統·大書省 등의 승관과 파진찬
김억 등 진골 귀족이 참여하고 있었다. 이차돈에 대한 추모불사에
최고위 승관들이 참여하고 있음은 이차돈에 대한 추모불사가 국가의
관심과 지원, 감독하에 이루어지고 있음을 반영한다.
　　신라하대에는 승려들에 의하여 많은 僧傳들이 저술되는데, 이는
정법전의 정비 등을 통하여 불교교단을 통제하는 데 대한 반발의 결
과였다.106) 신라 왕실은 이에 대응하여 국가 주도하에 고승들의 塑

---

106) 승려들의 승전저술은 국가가 불교교단을 통제하는 것에 대해 반대하는 반

造像 조성과 추모비의 건립 등을 통한 고승추모활동을 벌임으로써 승려들의 반발을 무마하고자 하였던 것이다.107) 이차돈의 무덤을 수축하고 큰 비석을 세우며, 흥륜사 승 영수의 주도하에 예불향도를 결성하고 있는 것도 같은 맥락에서 볼 수 있다.

더불어 흥륜사 금당에는 동벽에 아도·염촉·혜숙·안함·의상을, 서벽에 표훈·사파·원효·혜공·자장 등 十聖 泥塑像을 봉안하였다고 한다.108) 이 十聖을 봉안한 시기에 대해서는 헌덕왕대109)라 하기도 하고, 하대의 전반기인 원성왕에서 신무왕대 사이였을 것이라 하며,110) 국가에서 주도한 것으로 이해되고 있다.111) 이는 하대에 흥륜사가 불교계의 정비 과정에 나타난 불교계의 반발을 무마시키는 중심 사원으로서 왕실의 관심과 지원을 받아 부각되는 일면을 보이는 것이라 하겠다.

N)-②는 고구려 승 구덕이 불경을 가져오자 흥덕왕이 흥륜사 앞 길에서 맞았는데 이 불경은 흥륜사에 보관했을 것이라 한다.112) N)-③은 경명왕이 심희를 초청할 때 흥륜사 상좌 언림이 중사성 내양 김문식과 왕명을 전달하고 있다. 신라하대에 불교교단과 관련된 왕명의 전달과 국가가 관여한 불사에는 정법전의 승관들이 참여하였고, 이들은 대개 황룡사에 소속되어 있었다.(M)-① ② ③ ④ ⑤)

국가적인 입장에서 이루어진 것이었으나, 반신라적인 입장에 이르는 것은 아니었으며, 국가에 의해 통제되는 불교교단의 권위를 회복하고자 하는 것이었다.(郭丞勳, 『統一新羅時代의 政治變動과 佛教』, 國學資料院, 2002, p.143.)

107) 郭丞勳, 위의 책, 2002, p.171.

108) 『三國遺事』卷3, 塔像4, 東京興輪寺金堂十聖.

109) 韓基汶, 앞의 논문, 2002, p.187.

110) 郭丞勳, 앞의 책, 2002, p.194.

111) 金煐泰, 「新羅 十聖考」, 『新羅佛教研究』, 1987, pp.374~375.

112) 韓基汶, 앞의 논문, 2002, p.181.

이 점을 고려하면 흥륜사 상좌인 언림과 중사성 내양 김문식이 왕명 전달자로 나타나는 것은 흥륜사 소속의 승려가 왕명을 전달하는 사자의 역할을 수행할 정도로 국왕과 밀착한 측근사원으로 부상하고 있음을 나타낸다 하겠다.

N)-④에서는 경문왕의 즉위과정에 흥륜사 승이 관여하고 있다. 경문왕이 9층목탑을 중수하는 등 황룡사에 큰 관심을 가지고 있었다 할지라도 즉위과정에 도움을 준 흥륜사에 대해서도 소홀히 하지 않았을 것이다. 이와 같이 신라하대의 흥륜사는 국가에 의한 고승들의 추모활동이 집중되는 중심 사원으로서 신라 왕실과 밀착하여 왕명을 전달하는 측근사원으로 존재하면서 규제에 대한 불교계의 반발을 무마하는 활동에 나서고 있었다. 황룡사의 승려가 정법전의 승관을 겸직하면서 불교계의 규제를 담당하는 중심 사원의 역할을 하고 있었다면 흥륜사는 규제에 대한 불교계의 반발을 무마하는 중심 사원으로서의 역할을 담당하고 있다.

이러한 흥륜사에 성주사를 예속시키는 것은 흥륜사를 통하여 성주사를 지배하면서 왕실 직할의 측근사원으로 위상을 정립하고, 지방불교계에 대한 흥륜사의 역할을 분담하게 하려는 의도가 있는 것으로 보인다. 또한 성주사가 위치한 웅천주 지역은 김헌창이 반란을 일으킬 때 근거지였으며, 비문에 나타나듯 문성왕과 김양의 政敵이었던 김흔의 경제적 근거지였다. 그리고 남포에는 대규모의 群賊들이 있었다. 문성왕은 자신의 정권에 비판적인 입장에 있던 이 지역을 장악하고, 효율적으로 지배할 수 있는 거점으로 성주사를 활용하기 위하여 흥륜사에 예속시켰다.

한편 L)-③ ④는 헌강왕이 홍령선원과 가지산사를 각각 中使省과 宣敎省에 예속시킨 예이다. 中使(事)省은 국왕측근의 소위 근시기구로서 洗宅이 改名된 것인데 국왕에 직속된 것과 東宮官衙가 있으며, 국왕이나 왕태자에 대한 시종의 임무뿐만 아니라 詔誥를 전장하는 등 문한을 장악한 관부였다.[113] 또한 선교성은 국왕의 교서(조서)를 선포한 관부였다.[114]

신라하대 9C후반의 官號개혁은 왕위쟁탈과정에서 실추된 왕권강화 노력의 일환이었다.[115] 따라서 신라하대에 중사성과 선교성은 왕권을 행사하는 핵심적 기관으로 존재하였다. 왕권의 안전판적 역할을 하던 집사부[116]가 하대에 들어오면 시중과 상대등이 동일한 귀족적 성격으로 변질되면서[117] 왕권을 대변할 새로운 기구가 필요하였다.

이에 중사성을 두어 일종의 內朝를 형성하고 국왕측근의 관료집단을 형성하여 집사성의 실권을 흡수해 갔던 것이다.[118] 따라서 신라하대에 중사성과 선교성 등은 왕권행사의 핵심적 기관으로서 국왕의 정치를 뒷받침하였다. 이러한 중사성과 선교성에 흥령선원과 가지산사를 예속시켰던 것이다.

신라하대에 국왕측근기관이라 할 수 있는 중사성과 선교성 등의 문한기구가 왕실과 불교교단의 교류에서 어떤 기능을 수행하는지를 파악한다면 흥령선원과 가지산사를 예속시키는 의도를 알 수 있을 것이다.

O)-① (헌강왕이)은혜롭게도 中官에게 명하여 다투어 새기게 하였다.(「沙林寺弘覺禪師碑」, p.123.)

---

113) 李基東, 「羅末麗初 近侍機構와 文翰機構의 擴張」, 『新羅骨品制社會와 花郎徒』, 一潮閣, 1990, p.240.
114) 李基東, 위의 논문, 1990, p.241.
115) 李基東, 위의 논문, 1990, p.237.
116) 李基白, 「新羅 執事部의 成立」, 『新羅政治社會史硏究』, 一潮閣, 1992, pp.167~170.
117) 李基白, 「新羅 下代의 執事省」, 위의 책, 1992, p.182.
118) 李基東, 앞의 논문, 1990, p.242.

② 36년이 지난 뒤 門人들이 언덕이 골짜기로 변할 것을 걱정하여 法을 사모하는 제자들에게 영원히 썩지 않을 방법을 물으니 內供奉 一吉干 楊晉方과 崇文臺 鄭詢一이 쇠를 끊을 정도의 하나되는 마음으로 돌에 새길 것을 청하였다.(「雙谿寺眞鑒禪師大空靈塔碑」, p.148.)

③ 이에 十戒를 받은 제자인 宣敎省 副使 馮恕行에게 명하여 전송하여 산으로 돌아가게 하였다.(「鳳巖寺智證大師寂照塔碑」, p.326.)

④ 흥륜사 上座인 釋彦林과 中使省 內養인 金文式을 보내 겸손한 말과 두터운 예로 지극하고 간절하게 초빙하였다.(「鳳林寺眞鏡大師寶月凌空塔碑」, p.358.)

O)-① ② ③ ④에서 中官·숭문대·선교성·중사성 등을 볼 수 있다. 이들 관부는 왕명을 받아 선승의 탑비 건립을 주관하고,(O)-①) 탑비의 건립을 청하며,(O)-②) 선사를 수행하고,(O)-③) 초청하는 왕명을 전달하고 있다.(O)-④) 이들 俗官들은 단독으로 불교교단관계 왕명을 수행하는 경우도 있지만 正(政)法典, 昭玄精署 소속의 승관들과 함께 행하기도 하였다.119)

이와 같이 국왕측근의 문한기구 관원들은 왕의 명령을 받아 불교관계 왕명을 수행하기도 하였다. 이것은 앞에서 언급한 황룡사 소속의 승관과 근시기구인 문한기구의 관원들을 통하여 불교교단에 대한 왕의 지배권이 행사되고 있음을 보여주는 것이다. 중사성·선교성 등은 국왕이 불교교단을 지배하는 창구적인 역할을 수행하는 관부로도 기능하였던 것이다. 이러한 관부에 흥령선원과 가지산사를 예속시켰던 것이다.

그러면 이러한 조치를 취하는 신라 왕실의 의도가 무엇이었는지를 생각해 보겠다. 먼저 흥령선원의 경우를 보자. 흥령선원이 위치한 강원도 지역은 일찍부터 선종의 영향을 많이 받았다. 도의가 지장의

---

119) 崔仁杓, 앞의 논문, 1998, p.201.

법을 받고 귀국하여 선종을 보급하다 좌절하고 은거한 곳이 설악산 진전사였고,120) 도의의 법을 받은 염거가 설산 억성사에 머물렀다.121) 그리고 강릉에는 범일이 자리하여 굴산문을 형성하고 영향력을 증대시켰으며, 영월 홍령선원에는 절중이 머물고 있었다.

그런데 이 지역의 선종은 신라 왕실에 대하여 상당히 소극적인 입장을 견지하였다.122) 도의는 선종을 보급하려다 좌절하여 은거하였고,123) 그의 제자인 염거는 행적이 분명치 않아 세속과 관계가 그리 긴밀하였던 것 같지 않다. 한편 굴산문의 범일은 경문왕·헌강왕·정강왕이 편지를 보내 欽仰하고 국사로 봉하는 한편으로 中使를 보내 초청하였으나 거절당하였다.124)

절중 역시 신라 왕실과 긴밀한 관계를 유지하였던 것 같지 않다. 절중은 일정한 거주처 없이 떠돌아다니다 大法師 威公의 주청으로 신라 왕실로부터 谷山寺를 제공받았으나, 서울(경주)과 가까움을 꺼리고 있었다.125) 이후 師子山 釋雲 大禪師의 요청으로 홍령선원에 머물게 된다.

이때 헌강왕의 초청을 받으나 헌강왕의 죽음으로 만남은 이루어지지 못하였다.126) 정강왕은 재위연대가 1년에 불과한 데다 사회혼란

---

120) 『祖堂集』卷17, 雪岳陳田寺元寂禪師.
121) 「寶林寺普照禪師彰聖塔碑」, p.107.
122) 염거의 법을 받은 이관이 도의의 선법을 보급하기 위하여 신라 왕실의 초청을 수락한 바 있으나, 나머지 선승들은 대부분 신라 왕실의 초청을 거부하였다. 이는 신라 왕실에 대한 거부감의 표현일 수도 있지만 시대적 상황과 수행자로서 도리를 지키기 위한 것이었다. 그러나 다른 지역의 선승들보다 소극적인 입장을 가지고 있었던 것만은 사실이다.
123) 「寶林寺普照禪師彰聖塔碑」, p.106.
124) 『祖堂集』卷17, 溟州崛山故通曉大師.
125) 「興寧寺澄曉大師寶印塔碑」, p.292.
126) 「興寧寺澄曉大師寶印塔碑」, pp.292~293.

으로 흥령선원이 위협받는 상황에 이르렀고,127) 진성여왕대는 궁예의 위협으로 절중이 흥령선원을 떠나 떠돌고 있는 상황이어서128) 진성여왕의 사원제공을 거절하였다.129)

한편 이 지역은 신라의 외곽지대로 일찍부터 호족이 성장하고 있었는데, 대표적인 세력이 명주의 김주원계 호족이었으며, 이들은 범일을 후원하여 굴산문을 형성시키고 있었다. 또한 범일의 제자인 개청은 민규알찬, 김(왕)순식 등의 도움을 받아 보현산사에 머물고 있었으며 신라 왕실과는 일정한 거리를 유지하고 있었다.130)

개청이 신라 왕실과 거리를 두는 것은 스승인 범일의 성향에 영향을 받았을 수도 있지만 한편으로 단월의 성향이 크게 작용하고 있는 듯하다. 태자사의 행적이 같은 범일의 제자였지만 신라 왕실에 매우 적극적이었던 것은 그의 제자 및 단월들이 신라 왕실과 밀접하게 연관되어 있었기 때문이었다.131)

강원도 동해안 지역은 신앙에서 반신라적 색채가 농후한 진표의 미륵신앙이 크게 확산되어 있었다. 신라 왕실은 진표 미륵신앙의 영향을 많이 받는 이 지역 불교계와 이의 영향을 받는 민중들을 회유하

---

127) 「興寧寺澄曉大師寶印塔碑」, p.294.
128) 崔仁杓, 「羅末麗初 師子山門의 動向」, 『韓國傳統文化研究』11, 1996, pp.232~240, 참조.
129) 「興寧寺澄曉大師寶印塔碑」, pp.294~295.
130) 「地藏禪院朗圓大師悟眞塔碑」, pp.149~152, 참조.
131) 崔仁杓, 「羅末麗初의 太子寺」, 『安東文化』11, 2003, pp.32~47, 참조. 한편 金杜珍은 행적이 머물던 태자사가 신라 왕실의 후예와 연관되어 있었다 하고, 제자인 양경·윤정 형제는 신라 왕족의 후예로서 신라 왕실과 관계를 어느 정도 유지하였으나, 소원한 관계였으며 지방호족 세력에 불과하였다. 그리고 석남산사(태자사)를 제공한 명요부인은 이들과 연결되어 있는 것으로 보았다.(金杜珍, 「新羅下代 崛山門의 形成과 그 思想」, 『省谷論叢』17, 1986, pp.310~311, 참조.)

고, 선종사원과 연계되어 있는 명주의 호족을 견제할 수 있는 거점사원이 필요하였다. 이에 굴산사의 범일에 주목하고 교류를 청하였으나 거절당하였던 것이다. 신라 왕실로서는 매우 난감한 상황이었다.

이러한 상황에 따라 헌강왕은 절중이 머물던 흥령선원을 일방적으로 중사성에 예속시켜 근시기구화한 것이다. 중사성의 불교교단과 관련된 기능을 흥련선원이 강원도 지역에서 수행해 줄 것을 기대한 것이다. 비록 절중이 신라 왕실에 적극적인 것은 아니었지만 강원도 남부 내륙 영월에 위치하여 주변 지역에 대한 영향력을 행사하기에도 적당하였다. 흥령선원의 단월은 강원도와 충청도 일부 지역을 포함하는 광범위한 지역에 분포하고 있어서[132] 이 지역에 대한 영향력 증대를 위한 거점사원을 확보하려는 신라 왕실의 의도에도 알맞았다. 그러므로 흥령선원을 중사성에 예속시킨 것은 흥령선원을 국왕의 직할 사원화하고, 근시관부를 형성하여 직접적인 지배하에 두고 강원도 지역 지배와 불교세력에 대한 융화를 시도한 것이라 하겠다.

다음으로 체징이 머물던 가지산사를 선교성에 예속시킨 경우를 보겠다. 가지산사는 경덕왕 때 원표가 머물면서 王政에 도움을 주었던 사원으로[133] 신라 왕실과는 밀접한 관련을 지닌 사원이었다. 체징은 신라 왕실의 요청을 받아 가지산사로 이주하였다. 체징이 이주한 후

P)-① 宣帝 14年(헌안왕4,860) 2월에 副守 金彦卿이 일찍이 제자의
    예를 표하며, 禪師의 문하에 들어갔는데 淸俸을 덜고 개인의 재
    산을 내어 철 2천5백 근을 사서 노사나불 1구를 주조하여 禪師가
    거처하는 절을 장엄하였다. 또 왕이 望水宅, 里南宅 등에게 金

---

132) 흥령선원의 단월규모와 지역적 분포에 대해서는 崔仁杓, 앞의 논문, 「羅末
    麗初의 師子山門」, 1996, pp.240~254, 참조.
133) 「寶林寺普照禪師彰聖塔碑」, p.109.

160分, 租 2千斛을 내게 하여 절을 장식하는 공덕의 비용으로
충당토록하고(「寶林寺普照禪師彰聖塔碑」, p.110.)
② 함통 신사년(경문왕1,861)에는 十方에서 시주한 재물로써 절을 넓
히고 ……(위와 같음)

처럼 헌안왕 때 김언경·망수택·이남택과 단월들의 시주를 받아
대규모로 절을 중창하였고, 경문왕 1년(861)에 다시 절을 넓혔다.
김언경은 신라인 최초로 빈공과에 급제한 金雲卿이라 하거나,[134] 보
림사 北塔誌와 비로자나불좌상 명문의 金遂宗과 동일인이거나, 후
임으로 長沙 縣令에 부임한 인물로 보기도 하는데,[135] 후자의 견해
가 옳은 듯하다.

따라서 가지산사는 헌안왕과 경문왕, 진골귀족 등의 경제적인 도움
을 받아 크게 성장하여[136] 신라 왕실과는 밀접한 관계에 있었다.[137]
이러한 가지산사를 선교성에 예속시킨 것이다. 그런데 예속시킨 시점
이 각종의 경제적 후원을 한 직후였다.(L)-④) 이는 왕실의 후원으로
성립한 성주사를 흥륜사에 예속시킨 것과 유사한 경우라 하겠다.

헌안왕이 가지산사를 선교성에 예속시킨 것은 전라도 지역의 불교
계 동향과 관련이 있는 것으로 생각된다. 전라도 지역에는 남원의
실상산문, 곡성의 동리산문, 지리산의 쌍계사, 장흥의 가지산문 등
선종세가 두드러지게 나타나던 지역이었다. 이 지역의 선종은 앞에
서 언급한 바와 같이 신라 왕실에 적대적이지 않았고, 신라 왕실의
후원을 받아 비교적 긴밀한 관계를 유지하고 있었다.

---

134) 申瀅植, 「宿衛學生考」, 『역사교육』11·12, 1969, pp.70~72, 참조.
135) 李基東, 「新羅金入宅考」, 앞의 책, 1990, pp.188~190.
136) 李啓杓, 앞의 논문, 1993, pp.283~286.
137) 李啓杓는 가지산사(보림사)가 헌안왕에서 경문왕대에 이르는 왕실의 祈福願
    刹의 기능을 담당하고 있었다고 하였다.(李啓杓, 앞의 논문, 1993, p.291.)

동리산문 혜철은 장보고 몰락 후 문성왕과 밀접하게 연계되어 장보고 세력의 제거에 도움을 준 바가 있었고, 헌안왕은 문성왕을 핍박하여 자신이 왕위계승을 하도록 유조를 내리게 했다고 한다.[138] 그러므로 문성왕과 밀접히 연계되어 있던 동리산문의 혜철은 헌안왕에게 큰 관심의 대상으로서 회유·포섭의 대상이 되었을 것이나, 권력의 기반이나 거점사원으로 삼기에는 적당해 보이지 않는다.

그리고 홍척의 실상사는 흥덕왕과 김충공의 후원으로 개창되었다고는 하나[139] 그 사세가 그리 크지 못하였고, 쌍계사는 민애왕에 의하여 황룡사에 예속되어 있었다. 헌안왕은 전라도 지역의 불교계를 선도하고 주변지역에 영향력을 행사할 수 있는 새로운 거점을 확보할 필요가 있었다.

한편 전라도 지역에는 반신라적 성향을 지니는 진표 미륵신앙의 중심지인 금산사가 김제에 위치해 있었고, 비록 몰락하기는 했으나 장보고 같은 대규모의 호족이 존재하여 선종산문을 후원하기도 했다. 또한 백제의 故地로서 뿌리 깊은 백제 유민의식도 극복해야 할 과제였다.

헌안왕이 가지산사를 선교성에 예속시킨 것은 경주에서 멀리 떨어져 중앙정부의 감독이 상대적으로 느슨하고, 동향파악이 곤란하여 지배권 행사에 제약[140]이 많았을 전라도 지역 지배의 새로운 거점으로 가지산사를 후원하고, 근시기구인 선교성에 예속시켜 근시관부화함으로써 민심의 수습과 더불어 이 지역 및 불교계 지배에 효율성을 기하기 위한 조처로 이해하고자 하다.

---

138) 尹炳喜, 앞의 논문, 1982, p.74.
139) 李啓杓, 앞의 논문, 1993, pp.274~275.
140) 견훤이 독립하여 후백제를 칭하는 것은 이 지역의 정서를 이용하고자 하는 정치적인 의도가 있었고, 또한 진성여왕 이후 서남해안 지대를 중심으로 광범한 저항운동이 일어나고 있는 것도 이 지역에 대한 신라 중앙정부의 통치가 상대적으로 느슨하고, 신라 중앙정부에 대하여 비판적인 정서가 팽배해 있었음을 반영하는 것으로 볼 수 있다.

신라 왕실이 중사성·선교성 등 근시기구 및 왕실과 관련된 교종 사원인 황룡사·흥륜사에 선종사원을 예속시키는 것은 정법전의 승관을 통하여 불교계를 규제하는 한편으로 근시기구화된 선종사원을 통하여 불교계를 회유·포섭하고 민심을 수습하며, 이를 거점으로 주변 지역에 대한 지배권을 강화하려는 신라 왕실의 정치적 의도하에 이루어진 것이었다.

제2절 新羅王室의 禪宗 規制

1. 佛事에 대한 規制

신라 말 선종에 대한 신라 왕실의 태도는 우호적이었다. 이는 호족이 성장하여 중앙정부의 지배에서 이탈해 나가는 현상과 함께 선종이 왕실의 지대한 관심과 지원을 받으면서도 호족 및 다양한 계층의 단월을 확보하여 관계가 밀접해지고 있었고,[1] 또한 신라 말 사회의 모순을 극복하기 위한 개혁을 추구하고 있었기 때문이다. 이에 대해 신라 왕실은 선종사원 및 선승들을 경제적·행정적 지원 등으로 포섭함으로써 이들과 연계하고 있던 지방사회에 효율적으로 지배력을 침투시키려 하였다.[2] 신라 말의 왕실은 선종사원이나 선승들을

---

[1] 선승과 호족의 연계는 진성여왕 3년(889) 농민봉기 이후의 일로 보는 경우가 많긴 하나, 전체적인 추세로 보아 중앙정부의 지배에서 이탈하고 있던 호족의 관심을 유발하고 있었던 것은 사실이다.

[2] 崔仁杓, 「新羅末 禪宗政策에 대한 一考察」, 『韓國傳統文化硏究』9, 1994.

집권력 강화에 이용하려 하였고, 많은 지원에도 불구하고 선종이 정치권력에 대하여 긴장관계를 지속하자 법적·제도적 규제를 가하였다.[3] 규제가 선종사원과 선승들에 국한된 것은 아니지만, 대체로 두 가지 측면에서 이루어진 것으로 보인다. 하나는 선종사원의 佛事에 대한 규제이고, 다른 하나는 선승 개인에 대한 규제이다.

　여기서는 선종사원의 불사에 대한 규제를 살펴보겠다. 신라에서 불사에 대한 규제는 일찍부터 사원에의 무분별한 시주 및 장식과 건립에 대한 금지로 나타났다.

A)① 사람들이 함부로 財貨와 토지를 사원에 시주하는 것을 금지한다.(『三國史記』卷6, 新羅本紀6, 文武王 4年 8月)

② 명령하기를 "새로운 사원의 건립을 금지하고 오직 수리하는 것만을 허락한다. 또 사원을 위하여 비단으로 수놓는 것과 금은을 그릇에 사용하는 것을 금한다. 마땅히 맡은 바의 관원으로 하여금 널리 알려서 시행토록 하라"고 했다.(『三國史記』卷10, 新羅本紀10, 哀莊王 7년)

---

3) 신라불교에 대한 규제를 다룬 연구는 대부분 승관이나 승정기구의 설치와 변천에 관한 것들로서 다음의 것들이 참고된다.

李弘稙, 「新羅僧官制와 佛教政策의 諸問題」, 『白性郁博士頌壽紀念佛教學論文集』, 1959.

中井眞孝, 「新羅における佛教統制機關について －特にその初期に關して－」, 『朝鮮學報』59, 1961.

井上光貞, 「日本における佛教統制機關の確立過程」, 『日本古代國家の研究』, 岩波書店, 1983.

李泳鎬, 「新羅中代 王室寺院의 官寺的 機能」, 『韓國史研究』43, 1983.

蔡尙植, 「新羅統一期의 成典寺院의 構造와 機能」, 『釜山史學』8, 1984.

洪再善, 「金石文에 보이는 新羅僧官」, 『素軒南都泳博士華甲紀念史學論叢』, 太學社, 1984.

許興植, 「新羅佛教界의 組織과 行政制度」, 『新羅文化祭學術發表會論文集』8, 1987.

李銖勳, 「新羅僧官制의 成立과 機能」, 『釜大史學』14, 1990.

　불사에 대한 규제는 무분별한 토지의 희사와 사원의 창건·장식이 국가 경제력의 낭비와 함께 민의 피폐를 초래할 수 있기 때문일 것이다. 특히 문무왕대는 통일전쟁 중, 또는 전쟁 직후로 전후복구사업에 따른 재정적인 부담이 컸다. 따라서 사원에 토지를 희사하는 것은 공전의 감소를 초래하여 국가수입의 감소로 연결될 수 있었으며, 애장왕대에는 체제유지를 위한 노력이 있었던 만큼 사원의 건립과 사치스러운 장식이 초래할 경제적인 낭비가 부담스러운 데서 오는 국가의 통제 필요에서 원인을 찾아볼 수 있을 것이다.[4]

　이와 같은 관점에서 신라 말의 선종사원은 풍수지리설상의 요지를 점령하고, 거대한 경제력을 보유한 채[5] 사원의 건립과 중수·불상 및 탑을 조성하였다. 선종사원에서의 불사가 대개 자체의 경제력과 인력을 동원하여 진행하는 것으로 생각하여 지방사회의 성장을 반영하는 것으로 파악하기도 하나,[6] 대규모의 불사는 역시 국가의 후원이 중요하였다. 또한 선종사원의 불사가 자체의 경제력이나 기술·인력으로 이루어지는 경우라 하더라도 전체 국가의 입장에서 경제력, 또는 民力의 낭비라는 의미에서 차이는 없었을 것이다. 특히 인력의 경우 민의 동원을 전제로 하는 것이어서 민의 원성을 살 수도 있었다. 기록상

---

4) 사원이 귀족들의 재산도피처 역할을 하면서 경제적인 기반을 제공해 주고 있었다는 것도 규제의 한 요인이었을 것이다.

5) 실제로 경문왕 12년(872) 당시 대안사는 2천9백39석에 이르는 엄청난 양의 식량과 토지, 그리고 염전을 보유하고 있었고,(「大安寺寂忍禪師照輪淸淨塔碑」, 李智冠, 『校勘譯註歷代高僧碑文』(新羅篇), 伽山文庫, 1994, pp.92~93. 이하 별도 명기가 없는 경우 이 책을 이용함) 희양산문의 현계산 안락사는 단의장옹주가 희사한 농장과 노비 및 도헌이 희사한 토지 500여 결을 보유하고 있었다.(「鳳巖寺智證大師寂照塔碑」, pp.318~319.) 이외 체징이 머물렀던 가지산사도 사원의 장식을 위해 망수택과 이남택이 왕명으로 비용을 기부하고 있다.(「寶林寺普照禪師彰聖塔碑」, p.110.)

6) 추만호, 『나말려초 선종사상사연구』, 이론과실천, 1992, pp.132~133, 참조.

에 나타나는 선종사원의 불사는 전각의 건립, 탑 및 불상이 조성되는 경우도 있으나, 선승의 탑비 건립이 가장 많이 나타난다. 선승이 입적한 후에 이루어지는 탑비의 건립은 반드시 국가의 허락을 필요로 하여 사사로운 건립을 억제하였다. 신라 말 선승의 탑비 건립현황을 <표 2-1>로 제시하면 다음과 같다.

〈표 2-1〉 신라 말 선승의 탑비 건립 현황

선사명	연 대	탑비의 건립절차
혜 철	경문왕8 (868)	왕이 선사의 행적 듣고 왕명으로 비문작성 시호: 적인, 탑명: 조륜청정
체 징	헌강왕9 (883)	문인 의거 등이 행장을 작성하고 비의 건립 요청 시호: 보조, 탑명: 창성, 사액: 보림, 비문작성케 함
무 염	진성여왕4 (890)	소판 김일 · 집사시랑 김관유 · 패강도호 감함웅 · 전주별가 김영웅 · 문인 소현대덕 석통현 · 사천왕사 상좌 석신부가 의논하여 탑비 건립 요청, 문인이 행장 바치자 검토 시호: 낭혜, 탑명: 백월보광
이 관	?	제자 범룡·사의 등이 탑비 건립 요청, 시호: 홍각, 탑명: 선감, 中官에 명하여 비문 짓게 함
혜 소	문성왕? 헌강왕?	시호 내리려다 遺戒듣고 중지 문인이 속제자에게 탑비 건립 방법 문의 내공봉 일길간 양진방·숭문대 정순일이 탑비 건립 요청 시호: 진감, 탑명: 대공영탑
대 통	헌강왕10 (883)	제자가 행장 모으고 탑비 건립 요청 시호: 원랑선사, 탑명: 대보선광탑
도 헌	?	김입언이 교지 가지고 가서 조문, 시호: 지증, 탑명: 적조
심 희	경명왕?	행장 바치게 함. 소현승 영회법사 보내 조문 중사 보내 부의 전달, 시호: 진경, 탑명: 보월능공

*李智冠, 『校勘譯註歷代高僧碑文』(新羅篇), 伽山文庫, 1994를 자료로 작성.

위의 <표 2-1>을 살펴보면 선승의 탑비는 사원에서 임의로 제작·

건립하는 것이 아니라 여러 가지 절차를 거치고, 국왕의 허가를 얻어서 이루어지고 있음을 알 수 있다. 좀더 자세히 보면 혜철의 탑비는 왕이 行蹟을 듣고 비문의 작성을 명령하였으며, 체징의 탑비는 문인들이 행장을 정리하여 바치면서 탑비의 건립을 요청하였다. 이관은 제자의 요청에 의하여 탑비의 건립을 허락하였다. 그리고 무염의 탑비는 俗弟子와 문인들의 요청이 있자 탑비를 세우게 하면서 행장을 바치도록 하였으며, 도헌의 탑비는 제자들이 행장을 바치자 비문을 작성토록 하였다. 대통의 탑비도 제자들이 건립을 요청하자 허락을 하였으며, 심희의 탑비는 왕이 먼저 행장을 바치게 하고, 시호와 탑명을 내려 건립을 추진하였다. 그러므로 탑비의 건립은 선승이 입적하면 문인이나 속제자들이 행장을 정리하여 바치면서 요청하거나, 왕이 선승의 행장을 바치도록 명령하여 제출한 행장을 검토한 후 諡號와 塔銘을 내리고, 비문을 짓게 하여 塔碑를 건립하고 있다.

탑비의 건립에서 왕의 허락을 요청하는 것은 일차적으로 탑비의 건립에 필요한 시호와 탑명을 받기 위한 것이며, 한편으로 탑비의 건립이 거대한 경제력과 노동력을 필요로 하는 것이어서 이를 지원받기 위함이었다. 따라서 탑비의 건립은 문인이 요청하여 허락하거나, 왕이 스스로 탑비의 건립을 결정하면 시호와 탑명을 정하고, 문한관이 비문을 작성하고, 빗돌을 채취하여 먼 거리를 운반하여 이를 다듬고, 글씨를 쓰고 새기며, 장식할 뿐만 아니라 세울 장소의 조성 공사 등 복잡한 과정을 거쳐야만 하는 대규모의 역사였다. 사원 자체의 노동력이나 경제력만으로 부담하기에는 힘겨운 과정들이었다. 이러한 탑비의 건립과 관계있는 勞役의 규모를 다음의 자료에서 확인할 수 있다.

B)① 조정에 명령을 내려 本山에 탑을 세우게 하였는데, 비용은 '官'의 창고에
　　서 내게 하고 가까운 곳의 民을 부리도록 하였다. 장엄하고 세밀하게 조각
　　한 것이 매우 妙하였다.(「大安寺廣慈大師碑」, 李智冠, 『校勘譯註歷
　　代高僧碑文』(高麗篇1), 伽山文庫, 1994, p.357.)

　②門下僧들이 표를 올려 비를 세워 자취를 기념하여 빛나는 것이 썩
　　지 않도록 할 것을 청하니 임금이 그것을 허락하였다. 그러나 석판
　　을 구하기가 매우 어려워 남해의 바닷가 汝湄縣에서 취하여 배로
　　운반하게 하였으나, 그 수고로움과 비용을 계산하니 천만이 드는 것
　　뿐만이 아니었다. 재가를 받아서 사람들로 하여금 그곳에 도착하여
　　의논하여 役을 일으키려 하는데 문인들이 본산의 기슭에서 石板을
　　얻었다. …… 표로써 갖추니 왕이 기뻐하여 이를 허락하였다. 절 안
　　에 옛 禪師의 碑가 있는데 이것은 신라 말에 전 진사 최치원이 글
　　을 지은 것이고, 그 돌 또한 남해에서 온 것인데 지금까지 役事 일
　　으킴을 나무라는 말이 많다.(「鳳巖寺精眞大師圓悟塔碑」, 李智冠,
　　『校勘譯註歷代高僧碑文』(高麗篇1), 伽山文庫, 1994, p.508.)

　　B)①과 ②는 윤다와 긍양의 비를 건립할 때 비용과 노역에 관한
것이다. 윤다의 탑비를 건립함에 비용은 국가에서 제공하였지만, 노
동력은 인근의 주민들을 동원하였다. 그리고 긍양의 비를 건립할 때
는 빗돌을 남해 汝湄縣(화순)에서 채취하여 운반하려는 데 비용과
노동력이 많이 소요되고 있음을 밝히고 있다. 이러한 비의 건립에
동원된 민들의 부담이 상당히 무거웠다는 것은 도헌의 비를 건립할
때 동원하였던 민의 원성이 긍양의 비를 건립하는 고려 광종 16년
(965)까지 전해지고 있었다는 데서 알 수 있다.

　　그러므로 선승의 비를 건립할 때 국가의 허락을 받도록 하는 것
은 거대한 규모의 비용과 노동력이 소요되는 탑비 건립을 규제하고,
선종이 정치권력에 비판적 자세를 가지지 않도록 회유하거나, 경고
의 의미가 있는 것으로 생각한다. 즉 선승들의 추모사업 내지는 영

예 부여를 매개로 하여 국가의 지배를 벗어나지 않도록 하는 효과를 노리고 있는 것이다. 한편 선승이나 사원의 입장에서는 국가로부터 시호나 탑명, 또는 사액을 받아 선승의 영예를 높여줌과 동시에 사원의 격을 높이고, 경제적인 지원과 노동력을 제공받을 수 있는 이점이 있어서 정치권력에 탑비 건립에 대한 허가를 요청하고 있는 것이라 할 수 있다.

그러면 탑비의 건립과 선승의 시호 및 탑명을 짓고, 직접 공사를 담당한 官司는 어디였는지 살펴보겠다.

> C)① 중화 3년 봄 3월 15일에 문인 의거 등이 행장을 편집하여 멀리서 왕이 사는 곳으로 가서 빛나는 佛道를 쓸 碑銘 세울 것을 청하였다. 성스러운 임금이 眞宗의 이치를 사모하고 엄한 스승을 높이려는 마음을 갸륵히 여겼다. 담당관사에 명하여 시호를 보조라 하고, 탑명을 창성이라 하고, 사액을 보림이라 하였는데 선종을 포상하는 예에서이다.(「寶林寺普照禪師彰聖塔碑」, p.111~112.)
>
> ② 제자 범룡사의 등이 …… 은혜로운 명령을 中官에게 내려 다투어 새기게 하였다. 다음 해에 시호를 내려 홍각선사라 하고, 탑명을 선감지탑이라 하였다.(「沙林寺弘覺禪師碑」, p.123.)

C)-① ②는 체징과 이관의 비를 건립하는 과정이다. C)-①은 체징의 제자들이 행장을 엮어 비를 세울 것을 청하였을 때 왕이 담당관사에 명하여 시호·탑호를 정하고 사액하였다는 것이고, C)-②는 이관의 제자들이 비를 세울 것을 요청하였을 때 中官에게 명하여 새겼다는 것이다. 그러므로 碑를 세울 때 시호·탑호 등을 지어 바치거나 과정에 참여한 관사가 존재하고 있음을 알 수 있다. 그러면 中官이나 司로 표기된 이 관청은 구체적으로 무엇을 가리키는 것일까? 이와 관련하여 다음의 자료를 살펴보자.

D)-① "비록 나의 땅이라 하나 또한 왕의 땅에 살고 있다." 말하고 비로소 왕손인 韓粲 繼宗·執事侍郎 金八元·金咸熙와 正法大統 釋玄亮에게 문의하니 소리가 구석까지 천리에 응하였다. 태부를 증직받은 헌강대왕이 아름답게 여겨 그것을 허락하였다. 그해 9월에 南川郡統 중 訓弼이 別墅로 표시하고 生場을 구획하였다.(「鳳巖寺智證大師寂照塔碑」, pp.320~321.)

② 죽은 波珍湌 金元良이 희사한 땅에서 나오는 이익을 수송하여 가벼이 하지 말고 마땅히 正法司에 위임하라.(「崇福寺碑」, p.266.)

③ 宗臣 繼宗·勛榮 이하가 협의하여 왕에게 말하기를 "묘한 바람이 신을 감동시켜 자애로운 신령이 꿈에 나타났습니다. 진실로 임금의 뜻이 먼저 정해짐으로 인하여 그 결과 모든 이의 뜻이 같음을 보였습니다. 이 절이 이루어지면 9族에게 경사가 많을 것입니다. 다행히 농한기를 만났으니 청하건대 공사를 일으키소서" 했다. 이에 禮部에서 사람을 택하고 昭玄精署에서 스님을 천거하게 하여 쓰도록 하였다. 宗室 3良, 즉 端元·毓榮·裕榮과 불교의 2걸인 賢諒·神解와 贊導僧 崇昌에게 명하여 그 일을 감독케 하였다. 또 임금이 단월이 되고 뛰어난 선비를 관리로 삼았다.(「崇福寺碑」, pp.261~262.)

④ 문인들이 소리 내어 울면서 신체를 받들어 절의 북쪽 언덕에 임시로 장사하였다. 과인이 갑자기 천화하였다는 것을 듣고 측은하고 슬퍼하는 정으로 昭玄署의 중 榮會法師를 보내 먼저 조문하고 제사하도록 하였다. 3·7일에 이르러 中使를 특별히 뽑아 부의를 가지고 보냈다.(「鳳林寺眞鏡大師寶月凌空塔碑」, p.361.)

D)-① ② ③ ④는 토지의 기증, 기증토지에서 생산된 물품의 관리, 사원의 건립에 관계한 관청, 그리고 선승의 죽음에 따른 조문과 부의에 관계한 관청을 보이고 있다. D)-①은 도헌이 현계산 안락사에 자신이 소유하고 있던 토지 500결을 희사하고 난 후의 공인절차를 보여준다. 그리고 도헌이 비록 나의 땅이라 하나 또한 왕의 땅에

살고 있다 하여 토지 기부에 대한 허락을 구하는 것을 보면 사원에의 토지 기부가 국가의 허가 사항임을 알 수 있다.

도헌은 토지를 사원에 기증한 후 俗官으로 韓湌 金繼宗·執事侍郎 金八元·金咸熙, 그리고 僧官으로 正法大統 玄亮과 논의하고 있어 토지의 기증에 대한 공인에는 執事府와 正法司가 관여하고 있었다.

金繼宗은 문성왕 17년(855)에 작성된 「昌林寺無垢淨塔願記」에 同監修造使從叔行武州長史로 나오고 있는데,[7] 그의 직책이 監修造使로 되어 있어 탑 조성 때 감독을 맡고 있었음을 알 수 있다. 그리고 「皇龍寺九層木塔刹柱本記」제2판 외면 俗監典에 執事侍郎 阿干 金八元과 1판 외면에 內省卿 沙干 金咸熙가 보인다.[8] 그리고 正法大統 玄亮은 「皇龍寺九層木塔刹柱本記」제2판 내면의 大統正法和尙 大德賢亮,[9] 또 제2판 외면의 前大統正法和尙大德賢亮[10]과 동일 인물로 생각하며, 正法和尙은 문헌자료의 정관(정법전)에 소속된 승려를 지칭하는 것으로 파악한다.[11]

정법전(정관)은 원래 내정에 속했던 관사로 승려·불사·불교행사에 관한 왕의 사적인 사무기관으로 존재하다, 원성왕 1년(785)에 이르러 승려의 관인 정관의 하부조직으로 이행되었을 것으로 파악하기도 하고,[12] 정관과 정법전을 각기 별도의 기구로 파악할 근거를 찾을 수 없다면서, 처음 세속과 관련한 교단의 행정실무는 진덕여왕 5년(651)에 설치한 大舍와 史라는 세속의 관원이 관장하고, 교단의

---

7) 「昌林寺無垢淨塔願記」, 『韓國金石全文』, p.175.
8) 「皇龍寺九層木塔刹柱本記」, 『韓國金石全文』, p.196.
9) 「皇龍寺九層木塔刹柱本記」, 『韓國金石全文』, p.193.
10) 「皇龍寺九層木塔刹柱本記」, 『韓國金石全文』, p.195.
11) 洪再善, 앞의 논문, 1984, p.41. 참조.
12) 中正眞孝, 앞의 논문, 1971, p.6.

유지를 위해 필요한 규율통제와 같은 본래적 기능과 사원건립·造塔·造像·造經 등의 기술적인 기능은 國統·(大)都維那·大書省 등의 승관이 특정의 중심 사찰(중대 이후는 성전사원)에 소속되어 담당하는 형식을 취하다 원성왕 1년(785) 정관(정법전)이 성립된 후 보다 체계화 분화된 것으로 이해하기도 한다.13) 필자는 『삼국사기』 직관지에 「正官或云正法典」14)이라 하고 있으므로 사료에 충실하여 후자의 견해를 취한다. 그러나 그 기능은 불교와 관련한 모든 사무를 처리하고 있는 것으로 인식함에는 차이가 없는 것 같다.

정관(정법전)의 기능이 이렇다 할 때에 도헌이 토지희사에 대한 문의를 집사부와 정관(정법전)의 승관이라 할 현량과 논의하는 것은 당연한 절차라 할 수 있다. 집사부로서는 국가지배 아래 놓여 있던 토지가 사원에 흡수되어 면세·면역지로 전환되는 만큼 관심을 가지지 않을 수 없는 것이고, 정관(정법전)은 사원에 대한 문제이므로 관심을 가지지 않을 수 없는 것이다.

더욱이 D)-②에서 김원량이 숭복사에 희사한 토지에서 나오는 산물의 관리를 정법사에 위임하고 있어 정관(정법전)이 사원소유 토지와 산물에 대한 관리도 담당하고 있었던 것으로 생각한다. 물론 이것이 왕실의 원찰인 숭복사를 대상으로 하고 있는 만큼 지방에 위치한 선종사원에까지 영향력이 미쳤을까 하는 데는 의문이 있을 수 있으나, 선종사원에 대한 토지의 희사가 공인의 절차를 거치고 있어서 일정한 영향력을 행사하고 있었을 것임은 부인할 수 없다.

정관(정법전) 및 집사부와 토지희사에 대한 의논이 있은 후 헌강왕은 879년에 南川郡統 訓弼을 보내 別墅를 획정하였다. 郡統은 『삼국사기』

---

13) 李鉄勳, 앞의 논문, 1990, pp.4~16, 참조.
14) 『三國史記』卷40, 職官(下) 武官.

직관지에 州統 9인과 함께 18명이 있었던 것으로 기록하고 있다.[15) 군통은 명칭에서 해당 지역의 사원과 불가분의 관련이 있었던 것으로 보이나,[16) 郡의 수와 같은 인원이 아니라 18명만 존재하고 있어서 상설직으로 보기 어려워 관장사무의 지역적인 범위에 있어서 뚜렷한 한계는 없었던 것으로 추정한다. 그리고 기능은 주통과 함께 지방사원의 감독기능을 가지고 있었던 것으로 파악되고 있다.[17) 그러므로 남천군통 훈필이 새로 획정한 별서는 사원이 지배하는 구역을 의미하는 것으로 생각됨으로 경계를 분명히 하여 사원지배 토지가 부당하게 늘어나거나 축소되지 않도록 한 것으로 생각한다.

또한 도헌이 희양산 기슭을 심충으로부터 희사받아 봉암사를 조성하자 헌강왕 7년(881)에 前安輪寺 僧統 俊恭과 肅正臺 史 裵聿文을 보내 구역을 표시하고 사액을 하였는데,[18) 이때 속관으로 관리의 규찰을 담당하는 숙정대의 최하위 관인 사 배율문이 참여하고 있는 것도 구역표시에 대한 감시·감독을 하기 위한 것으로 생각한다.

한편 D)-④는 심희가 입적하였을 때 昭玄僧 榮會를 조문사로 파견하고, 21일 후에 특별히 中使로 하여금 부의를 가져가도록 하였다. 소현승이 어디에 소속된 승려인지 확실하지 않으나, 중국에서 昭玄寺가 제반의 불교를 관장하는 관청이었고,[19) D)-③에서 숭복사의

---

15) 『三國史記』卷40, 職官(下) 武官.
16) 도헌 비의 남천군통 외에 「昌林寺無垢淨塔願記」에 康州 咸安郡統 敎章이 보인다.
17) 李銖勳, 앞의 논문, 1990, pp.27~35, 참조. 한편 郡統이 停의 소재지와 관계가 있다. 하여 10停과 관련시켜 설명한 견해도 있고,(中正眞孝, 앞의 논문, 1971, p.5.) 또 9주에 2명씩(18명) 임명하였던 것으로 보아 각기 僧寺와 尼寺의 통제를 담당하였던 것으로 보는 견해도 있다. (李泳鎬, 앞의 논문, 1983, p.109의 주)9 참조.)
18) 「鳳巖寺智證大師寂照塔碑」, p.323.
19) 『隋書』卷27, 志22, 百官(中), 昭玄寺.

건립을 감독하는 昭玄精署의 賢諒과 神解는 「皇龍寺九層木塔刹柱本記」道監典의 前大統正法和尙 大德 賢亮과 正法和尙 僧 神解와 동일인으로 생각한다. 동일 인물이 각기 비슷한 시기에 명칭이 서로 다른 관청에 소속되어 있다면 두 관청은 동일한 관청으로 볼 수 있을 것 같다. 그러므로 정관(정법전)과 소현정서는 동일한 관청으로 추정할 수 있다.

한편 중사는 속관으로 생각되는데 왕의 명령을 받아 부의를 전달하고 있는 것으로 보아 아마도 왕의 근시기구에 소속된 관원이 아닌가 추정하며, 자료A)-②의 중관과 동일한 관청에 소속되어 있었던 것으로 생각한다. 신라 말 근시기구로는 內朝를 형성하고 집사부의 기능을 흡수하여 국왕의 교서를 선포하던 중사성이나 선교성이 있었다.[20] 따라서 C)-②에서 비문을 새긴 중관, 부의를 가지고 간 중사는 중사성 또는 선교성의 관원으로 볼 수 있고, C)-①에서 체징의 시호와 탑명을 지어 바친 관사도 중사성이나 선교성을 지칭하는 것이라 할 수 있다.

그러나 중사성이나 선교성의 관원들이 직접 탑비 건립 작업에 투입된 것으로 생각되지는 않고, 국왕의 명령을 받아 탑명을 짓거나 행장을 검토하여 시호를 지어 바치고, 왕명에 따라 왕의 의사를 전달하는 기능을 가지고 있었던 것으로 생각한다. 이와 같이 신라 말 각종의 불사에서는 국왕의 근시기구가 왕의 명을 받아 참여하고 있었는데, 이는 불교계를 왕권하에 두고 직접 지배하고자 하는 의도를 들어낸 것으로 생각한다.

한편 자료D)-③은 숭복사를 건립할 때 공사에 대한 내용을 담고

---

20) 李基東, 「新羅太祖 星漢의 問題와 興德王陵碑의 發見」, 『新羅骨品制社會와 花郞徒』, 一潮閣, 1990, pp.241~242, 참조.

있다. 여기서 주목되는 것은 감독관으로 속관은 예부에서 선발하고 승관은 소현정서(정관·정법전)에서 선발하고 있는 것이다. 즉 불사의 과정을 감독하는 관원이 俗官과 僧官으로 2원화되어 있었다. 불사에서 감독기능이 승·속관의 2원적인 구성을 보인 예는 황룡사9층목탑을 중수할 때 승려로 구성된 도감전과 속관으로 구성된 속감전의 존재에서도 확인할 수 있다. 이처럼 사원이나, 탑비의 건립과 같은 대규모의 불사에서 승·속이 함께 과정을 감독하는 것은 여러 가지 복잡한 절차와 거대한 재원의 조달, 그리고 노동력의 징발을 필요로 하였기 때문일 것이다. 곧 재정적인 지원이나 노동력의 징발과 같은 국가 통치와 관련되는 사무는 속관이 담당하고, 교단과 관계되는 문제는 승관이 담당한 데서 연유한 것으로 생각한다.

이와 함께 사원이나 승려에 대한 통제력의 행사에도 목적이 있었던 것으로 생각한다. 인력의 동원이나 재원의 조달과 같은 국가의 통치 행위에 승려들이 간여할 수 없도록 하여 대규모의 불사가 국가의 허가와 지원을 받지 않으면, 이루어질 수 없도록 함으로써 사원이나 승려에 대한 간접적인 통제의 효과를 노리고 있었던 것이다. 교단의 유지와 발전을 위해서는 불사의 시행이 필연적이다. 그리고 불사에는 노동력과 재정적인 문제가 중요한 부분을 차지하는데, 국가는 이 부분을 장악함으로써 사원에 대한 직접적인 간섭 없이도 통제의 효과를 노릴 수 있는 것이다.

자료C)-① ②, D)-① ② ③ ④의 분석을 통하여 토지의 희사, 사원전의 관리, 사원의 건립 등에는 국가의 엄중한 관리가 뒤따르고 있음을 살펴보았다. 국가는 사원에 관계되는 여러 가지 사무들을 처리하기 위하여 행정적인 절차들을 마련하여 시행자(불사·토지의 기증 등)-담당관사(집사부·정관(정법전)·선교성·중사성)-국왕의 재가

－선교성·중사성·정관(정법전)－시행(재정적·인적·행정적 지원)
의 절차를 거쳤다.

신라 말에 선종사원은 선승을 추모하면서 영예를 부여하기 위한
탑비의 건립, 사원의 건립과 중창 등 여러 가지 불사를 행하고 있었
다. 이들 불사는 자체의 경제력과 노동력이 동원되기도 하였으나, 국
가로부터 시호와 탑명을 받기 위한 허가 과정에서 국가의 강한 규제
를 받았다. 또한 선종사원은 호족과 진골 귀족, 왕실이 시주한 거대
한 규모의 토지를 보유하고 있었다. 이 토지는 대부분 소유를 허락
하기는 하지만 형식적인 절차라 하더라도 시주 과정에 국가가 관여
하여 허가권을 행사함으로써 토지기부 및 사원의 토지소유가 국가의
규제를 받았다. 이런 점에서 선종사원은 국가권력으로부터 자유로울
수 없었다.

2. 禪僧에 대한 規制

앞에서 선종사원의 불사 및 토지희사에 대한 행정절차를 통하여
선종사원에 대한 규제양상을 살펴보았다. 여기서는 선승 개인에 대
한 규제를 살펴보겠다. 선승의 성향은 선종사원의 성향을 결정짓는
요소가 된다. 그러므로 선승 개개인들이 국가의 지배를 벗어나지 못
하게 하는 것은 지배구조유지에 매우 중요한 조건이 된다. 선승에
대한 규제는 출가와 수계의 과정을 국가가 간섭하여 이룰 수 있고,
또 거주지를 지정하거나, 거주를 허가함으로써 규제할 수 있다. 먼저
선승들의 출가와 수계과정에 대해서 살펴보겠다.

신라 말 선승들의 비문에는 수계를 받고 계율 지킨 것을 특기하
고 있으나, 수계과정은 명확하지도 않고, 또 선승들이 처음부터 선승

으로 출발한 경우도 많지 않기 때문에 선종의 규제와는 거리가 있을지 모른다. 그러나 수계를 받음으로써 승려로서의 자격을 공인받고, 승려들이 누릴 수 있는 특권들이 부여되는 측면이 있다면, 선승이라 하더라도 수계는 중요한 의미를 지닐 수 있다. 따라서 국가가 출가·수계의 과정을 간섭하는 것은 선종의 규제라는 의미도 있었다.

승려들이 출가·수계 후에 선종을 선택하는 것은 비교적 자유로웠던 것으로 보이나, 속인에서 승려로의 출가 과정은 그리 쉽지 않았다. 大阿湌 金嶷勳이 도헌을 도와 승려가 될 수 있도록 한 은혜가 있으므로 불상으로 보답하겠다[21]고 하는 것에서도 확인할 수 있다. 신라 말 선승들의 출가·수계과정을 선승들 비문에서 뽑아 정리하면 다음 <표 2-2>와 같다.

〈표 2-2〉 신라 말 선승의 출가·수계사원

선사명	수계연령	출가연령	수계사원	출가사원	비 고
혜철	22	15	?	부 석 사	화엄학 공부
개청	24	?	엄 천 사	화 엄 사	
체징	25	7·8	보 원 사	?	화산 권법사에게서 공부
이관	?	17	해 인 사		
무염	24	12	?	오색석사	법성선사에게서 공부
대통	29	20	?		
수철	22	15	복 천 사	?	연허율사에게 출가
도헌	17	9	?	부 석 사	
심희	19	9	?	혜 목 산	원감현욱(선승)에게 출가
이엄	18	12	가야갑사	가야갑사	덕량법사에게 출가

---

21) 「鳳巖寺智證大師寂照塔碑」, p.318.

선사명	수계연령	출가연령	수계사원	출가사원	비 고
순지	?	?	법 주 사	오 관 산	
여엄	19	9	무량수사(?)	무량수사	주종법사에게 출가
□운	21	?	가야산 수도원	가 야 산	선융화상에게 출가
충담	20(?)	?	영 신 사	?	
현휘	22	?	가야산사	영각산사	심광대사에게 출가
형미	19	?	화 엄 사	보 림 사	보조체징에게 출가
경유	18	15	근 도 사	?	훈종장노에게 출가
절중	19	?	장 곡 사	오관산사	진전법사에게 출가
윤다	16	?	가야갑신수	?	
행적	24	?	복 천 사	해 인 사	

*李智冠, 『校勘譯註歷代高僧碑文』(新羅篇), 伽山文庫, 1994.
*李智冠, 『校勘譯註歷代高僧碑文』(高麗篇1), 伽山文庫, 1994.
*수계연령은 명기가 없는 경우 생존 연수에서 승랍을 감함.
*수철의 경우 추만호의 釋文에 의함(추만호, 「심원사수철화상능가보월탑비의 금석
 학적 분석」, 『역사민속학』, 창간호, 1991, pp.266~307.)

<표 2-2>에 의하면 선승들의 출가는 20세가 넘는 경우도 있으나, 대부분 10세를 전후하여 이루어지고 있으며, 스승을 모시고 불교에 대한 기본지식을 습득한 후 대개 20세를 전후하여 수계를 받았다. 여기서 선승들의 출가연령이 15세 이하가 많은 것은 국역과 관련이 있었다.[22] 이는 출가를 국가가 필요에 따라 규제하고 있었음을 의미한다. 그리고 출가사원에 있어서도 보림사·혜목산 등 일부 선종사원도 있으나, 대개의 경우 교종사원에서 출가하였다.

한편 선승들이 수계를 받은 사원은 보원사·복천사·가야갑사·법주사·무량수사·엄천사·영신사·가야산사·화엄사·근도사·장곡사

---

22) 許興植, 「新羅佛教界의 組織과 行政制度」, 『新羅文化祭學術發表會論文集』8, 1987, p.138.
　　許興植, 「佛教界의 組織과 行政制度」, 『高麗佛教史硏究』, 一潮閣, 1992, p.319.

등이었다. 이들 사원의 종파를 보면 대부분 화엄종사원이었고, 일부 유가
계열의 사원도 포함하고 있어 승려의 수계는 교종사원에서 이루어지는
것이 일반적이었다. 그리고 복천사·화엄사·엄천사·영신사·장곡사는
官壇이 설치되었던 사원이었고, 가야갑사·가야갑신수·가야산사는 모
두 보원사를 지칭한다 하므로[23] 보원사는 신라 말에 중요한 수계처였고,
고려 초에는 화엄종의 고승인 탄문이 머물던 중요한 화엄종사원이었다.

한편 부석사도 신라 말 대표적인 화엄종사원 중의 하나로 관단이
설치되었을 법하지만, 절중이 부석사에서 출가하여 화엄학을 공부하
였으나, 수계는 백성군(안성) 장곡사에서 받고[24] 있어 계단은 설치
되어 있지 않았던 듯하다. 그 외 사원의 계단이 私設이었는지 관단
이었는지는 확실하지 않다. 이처럼 각지에 선종산문이 형성되고 지
방에서 선종사원이 상당한 영향력을 발휘하는 시점에 이르기까지 교
종사원에서만 수계가 이루어지는 것은 불교행정의 대부분이 교종사
원을 중심으로 이루어지고 있음을 반영하는 것이며, 수계에 있어서
도 국가의 통제가 상당히 엄격하였음을 나타낸다.

그런데 한 가지 주목되는 것은 중국에서 수계를 받은 경우 신라
의 승적을 갖지 못하고 있는 듯하다는 점이다. 무염이 중국으로 유
학을 떠난 것이 헌덕왕 14년(822)이었고, 수계를 받은 것은 24세경
인 헌덕왕 17년(825)이어서, 중국에서 수계를 하였음을 알 수 있다.
그리고 혜소는 소림사 유리계단에서 수계를 받았다.

그런데 민애왕은 혜소를 황룡사에 貫籍시켜 황룡사 소속으로 하
였다. 그리고 무염의 경우는 성주사 자체가 문성왕에 의하여 흥륜사

---

23) 韓基汶, 「新羅末 高麗初의 戒壇寺院과 그 機能」, 『歷史敎育論集』12, 1988,
　　　pp.48~52, 참조.
24) 「興寧寺澄曉大師寶印塔碑」, 李智冠, 『校勘譯註歷代高僧碑文』(高麗篇), 伽山
　　　文庫, 1994. p.289.

에 예속되고 있어 성주사 주지인 무염 역시 흥륜사 소속 승려가 되었다. 선승을 교종사원에 예속시키는 경우는 이 두 경우뿐이다. 혜소와 무염은 교종사원에 예속됨으로써 비로소 신라의 승적을 가졌을 것으로 생각하기 때문에 그 전에는 僧籍이 없는 승려였던 셈이다.

출가와 수계가 국가의 규제를 받았고, 특히 출가의 경우 국가의 역역체계와 관련하여 연령의 제약을 받고 있었던 만큼 승적을 가짐으로써 승려로서의 자격을 공인받아 누릴 수 있는 여러 가지 특권들이 보장되는 측면이 있다면, 선승이라 하더라도 출가와 수계 과정은 중요한 의미를 지닐 수 있다. 이 점 때문에 중국에서 수계를 받아 신라의 승적을 갖지 못한 혜소와 무염을 교종사원에 소속시켰던 것으로 볼 수 있다. 이는 두 승려를 제도권 내로 편입시키는 효과를 지니고 있었다.

출가와 수계과정에 국가가 간섭하는 것은 왕실이 승려들에게 승적을 갖게 함으로써 제도권 내로 편입시켜 효과적으로 관리하려는 의도를 들어낸 것으로 생각한다. 하지만 절중이 머물던 흥녕사는 중사성에, 체징이 머물던 보림사는 선교성에 예속되고 있어 혜소와 무염의 경우와는 다른 모습을 보이고 있다. 이는 절중과 체징이 국내에서 수계를 받았으므로 이미 승적을 가지고 제도권 내로 편입되어 있는 상태였기 때문에 사원이 아닌 국왕의 근시기구에 예속시킨 것으로 생각하며, 두 사원을 왕실의 직할사원화하려 한 것으로 생각한다.25)

승려는 혼인을 하지 않으므로 교단 내에서 성직자의 자체 재생산이 불가능하다. 그러므로 교·선을 막론하고 교단의 유지를 위해서는 세속에서 끊임없는 인적인 공급이 필요하였다. 이것은 국가가 불교계를 통제할 수 있는 좋은 조건이 되었다. 국가는 출가연령을 제한하고, 불교 행정을 담당하면서 비교적 국가의 지배를 많이 받고

---

25) 선종사원을 국왕 근시기구에 소속시킨 것과 관련된 문제는 1장 1절 참고.

있던 교종사원에서의 수계를 통하여 교단으로 유입하는 인적인 공급로를 장악하였다. 성직자 공급로의 장악은 사원에 대한 국가의 통제의도를 보다 분명히 한 것으로 해석한다.

다음은 주지의 임명에 대하여 살펴보겠다. 주지는 사원의 대표자로 그의 성향이 곧 사원의 성향을 대변한다 할 수 있으므로 국가는 가급적 자신에게 적대적이지 않은 인물을 주지로 임명하고자 하였다. 특히 신라 말 선종사원처럼 국가지배에서 벗어나고 있는 상태에서 주지의 임명에 국가의 간섭이 없을 수 없었다. 신라 말 선사들의 주지임명에 대한 사실들을 정리해 보면 <표 2-3>과 같다.

<표 2-3>을 살펴보면 신라 말 선승들 중 상당수가 신라 왕실이 제공한 사원에 머물렀다. 혜철은 무주 쌍봉사에 머물다 대안사로 옮겼다. 여기에 왕실의 힘이 작용한 것은 아니지만, 禁殺幢의 건립을 허용하고 있는 것으로 보아 주지에 대한 추후 승인이 있었을 것이다.

체징도 무주 황학의 난야에 머물다 헌안왕의 요청으로 가지산사로 옮겼는데, 가지산사는 경덕왕 때 元表大德이 法力으로 정치에 도움을 주었던 곳이었으므로26) 왕실로서는 상징적인 의미가 큰 사원이었다. 이관은 합천 영암사에 머물다 설산의 억성사로 옮겼으며, 873년경 궁궐에 초빙되었다 돌아갈 때 경비를 제공받았다. 혜소는 흥덕왕의 요청으로 장백사에 머물다 경제적인 어려움으로 지리산 화개곡으로 옮겨 玉泉寺를 건립하였다. 이러한 혜소에 대하여 문성왕은 '慧昭'라는 이름을 내리고 황룡사에 貫籍시켰다. 무염은 김흔이 제공한 남포의 오합사에 머물렀으나, 문성왕이 성주사라 사액하고 흥륜사에 예속시켰다. 그 후 경문왕이 경주에서 비교적 가까운 거리에 있던 심묘사에 머물 것을 요청하자 하는 수 없이 가서 머물렀다.

---

26) 「寶林寺普照禪師彰聖塔碑」, p.109.

〈표 2-3〉 신라 말 선승의 주지사원 상황

선사명	연 대	주지사원	제공자	비 고
혜소	흥덕왕5(830) ?	장백사 옥천사	흥덕왕	경제적 지원은 없음 문성왕이 '혜소' 라 하고 황룡사에 관적
혜철	신무왕1(839) 문성왕	쌍봉난야 대안사	? ?	금살당 건립
체징	헌안왕2(858) 〃	항학의 난야 가지산사	? 헌안왕	
이관	? 경문왕13(873)	영암사 억성사	? ?	귀산시 경비 제공
무염	문성왕9(859) 경문왕(?)	오합사 심묘사	김 흔 경문왕	문성왕이 사액, 흥륜사에 예속시킴
대통	경문왕6(866)	월광사		관영법사 보내 주지케 함
이엄	효공왕15(911)	승광산 영각산 남쪽	소율희 ?	
심희	진성여왕2(888)	송계선원 명주의 사원 진례의 사원	? ? 소율희	효공왕 '봉림' 이라 사액
도헌	? 경문왕4(864)	수석사 안락사 봉암사	? 단의장옹주 심 충	헌강왕 7(881) '봉암' 이라 사액
순지	경문왕14(874) 헌강왕5(879)	용엄사	원창왕후 위무대왕	경문왕이 글 내려 첨앙
여엄	효공왕13(909)	소백산사	강 훤	
개청	진성여왕3(889)	보현산사	민규알찬	경문왕 국사의 예
충담	?	김해의 사원	?	
홍준	경명왕(?)	?	정광□□	
절중	헌강왕8(882) 헌강왕(?) 진성여왕2(888) ? ?	곡산사 흥녕선원 원향사 무량사·영신사· 동림사	헌강왕 석운대사 진성여왕 〃 김사윤	서울과 가까움 꺼림 중사성에 예속 머물지 않음 〃 종언지로 삼음

*李智冠, 『校勘譯註歷代高僧碑文』(新羅篇), 伽山文庫, 1994.
*李智冠, 『校勘譯註歷代高僧碑文』(高麗篇1), 伽山文庫, 1994.

또 대통은 경문왕 6년(866) 자인선사가 제공한 월광사에 머물렀으나, 왕이 관영법사를 보내 주지를 허락하였다. 도헌은 계람산 수석사에 머물다 단의장옹주의 요청으로 현계산 안락사로 옮겨 가서 희양산문의 기초를 쌓았다. 한편 명주의 민규 알찬이 제공한 보현산사에 개청이 머물자 경애왕은 국사의 예를 표하였다. 심희는 소율희가 제공한 진례의 어떤 절에 머물렀으나, 효공왕이 귀의하여 절을 중수한 후 '봉림'이라 사액하였다.

이엄은 효공왕 15년(911)에 소율희가 제공한 승광산에 머물렀으며, 순지는 원창왕후와 위무대왕이 제공한 오관산 용엄사에 머물렀으며, 사원 중건 후에는 경문왕의 존숭을 받았다. 한편 절중은 헌강왕 8년(882)에 대법사 위공이 헌강왕에게 청하여 제공받은 곡산사에 머물렀으나, 서울이 가까운 것을 꺼려하고 있던 중 석운대선사가 사자산 흥녕선원을 제공하자 그리로 옮겨 갔다. 이에 헌강왕은 '흥녕선원'이라 사액하고, 중사성에 예속시켰다. 그러나 진성여왕이 제공한 원향사·무량사·영신사에는 머물지 않았다.

이상을 통하여 진성여왕 이전까지 선승들은 주지사원을 결정하는데 왕의 허락을 받아야 했다는 사실을 알 수 있다. 이는 선승들의 거주지 결정이 자유롭지 않았다는 것을 보여주는 것이다. 선승들이 거주지를 자의적으로 결정하더라도 왕은 곧 사자를 보내 영역을 설정하거나, 사액을 통하여 추인하는 절차를 밟고 있다. 이러한 선종사원에 대한 주지임명, 또는 주지에 대한 추인 과정은 국가권력이 선종사원에 대한 통제 의도를 분명히 나타낸 것으로 생각한다. 이 과정을 통하여 국가는 선종사원과 선승에 대해 어느 정도의 통제효과를 얻을 수 있었다.

선종사원에 주지로 임명된 선승들은 왕실의 존경을 받아 國

師[27])로 책봉되기도 하고 정치에 대한 자문을 요청받기도 하였다. 이러한 왕의 조치들이 선승들의 의지와 무관하게 이루어지는 경우가 있었고, 그것이 선승들의 자발적인 협조를 끌어내는 데 도움이 되지 않는 경우가 있기는 하지만, 거주지 결정에서 자유롭지 못한 선승들이 왕실에 노골적인 적대감을 표시할 수는 없었을 것이므로 적대적인 태도를 가지지 않도록 유도하는 데 일조를 하였을 것이다.

선승들의 주지임명에 국가권력이 간섭하거나, 선승들에 대하여 거주지를 제공해 주는 것에 대한 선승들의 태도는 진성여왕대를 기점으로 변화가 보인다. 절중·여엄·이엄 등의 경우에서처럼 신라 왕실의 주지사원 지정을 거부하는 예가 증가하고, 신라 왕실 역시 선승들에 대한 거주지 제공이 감소하고 있다. 이는 지배체제의 약화와 호족의 성장으로 인하여 사회 혼란이 가중되면서 선종사원과 선승들에 대한 국가권력의 영향력이 감소하면서 나타난 현상으로 생각한다.

신라 말의 왕실은 여러 가지 방식을 동원하여 선종사원과 선승들이 통치권 밖으로 이탈하는 것을 막았다. 이를테면 선종사원의 통제를 위해서 불사, 특히 선승의 탑비 건립은 반드시 허락을 얻도록 하고, 또 토지의 희사에 있어서도 국가의 허락을 얻도록 함으로써 무분별한 사원의 건립과 사원의 비대화를 막으려 하였다. 선승 개인에 대해서는 출가와 수계에 국가권력이 관여함으로써 선종교단의 인적인 공급로를 통제하였다. 물론 진성여왕 이후 지배력이 약화하고, 호족의 성장·농민봉기 빈발 등으로 신라 왕실의 권위가 실추하면서 이러한 통제는 거의 유명무실해지는 것으로 생각하나, 형식은 오랫

---

27) 이 시기에 國師 또는 王師가 제도적으로 정착되어 있었는가 하는 것은 분명하지 않다. 그러나 일부 선승들에게서 國師 용어가 사용되고 있어서 제도적으로 정착되어 있었다고는 할 수 없을지라도 개념은 형성되어 있었다고 볼 수 있을 것 같다.

동안 계속되어 표면적으로는 선종이 계속하여 국가권력의 지배를 받
는 모습으로 나타났다.

제3절 新羅王室의 禪宗 包攝과 그 意圖

1. 禪宗寺院의 經濟力

선승들은 유학·노장사상·불교를 비롯하여 다양한 사상들을 공부
하였고, 선승의 가문들은 지방사회의 성장을 주도하는 지식인 계층
을 이루고[1] 신라사회의 분배구조에 대한 개편을 요구하고 있었으므
로 신라 말의 사회에 대해 상당히 비판적인 시각을 가지고 있었다.

또한 선승들의 가문은 모두 그러한 것은 아니지만 진골귀족 신분
을 가지고 있었으나 몰락하여 지방으로 이주한 경우가 많았고, 일부
민 출신의 선승들도 존재하고 있었다.[2] 이들은 지방사회에서 독서하
는 지식인 계층을 구성하고 지방사회의 움직임을 선도하는 위치에
있었으며, 동향에 큰 영향을 미칠 수 있는 지위에 있었다. 그러므로
이들의 움직임은 신라 말 지방지배에 미치는 영향이 매우 컸다.

당시의 선종사원은 왕실의 거대한 토지희사를 바탕으로 대토지를
집적하고, 많은 승려들이 스승과 제자의 관계로 결합함으로써 사원
자체가 하나의 호족으로 성장하고 있었다. 따라서 선종사원의 동향

---

1) 崔仁杓, 『羅末麗初 禪宗政策硏究』, (대구가톨릭대학교박사학위논문), 1998,
　　pp.142~146, 참조.
2) 崔仁杓, 위의 논문, 1998, pp.139~140, 참조.

은 신라의 지배구조를 위협할 수도 있고, 한편으로 안정시킬 수도 있는 중요한 지위를 가지고 있었다.[3] 신라 중앙정부는 이들의 동향에 유의하고 지지를 얻기 위해 여러 가지 방법을 동원하였다. 이와 관련하여 여기서는 신라 말 선종사원이 토지를 집적하고 거의 독립적인 세력으로 성장해 가는 과정에 있어서 신라 왕실의 역할을 살펴보겠다.

사원의 운영에는 많은 경제력이 요구된다. 신라 말의 사원들은 왕실이나 귀족들이 토지와 노비를 희사받아 대규모 田莊主로 변모하고 있었다. 사원의 토지집적은 면세지의 증가와 함께 면역자의 증가를 초래하여 국가수입의 감소를 가져올 수 있었다. 귀족들의 토지기부는 종교적인 열정에 의한 것이겠지만 한편으로 귀족들은 자신들의 재산을 자기 소유의 사원에 기탁함으로써 효과적으로 재산을 관리할 수 있었다.

이러한 문제점을 인식한 왕실에서는 사원에 대한 재산의 희사행위를 왕명으로 금지하기도 하고,[4] 사원의 창건과 사치를 금하는 명령을 내리기도 하였으나,[5] 왕실이 이를 먼저 어기게 되어[6] 큰 효과를

---

3) 종교지도자들이 영향력을 행사할 수 있는 신자에게 기존 사회구조 및 정치권력에 대하여 정당성을 의심하는 비판적 언행을 보일 경우 신라 집권층이 소유한 권력은 정당성을 잃게 될 것이다. 그러나 종교지도자들이 비판적 언행을 자제하고, 기존의 제도와 사회구조를 지지한다면 정치권력은 그 정당성을 인정받아 보다 용이하게 사회구조의 유지와 권력을 행사할 수 있을 것이기 때문이다.

4) 『三國史記』卷6, 新羅本紀6, 文武王 4年.

5) 『三國史記』卷10, 新羅本紀10, 哀莊王 7年.

6) 헌안왕 4년(860)에 보조체징이 가지산사에 머물자 교서로 망수택과 이남택에 명하여 금 160분, 곡식 2千斛을 내도록 하여 사원을 장식하는 것을 돕도록 하였고,(「寶林寺普照禪師彰聖塔碑」, 李智冠, 『校勘譯註歷代高僧碑文』(新羅篇), 伽山文庫, 1994, p.110. 이하 별도의 명기가 없는 경우 이 책을 이용함)경문왕 4년(868)에는 단의장옹주가 지증도헌을 현계산 안락사에 머물게 하면서

거두지는 못하였다. 이에 따라 신라 말이 되면 교종사원뿐만 아니라 선종사원 역시 많은 토지를 희사받아 재산을 축적하고 이를 기반으로 지방사회에 영향력을 확대하였다. 선종산문의 경제적 실태를 산문별로 간단히 살펴보면 다음과 같다.[7]

먼저 성주산문의 경제력부터 살펴보겠다. 성주산문은 김흔이 희사한 웅천주의 김인문 수봉지를 기반으로 무염이 개창하였다.[8] 성주산문의 경제규모에 대해서 잘 알 수는 없으나, 숭암산 성주사 사적에 사원의 규모를 기록하고 있어 추정해 볼 수 있다.

> A) 고쳐 지은 法堂은 5層 重閣이고, 三千佛殿이 9간, 海莊殿 9간, 大雄寶殿 5간, 定光如來殿 5간, 內僧堂 9간, 極樂殿 3간, 文殊殿 3간, 觀音殿 3간, 普賢殿 5간, 遮眼堂 3간, 十王殿 7간, 栴檀林 9간, 香積殿 10간, 住室 7간, 幷閣 3간, 鐘閣 東行廊 15간, 西行廊 15간, 東西南北閣 3간, 鐘閣은 2층이다. 中行廊은 300간

동왕 9년(868) 농장과 노비문서를 희사하여 영원히 변함이 없도록 조치하는 (「鳳巖寺智證大師寂照塔碑」, pp.318~319.) 등 왕실은 자신이 귀의한 선승에게 머물 수 있는 사원과 재물을 희사하고 있다. 이러한 왕실의 기부행위와 함께 김언경은 체징이 머물던 가지산사에 철 2천5백 근을 내어 노사나불 1구를 조성하고 있다.(「寶林寺普照禪師彰聖塔碑」, p.110.) 이와 같은 왕실의 조치는 애장왕의 불사에 대한 각종의 제한조치들을 무력화시키고, 금령에 관계없이 귀족들이 자신의 재물을 사원에 기부하는 계기가 되었을 것이다.

7) 선종 산문의 경제적 기반과 경영에 대해서는 다음의 연구가 참고된다.
　　金杜珍, 「新羅下代 禪宗山門의 社會經濟的 基盤」, 『韓國學論叢』21, 1999.
　　李喜寬, 「聖住寺와 金陽 -聖住寺의 經濟的 基盤에 대한 一檢討-」, 『성주사와낭혜』, 서경문화사, 2001.
　　이경복, 「新羅末·高麗初 大安寺의 田莊과 그 經營」, 『梨花史學硏究』30, 2003.
8) 「聖住寺朗慧和尙白月葆光塔碑」, p.188. 한편 성주산문의 개창은 김인문 수봉지보다 신라 왕실의 경제적인 후원이 중요하였다는 견해도 있다.(曺凡煥, 「朗慧無染과 聖住山門」, (서강대학교박사학위논문), 1997, pp.34~38과 이희관, 앞의 논문, 2001, 참조.)

인데 파손되었고, 外行廊 5간도 파손되었으나 터와 계단은 남아 있다. 水閣 7간은 파손되었고, 창고 50간도 파손되었다.(「崇巖山聖住寺事蹟」, 『考古美術』下, 1979, p.450.)

佛殿이 모두 80간, 파괴된 行廊이 800여 간이었고, 水閣이 7간, 창고가 50여 간으로 모두 천여 간에 이르는 대규모의 사원이었다. 이러한 대규모 사원을 경영하기 위해서는 거대한 재원이 필요하였을 것이나, 그에 대한 기록이 없어 정확히는 알 수 없다. 다만 김흔이 희사한 김인문의 수봉지에 사원을 건립하였다는 기록을 근거로 추정을 해 볼 수는 있다. 이 추정은 김인문의 식읍이 모두 한곳에 있었다는 전제하에 이루어진 것이므로 정확한 것은 아니나, 대략의 규모를 파악할 수는 있을 것으로 생각한다.

효소왕 10년(701)에 건립한 김인문 비문에 의하면

B) 태종대왕이 그 공의 아름다움에 탄복하여 특별히 식읍 3백 호를 주었다.(「金仁問碑」, 『韓國金石全文』, p.120.)

하여 태종무열왕이 식읍 300호를 특별히 수여한 것으로 되어 있다. 한편 『삼국사기』에는 태종무열왕 때 장산성에 요새를 쌓고 국방을 견고히 한 공으로 식읍 300호를 받은 것으로 되어 있으며, 또 문무왕이 김인문의 지략이 뛰어나고 용맹이 있으므로 식읍 500호를 지급하였다는 기록과 함께 당에서 받은 식읍의 규모를 기록하고 있다.[9] 이 기록들에서 김인문이 받은 식읍의 총수를 비문에 근거한다면 300호, 『삼국사기』에 근거한다면 800호가 된다. 김인문의 비 자체가 완전한 것이 되지 못하므로 『삼국사기』의 기사를 따르면 김인

---

9) 『三國史記』卷44, 金仁問.

문이 받아서 배타적으로 지배할 수 있는 식읍은 모두 800호이다.

이 중 무열왕이 지급한 식읍 300호는 장산성을 쌓은 공으로 지급한 것이었고, 문무왕이 지급한 식읍은 지략과 용맹이 있어 지급한다 하였으므로 아무래도 삼국통일에 대한 논공행상의 성격이 있는 것 같다. 통상 전쟁에서 승리의 기념으로 이루어지는 논공행상은 승진과 함께 전리품을 분배하는 것으로 생각하므로 점령지인 웅천주에서 지급한 것이 아닐까 한다. 그렇다면 웅천주에 소재한 김인문의 식읍은 500호 정도가 될 것이다.

이 식읍 500호를 경덕왕 14(755)년에 작성한 정창원 신라 촌락 문서와 비교하면 서원경 부근 4개촌 전체 호수가 92호에 462명의 인구를 보유하고 있었으니,10) 식읍 500호는 여러 개의 촌락을 포함하는 광대한 규모였던 것이다. 이와 같이 성주산문은 경제적인 기반으로 거대한 규모의 토지와 농민들을 소유하고 있었다. 물론 이것이 성주산문의 경제기반 전부는 아닐 것이며, 더 많은 토지를 소유하고 있었을 것이다. 김흔만이 토지를 희사하였다고 볼 수는 없기 때문이다.11)

---

10) 李泰鎭, 「新羅統一期의 村落支配와 孔烟」, 『韓國社會史研究』, 知識産業社, 1986, pp.36~37.

11) 성주산문의 개창에는 무염의 비문에 기록된 김흔과의 관련성보다는 그의 政敵이라 할 수 있는 김양을 비롯한 신라 왕실의 후원이 상당하였던 것으로 밝혀지고 있다.
曺凡煥, 「朗慧無染과 聖住山門」, 서강대학교박사학위논문, 1997.
曺凡煥, 「朗慧無染과 聖住寺 創建」, 『韓國古代史研究』14, 1998.
이희관, 앞의 논문 2001, 참조.
아마도 김인문의 수봉지를 바탕으로 하고 여기에 김양 등의 후원이 더해졌을 것이다. 이점은 김인문의 수봉지인 웅천주에 있던 烏合寺를 바탕으로 성주사가 개창되고 있기 때문이다.(金壽泰, 「烏合寺」, 『성주사와낭혜』, 서경문화사, 2001, 참조) 김양 등의 후원은 오합사를 바탕으로 성주사가 창건된 후일 것이다.

다음은 동리산문의 경제력을 보겠다. 동리산문의 경제력 역시 자세히 알 수 없으나 혜철의 비문 끝 부분에 다음과 같은 기록이 있다.

> C) 碑末, 福田數와 法席, 당시 福田은 40명이고 항상 神衆法席을 행하였다. 法席, 본래 정해진 특별한 法席은 없다. 本傳은 식량이 2,939石 4斗 2升 5合이다. 例食으로 보시한 燈油는 없다. 田畓柴 밭논은 모두 494結 39負이다. 사원의 부지인 座地는 3結, 下院垈가 4結 72負이다. 연료 채취지는 143結이고, 荳原地로는 鹽盆 43結이 있고, 남자 종 10 명, 여자 종 13명이다.(「大安寺寂忍國師照輪清淨塔碑」, pp.92~93.)

위의 자료는 혜철의 비가 건립되는 경문왕 12년(872) 당시 대안사의 재산 상태를 나타낸 것이다. 당시 대안사는 2,939석 4두 2승 5합의 곡식을 식량으로 비축하고 있었으며, 전답이 494결 39부, 본사터와 본사에 부속된 기타 건물의 자리로 보이는 좌지·하원대가 각각 3결·4결 72부에 염전 43결까지 소유하고 있었다. 그리고 연료채취지인 임야 143결과 노비 23명도 대안사의 소유였다.[12]

정창원 신라 촌락문서에 기재된 4개 촌 전체의 전답이 대략 600여 결 정도였으므로[13] 대안사가 소유한 토지는 4개 촌락을 합친 정도의 방대한 규모였고, 대량의 곡식을 비축하고 있었다. 한편 대안사의 재산 중에 특히 주목되는 것은 염전 43결이다. 고대사회에서 소금은 생활의 필수품으로 경제적인 가치가 매우 큰 상품이다. 그런데

---

12) 동리산문에 대해서는 다음의 연구가 참고된다.
   秋萬鎬, 「羅末麗初 桐裏山門」, 『先覺國師道詵의新研究』, 靈巖郡, 1988.
   李德鎭, 「新羅末 桐裏山門에 대한 硏究」, 『韓國禪學』2, 2001.
   이경복, 앞의 논문, 2003.
13) 李泰鎭, 앞의 논문, 1986, p.37, 참조.

대안사가 소유한 염전의 규모가 상당히 대규모적인 것이므로 여기서 생산하는 소금을 자체에서 모두 소비하였다고는 믿지 않는다. 소비하고 남은 소금은 판매를 하였을 것이므로 대안사의 경제기반은 더욱 확대되는 셈이다.

다음은 가지산문의 재산규모를 보자 다른 선문들과 마찬가지로 구체적인 재산의 규모를 알려주는 자료가 없으므로 체징의 비문을 통하여 재산 축적상태를 추정해 보겠다.

> D) 宣帝 14년 중춘에 부수 金彦卿이 일찍이 제자의 예를 갖추고 방에 들어가는 손님이 되어 맑은 봉급을 절약한 개인 재물로 철 2,500근을 내어 노사나불 1구를 주조하여 禪師가 머무는 곳의 절을 장엄하였다. (헌안왕)은 望水宅과 里南宅에 명령하여 금 160分과 租 2千斛을 내도록 하여 절을 장식하는 공덕을 도와 충당케 하였다. 그리고 절을 宣敎省에 예속시켰다. 함통 신사년에 四方의 기부를 받아 그 禪의 집을 넓혔다.(「寶林寺普照禪師彰聖塔碑」, p.110.)

위의 자료는 체징이 헌안왕의 요청에 따라 가지산사(보림사)로 옮기자 김언경이 사재로 철 2,500근을 구입하여 노사나불을 조성하여 안치하였고, 헌안왕은 교서로 망수택과 이남택 등에 명하여 금 160분, 곡식 2천 斛을 내 사원을 장식토록 하였으며, 경문왕 1년(861)에도 시주를 받아 사원을 크게 확장시켰음을 전하고 있다. 이를 통하여 가지산사(보림사)는 왕실이나 단월들로부터 거대한 규모의 재물을 희사받고 있음을 알 수 있다. 그리고 이 재물들은 산문의 운영과 사원의 유지·보수비용으로도 충당되었을 것이다.[14]

---

14) 당시 철의 가격이나 금의 가격을 알 수는 없으나 막대한 가치가 있었을 것이다. 그리고 곡식 2千斛은 1斛을 10斗로 계산하면 2萬斗에 해당하는 양이며, 당시 논 1결의 생산량을 10石(150두)으로 추정하여 계산하면 곡식 2만

그리고 체징에게는 800여 명에 달하는 많은 제자들이 있었다.[15] 이들이 모두 가지산사에 머물지는 않았다 할지라도 본산인 만큼 많은 수의 제자들이 가지산사에 머물고 있었다고 할 때 소속 승려의 숙식 등을 해결하기 위해서는 그에 상응한 경제력이 요청된다. 이런 점을 감안할 때 가지산문의 소유재산이나 사원의 규모 역시 상당한 수준이었음을 추측할 수 있다.[16]

다음은 희양산문의 경제기반을 도헌의 비문을 통하여 살펴보겠다. 도헌은 경문왕 4년(864)에 단의장옹주의 요청을 받아들여 현계산 안락사에 머물면서 韓粲 金嶷勳이 도첩을 주어 승려가 될 수 있도록 도와준 보답으로 丈六玄金像을 주조하였다.[17] 불상의 규모는 자세하지 않으나, 외부의 도움 없이 사원 내의 자체재력으로 그것도 승려 개인의 은혜를 갚기 위한 일로 이루어질 수 있었다는 것은 당시 안락사의 경제력이나 기술·인력 등의 규모가 매우 컸음을 보여준다. 더욱이

> E) (경문왕)8년 정해년에 이르러 단월인 옹주가 茹金 등으로 하여금 절 남쪽의 농장과 노비문서를 가지고 가서 이를 헌납하여 스님의 거처로 삼아서 영원히 변함이 없도록 하였다. 대사가 인하여 마음으로 말하기를 "王女가 法喜를 돕는 것이 이와 같은데 부처의 法孫으로 禪의 기쁨을 맛보았으니 어찌 그러한 무리이겠는가? 나의 집이 가난하지는 않으나 친척이 모두 죽어 길가는 사람의 손에 들어가게 하는 것보다는 차라리 제자의 배를 채우는 것이 낫다." 하고 드디어 건부 6년에 莊

두는 논 1,333결의 소출이라 한다.(李基東, 「新羅金入宅考」, 『新羅骨品制社會와 花郞徒』, 一潮閣, 1990, p.204.)

15) 「寶林寺普照禪師彰聖塔碑」, p.111.
16) 가지산문에 대해서는 李啓杓, 「新羅下代의 迦智山門」, 『全南史學』7, 1993, 참조.
17) 「鳳巖寺智證大師寂照塔碑」, p.318.

> 12구역에 소속되어 있는 밭 500결을 절에 예속시켰다.(「鳳巖寺智證
> 大師寂照塔碑」, p.319.)

경문왕 8년(868)에 단의장옹주가 다시 안락사에 농장과 노비문서를 희사하여 영원히 변함이 없게 하자 도헌도 자기가 소유하고 있던 장 12구역에 分屬되어 있던 밭 500결을 희사하여 절에 예속시켰다. 단의장옹주가 안락사에 희사한 토지의 양과 노비의 숫자가 얼마나 되는지 알 수는 없으나 상당한 양이었을 것으로 추정된다.[18] 여기에 도헌이 희사한 토지 500결을 더한다면 안락사는 거대한 규모의 토지를 소유하고 있었던 셈이다. 그 뒤 심충이 희양산 봉암곡을 희사하자 거기에 절을 세웠고, 봉암사라는 사액을 받음으로써 희양산문이 개창되었다.[19]

이상에서와 같이 신라 말 선종사원들은 수백 결의 토지를 소유하고 이를 바탕으로 산문을 이끌어 나갔다. 이외에 선종사원이 대규모의 토지를 소유하게 되는 예를 『삼국유사』에서도 확인할 수 있다.

> F) 절 짓는 것을 마치고 살았다. 인하여 이름을 鵲岬寺라 하였다. 얼마
> 되지 아니하여 태조가 삼국을 통일하고 스님이 이곳에 이르러 절을 짓
> 고 살고 있다는 것을 듣고 이에 5岬이 가졌던 토지 500결을 절에 희
> 사하였다. 그리고 청태 4년 정유에 雲門禪寺라 賜額하였다.(『三國遺
> 事』卷4, 寶讓梨木)

와 같이 태조는 후삼국을 통일한 다음 보양이 작갑사에 머물고 있다는 것을 듣고 작갑사의 전신인 5갑이 소유하였던 500결의 토지를

---

18) 도헌이 헌납한 500결에 버금가는 양이었을 것으로 추정되고 있다.(金杜珍, 앞의 논문, 「新羅下代 禪宗山門의 社會經濟的 基盤」, 1999, p.16.)
19) 「鳳巖寺智證大師寂照塔碑」, pp.321~322.

소속시켜 주고 운문선사라는 사액을 내렸던 것이다. 그리고 소유 토지를 보호하기 위하여 장생표도 세워주었다. 운문사 장생은 모두 11개가 있었는데, 阿尼岾·嘉西峴·畝峴·北買峴·猪足門 등에 있었다. 이 중 北買峴은 다른 말로 面知村이라 하고 있어,[20] 운문사가 소유한 토지는 촌락을 경계로 하는 광대한 규모였음을 알 수 있다.

이처럼 선종사원들은 광대한 규모의 토지를 소유하고 이를 바탕으로 세력을 성장시켜 나갈 수 있었다. 그러나 선종사원들의 토지가 모두 한 곳에 집중되어 있었던 것은 아니었다. 본사와 멀리 떨어져 있던 소유토지에 대해서는 승려를 파견하여 관리케 하였다.[21] 직접적인 자료는 아니지만 다음의 자료는 신라 말 사원들의 토지소유와 경영방식을 보여준다.

> G) 옛날 신라가 서울이었을 때 世逵寺(지금의 興敎寺이다.)가 있었는데, 그 莊舍가 명주 捺李郡에 있어서 본사의 중 調信으로 莊園을 맡아 관리하게 하였다. 信이 장원에 도착하였다.(『三國遺事』卷4, 正趣調信)

위의 자료는 세규사의 莊舍가 명주 捺李郡에 있었는데, 관리자로 본사의 조신을 파견하고 있음을 보여준다. 이때 조신이 직접 토지를 경작한 것은 아닐 것이다. 아마도 농민이 경작하는 것을 관리하고 거기에서 일정량의 세를 징수하면서 토지를 관리하였을 것이다.[22]

---

20) 『三國遺事』卷4, 寶讓梨木.
21) 선종산문의 토지소유와 경영방식에 대해서는 이경복, 앞의 논문, 2003, 참조.
22) 직접적인 자료는 아니지만 최승로의 시무책 6조에 「凡佛寶錢穀 諸寺僧人 各於州郡差人勾當 逐年息利 勞擾百姓 請皆禁之 以其錢穀 移置寺院田莊 若其主典有田丁者 幷取之以屬于寺院莊所 則民弊稍減矣」(『高麗史』卷93, 崔承老)라 하여 사원들이 돈과 곡식에 대하여 각기 州와 郡에 사람을 보내 관리하고 있었음과 寺院田莊에는 토지를 경작하는 田丁이 소속되어 있었음을 알 수 있다.

이러한 예로 보건데 수백 결의 토지를 소유한 선종사원이 자체의 노동력만으로 경작하였다고 볼 수는 없고, 사원소유 토지에 얽매인 농민들로 하여금 경작케 하고 거기서 일정량의 稅를 징수하였을 것이다. 물론 일부의 토지는 승려들이 직접 경작하기도 하였을 것이다. 무염이 노역에 앞장서면서 물 긷고 나무 지는 일까지 직접 하였다[23]고 하는 데서 알 수 있듯이 선승들은 수행의 일환으로 육체노동을 서슴없이 하였다.

수행 방법으로서 선승의 노동은 사원소유의 토지 경작이나 땔감채취 등 사원에서 필요로 하는 여러 가지 물품을 조달하는 유용한 수단이 되었을 것이며, 여타 세력의 간섭을 비교적 적게 받고 경제적인 독립체로 성장하는 바탕이 되었을 것이다.

다음은 선종사원의 인적인 구성에 대하여 살펴볼 필요가 있다. 선승들의 비문에 의하면 가지산문 체징의 제자로 영혜·청환 등 800여 인이 있었고,[24] 성주산문 무염의 제자로는 이름 있는 자만 2천여 인이 있었다.[25] 그리고 현휘에게는 활행 등 300여 인의 제자가 있었으며,[26] 여엄은 융천·흔정 등 500여 인의 제자가 있었다.[27] 심희의 제자로는 경질선사 등 500여 인이 있었으며,[28] □운의 제자로는 현양선사·행희선사 등 400여 인이 있었고,[29] 절중에게는 여

---

23) 「聖住寺朗慧和尙白月葆光塔碑」, p.202.
24) 「寶林寺普照禪師彰聖塔碑」, p.111.
25) 「聖住寺朗慧和尙白月葆光塔碑」, p.203.
26) 「淨土寺法鏡大師慈燈塔碑」, 李智冠, 『校勘譯註歷代高僧碑文』(高麗篇1), 伽山文庫, 1994, p.243.
27) 「菩提寺大鏡大師玄機塔碑」, 李智冠, 『校勘譯註歷代高僧碑文』(高麗篇1), 伽山文庫, 1994, p.95.
28) 「鳳林寺眞鏡大師寶月凌空塔碑」, p.361.
29) 「毗盧庵眞空大師普法塔碑」, 李智冠, 『校勘譯註歷代高僧碑文』(高麗篇1), 伽山文庫, 1994, p.125.

종·홍가·신정·지공 등 1,000여 명의 제자가 있었다.[30] 이들 전법 제자들이 모두 본사에 머물렀다고 보기는 어렵지만, 이들이 본사에 소속된 각지의 末寺에 머물렀다고 보면 선종산문의 인적인 구성과 분포는 거의 전국적이었다고 할 수 있다.

수백 결의 토지를 소유하였고, 또 소유토지에 얽매인 농민들을 지배하였으며, 수백에서 수천의 傳法弟子를 거느린 선종사원은 종교적인 교단조직을 떠나 지방사회에 영향을 미치는 지방세력이었다. 선종산문이 전형적인 지방세력으로 성장한 시기는 대체로 산문을 형성하는 시기인 것으로 생각하나, 왕실이 지방세력화한 산문을 어쩔 수 없이 인정한 것으로 보이고 있어[31] 사액을 내려 공식적으로 인정해 주는 것보다는 이른 시기일 것으로 생각한다.

지방세력화한 선종사원은 토지를 승려 자신이 수행의 과정으로 경작하기도 하였을 것이나, 사원소유의 토지에 얽매인 농민들로 하여금 경작케 하여 부를 축적하였을 것이다. 사원의 경제적인 운용방식에 대해서는 잘 알 수 없다. 그러나 고려 성종 때 최승로의 시무책에서 사원이 소유 토지를 기반으로 하고, 돈과 곡식으로 殖利事業을 통하여 재산의 증식을 꾀하는데, 이것이 민들에게 상당한 부담이 되고 있음을 말하고 있다.[32] 비록 후대인 고려 초의 현상이긴 하지만 이러한 부의 축적과 운용은 신라 말 사원에서도 다르지 않았다고 본다.

---

30) 「興寧寺澄曉大師寶印塔碑」, 李智冠, 『校勘譯註歷代高僧碑文』(高麗篇1), 伽山文庫, 1994, p.300.
31) 추만호, 앞의 책, 1992, p.153.
32) 『高麗史』卷93, 崔承老.

2. 禪宗寺院의 經濟基盤 形成

신라 말의 선종사원은 거대한 규모의 토지를 보유하고 있었으며, 이를 바탕으로 경제적인 이득을 취하여 거대한 재산을 보유할 수 있었다. 선종사원은 이 재산을 바탕으로 토지 등에 메인 농민을 지배하고 나아가 주변 지역에 큰 영향력을 행사하였다. 이러한 선종사원의 성장과정에서 신라 왕실의 역할은 어느 정도였는지를 선승과 선종사원의 예를 통하여 살펴보겠다.

먼저 혜소의 경우부터 살펴보겠다.

> H) 흥덕대왕이 편지를 내어 환영하고 위로하며 말하기를 "도의선사가 전날에 이미 돌아왔고, 上人이 이어 이르니 두 菩薩이 되었다. 옛날에 검은 옷의 호걸이 있었다고 들었는데, 지금 누더기의 뛰어난 스님을 보니 자비로운 위엄이 하늘에 가득 차 온 나라가 기쁘게 기대는구나. 과인이 장차 계림 땅을 상서로운 곳으로 만들겠다." 하였다. 비로소 상주 노악산 장백사에 머물렀다. 의원의 문에 병자가 많듯이 오는 자가 구름과 같아서 方丈이 비록 넓었으나 형편이 어려워 드디어 걸어서 진주 지리산에 이르렀다.(「雙谿寺眞鑑禪師大空靈塔碑」, p.143)

혜소가 흥덕왕 5년(830) 당에서 귀국하자 왕은 글을 보내 위로하고 상주 노악의 장백사에 머물도록 하였다. 그러나 혜소는 곧 경제적인 어려움으로 인하여 지리산으로 옮겨 갔다. 이는 신라 왕실이 혜소를 경주와 그리 멀지 않은 상주 장백사에 머물도록 강제하였으나, 경제적인 지원은 하지 않았음을 의미한다. 名望은 있지만, 아직 큰 세력으로 성장하지 못한 혜소에게 거처를 정해 주어 통제를 쉽게 하고자 하였지만,[33) 경제적인 도움은 주지 않았던 것이다. 그 후 혜소는

104 나말려초 선종정책연구

Ⅰ) 개성 3년에 愍哀大王이 갑자기 왕위에 올라서 불교의 교리에 깊이 의
탁하고자 글을 내려 齋의 비용을 준비하고 따로 직접 보기를 원하였다.
禪師가 말하기를 "부지런히 善政을 닦는 데 있는 것이지 어찌 만날 필
요가 있겠습니까?" 하였다. 使者가 복명하자 왕이 듣고 부끄러워하여
…… 사신으로 이름을 내려 혜소라 하였는데 聖朝의 廟諱를 피한 것이
다. 곧 대황룡사에 적을 올리고 서울로 나오도록 청하였다. 사신들이 오
고, 가고 해서 말고삐가 길에 엉길 정도였으나 山嶽과 같이 서서 그 뜻
을 옮기지 않았다.(「雙谿寺眞鑒禪師大空靈塔碑」, p.144.)

민애왕이 즉위하여 보기를 청하였으나, 좋은 정치를 권할 뿐 그
뜻을 굽히지 않았다. 이는 혜소가 민애왕의 초청을 거부한 것으로
볼 수 있으나, 이것이 곧 혜소가 신라 왕실을 전적으로 부정한 것으
로 생각하지는 않는다.[34] 신라 왕실은 이에 관계치 않고 일방적으로
황룡사에 관적시킴으로써 비록 형식상이겠지만, 국가의 공적인 지배
체제 내에 편입하였다. 이는 규제책의 일환이지만 한편으로 황룡사
소속 승려로 공인함으로써 승려로서 누릴 수 있는 특권을 보장해 주
는 측면도 있었다. 이처럼 신라 왕실은 적극적인 태도로 혜소에게
접근하였지만 그는 소극적인 태도로 일관하였다.
이러한 혜소의 태도는 신라 왕실의 초청이 곧 경주 또는 주변에
그를 머물게 하기 위한 계산된 행위임을 간파한 결과라 하겠다. 혜
소는 자신의 권위를 빌어 기존의 지배구조를 공고히 하고자 하는 신

---

33) 상주 지역은 당과의 교통로상에 위치하였고, 신라 왕실과 매우 밀접한 관련
을 지니고 있던 지역이었다. 이 점은 무염을 신라 왕실의 지배하에 있었던
것으로 보이는 심묘사에 머물렀고, 또 혜소가 귀국하자 역시 상주 지역의
장백사에 머물게 하고 있는 것이 이를 증명해 준다.
34) 본 연구 1장 1절 禪僧의 動向 참조. 혜소를 초청하려던 민애왕의 입장에서
보면 매우 곤혹스러운 상황이었을 것이다. 어쩌면 이런 곤혹스러운 상황이
혜소에 대한 규제를 강화시키는 요인이 되었을 수도 있다.

라 왕실에 대한 거부감을 표시한 것이다. 더욱이 민애왕의 초청을 거절하면서 좋은 정치를 권하였다. 이는 민애왕의 비정상적 왕위계승의 정당성을 의심하는 언급으로 생각하며, 결과적으로 민애왕 왕실에 대한 영향력은 더욱 확대된 것으로 볼 수 있다. 혜소의 지지의사 표명을 기대하던 민애왕은 그의 자발적 협조를 포기하고 황룡사에 관적시키는 강압적 자세로 혜소를 압박하고 있는 것이다. 이러한 예는 무염을 통해서도 확인할 수 있다.

> J) 함통 12년 가을에 편지를 전하여 부르면서 말하기를 "山林은 어찌 친하면서 城邑은 어찌 멀리하는가?" 하였다. 대사가 生徒에 대하여 말하기를 "급히 백종을 부르듯 하시니 깊이 혜원공에게 부끄럽다. 그러나 도가 장차 행하려 하는데 때를 잃을 수 없다. 부촉을 생각하고 내가 간다 …… 조금 있다가 새장 속에 있는 것처럼 고통을 느껴 도망하듯 가버렸다. 임금이 억지로 할 수 없음을 알고 이에 교서를 내려 상주 심묘사가 서울에서 멀지 않으므로 禪那別館으로 할 것을 청하니 스님은 굳게 사양하였으나 할 수 없이 그곳에 가서 머물렀다.(「聖住寺朗慧和尚白月葆光塔碑」, p.191.)

무염은 경문왕 11년(871)에 왕의 초청을 받아 경주에 오게 되는데 道를 행함에 때를 놓칠 수 없다는 것이 이유였다. 이는 무염이 왕실의 대선종정책에 상당한 기대를 걸고 있었음을 의미한다 할 것이나, 곧 새장에 갇힌 것처럼 괴롭게 여겨 가버리니 경문왕은 경주에서 멀지 않은 상주 심묘사에 머물도록 강제조치를 취하였다. 무염에게 있어서 서울에 머문다는 것이 곧 통제된 번다한 생활이었음을 "새장 속에 갇힌 것 같았다."는 표현에서 짐작할 수 있다. 이는 왕실의 선종정책이 무염을 만족시키지 못한 결과로 해석할 수 있다.[35]

한편 도헌은 왕실의 초청에 대하여 좀더 강한 거부감을 표시하였다.

K) 답하여 말하기를 "자신을 닦고 다른 사람을 교화하는데 고요한 곳을 버리고 어디로 가겠습니까? 새가 나무를 고르듯 하라는 명령은 나를 위하여 말해 준 것입니다. 다행히 진흙 속에 편안히 있도록 허락하고 저로 하여금 汝上에 있지 않도록 하여 주십시오."라고 했다.(「鳳巖寺 智證大師寂照塔碑」, p.317.)

도헌은 경문왕이 사신을 보내 초청한 것에 대하여 왕의 명령을 따를 수 없음을 말하고, 새가 나무를 골라 앉듯이 해 달라고 하여 거주지 선택에서 자신의 의사를 존중하여 줄 것을 바라고 있다. 이는 왕실이 정중하게 초청 하는 것 같지만 실은 강제성을 띠고 있음을 보이는 것이다.[36]

그 후 헌강왕이 즉위하여 '忘言師'로 삼았으나 도헌은 다시 이를 거부하였다. 이에 헌강왕이 신하로 하여금 다시 머물러 주기를 청하니 "굽히면 부러질 것"[37]이란 말로 강하게 자신의 의사를 관철시켰다. 왕실의 강제조치에 도헌이 크게 반발한 것으로 볼 수 있다. 왕은 하는 수 없이 宣敎省 副使 馮恕로 하여금 수행토록 하여 산으로 돌려보냈다. 왕실이 돌아가려는 도헌의 의지에 굴복한 것이라 할

---

35) 무염과 신라 왕실의 관계에서 무염이 현실을 수용하면서도 적극성을 보이지 않는 것은 의도가 서로 달랐기 때문이 아닌가 생각된다. 왕실은 무염을 이용하여 지배체제의 안정을 꾀하고 있었던 데 대하여 무염은 왕실의 권위를 빌어 선종을 보급하고 사회에서 선종의 지위향상을 꾀하고 있었던 것 같다. 따라서 양측은 서로를 필요로 하고 있었다. 그러나 무염은 신라사회의 개혁을 추구하여 유교적인 왕도정치를 실현시키고자 하였으므로(崔仁杓, 「朗慧無染의 現實認識과 指向社會」, 『大丘史學』51, 1996, 참조.) 기존의 귀족정치를 고수하려는 왕실의 욕구를 충족시키지 못하였고, 무염을 왕실의 영향력 아래 잡아두려는 왕실의 태도는 자유로운 가운데 선종을 보급하면서 유교적인 왕도정치를 실현하고자 하였던 무염의 욕구를 충족시킬 수 없었다.
36) 경문왕의 불교정책에 대해서는 曹凡煥, 「新羅 景文王의 佛敎정책」, 『新羅文化』16, 1999, 참고.
37) 「鳳巖寺智證大師寂照塔碑」, p.326.

수 있다. 그러나 이것으로 도헌이 신라 왕실을 부정하였다고 할 수는 없다. 앞에서 보았던 단의장옹주와 경문왕가의 정치 사회적인 입장이 서로 다르다고 보기 어렵기 때문이다.

이외 체징은 귀국하여 고향에서 교화하다 무주 황학난야로 옮겼는데, 헌강왕이 道聲을 듣고 경주로 불렀으나, 병을 칭하고 불응하자 가지산사로 옮기게 하였던 것도 왕실이 선승들을 통제하기 위하여 얼마나 고심하고 있었는가를 보여주는 것이라 하겠다.

이와 같은 신라 왕실의 선승에 대한 집요한 접근은 혜소가 귀국할 때 흥덕왕의 대우와 헌강왕 13년(821) 도의가 당에서 귀국하던 때의 상황과는 판이한 모습을 보여준다.

> L) 장경 초에 도의라는 중이 있어 서쪽으로 배를 타고 중국에 가서 서당지장의 깊은 법력을 보고, 지혜의 광명을 서당지장에게서 배우고 돌아왔으니 처음으로 진리와 契合하였다. 원숭이의 마음에 얽매여서 북으로 달아나는 얕은 길을 옹호하고, 뱁새가 날개를 자랑해서 남으로 길이 날아가려는 높은 의지를 비웃음이라. 이미 誦言에 취하여 禪法을 마귀의 말이라 비방하였다. 자기의 빛을 행랑채 아래 감추고 자취를 깊은 곳에 숨기었다. 동해의 동쪽을 생각하는 것을 버리고 마침내 北山에 은둔하였다.(「鳳巖寺智證大師寂照塔碑」, p.302.)

도의는 서당지장의 심인을 받아 왔으나, 마귀의 말로 비난받아 결국 설악산에 은둔하였다. 이는 당시까지 선종이 국내에 알려지지 않아 이해가 결여된 탓도 있겠지만, 전래 초기의 선종세력이 그만큼 미약했음을 의미하고, 이런 미약한 선종에 대하여 왕실은 큰 관심을 기울이지 않았던 것이다. 그러나 많은 유학승들이 당으로부터 귀국하여 세력을 넓혀 나가자 왕실은 새로운 사상정책의 측면에서 접근하지 않을 수 없었다. 구체적인 행위가 위에서 살펴본 혜소·무염·도헌의 경우와 같은 초청이었고, 또 초청한 선승은 경주에 머물도록 하였던 것이다. 그것이 이루어지지 않을 경우 서울과 가까운 곳에 머물도록 강제한 것이다. 이 조치는 선승의 의사와는 무관하게 이루어진 것으로서 상당히 일방적인 것이긴 하나, 선승들과는 마찰을 피하려는 모습도 보였다. 도헌의 경우처럼 왕실의 조치에 강하게 반발할 경우에 놓아주는 모습에서 짐작할 수 있는 일이다.

한편 신라 말 선종사원의 성립기반에 대해서는 여러 가지 견해들이 엇갈려 있는데, 하나는 선승들과 호족의 관계에 주목하여 선종사원의 성립기반을 호족과 연관시켜 설명하여 인적·경제적 기반을 호족의 지원에서 구하는 입장이다.[38] 이 견해는 대부분의 개설서에 반영되었다. 또 다른 입장은 선종산문과 호족의 관련성을 인정하면서 선승들이 비록 왕실에 적극적인 것은 아니라 할지라도 상당히 협조적이었다는 것이다.[39] 이런 견해들을 염두에 두고 신라 말 선종정책과 관련하여 선종사원이 성장하는 과정에서 신라 왕실의 역할은 어떠하였는지를 살펴보겠다.

신라 말에는 많은 선종사원이 창건되거나 중건되었고, 이들 사원에는 각계각층의 단월들이 후원하였다. 이 후원은 경제적인 것과 함께 선승들이 머물 사원의 제공, 또 행정적인 조치에 이르기까지 실로 다양한 모습을 보였다.

---

38) 金杜珍, 「朗慧와 그의 禪思想」, 『韓國佛教禪門의 形成史研究』, 民族社, 1989.
　　金杜珍, 「新羅下代 禪宗 思想의 成立과 그 變化」, 『全南史學』11, 1997.
　　金杜珍, 앞의 논문, 「新羅下代 禪宗山門의 社會經濟的 基盤」, 1999.
　　崔柄憲, 「新羅下代 禪宗九山派의 成立」, 『韓國佛教禪門의 形成史研究』, 民族
　　　　社, 1989.
　　崔柄憲, 「羅末麗初 禪宗의 社會的 性格」, 위의 책, 1989.
　　채수환, 「羅末麗初 禪宗과 豪族의 結合」, 『東西史學』4, 1998.
39) 高翊珍, 「新羅下代의 禪傳來」, 『韓國佛教禪門의 形成史研究』, 民族社, 1989, 참조.

〈표 2-3〉 신라 말 선종사원의 후원자와 후원내용

사원명	주지선사	후원자	후원내용	비 고
장백사	혜소	흥덕왕	주지요청(830)	경제지원 없음
?	〃	민애왕	'혜소' 라 하고 황룡사 관적(838)	
옥천사	〃	문성왕	'쌍계' 로 사액	
성주사	무염	김흔 문성왕 헌강왕	오합사 터 희사(김인문 수봉지) '성주' 로 사액, 흥륜사에 예속 방생경계 표시, 성주사 제액 씀	
심묘사	〃	경문왕	주지요청(871)	
월광사	대통	경문왕	조칙으로 산문 위로, 주지허락	
수석사	도헌	?		
안락사	〃	단의장 옹주	주지요청(864), 농장과 노비헌납 (867), 금살표 구획(879)	
봉암사	〃	심 충 헌강왕	희양산 희사 강역표시(867), '봉암' 이라 사액	
봉림사	심희	김율희 김인광	주지요청 중수도움	
승광산	이엄	소율희	주지요청	효공왕 귀의
용엄사	순지	원창왕후 위무대왕	주지요청	
소백산	여엄	강 훤	주지요청	
소백산사	□운	최선필	주지요청	
보현산사	개청	민규알찬	주지요청	
대안사	혜철	문성왕	금살당 건립허락	
보림사	체징	헌안왕 김언경	주지요청(858), 망수택·이남택에 금 160분·조 2천곡 내게 하여 사원장 식(860) 철 2천5백 근으로 노사나불 조성	
흥녕사	절중	석운선사 헌강왕	주지요청(882) '흥녕선원' 으로 사 액, 중사성에 예속 후 주지허락	
동림사	〃	권모씨?		
은강선원	〃	김사윤	종신처로 삼게 함	

사원명	주지선사	후원자	후원내용	비　고
영신사	〃	진성여왕	헌납, 주지요청	거절
곡산사	〃	대법사 위공	주지요청(헌강왕의 허락 구함)	서울　가까움을 꺼림
무량사	〃	〃	〃	〃
원향사	〃	〃	주지요청	
?	행적	소율희	주지요청	
실제사	〃	신덕왕	주지요청	
석남산사	〃	명요부인	헌납 주지요청	

*李智冠, 『校勘譯註歷代高僧碑文』(新羅篇), 伽山文庫, 1994.
*李智冠, 『校勘譯註歷代高僧碑文』(高麗篇1), 伽山文庫, 1994.

　　<표 2-3>을 살펴보면 선승들이 머물거나 창건, 또는 중건한 사원의 후원자는 왕실에서 일반 민에 이르기까지 실로 다양한 계층의 사람들로 구성되어 있음을 알 수 있다. 신라 왕실의 후원이 있었던 사원으로는　대안사·보림사·장백사·심묘사·월광사·안락사·곡산사·원향사·무량사·영신사·실제사·석남산사　등이　있었다.　이들 사원에 대한 후원내용은 禁殺幢 건립 허락, 放生境界의 획정, 疆域의 획정, 賜額 등의 행정조치와 사원의 제공, 경제적인 후원이었다.

　　특히 왕실의 경제적인 지원은 거대한 것이어서 체징이 머물렀던 보림사에는 헌안왕이 望水宅과 里南宅에 명하여 金 160分, 租 2千斛을 내게 하여 사원을 장식하도록 하였으며,40) 도헌이 머물렀던 안

---

40) 「寶林寺普照禪師彰聖塔碑」, p.110.
　　　租 2千斛은 2萬斗에 달하는 것이며, 이는 논 1,333結의 所出이라고 한다.(李基東, 「新羅 金入宅考」, 『新羅骨品制社會와 花郎徒』, 一潮閣, 1990, p.204.) 한편 가지산문의 보림사는 진골귀족의 후원하에 건립되어 왕실의 원찰화되었으며 헌안왕 말년부터는 점차 지방사회에 영향력을 미치는 거대한 莊園으로 성장해 가고 있었다. 한 견해도 있다.(李啓杓, 「新羅 下代의 迦智山門」, 『全南

락사는 단의장옹주가 경문왕 4년(864)에 제공한 사원으로 경문왕 7년(867)에는 농장과 노비를 헌납하여 영원히 변함이 없도록 하였으며,[41] 도헌은 경문왕 4년(864)부터 입적하는 헌강왕 8년(882)까지 여기에서 머물렀다. 희양산문으로 알려진 봉암사는 심충이 희사한 희양산 기슭에 도헌이 건립하였지만 거의 머물지 않았고, 입적 후 탑비가 건립되는 정도에 그쳤다.[42]

그리고 왕실이 선승들에게 거주지를 제공하거나 편지를 보내 선승을 위로하는 것도 선승과 선종사원의 사회적인 지위를 높이는 데 큰 도움을 주었을 것으로 생각한다. 물론 신라 왕실이 제공한 사원에 선승들이 모두 가서 머물렀던 것은 아니었다. 진성여왕이 절중에게 제공하였던 음죽현의 원향사, 무주의 영신사·무량사가 대표적인 예에 속한다. 그러나 이것은 오히려 특수한 예에 속하는 것 같다. 당시의 절중은 先師의 탑비를 참배하고, 終焉地를 찾아 남으로 이동하고 있던 상황이었고, 흥녕사가 호족의 위협을 받아 하는 수 없이 떠나고 있는 상황이었기 때문이다.

한편 호족으로부터 후원이 있었던 사원으로는 성주사·봉암사·봉림사·승광산의 어떤 절·용엄사·소백산사·보현산사·행적이 소율희의 청을 받아 머물렀던 어떤 사원 등이다. 하지만 이들 사원 중 성주사는 김흔이 희사한 김인문의 수봉지를 바탕으로 건립하였지만, 헌강왕이 방생경계를 표시하였고, 문성왕은 성주사라 사액하고 흥륜사에 예속시켰으며, 진골귀족인 선화부인·위흔 등이 후원하여 왕실과 진골귀족의 영향력을 배제할 수 없었다.[43] 봉암사 역시 심충이

史學』7, 1993, pp.285~286.)
41) 「鳳巖寺智證大師寂照塔碑」, pp.317~319.
42) 金煐泰, 「曦陽山禪派의 成立과 그 法系에 대하여」, 『韓國佛敎禪門의 形成史 研究』, 民族社, 1989, pp.175~176, 참조.

희사한 희양산 기슭에 건립되었으나, 헌강왕 7년(881)에 강역을 표시하고 '鳳巖'이라 사액하고 있어 신라 왕실의 영향력을 배제할 수 없었다. 비록 도헌의 비를 건립할 때의 단월로 成碣西□大將軍着紫金魚袋蘇判 阿叱彌와 加恩縣將軍 熙弼44)이 독립적인 호족으로 보이기는 하나, 이들이 봉암사를 보호할 수 있었던 것은 아니었다. 문경이 가지고 있는 전략적인 가치로 인하여 오히려 견훤의 공격을 받아 재기불능의 상태로 빠져들게 되었던 것이다. 봉암사와 문경 지역이 견훤의 공격을 받게 되는 것은 신라 왕실과 긴밀한 유대관계를 맺고 있었기 때문이었다.45)

또 개청이 민규알찬의 요청을 받아 머물렀던 보현산사도 신라 왕실과 관련을 가지고 있었던 것으로 생각한다. 이는 다음의 자료에서

M) 본국의 경애대왕이 대사의 덕이 천하에 높고, 이름이 해동에 무겁다는 것을 듣고도 대궐로 맞아 자리를 피하는 예를 갖추지 못한 것을 한으로 여겨 중사인 최영을 보내 조서를 전달하여 멀리서 띠풀 집을 뵙고는 王道의 위급함을 도울 것을 청하고 국사의 예를 표시하였다. 이때에 太匡이 부하를 거느리고 스님이 계시는 禪館으로 찾아가 함께 축하하는 의례를 베풀었다. …… 스님은 이때 잠깐 보현산사를 떠나 군의 성에 와 있으면서 軍州師가 나라에 충성하는 것을 높이 격려하고 읍의 사람들이 부처 받드는 것을 찬양하였다.(「地藏禪院朗圓大師悟眞塔碑」, 李智冠, 『校勘譯註歷代高僧碑文』(高麗篇1), 伽山文庫, 1994, pp.151~152.)

---

43) 성주산문의 개창을 호족과 관련시켜 이해하는 것에 대해 반대하고 성장하는 민과 결부시키기도 한다.(秋萬鎬, 「羅末 禪師들과 社會諸勢力과의 關係」, 『史叢』30, 1986, p.11.)
44) 「鳳巖寺智證大師寂照塔碑」, p.293.
45) 추만호, 『나말려초 선종사상사 연구』, 이론과실천, 1992, pp.139~142, 참조.

개청은 경애왕의 존숭을 받아 정치의 위급함을 바로잡을 방법을 문의 받기도 하였고, 국사의 예를 받기도 하였다. 그리고 이것은 김순식의 축하를 받을 일이었다. 무엇보다 개청은 지방관이 왕에게 충성하는 것을 칭찬하여 신라 왕실의 입장을 강화시켜 주었다. 이것이 비록 의례적인 것이라 하더라도 신라 왕실의 입장에서는 지배체제의 유지에 도움이 되었을 것이다. 명주의 대표적인 호족인 김순식에게 정신적인 영향력을 가지고 있었을 뿐만 아니라 다양한 계층의 지지를 받고 있던 개청이 신라 왕실의 입장을 옹호하는 발언을 하여 기존의 지배구조를 정당화하고 있기 때문이다.

한편 국가는 선종사원이 거대한 경제력을 보유하고 성장하자 長生標柱를 세워 사원의 영역을 인정해 줌으로써 그들의 독자적인 세력의 범위를 설정해 주고 있다. 다음의 자료들을 검토해 보자.

N)-① 문성대왕이 그것을 듣고 "象末에 몸을 드러냄이 많았다."이르고 여러 번 글을 내려 위문하고 겸하여 머무는 사원의 사방에 살생을 금지하는 깃발 세우는 것을 허락하였다.(「大安寺寂忍禪師照輪淸淨塔碑」, p.90.)

② 그해 9월에 남천군통인 중 훈필로 하여금 別墅를 택하여 生場을 획정하였다. …… 중화 신축년에 이르러 전안륜사 승통 준공, 숙정사 배율문을 보내 강역을 표시하여 정하고 '봉암'이라 사액하였다.(「鳳巖寺智證大師寂照塔碑」, p.320.)

③ 가지산사로 옮겨 거처할 것을 청하니 드디어 지팡이를 날려 산문으로 옮겨 들어갔다. 그 산은, 즉 원표대덕이 옛날에 살던 곳이다. 원표대덕이 법력으로 정치에 도움이 있었으므로 건원 2년에 특별히 長栍標柱를 세웠는데 지금도 남아 있다.(「寶林寺普照禪師彰聖塔碑」, p.109.)

N)-①은 혜철이 대안사에 머물면서 선법을 보급하자 문성왕이 빈번히 글을 내려 위문하는 한편으로 대안사의 사방에 살생을 금하는 깃발을 꽂을 수 있도록 하였다는 것이다. 살생을 금하는 지역을 사원이 영향력을 행사하고 지배하는 영역으로 본다면 "許立禁殺之幢"은 대안사의 영향력이 배타적으로 미치는 세력범위를 왕실이 공식적으로 인정해 준 것이라 할 수 있다. 강제력이 없는 금살구역은 아무런 의미가 없기 때문이다.

N)-②는 단의장옹주가 현계산 안락사에 도헌을 머물게 하고서 토지와 노비문서를 헌납하여 영원히 변함이 없게 하자 이에 감동한 도헌도 안락사에 자신의 가문이 소유하고 있던 토지 500결을 희사하였다. 이에 헌강왕은 879년 남천군통 훈필에게 교칙을 내려 구획을 표시하고 장생표주를 세워 토지의 소유권을 인정해 주었다. 그 후 심충이 희양산을 희사하므로 여기에 사원을 건립하자 헌강왕은 다시 881년에 전안륜사 승통 준공과 숙정대의 사 배율문으로 하여금 강역을 정하여 표시케 하였다는 것이다. 이러한 사역의 표시는 국가가 사원의 세력범위를 공식적으로 인정해 줌과 동시에 하나의 세력권을 설정해 준 것이라 할 수 있으며, 사역의 배타적인 지배권을 인정해 준 것으로 볼 수 있다.[46]

N)-③은 헌안왕이 체징을 가지산사로 옮기도록 하였는데, 가지산사는 원표대덕이 머물면서 법력으로 정치에 많은 도움을 주었으므로 경덕왕 18년(759)에 장생표주를 세웠는데, 당시까지 남아 있었다는 것이다. 이는 체징이 거주한 가지산사의 사역을 장생표주가 설치된 지역으로 다시 인정해 주었다는 것으로 보아도 별 무리는 없을 것

---

[46] 사원의 경우는 아니지만 특정 지역을 왕명으로 설정하여 배타적인 권한을 행사하도록 한 경우로 '上守燒木田'을 들 수 있다.(『三國遺事』卷2, 文虎王 法敏)

이다.[47]

　이러한 공식적인 寺域의 설정은 국가의 입장에서 보면 면세·면역지의 증가를 가져올 수 있으므로 지배체제상 바람직하지 않은 것이라 할 수 있다. 특히 애장왕 7년(806)에 새로운 사원의 창건을 금지하고 오직 수리하는 것만 허락하면서 사원에서 비단으로 불사하는 것과 금·은으로 기물 만드는 것을 금하는 왕명을 내렸었다.[48]

　그러나 그 후에도 국가가 관리를 파견하여 앞장서서 배타적인 寺域을 인정해 줄 수밖에 없었던 것은 선승들의 출신신분이 중앙정치무대에서 도태되거나, 지방에서 성장하여 독서한 지식인 계층들로서 신라 자체의 부정은 아니지만, 진골귀족의 독점적인 지배에 회의적인 시각을 가지고 있었기 때문이다.

　신라 말의 선종사원은 거대한 규모의 토지를 소유하게 되는데, 이 토지의 대부분은 신라 왕실이 희사한 것이었다. 그리고 선종사원이 대규모 지방세력으로 성장해 감에 따라 신라 왕실은 사액과 배타적인 사역의 설정을 통하여 사원의 지배범위를 공식적으로 인정하는 조치들을 취하였다. 따라서 신라 말의 선종사원은 신라 왕실의 끊임없는 도움을 받아 성장하고 있었다고 할 수 있으며, 여기에는 선종사원을 회유·포섭하여 지배체제를 유지하려는 신라 왕실의 정치적인 목적이 깔려 있었다.

　더구나 선종사원은 왕실의 도움을 받으면서도 호족들과 연결되어

---

47) 장생의 형태는 목주였으며, 목주장생은 신라 말에 사원마다 1개씩 있었던 것 같으며, 경계의 의미가 포함되었거나 방향과 거리가 기록되었을 것으로 추정하고,(孫晉泰, 「長栍考」, 『朝鮮民族文化硏究』, 乙酉文化社, 1948, p.234.) 또 장생표 안에 있는 토지는 모두 사원소유라는 견해(姜晉哲, 『高麗土地制度史硏究』, 高麗大學校出版部, 1980, pp.147~148, 참조.)도 있으므로 장생표가 경계표로서의 기능을 가졌음을 알 수 있다.

48) 『三國史記』卷10, 新羅本紀11, 哀莊王 7年.

있었고, 수백 결에 이르는 토지와 수천 명의 문하제자를 거느리고 지방사회의 주도적인 세력으로 성장하였다. 신라 왕실은 선종이 지배체제의 정당성을 홍보해 줄 것을 기대하면서 세력권을 인정해 주어 선승들과 유대관계를 다짐으로써 지배체제의 유지를 꾀한 사상정책의 한 단면이라 하겠다.

선승들은 호족에게서 거주지를 제공받기도 하였지만, 이후 왕실의 귀의를 받아 유형무형의 도움을 받았다. 신라 말에 호족들이 선종사원이나 선승들에게 관심을 가지고 지원을 아끼지 않은 것은 사실이다. 그러나 호족이 관심을 가지고 후원하는 선승이나 사원이라 하여 신라 왕실이 관심과 지원을 끊은 것은 아니었다. 신라 왕실은 어떠한 형태로든지 관심을 표명하고 지원을 아끼지 않았다. 신라 왕실의 지원은 실제 선종사원의 발전이나 선승들의 활동에 큰 도움이 되었다. 그러므로 신라 말의 선종은 신라 왕실의 끊임없는 관심과 지지 속에 발전하고 유지될 수 있었던 것으로 생각한다.

신라 왕실의 후원은 자체 생산력이 미약한 선승들로 하여금 한편으로 기존 사회구조의 개혁을 추구하면서도 다른 한편으로는 기존의 지배세력과 완전히 결별할 수 없게 만들었다. 이는 신라 왕실이 선종을 물리적으로 통제하지 않고서도 이들을 포섭하여 지배체제 내에 묶어 놓을 수 있는 좋은 조건을 제공해 주었다. 이러한 상황은 선승들의 개혁운동에 한계로 작용하였다.

3. 禪宗寺院과 地方支配

앞에서 선종사원이 수백 결의 토지와 수천 명의 문하제자를 거느린 호족으로 성장하고 있음을 살펴보았다. 그리고 이러한 선종사원의 성장에는 독자적인 寺域을 설정하거나, 토지의 희사·불사·승려 개인에 대한 영예 부여·행정적인 조치 등 신라 왕실의 지원이 큰 역할을 하였다. 이는 신라 왕실이 선종에 큰 관심을 가지고 있었다는 것을 보여주는 것이다.

신라 왕실은 선종사원이나 선승들에게 상당히 유화적인 태도를 보였다. 이러한 신라 왕실의 태도는 사상정책으로서의 성격을 지니는 것이었다. 신라 말의 선종사원이 대규모 경제력과 인적 자원을 보유하였고, 또 기존의 분배구조를 개편하려는 호족세력들과 일정하게 연결하고 있었으며, 자체의 성향이 또한 그러하여 지방사회에서 영향력을 증대시켜 가고 있는 상황에 효율적으로 대처하기 위한 것이었다. 이러한 상황 속에 전개되는 신라 왕실의 선종정책이 어떠한 모습을 지니고 있었으며, 의도는 무엇이었는지를 살펴보겠다.

신라하대에는 귀족과 사원들이 거대한 규모의 토지를 소유하여 田莊을 확대하고 있었다. 전장 소유자들은 토지의 매입·고리대 등의 방법으로 소유지를 확대함으로써 국가의 수취기반을 심각하게 위협하여 만성적인 재정적자를 초래하였다. 그럼에도 자연재해 등으로 잦은 기근이 엄습하면서 농민을 구휼하는 과정에서 국가의 재정 수요는 확대되고 있었다.[49] 수취기반의 축소에 반비례한 재정지출의 확대는 상대적으로 민에 대한 조세부담을 가중시켜 민의 몰락을 재촉하였다. 여기에다 잦은 자연재해는 민의 몰락을 가속화시키는 요인이 되었다.[50]

> O) 웅천주에 향득 舍知가 있었는데 흉년으로 그 아버지가 거의 굶어 죽게 되자 향득은 다리 살을 베어 봉양했다. 고을 사람들이 갖추어 아뢰

---

49) 『三國史記』卷10, 新羅本紀10, 憲德王6·9年, 憲安王 3年.
50) 金昌錫, 「통일신라기 田莊에 관한 研究」, 『韓國史論』25, 1991, p.75.

니 경덕왕이 듣고 상으로 租 500석을 주었다.(『三國遺事』卷5, 向得
舍知割股供親, 景德王代.)

이 자료는 경덕왕대의 사실이기는 하나 舍知의 관등을 지녔던 향
득이 흉년에 먹을 것을 구할 수 없어 굶주릴 정도였으므로 민의 생
활은 더욱 비참하였을 것이다. 이러한 상태에서 혜공왕 4년(768) 대
공의 난을 계기로 촉발된 중앙정계의 정치적 혼란은 토지와 지방관
리에 대한 중앙정부의 지배력을 극도로 약화시켜 수탈을 구조화시킴
으로써 민의 생활은 급속도로 악화되어 갔다.

이에 따라 가난한 민들은 도적이 되거나,[51] 참설에 빠져들기도
하였으며,[52] 유리걸식하며 떠돌아다니고,[53] 심지어 당의 折東에서
먹을 것을 구하는 자가 170인이나 되었다.[54] 또 자손을 팔아 연
명하기도 하고,[55] 자식을 버리거나,[56] 노비로 전락하는 경우도 있
었다.[57]

이와 같이 민들의 생활이 극도로 피폐하여 있음에도 불구하고, 국
가는 수취를 더욱 강화하였다. 국가의 가혹한 수취는 민의 광범위한
저항을 초래하였다.

P) 나라 안의 여러 州와 郡이 공물과 賦稅를 수송하지 않아 창고는 비

---

51) 『三國史記』卷10, 新羅本紀10, 憲德王7·11年.
52) 『三國史記』卷10, 新羅本紀10, 興德王3年. 한산주 표천현의 妖人이 "速富之
    術"을 말하자 많은 사람들이 이를 믿고 따랐다고 한다. 이러한 참설의 유포
    는 피폐한 민의 삶을 배경으로 하고 있을 것이다.
53) 『三國遺事』卷3, 正趣調信.
54) 『三國史記』卷10, 新羅本紀10, 憲德王8年.
55) 『三國史記』卷10, 新羅本紀10, 憲德王13年.
56) 『三國遺事』卷5, 孫順埋兒 興德王代.
57) 『三國史記』卷48, 孝女知恩.

고, 나라의 쓰임은 궁핍하였다. 왕이 使者를 내어 독촉하였다. 이러한
연유로 도적이 벌 떼처럼 일어나게 되었다. 이에 원종·애노 등이 사
벌주를 근거로 반란을 일으켰다.(『三國史記』卷11, 新羅本紀11, 眞
聖王 3年.)

진성여왕 3년(889) 지방에서 조세가 수송되지 않아 국가재정이
파탄에 이르러 조세를 독촉하게 되자 도적이 벌 떼처럼 일어나고,
원종·애노 등의 봉기가 있었음을 말하고 있다. 이러한 지방의 조세
저항은 민의 몰락으로 조세부담 능력이 완전히 상실하였음을 나타내
는 것으로 볼 수 있으며, 민의 조세부담 능력을 고려하지 않은 무리
한 조세 독촉이 항조운동으로 번지게 되었으며, 이를 이용하여 원종
과 애노가 봉기하는 것으로 볼 수 있다.58) 민의 광범한 저항은 지
방에 대한 지배체제를 붕괴시켜 赤袴賊은 경주 서쪽 모량리까지 들
어와 약탈하는 상황으로 전개되었다.59) 당시의 상황은

Q) 어리석은 臣이 계승하여 임금의 자리를 지킴에 미쳐서는 모든 근심과
   어지러움이 한꺼번에 밀어닥쳐 처음에는 黑水가 경계를 침범하여 독
   액을 내뿜었고, 다음에는 綠林이 黨을 이루어 다투어 狂奔을 풍기니
   관할하는 9주와 백군이 다 도적의 불난리를 만나서 劫灰를 보는 것
   같았으며, 더욱이 사람 죽이기를 삼대와 같이하고, 내던진 백골은 숲처
   럼 쌓이고, 창해의 횡류는 날로 심하고, 곤강의 맹렬한 불꽃은 바람같
   이 거세 어진 나라가 변해서 병든 나라가 되었습니다.(『東文選』卷43,
   讓位表.)

---

58) 조세의 운반이 이루어지지 않은 것은 吏가 조를 수취하여 京都로 운반하지 않
    고, 자신들의 경제적 토대를 마련하는 데 이용하였기 때문이라 보기도 한다.
    (陰善赫, 「新羅下代 地方의 吏와 豪族」, 『全南史學』창간호, 1987, p.29.)
59) 『三國史記』卷11, 新羅本紀11, 眞聖王 10年.

밖으로는 흑수의 침범을 받았고, 안으로는 도적이 횡횡하여 玉石
이 함께 불타는 병든 나라로 변하였다. 이는 중앙정부에 의한 지방
지배구조가 완전히 붕괴하고 있음을 스스로 인정하는 것이라 할 수
있다. 이러한 상황은 효공왕 때도 계속되었다.

R) 본국이 지금 큰 기근이 들어 작은 도둑이 사방에서 일어나 본래의 늑대
와 이리 같은 탐욕으로 차츰 鴻鵠의 뜻을 자랑하며, 처음엔 쥐같이 숨
어서 살살 뒤주를 뒤지고 주머니를 더듬다가 형세를 타 벌 떼 날 듯하
매 문득 성을 파괴하고 고을을 노략질하여 드디어 연기와 먼지가 국내
에 자욱하고, 바람과 비가 농사를 망치니 뭇 도적이 東陵에 더욱 熾熱
하매 농사를 지을 수 없습니다. 더구나 그 서슬에 천자의 龍虎節이 가
다가 구렁에 잠기고, 상국의 鳳凰使가 중도에 막히게 되어 은혜와 영
광을 욕되게 하고 정성을 펼 도리가 없으니 …… 지금은 군과 읍이 모
두 적굴이 되었고, 산천이 모두 전쟁터이니 어찌 하늘의 재앙이 우리 해
동에만 흘러드는가라고 이릅니다.(『東文選』卷33, 謝嗣位表.)

하는 것처럼 사방에 도적이 일어 모든 군과 읍이 적굴이 되고, 전
쟁터가 되어 있었다. 여기서의 도적, 진성여왕 양위표의 녹림은 신라
말 몰락한 농민 등이 규합하여 발생한 것으로서, 매우 강성하여 관
군이 바라보기만 하고 접전을 피할 정도였다.[60] 이러한 군도세력은
성장하고 있던 호족에게 흡수되었다. 궁예는 양길의 명을 받아 원주
의 동쪽 부락을 공격할 때 100여 기를 인솔하고 떠났으나,[61] 명주
에 도착하였을 때 3,500명의 무리를 규합하고 14대로 나누고 있다.
궁예가 이처럼 세력을 확대시킬 수 있었던 것은 군사들과 고락을 같
이하고 탈취함에는 사사로움을 버리고 공을 위하였기 때문이다.[62]

---

60) 『三國史記』卷11, 新羅本紀11, 眞聖王 3年.
61) 『三國史記』卷11, 新羅本紀11, 眞聖王 5年.

이때 궁예가 규합한 무리는 각지에 산재하고 있었던 群盜들이 주류를 이루고 있었을 것이다.

중앙정부의 지배력이 무력화되자 주변의 민들을 보호하면서 독자적인 세력권을 형성하는 사람들이 나타났다. 즉 매곡현의 공직은 태조에게 일모산군을 취하여 민이 도적의 피해를 입지 않고, 農桑에만 힘쓰도록 하겠다는 건의를 하였다.[63] 또 벽진군의 이총언이 群盜로부터 성을 지키자 민들이 그에 의지하여 편안하였다 하고,[64] 복지겸의 선대인 복학사는 해적을 토벌하고 남은 백성을 보호하여 모으고 있었다.[65]

이와 같이 신라 말에는 가혹한 수탈과 흉년 등으로 민의 몰락이 가속화하였으며, 이들은 토지를 떠나 유랑하다 규합하여 약탈을 자행하였고, 일부 호족은 군도세력을 규합하면서 성장하여 신라의 지배를 벗어났다. 그리고 군도세력의 약탈과 공격을 물리치는 과정에서 주변의 민을 보호하고 규합하여 신망을 얻음으로써 독자적인 세력을 형성하는 경우도 있었다.

이러한 상황 아래서 선종사원은 지방사회에서 영향력을 확대할 수 있는 몇 가지의 특징적인 면을 지니고 있었다. 우선은 선종사원의 지리적인 위치를 생각하지 않을 수 없다. 신라중대의 사원은 대개 國都를 중심으로 하는 귀족중심·샤머니즘적 불교의 성격을 가지고서[66] 기존의 지배체제를 이념적으로 뒷받침하였다. 그러나 선종사원들은 신라 외곽 지역의 요충지에 위치하고 있었다. 이는 경주를 중

---

62) 『三國史記』卷50, 弓裔.
63) 『高麗史』卷92, 龔直.
64) 『高麗史』卷92, 王順式 附 李恩言.
65) 『新增東國輿地勝覽』卷19, 沔川郡 人物, 卜智謙.
66) 崔柄憲, 「道詵의 生涯와 羅末麗初의 風水地理說 —禪宗과 風水地理說의 關係를 中心으로 하여—」, 『韓國史研究』11, 1975, pp.138~139, 참조.

심으로 하는 기존의 교종과 상당히 다른 모습을 보여주는 것으로 생각하며, 지방사회의 성장을 자극한 것으로 생각한다.

선종사원들은 신라국토의 외곽 지역에 위치하여 있으면서 주변의 호족과도 일정한 유대관계를 가지고 있었다. 해주의 수미산문은 고려 태조의 후원을 받아 개창되었을 뿐만 아니라 패강진과 매우 가까운 위치에 있었다.[67] 충남 보령의 성주산문은 당성진과 가까울 뿐만 아니라 김헌창이 난을 일으킨 웅천주와 매우 가까우며, 김흔이 희사한 오합사를 바탕으로 성립되었다. 장흥의 가지산은 청해진과 매우 가까운 위치에 있다. 그리고 남원의 실상산문은 강주와 밀접한 거리에 있었으며, 창원의 봉림산문은 김해를 기반으로 하는 호족들과 연결되어 있었다. 굴산문은 명주에 위치하고 있으며, 명주호족의 후원을 받아 개창되었다. 그리고 문경의 희양산문은 새재를 인근에 둔 전략적인 요충지에 위치하였다.

이처럼 선종 9산문은 신라 외곽 지역의 요충지를 점령하고 있을 뿐만 아니라 수도인 경주와 멀리 떨어져 있어 중앙정부의 통치력이 쉽게 미치지 못하였다. 그리고 산문 근처에는 비록 시간상 선후관계가 있지만, 신라 말의 대표적인 호족들이 성장하고 있었다. 즉 패강진의 박수경·박수문, 명주의 김순식, 충주의 유긍달, 청해진의 장보고, 강주의 왕봉규, 김해의 소율희·김인광, 문경의 아질미·희필 등이 자리잡고 있었다. 그리고 상주는 김헌창의 난에 적극적으로 호응하고 있었다. 이들 호족들은 선종사원과 선승들에게 접근하여 단월이 되었으며, 그 관계도 밀접하였다. 따라서 선종사원은 언제든지 신라 왕실의 지배를 벗어날 수 있는 가능성을 지니고 있었다.

---

67) 수미산문의 경우 고려 성립 후 왕건의 도움을 받아 산문이 개창되고 있으므로 신라 왕실과는 관계가 없다고 할지라도 선종산문이 신흥하는 세력들과 연결되고 있다는 점에서 선종산문의 동향파악에 도움을 준다.

선승들의 개혁적인 성향68)이 기존의 지배체제를 거부하고 새로운 사회의 구성을 요구하던 호족과 연결될 가능성이 있었기 때문이다.69) 이는 선종의 영향력을 이용하여 농민의 봉기나 호족을 회유하려 하는 신라 왕실의 노력을 무위로 돌리는 결과를 가져올 수 있을 뿐만 아니라 선승들이 기존 신라 지배체제의 정당성을 부인할 경우 반신라적인 분위기를 확산시킬 위험성을 가지고 있었다.

여기에다 선종산문 자체가 대규모의 지방세력으로 轉化하고 있었다. 신라 왕실은 그들에게 접근하고 포섭하여 신라 왕실을 지지해 주거나, 정당성을 의심하는 발언을 자제하여 줄 것을 요청할 수밖에 없었다. 이는 신라 왕실이 선종사원이나 선승들에게 관심을 보이는 시점이 대개 사회적인 지위가 상당한 수준에 도달하였을 때였다는 점이 방증하고 있다.

한편 9산 선문이 위치한 지역을 개별적으로 살펴보면 대개의 선종사원은 풍수지리설에 의한 裨補寺塔說을 근거로 하여 절을 세우는 명분으로 삼고 있는데, 이는 그러한 명분을 수용하는 사회적 관념체계라는 지지기반이 배경으로 깔려 있었기 때문이다.70) 이와 같은 경향은 풍수설에 입각하여 선종사원이 자리한 지역이 吉地라는 관념을 확산시키는 결과를 가져왔을 것이며, 호족 역시 그러한 관념

---

68) 선승의 개혁안에 대해서는 崔仁杓, 「朗慧無染의 現實認識과 指向社會」, 『大丘史學』51, 1996. 참조.
69) 선승들은 사상적 성향이 개인적 주관적이며, 또 세속의 여러 현상들에 대하여 일정한 거리를 두고 있었다 하더라도 근본적으로 보면 종교지도자였다. 종교지도자는 단월의 성향과 욕구를 무시할 수 없다. 단월의 성향과 욕구를 무시하면 단월의 신임을 얻을 수 없고, 단월의 신임을 얻지 못한 종교는 존재의 의미를 찾을 수 없기 때문이다. 따라서 아무리 선승들이 세속에 거리를 두려 하더라도 한계가 있을 수밖에 없는 것이다.
70) 추만호, 앞의 책, 1992, p.224.

을 가졌을 것이다.[71] 이러한 관념의 확산은 경주를 중심으로 하고 있던 신라 왕실 지배의 정당성을 잃게 하는 원인을 제공하게 된다. 여기에다 선종사원이 위치한 지역은 군사적인 요충지였다.

> S)-① 또 산을 보니 병풍처럼 4방으로 늘어서 있어 봉의 날개가 구름을 흘는 것 같고, 강물이 멀리 둘러싸였은즉 이무기의 허리가 3돌을 덮은 것 같다. 이미 경악하고 또한 탄식하며 말하기를 "이 땅을 얻은 것이 어찌 하늘이 준 것이 아니겠는가? 스님의 거처가 되지 못하면 도적의 소굴이 될 것이다."라고 하였다.(「鳳巖寺智證大師寂照塔碑」, p.322.)
>
> ② 곡성군의 동남쪽에 산이 있어 동리라 하였는데, 그 안에 집이 있으니 '大安'이라 이름 하였다. 그 절은 수많은 봉우리가 가리어 비치고 하나의 물줄기가 맑게 흐르며, 길은 멀리 아득하여 세속의 무리로 오는 이가 드물고 境界가 그윽이 깊어 승려들이 머물기에 고요하였다. 龍神이 상서로움과 신이함을 드러내고 벌레와 뱀이 독 있는 모습을 감추었다. 소나무 그림자가 어둡고 구름은 깊어 여름에는 서늘하고 겨울에는 따뜻하였으니 바로 三韓에서 빼어난 경치였다.(「大安寺寂忍禪師照輪淸淨塔碑」, p.88.)
>
> ③ 萬壑이 병풍처럼 열렸고, 千巖이 벽처럼 섰으니 진실로 해동의 아름다운 경계였으며, 또한 천하의 福田이었다.(「興寧寺澄曉大師寶印塔碑」, 李智冠, 『校勘譯註歷代高僧碑文』(高麗篇1), 伽山文庫, 1994, p.293.)

S)-① ② ③은 각기 봉암사·대안사·흥녕사의 지리적인 조건을 설명하는 것들이다. 봉암사는 도헌이 지세를 살핀 후에 승려가 살지 않으면 도적이 살 것이라 하면서 사원을 건립하였다. 도적이 살 것

---

71) 金杜珍, 「羅末麗初 棟裏山門의 成立과 그 思想 —風水地理思想에 대한 再檢討—」, 『東方學志』57, 1988, p.43, 참조.

이란 말의 의미는 웅거하기에 적당하다는 말로 해석해도 될 것이다. 그리고 대안사는 외부에서 접근이 용이치 않음을 설명하고, 삼한의 빼어난 경치로 표현하고 있어 역시 웅거하여 방어하기에 좋은 지형 조건을 갖추고 있음을 알 수 있다. 한편 흥녕사 역시 주변의 산세가 아름답고, 천하의 福田으로 일컬어질 수 있는 좋은 지리적인 조건을 갖추고 있었다.

결국 봉암사·대안사·흥녕사의 주변 지형은 외부에서 접근이 쉽지 않음을 설명한 것으로서 외부의 간섭 없이 독자적인 세력의 구축이 상당히 용이하였음을 알 수 있다. 신라 말 풍수설의 성격이 국토 재편안으로서의 성격을 지니고 있어서,[72] 삼한의 빼어난 경치임을 자처하는 대안사나 천하의 복전임을 자처하는 흥녕사 등의 선종사원은 경주 중심의 사회구조를 비판하고 사회의 중심이 지방으로 옮겨가고 있음을 표방한 것이라 하지 않을 수 없다.

선종사원들은 이러한 요충지에 자리 잡고 있으면서 호족의 관심을 받았을 뿐만 아니라 실천적인 성격을 지닌 선종 사상은 지배체제가 약화된 신라사회의 지배질서를 붕괴시킬 수 있는 요소를 내포하고 있었다. 더욱이 수행의 일환으로 노동을 강조하고, 노동을 통해 누구나 해탈할 수 있다는 가르침은 귀족들의 지배를 숙명적으로 인정해 온 민들의 의식을 성장시켜 좌식계급으로서 귀족의 지배기반을 무너뜨릴 수 있었다.

신라 왕실이 산문이 정착하거나 衆人의 추앙을 받은 후에 선승들을 초청하거나, 산문을 승인하는 것은 선승들의 존재와 그 기반을 어쩔 수 없이 인정하고 있었다는 것을 나타낸다.[73] 선승들과 선종사원

---

72) 崔柄憲, 앞의 논문, 1975, p.120.
73) 秋萬鎬, 앞의 논문, 1986, p.4.

이 신라 왕실의 입장을 전적으로 옹호하는 적극적인 자세를 보이지 않음에도 불구하고, 또 옹호하더라도 상당할 정도의 긴장관계를 조성하고 있는 선종에 대해 각종의 지원을 하거나 행정적인 규제를 통하여 그들을 포섭하고자 하는 의도가 여기에 있다. 이러한 신라 왕실의 의도는 어느 정도 성공을 거두어 적어도 진성여왕 이전의 선승들은 거의 적극적이라 할 수 있을 정도로 신라 왕실에 대하여 협조적인 자세를 보이기도 하였다.

둘째는 선승들이 가지고 있는 지방사회에서의 영향력이다. 선승들이 지방사회에서 갖는 영향력은 그들이 낙향귀족이나 5·6두품 등 하급지배신분의 소유자인 호족의 도움을 받으면서, 그들의 의식구조에 상당한 영향을 주었고, 또 지방사회에서 사상파동을 일으켜 그 영향력을 증대시켰을 뿐만 아니라 선승들의 선대는 유·불·노장사상을 공부한 지식인 계층으로서 지방사회의 성장을 주도하고 있었으므로 매우 컸다.[74] 그리고 중앙정부가 권력투쟁으로 인하여 통제력이 약화하면서 신라 말에는 각지에서 群盜들이 발생하였다. 이들 군도들에 대해 국가에서는 군사를 동원하여 진압에 나서고 있지만 근절이 되지 않고 있었다. 농민이 농토를 떠나 유리하다 규합하여 발생한 군도세력은 유력한 호족들에게 포섭되면서 농경지를 황폐화시키고, 국가의 지배력을 약화시켰다.

이러한 도적과 떠도는 농민을 교화하여 사원으로 흡수하고 있었던 것이 당시의 선종산원이었다.

T) 대사는 사람을 유인하는 데 게으르지 않아 사물을 이롭게 하는

---

74) 최인표, 「나말려초 선종불교정책 연구」(대구가톨릭대학교박사학위논문), 1988, pp.130~148.

공이 있었다. 상인들로 하여금 급히 化城에서 쉬게 하였고, 가난한 자들을 모두 보배의 집으로 돌아오게 하였으니 빽빽이 열을 지은 전단향나무가 향기를 풍기는 듯하고, 뜰에 가득히 연꽃이 만개한 듯하였다. 禪風을 크게 떨치고 法王의 가르침을 빛나게 宣揚하였으며, 균등한 은혜로 두루 구제하고 덕은 넉넉하여 모든 중생과 함께하였다. 비록 산중에서 고요히 침묵을 지키고 있었으나 域內에 용맹한 위엄을 보였다. 조용히 마귀의 군대를 항복받는 기술을 떨치며 불교를 돕고 순화하는 공을 드날렸다. 개미 떼처럼 모인 흉한 무리와 뱀과 같이 야합한 逆黨들로 하여금 어리석고 미혹한 성품을 고치게 하고 강하고 사나운 마음을 버려 점차로 다툼을 그치게 하여 각각 安堵를 기약하게 되었으니, 그때가 바로 청태 을미년이었다.(「鳳巖寺精眞大師圓悟塔碑」, 李智冠, 『校勘譯註歷代高僧碑文』(高麗篇1), 伽山文庫, 1994, pp.486~487.)

위의 자료는 긍양이 도적의 공격을 받아 폐허가 된 봉암사를 재건한 다음 주변 민들을 교화하는 모습을 전하고 있다. 여기서 긍양은 상인과 가난한 빈민에 이르기까지 광범한 계층의 사람들을 대상으로 선종을 보급하고 있으며, 산중에 가만히 앉아 있지만 영향력이 지역 내에 널리 미쳐서 兇徒와 逆黨이 우매한 성품을 고치고, 사나운 마음을 고치게 하여 각기 편안히 살 수 있게 하였다는 그의 교화력은 영향력이 주변 지역에 널리 미치고 있음을 나타낸 것이라 하겠다. 물론 교화라는 것이 선종의 보급을 통한 마음의 교화이기는 하지만, 도적으로 보이는 兇徒와 호족으로 보이는 逆黨이 어리석고 미혹한 마음을 고쳤다는 것은 이들에 대한 긍양의 영향력을 말하는 것이며, 또 이로 인하여 다툼을 그치게 하고 각기 편안하게 하였다는 것은 불안한 민심의 안정에 상당한 기여를 하고 있음을 나타낸 것이라 하겠다.

이와 같은 예를 대안사에서 교화의 장을 열었던 혜철의 경우에서
도 볼 수 있다.

U) 교화의 장을 열고 자질이 있는 사람들을 받아들이니 교종과 선종을 닦
  는 사람들이 四禪의 방에 구름처럼 모여들었고, 根機가 뛰어나거나
  낮은 사람들이 八定의 문에 귀부하였다. 비록 마왕 파순의 무리들과
  부라만의 무리들일지라도 어찌 正見에 돌아가서 堯임금을 보고 짖은
  개의 잘못을 깨닫지 않을 수 있겠는가? 이것이 바로 나부산의 古蹟을
  회복한 것이며 조계산의 오늘을 이룩한 것이다.(「大安寺寂忍禪師照
  輪淸淨塔碑」, pp.88~89.)

처럼 교화에 의하여 현명한 자, 어리석은 자가 모두 따랐고, 또
악마의 무리와 外道들이 함부로 함이 있었지만, 모두 正見으로 돌
아갔다. 이는 많은 사람들이 단월로 혜철의 영향을 받고 있음을 말
한 것이라 하겠다.
한편 도적으로서 산문에 포섭된 예를 보면

V)-① 대사가 가서 교화한 지 수년에 산에 사는 농민으로서 들도적이 된
    자가 있어, 처음에는 감히 법의 수레바퀴에 저항을 하였으나, 마침
    내 능히 과실을 먹을 수 있게 되었다.(「鳳巖寺智證大師寂照塔
    碑」, p.323.)
  ② 남포의 群賊이 몰려들어 和尙에게 이익을 청하자, 오히려 종을
    기다려서 치고, 거울이 형상을 나타내는 것과 같이 지혜로써 그 눈
    을 이끌어 밝히고 법의 기쁨으로 그 배를 즐겁게 하였다. 이로 인
    하여 군적이 과오를 고쳐서 착함으로 옮기고 出家한 자가 100여
    인이었다. 문성대왕이 빈번히 편지를 내려 말하기를 "熊州는 바닷
    가의 변방으로 사람의 품성이 흉하고 거만하여 짐에게 복종하지 아
    니함을 두려워하였다. 禪師가 이미 佛法으로 웅장하고 뛰어난 도

덕을 삼아 사람이 스스로 善을 행하도록 맡기니 짐은 기쁘다. 禪
으로 나라를 지키는 자리가 되어 주시오.”했다.(「崇嚴山聖住寺
事蹟」, 『考古美術』下, p.450.)

③ 대사가 어려서 유교 책을 읽었는데 입술에 남은 맛이 있어 대답하
는 말에 운치 있는 말이 많았다. 제자로 이름 있는 자만 거의 2천
인이었다. …… 대사는 6魔賊을 항복시키고, 사람들로 하여금 마음
의 덕을 닦게 하였다. 그러므로 천 대 수레의 주인을 얻어 두 조정
이 일어나 절하고 사방의 백성은 멀리서 분주히 쫓아 왔는데, 움직
이면 반드시 자기의 턱을 움직이는 것처럼 쉬웠고 가만히 있어도
속으로 비난하는 자가 없었다.(「聖住寺朗慧和尙白月葆光塔碑」,
pp.203~205.)

V)-①은 도헌이 봉암사 주변 산에 살고 있던 들도적을 교화하였
다는 것이고, V)-②는 무염이 성주사를 습격해 오는 남포의 群賊을
교화하여 출가자가 100여 인에 이르렀다는 것과 문성왕이 웅천주가
외곽에 위치하여 통치에 어려움이 많았는데, 도움을 주었다고 칭찬
하는 내용이다. V)-③은 무염이 어려서 유학을 공부하였으며, 2천여
인의 제자가 있었고, 많은 사람들이 그의 교화에 복종하였음을 말하
고 있다.

군적들은 신라 말에 가혹한 수탈을 피해 도적집단화하여 신라 왕
실의 지배를 벗어나고 있었던 농민들로서 지방통치에 많은 어려움을
가져오게 하였을 뿐만 아니라 대규모 호족으로 성장하는 경우도 있었
다. 이러한 도적세력을 포섭하여 안정시킴으로써 지방통치에 많은 도
움을 주고 있었던 것이 당시의 선종사원이었다. 물론 당시의 도적들
이 선승의 교화에 의하여 포섭되기도 하였을 것이나 사원세력과 무력
충돌에서 실패하여 사원에 흡수되는 예도 있었을 것이다. 선종사원에
는 수많은 곡식과 재물이 있었으므로 종종 도적의 습격 목표가 되고

있었기 때문이다.

여러 도적들과 민들을 사원 내로 포섭하는 데는

> X) 마음이 비록 몸의 주인이지만 몸을 마음의 스승으로 삼아야 하며 네가
> 도를 생각하지 않는 것을 근심할 것이지 어찌 도가 멀리하겠는가? 설
> 사 농부라 하더라도 俗世의 먼지를 털어 버릴 수 있다. 내가 달린 즉
> 마음도 달린다.(「聖住寺朗慧和尙白月葆光塔碑」, pp.201~202.)

와 같은 농부라 하더라도 해탈할 수 있다고 하는 파격적인 사상
의 영향도 크겠지만, 사원의 무력에 의존한 바도 컸을 것이다. 당시
의 선종사원은 수백 결의 토지를 소유하였을 뿐만 아니라 문하제자
만 수백에서 수천에 이르고 있었으므로 재산과 寺域의 방비를 위하
여 자체 무장의 가능성을 충분히 인정할 수 있다.

이처럼 선종사원은 지리적인 요충지에 자리 잡고 있으면서 경제력
과 무력으로 지방인들을 사원 내에 흡수하여 동요를 막으면서 자체
의 세력안정을 꾀하였다. 도적에 대한 제압은 사원이 자체 방어를
하는 과정에서 이루어진 것이긴 하나, 신라 왕실로서는 지배체제에
서 이탈하던 지방사회의 안정을 도모할 수 있게 된 것이다. 선종사
원의 활동이 신라 왕실의 지방통치에 커다란 영향을 미치고 있음을
무염에 대한 문성왕의 칭찬에서 짐작할 수 있다.75)

이상에서 살펴본 바와 같이 신라 말의 선종사원은 경제력과 무력

---

75) 농민 및 도적들의 선종사원에의 흡수는 지방의 안정에 도움을 주었을 것이
지만, 이로 인하여 선종사원은 거대한 인력을 확보하여 그 세력을 더욱 확
대시켰을 것이므로 국가의 입장에서 보면 위협적인 요소는 상존하고 있는
셈이라 할 수 있다. 그러나 선종사원들이 노골적으로 중앙정부에 대하여
반감을 표시하지 않고 있다는 것만으로도 선종사원을 포섭하는 목적을 어
느 정도 달성하였다고 할 수 있다.

을 갖춘 하나의 전형적인 지방세력으로 성장하고 있었고, 이를 바탕으로 지방사회에 심대한 영향력을 행사하였다. 따라서 신라 왕실은 선승들과 유대관계를 맺음으로써 선승의 영향권 내에 있는 지방민, 또는 사상적으로 영향을 받고 있는 여타의 호족들을 통치권 내로 흡수하려 하였을 것이다. 이는 지방에 대한 지배력의 안정적인 행사를 위한 것이었다.

이러한 의도에서 신라 말의 각 왕들은 선사들에게 나라 다스리는 방법을 묻고 있다. 즉 심희는 경명왕 2년(918)에 궁정으로 초대되어 스승과 제자의 예를 받고, 나라를 다스리고 백성을 편안케 할 방법을 말하여 法膺大師라는 존호를 받았다.[76] 또 혜철은 문성왕이 나라 다스리는 요체를 묻자 封事 약간 조를 보냈는데 모두 時政의 急務였다.[77] 그리고 행적도 효공왕 10년(906)에 국사의 예를 받고 치국의 요체를 설명하였다.[78] 이외에도 신라 말 대부분의 왕들은 선승에게 귀의하여 제자의 예를 다하고, 초빙하였다.

선승들이 건의한 나라 다스리는 방법이란 신라 말의 사회를 개혁하여 신라사회의 모순을 해결할 수 있는 방법들이었지만, 현실적인 여건 상 모두 실행되지는 못하였을 것이다. 그럼에도 호족·민중·지식인 등에게 두루 신망을 받는 선승들이 시무책을 제시하여 사회 모순의 해결을 위해 적극적으로 참여하는 모습을 보이고 있었던 것이다. 여기에다 선승들은 王都에서 멀리 떨어진 외곽 지역에 있으면서 지방사회에 큰 영향력을 행사하고 있었다. 이러한 선승들의 태도와 영향력은 종교적 권위를 배경으로 삼아 기존의 지배체제를 유지

---

76) 「鳳林寺眞鏡大師寶月凌空塔碑」, pp.358~359.
77) 「大安寺寂忍禪師照輪淸淨塔碑」, p.90.
78) 「太子寺朗空大師栖雲塔碑」, 李智冠, 『校勘譯註歷代高僧碑文』(高麗篇1), 伽山文庫, 1994, pp.387~389.

강화하려는 신라 왕실의 욕구를 충족시켜 줄 수 있는 조건을 갖추고 있었다. 따라서 신라 말의 선승과 선종사원은 신라 왕실을 중심으로 하는 기존의 지배체제 유지와 지방지배에 상당히 긍정적인 영향을 주었을 것으로 생각한다.

이 같이 신라 왕실은 다양한 방법으로 집요할 만큼 선승에게 접근하였다. 이는 당시의 선승들이 불교에서 선종뿐만 아니라 교종을 공부하였고, 유학과 풍수지리설, 나아가 도가사상에도 밝은 지식인으로서 최고의 엘리트계층을 형성하였고, 특히 선종사원은 앞에서 본 것처럼 도적과 일반 민을 교화하는 중심지였을 뿐만 아니라 문화의 중심지로 지방사회의 여론을 선도하고 있었기 때문이다. 즉 선승에 대한 다양한 신분계층의 지지를 의식한 행위로 해석한다.[79] 그리하여 신라 왕실은 선승과 선종사원 우대하여 회유·포섭하는 한편으로 제도권 내로 편입시켜 왕실의 지배하에 두려는 부단한 노력을 계속하였다. 다음의 자료를 보자.

> Y)-① 헌강대왕이 편지를 보내 궁궐에 부르고 사자산 흥녕선원을 중사성에 예속시켜 속하게 하였다.(「興寧寺澄曉大師寶忍塔碑」, 李智冠, 『校勘譯註歷代高僧碑文』(高麗篇1), 伽山文庫, 1994, p.293.)
>
> ② 선제 14년 중춘 …… 망수택·이남택 등에게 금 160분조 2천 곡을 내게 하여 사원을 장식하는 것을 돕도록 하고 선교성에 예속시켰다.(「寶林寺普照禪師彰聖塔碑」, p.110.)

Y)-①은 헌강왕이 흥녕사를 중사성에 예속시켰다는 것이다. 中使省은 中事省의 오기로 생각되는데, 국왕직속의 것과 동궁직속의 것

---

79) 추만호, 앞의 책, 1992, p.153.

이 따로 존재하였고, 국왕이나 왕태자에 대한 시종의 임무뿐만 아니라 詔誥를 관장하는 등 문한을 장악한 관부였다.[80] Y)-②는 체징이 머물던 迦智山寺(寶林寺)를 선교성에 예속시킨 것을 전한다. 선교성도 중사성과 마찬가지로 국왕직속의 관부로 국왕의 교서(조서)를 선포하는 관부였다. 집사성이 하대에 들어오면서 본래의 취지인 왕명을 받드는 국왕직속의 행정 기관적 성격서 변질되었기 때문에 국왕은 중사성을 통해 측근의 관료집단을 형성하고, 이제는 外庭이 된 집사성의 실권을 점차 여기에 흡수해 갔다.[81] 중사성과 선교성의 성격이 이렇다 할 때 흥녕사와 보림사를 각기 중사성과 선교성에 예속시킨 것은 두 사원을 국왕의 내정기관화하여 직접 지배 아래 두고 통치체제를 강화해 나가려는 왕실의 노력이었다.[82]

신라 왕실이 선승과 선종사원을 우대하는 것이 선종을 새로운 사상체계로 받아들인 것이라고는 생각하지는 않는다. 오히려 많은 단월을 확보한 선승들과 선종사원을 이용하여 호족을 회유·포섭하고, 민심을 수습하여 지방에 대한 통치를 쉽게 하기 위한 하나의 사상정책으로 보는 것이 옳을 것이다.[83] 이러한 사실은 민애왕이 혜소를 황룡사에 貫籍시키고, 무염을 대흥륜사에 編錄시키고 있는 데서 짐작할 수 있다. 왕실이 선승들을 국가의 직접 지배 아래 있는 교종사원에 소속시킴으로써 형식상으로라도 이들이 국가지배를 받고 있다

---

80) 李基東, 「新羅太祖 星漢의 問題와 興德王陵碑의 발견」, 『新羅骨品制社會와 花郞徒』, 一潮閣, 1990, pp.235~240, 참조.
81) 李基東, 위의 논문, 1993, pp.241~242.
82) 선종사원을 국왕 근시기구에 예속시킨 실태와 의도에 대한 보다 자세한 논의는 본서 1장 1절을 참조.
83) 개청이 보현산사에 머물면서 민규알찬이나 왕순식 등의 존경을 받으면서도 郡城에 나가서는 郡州司가 나라에 충성함을 격려하고, 邑人들이 奉佛함을 칭찬하는 것은 지방지배에 많은 도움이 되었을 것이다.

는 것을 내외에 과시하기 위한 것으로 생각하기 때문이다. 그러면서 나라 다스리는 방법에 대해 자문을 구하는 것은 실제로 개혁을 추진하려는 것이었다기보다 선승들이 영향력을 행사할 수 있는 단월을 포섭하여 기존의 지배체제를 고수하면서 불안한 통치체제를 유지하기 위한 고육책으로 생각한다.

제 3 장

高麗의 建國과 禪宗

제1절 後三國時期 禪僧의 動向과 豪族

1. 禪僧의 豪族認識

후삼국 시기에는 각지에서 독립적 지배권을 주장하는 호족들이 상호 쟁패하면서 이합집산을 거듭하고 있었다. 이 과정에서 필연적으로 발생하는 戰亂은 직접 관여된 사람들에게도 큰 고통이었지만, 상관없는 일반 민중들에게도 큰 고통으로 다가왔다. 수도하는 선승이라 하여 예외적이지 않아[1] 조용히 수도에 전념하여야 할 선승들이 전란의 와중에 빚어진 참상을 경험하면서[2] 이리저리 떠돌게 되었다. 이 상황을 선승들은 어떻게 받아들이고 있었으며, 또 그 책임이 누구에게 있다고 생각하였는지가 궁금하다.

후삼국 시기에 선승들이 자신이 처한 사회적 상황을 어떻게 받아들이고 있었는지 알 수 있는 직접적인 자료는 보이지 않는다. 그러

---

1) 선승의 비문에는 선승들이 도적 떼를 만나 약탈당하거나, 사원이 습격당하여 불타는 상황이 많이 기록되어 있다.

2) 당시 전란의 참상은 여러 선승들의 비문에서 확인할 수 있는데, 충담의 비문에서 "釋子인 天日 선사가 당시 전후의 현실인 흉년과 전쟁으로 죽은 시체와 山野 곳곳에 말라 흩어진 曝骨과 아직 썩지 않은 시신이 낭자한 ……(「興法寺眞空大師塔碑」, 李智冠 譯註, 『校勘譯註歷代高僧碑文』(高麗篇1), 伽山文庫, 1994, p.174. 이하 별도의 명기가 없는 경우 이 책을 이용함)이라 한 것은 대표적인 예라 하겠다.

므로 선승들이 처하였던 상황에 어떻게 대처하고 있었는지를 살펴서 선승들의 상황인식의 일단을 확인해 보고자 한다.

A)-① 이 眞境에 주석한 지 어언 네 번의 星霜이 지나갔다. 스님은 마음으로 禪林을 사랑하였으며, 또한 세상을 등지고 수도함에 답답하거나 불편해하지는 않았으나, 지리적으로 賊窟과 연접되어 수도에 안심할 수 없었다. 그러므로 위험하거나, 시끄러운 곳에는 머물지 말아야 한다고 생각하였다.(「廣照寺眞澈大師寶月乘空塔碑」, p.35.)

② 임금께서는 비록 군사를 동원하여 적과 싸우더라도 항상 백성을 불쌍하게 여기십시오. …… 무고한 사람은 죽이지 말고 죄가 있는 무리만을 엄선하여 다스려야 합니다. …… 스님이 다시 당부하기를 가능한 한 사형할 죄인의 죽이는 시기를 완화하고 모든 살아 있는 생명들을 불쌍히 여겨 도탄에서 벗어나게 해야 합니다.(「廣照寺眞澈大師寶月乘空塔碑」, p.39.)

A)-①은 이엄이 효공왕 15년(911)에 귀국하여 김해에서 소율희의 귀의를 받아 승광산의 어떤 절을 제공받고 머물 때의 수행환경에 대한 것인데, 상당히 만족해하고 있다. 이때 이엄은 많은 수의 단월들을 만나고 있었다.[3] 오랜 세월에 걸친 유학을 마치고 귀국하여 국내에 아무런 기반도 없이 정처 없이 떠돌던 이엄이 편안히 수행할 수 있는 사원을 제공받고, 많은 단월까지 만난 것은 매우 만족스러운 일이 될 수 있었다. 그러나 4년이 지나면서 이엄은 김해 지방으로 진출해 오는 또 다른 호족의 위협을 받게 되었다.[4] 이때의 상황

---

3) 「廣照寺眞澈大師寶月乘空塔碑」, p.35.
4) 이 호족이 누구를 지칭하는지 그의 비문에 나타나지 않으나 견훤이었을 것으로 추정되고 있다(金相激, 「新羅末 舊伽耶圈의 金海豪族勢力」, 『震檀學報』 82, 1996, p.76).

에 대해 이엄은 신변의 안전을 예측할 수 없는 절망적인 것으로 판단한 듯 아쉬움 속에 김해를 떠나고 있다. 그것은 A)-①에서 수도에 안심할 수 없고, 위험하거나 시끄러운 곳에는 머물지 말아야 한다고 생각하였다는 데서 확인할 수 있다. 이와 관련하여 이엄이 태조에게 건의한 내용인 A)-②를 보면 전쟁을 치룰 때라도 백성을 보살피고, 죄인만을 엄선하여 다스리며 비록 사형수라 하더라도 죽이는 시기를 늦추도록 하라 하고 있다. 여기서 죄 있는 무리란 전란을 일으켜 백성들의 삶을 위협하고 태조에게 저항하는 호족들을 지칭한 것으로 보인다. 따라서 이엄은 귀국하여 소율희의 도움을 받았다고는 하나 세력의 확산을 꾀하면서 전란을 일으키는 호족에 대하여 크게 우호적인 생각을 가졌다고 보기는 어려울 듯하다.5) 다음은 충담의 경우를 보겠다.

> B) 드디어 天祐 15년(경명왕3, 918) 6월(결락) 이르러 귀국하게 되었다. (결락) 學人들이 함께 와서 親見하고 환희에 가득한 기쁨을 이기지 못하여 손벽을 치면서 앙모하였다. 그리하여 數月 동안 禪을 논하고 數年間 법문을 물어왔다. …… 甲兵의 빛이 나타남을 걱정하다가 홀연히 김해를 떠나 玉京을 향해 여러 날 만에 서울에 들어가게 되었으니……(「興法寺眞空大師塔碑」, p.176)

B)의 충담도 귀국하여 김해에 머물 때 많은 단월들을 만나 존경을 받으면서 禪을 논하는 등 꽤 만족스러운 수도생활을 영위한 것 같다. 그런데 전란의 조짐(甲兵의 빛)이 나타나자 이를 피하여 태조에게로

---

5) 모든 호족들에 대하여 부정적인 생각을 가지지는 않았을 것이지만, 이후 이엄과 태조의 관계가 밀접히 연계되어 있었고, 태조 이외 기타의 호족들과 그리 밀접한 관련을 맺지 않는 것으로 보아 호족들에 대해서 부정적이었던 것으로 보아도 크게 틀리지는 않을 것으로 본다.

옮겨 가고 있다. 충담은 태조로부터 우대를 받아 그의 비문을 태조가 직접 지을 정도로 밀착하는 계기를 마련하였지만, 전란의 기미를 느끼고 수년간 편안히 수도하던 김해를 떠나야만 했던 충담이 호족에 대하여 우호적인 시각을 가졌다고 보기는 어려울 듯하다.

김해의 호족인 김인광·소율희·소충자 등과 가장 밀착하였던 선승은 아무래도 봉림사를 창건한 심희일 것이다.

> C) 文德初年(888)부터 乾寧 末年(898)까지 먼저 松溪에서 참선하니 배우는 사람이 비 오듯 모였고, 잠시 설악에 머무니 禪客이 바람처럼 달려왔다. …… 전란을 피하기 위해 雲水 행각을 훌쩍 그만두고 溟州에 가서 발을 멈추고 山寺에 의탁하여 마음을 쉬니 주변 천리가 또한 편안하였고, 한 지방이 변화하였다. 얼마 후에 김해의 서쪽에 福林이 있다는 말을 듣고, 갑자기 이 산을 떠나 남쪽으로 가겠다고 말하였다.(「鳳林寺眞鏡大師寶月凌空塔碑」, 李智冠, 『校勘譯註歷代高僧碑文』(新羅篇), pp.353~354.)

자료C)에 의하면 심희는 김해에 정착하기 전에 상당히 많은 곳을 떠돌아다니고 있음을 볼 수 있다. 송계에서 설악으로, 그리고 명주로 갔고, 이어 福林을 찾아 김해로 이주하고 있다. 이처럼 심희가 여러 지역을 떠돌아다니는 것은 전란을 피하기 위해서였다. 심희가 최종 정착지로 김해를 선택하고 이주하는 것은 자신을 도와줄 수 있는 단월을 찾아서였다. 이 단월이 김인광과 소율희였음은 물론이다.[6] 그

---

6) 심희와 김해 호족의 관계에 대해서는 다음의 논문이 참고된다.
　金龍善, 「玄昱·審希·璨幽와 여주 고달사」, 『韓國中世史硏究』21, 2006.
　崔柄憲, 「新羅末 金海地方의 豪族勢力과 禪宗」, 『韓國史論』4, 1978.
　曺凡煥, 「新羅末 鳳林山門과 新羅王室」, 『震檀學報』78, 1994.
　金相潡, 앞의 논문, 1996..
　배상현, 「眞鏡審希의 활동과 鳳林山門」, 『史學硏究』74, 2004.

런데 심희는 진례에 정착하기 전에 진성여왕의 초청을 받았으나, 祖
業을 무너뜨릴 수 없다는 이유로 거절하였다.[7] 이는 단월의 정치적
성향과 관련이 있는 것으로 이해되고 있다.[8]

심희는 김인광과 소율희의 도움을 받으면서 진례에 정착하고 나서
는 효공왕·경명왕 등 박씨 왕실과는 상당히 밀착된 모습을 보여준
다.[9] 아마도 심희를 후원하고 있던 김인광·소율희의 친신라적 성향
에 영향을 받은 결과일 것이다.[10] 심희가 전란을 피하여 오랜 세월
떠돌아다녔고, 심희를 후원하고 있었던 김인광·소율희가 정치적으로
친신라적 성향을 지니고 끝까지 신라 왕실의 보호를 위하여 활동하
고 있었다면,[11] 이의 영향을 받는 심희가 신라 왕실에 적대적이며
잦은 전란을 일으키고 있었던 호족에 대하여 우호적인 시각을 가졌
다고 보기는 어려울 듯하다. 이 점은 그의 비문 後記에 "높이 왕실
을 保扶하였다." 또 왕실의 초청을 받자 왕명을 거절할 수 없다는
이유로 받아들이고, 治國安民의 방법을 일러 주면서 三寶에 귀의하
라 하였던 것에서도 확인할 수 있다. 그리고 입적할 때 남긴 遺戒
에서 도탄에 빠져 있는 백성을 구제할 것을 부탁하고 있다.[12] 심희
가 김해에 정착한 이후 박씨 왕실과 밀착하고 있는 정치적 성향으로

---

7) 「鳳林寺眞鏡大師寶月凌空塔碑」, 李智冠, 『校勘譯註歷代高僧碑文』(新羅篇), 伽
   山文庫, 1994, p.353.
8) 曹凡煥, 앞의 논문, 1994, 참조.
9) 「鳳林寺眞鏡大師寶月凌空塔碑」, 李智冠, 『校勘譯註歷代高僧碑文』(新羅篇), 伽
   山文庫, 1994, pp.355~358. 한편 김두진은 심희가 신라 왕실과는 연결되지
   않았다고 보았다(金杜珍, 「王建의 僧侶結合과 그 意圖」, 『韓國學論叢』4, 1981,
   p.129).
10) 崔柄憲, 앞의 논문, 1978, pp.404~416, 참조.
11) 위와 같음.
12) 「鳳林寺眞鏡大師寶月凌空塔碑」後記, 李智冠, 『校勘譯註歷代高僧碑文』(新羅
    篇), 伽山文庫, 1994, p.364.

보아 백성을 도탄에 빠트린 주체는 아무래도 호족을 지칭하는 것으로 보아야 할 것이다. 이상에서 김해 지방에 머물렀던 선승들의 처지를 통하여 이들이 호족인 김인광·소율희·소충자의 전폭적인 후원을 받고 있었음에도 불구하고 호족에 대하여 상당히 비판적인 시각을 가졌을 가능성을 확인하였다.

한편 여엄이 유학하고 귀국한 것은 天祐 6년(효공왕13, 909)이었다. 이때 여엄은

> D) 무주 승평에 도달하여 배를 버리고 동해안으로 북상하여 충주 월악산에 이르렀는데, 세상이 시끄러워 편안히 연좌할 곳이 없었다. 세상을 살펴보니 모두가 도탄에 빠져 있고, 인간을 돌아보니 너나 할 것 없이 슬픔에 잠겨 있었다. 비록 水石에 의지하나 어느덧 煙塵이 가까워지므로 다시 奈靈으로 갔는데, 경치가 매우 아름다웠다. 彌峯을 바라보면서 은거하다 다시 소백산으로 가서 지내게 되었다.(「菩提寺大鏡大師玄機塔碑」, p.92.)

무주 승평에 도달한 이래 곳곳을 떠돌아다녀서 정착하지 못하고 있었는데, 그 이유는 전란을 피하기 위한 것이었다. 각지에서 일어난 전란은 여엄뿐만 아니라 모두를 슬픔과 도탄에 빠트리는 것이었다. 이런 위급한 사회적 상황을 피하여 나령(영주)을 거쳐 소백산에 도착한 여엄은 知基州諸軍事上國康公萱[13]의 도움을 받다가 태조의 초청을 받고 개경에 이른다.[14] 여엄은 태조에게 시무책을 제시하면서

---

13) 강공훤은 패서호족 출신으로 궁예에 의해 이 지역에 파견된 것으로 보는가 하면,(沈在明, 「高麗 太祖와 四無畏大師」, 『高麗太祖의 國家經營』, 서울대학교출판부, 1996, p.140, 주 31.) 친신라적 성향을 지니고서 태조에게 귀부하여 통일 전에 대활약을 보였던 것으로 이해하기도 한다(全基雄, 「羅末麗初의 地方社會와 知州諸軍事」, 『慶南史學』4, 1987, p.13).

14) 「菩提寺大鏡大師玄機塔碑」, pp.92~93, 참조.

"나라가 부강하고 백성이 편안해지려면 肯庭의 경우도 사양하지 말아야 한다."[15]고 건의하였다. 이는 왕으로서 태조의 자세를 말한 것으로 나라의 부강과 백성을 편안히 하는 정치를 강조한 것으로 볼 수 있다.[16] 여엄은 호족들이 일으킨 전란을 피하여 떠돌면서 도탄에 빠져 슬픔에 잠긴 사람들을 목격하였고, 또 태조에게 나라의 부강과 백성의 삶을 편안하게 할 것을 건의하고 있는 것을 보면 호족들을 크게 긍정적으로 본 것 같지 않다. 전란의 중심에 호족들이 있기 때문이다.

다음은 행적의 경우를 보자. 행적은 굴산문 범일의 제자이나, 스승과는 달리 신라 왕실과 상당히 가깝게 지내고 있었던 것으로 보인다.[17] 다음의 자료를 보면

E) 天祐 3년(효공왕11, 907) 9월 초에 홀연히 溟州 교외를 나와 京邑에 도착하였다. …… 道를 높이 숭상함에는 伏羲 씨와 軒轅 씨의 방법을 말하여 주고 나라를 다스림에 있어서는 堯임금과 舜임금의 風道를 말하여 주었는데, 대사는 설법하거나 남을 가르침에 있어서는 마치 거울이 物像을 비추어 주되 피곤함을 잊은 것과 같이하였고, 물음에 답할 때에는 종이 치기를 기다려 울리는 것과 같이하였다.(「太子寺朗

---

15) 「菩提寺大鏡大師玄機塔碑」, p.94.
16) 여엄과 태조와의 관계에 대해서는 밀접하지 못하였던 것으로 파악한 견해가 있다. 鄭淸柱는 여엄이 처음 강공훤을 통하여 궁예와의 결연을 염두에 두었을 가능성을 언급하였고,(鄭淸柱, 「新羅末·高麗初의 羅州豪族」, 『全北史學』14, 1991, p.28.) 崔圭成도 여엄과 궁예의 결연 가능성을 지적하면서 여엄의 그런 전력 때문에 그가 입적한 후에야 국사의 예로 대우받는 것처럼 고려에서 그에 대한 예우가 다른 四無畏大師에 비해 훨씬 뒤떨어졌던 것이 아닐까 추측하였다(崔圭成, 「弓裔政權下의 知識人의 動向」, 『國史館論叢』31, 1992, pp.122~124).
17) 崔仁杓, 「羅末麗初의 太子寺 −朗空行寂을 中心으로−」, 『安東文化』11, 2003, pp.32~47, 참조.

空大師白月栖雲塔碑」, pp.387~388.)

효공왕11년(907) 경주에 온 행적은 왕에게 도를 숭상함에는 복희씨와 헌원 씨의 방법을 말해 주고, 나라를 다스리는 방법으로 요임금과 순임금의 風道를 말하였다. 복희는 八卦를 창시하고, 생명을 관장하며, 천하의 왕이 되었고,[18] 황제 헌원은 神農氏의 후예로 일어나 제후들의 준동을 제압하여 백성들을 편안히 하였다.[19] 또 요와 순은 중국 고대의 賢君이며 이상적 군주로 추앙을 받았다. 행적이 중국 고대 인물의 행적을 들어 정치를 설명하고 있는 것은 호족의 割據로 인한 사회혼란에 대하여 신라 왕실이 중심이 되어 호족을 제압하고 백성의 삶을 편안히 할 것을 주장한 것으로 보인다.[20] 효공왕에게 이러한 건의를 하는 행적이 호족에 대하여 긍정적인 시각을 가졌다고 보기는 어려울 것 같다.[21]

한편 절중은 오랜 세월을 떠돌아다니다 헌강왕 8년(882) 대법사 위공이 왕에게 건의하여 주지를 허락받은 곡산사에 머물다 석운대선사의 요청을 받고 사자산 흥녕선원으로 이주한다.[22] 그러나 곧 妖氣[23]로 표현된 호족의 위협을 피하여 상주로 피난하였고, 이때 흥녕

---

18) 『淮南子』卷3, 天文訓, 참조.
19) 『呂氏春秋』 孟春紀, 高誘注.
20) 崔仁杓, 「新羅下代 禪宗敎團의 動向과 王室의 對應」, 『新羅文化』27, 2006, p.86.
21) 김두진은 행적이 머물렀던 태자사가 신라 왕실과 관계있으며, 제자인 양경·윤정 형제는 신라왕족의 후예로서 어느 정도 신라 왕실과 연관이 있었다 하면서도 소원한 관계에 있었으며, 지방호족에 불과한 것으로 파악하고 석남산사(태자사)를 제공한 명요부인도 이들과 연결되어 있는 것으로 이해하여 행적이 호족과 연계되어 있었던 것으로 보았다(金杜珍, 「新羅下代 崛山門의 形成과 그 思想」, 『省谷論叢』17, 1986, pp.310~311).
22) 「興寧寺澄曉大師寶印塔碑」, p.292.
23) 妖氣는 명주 지역으로 진출해 가던 궁예세력인 것으로 보인다.(崔仁杓, 「羅末麗初 師子山門의 動向」, 『韓國傳統文化硏究』11, 1996, pp.233~236, 참조.

선원은 兵火를 만나 불탄다.24) 절중은 계속 남행하여 공주를 거쳐 進禮郡 경계에 이르러서는 賊徒를 만나 길을 차단당하였고,25) 武府에서 郡吏 金思尹이 제공한 芬嶺郡의 桐林寺를 제공받았으나, 戰亂을 당하여 북상하다 은강선원에서 입적하고 있다.26)

전란으로 인하여 북쪽으로 이동하던 절중에게 진성여왕이 사자를 파견하여 국사의 예를 표시하였으나

> F) 세상은 모두 혼탁하고 시대는 오랫동안 혼미하므로 반딧불로는 능히 한 밤의 어둠을 제거할 수 없고, 아교로서는 능히 황하의 탁류를 막을 수 없다 하고, 항상 어두운 현실을 보니 실로 삶의 길이 싫어졌습니다.27)

하면서 거절하였다. 이는 절중이 겪었던 사회혼란의 경험들이 축적된 결과를 나타낸 반응이라 할 수 있는 것으로 현실 상황에 대해 지극히 부정적인 시각을 드러내고 있음을 알 수 있다. 이러한 사회 현실이 발생하게 된 원인에 대해서는 분명하게 언급하지 않고 있으나, 전란을 피하여 떠돌아다닌 경험이나, 여러 차례에 걸친 신라 왕실의 후원을 정면으로 거부하고 있는 점을 고려하면 신라 왕실과 호족 모두에게 그 책임을 돌리고 있는 것으로 보아도 좋을 것이다.28)

---

24) 「興寧寺澄曉大師寶印塔碑」, p.294.
25) 위와 같음.
26) 「興寧寺澄曉大師寶印塔碑」, p.296.
27) 「興寧寺澄曉大師寶印塔碑」, p.298.
28) 다만 절중의 비문 음기에는 堯(정종), 昭(광종), 필영대왕 등 고려 왕족과 고려의 官階를 지닌 많은 인물들, 그리고 흥녕선원 주변 지역 촌주의 이름들과 단월들이 기록되어 있다. 이들은 흥녕선원과 관련이 있는 인물들로서 호족들이 포함되어 있다고 볼 수 있으나, 이들이 모두 절중이 생존하였을 때의 단월로 보기는 어려울 듯하다. 그것은 이들 중 고려의 왕족이나, 고려의 관계를 지니고 있는 인물들, 그리고 흥녕선원 주변 지역의 신라식 관계

　　이상을 종합하면 후삼국 시기에 선승들은 전란에 휩쓸려 신변의 안전을 위협받으면서 이리저리 떠돌았고,[29] 그 과정에서 전란과 수탈에 시달리는 백성들의 실태를 보았다. 이에 대하여 선승들이 직접적으로 호족을 비판한 자료는 보이지 않으나, 호족의 존재와 그 행태에 대하여 우호적이었던 것 같지는 않다. 선승들은 후삼국 시기의 사회를 절망적인 대혼란의 상황으로 인식하고, 그 책임의 상당 부분

　　　　를 지닌 인물들과 촌주 중의 상당수는 절중 생존 때의 실제 단월이었다기보다 탑비를 건립할 때 참여하였던 인물로 보이고, 또 절중의 입적이 효공왕 4년(900)인데, 그의 탑비 건립은 용덕 4년(경애왕4, 924)에 비문이 완성되었으나, 전란과 흥녕선원의 소실로 지연되다 942년 또는 944년에야 이루어지기 때문이다. 즉 비문의 작성이 고려건국 이전에 이루어졌기 때문에 음기에서 고려의 관계와 고려 왕족의 호칭들은 사용될 수 없는 것이다. 그럼에도 음기에서 이런 것들이 기록되어 있는 것은 고려건국 이후 탑비가 건립될 당시에 기록되었기 때문일 것이다. 그러므로 음기의 인물들은 실제 생존 시의 절중과 관련을 맺었던 것으로 보기 어려운 인물이 상당수 포함되어 있을 것이다.(절중 비의 음기에 대한 종합적 검토는 崔仁杓, 앞의 논문, 「羅末麗初 師子山門의 動向」, 1996, 참조.)

29) 선승들이 떠돌게 되는 것은 국내에서의 기반과 관련되어 있다. 선승들이 출가와 구족계를 받은 사원의 대부분은 화엄종사원으로 나타나고 있고, 유학 과정에서 선종으로 사상적인 전환을 하고 있다. 그러므로 선승들이 귀국하였을 때 국내에 인맥이 형성되지 못하는 데서 오는 어려움이 있었다. 설령 국내에서 선승들과 인연을 맺은 후 유학의 길을 떠난다 하더라도 중국에서 수십 년을 머물다 귀국하게 되므로 어려움은 여전하였을 것이다. 또한 선승들은 오랜 세월에 걸치는 유학생활 후 귀국하기 때문에 자신을 따르는 단월도 없어 일정한 규모의 단월이 형성되고, 명성이 알려져 후원을 받을 수 있을 때까지는 생활 자체가 매우 불안정하였을 것으로 외부적인 요인 특히 세력의 확산을 꾀하면서 끊임없이 전란을 일으키고 있던 호족들에게 많은 영향을 받았을 것이다. 이러한 점들 때문에 선승들은 안정적인 거주처가 확보될 때까지는 떠돌 수밖에 없었을 것이다. 비록 선종사원들이 상당할 정도의 경제력을 보유하고 있었다고 하더라도 마찬가지였을 것이다. 같은 범일의 제자이면서도 정치적 성향에서 상당히 다른 태도를 보였던 행적과 개청의 경우를 상기해 볼 필요가 있다. 이러한 경우 같은 사원 내에 머무는 것조차도 서로 불편하였을 것이다.

을 세력의 확산을 꾀하면서 끊임없이 전란을 일으키고, 이합집산을 거듭하던 호족들에게서 찾고 있었다.

2. 豪族의 禪僧後援 實態와 影響

앞에서 후삼국 시기의 선승들은 사회혼란이 호족들에게서 상당 부분 기인한 것으로 생각하였기 때문에 비록 후원을 받고 있다 할지라도 전적으로 우호적인 시각을 가지고 있지 않았을 가능성을 확인하였다. 그럼에도 선승들은 호족을 단월로 받아들였고, 후원을 받았다. 사회혼란의 책임을 상당 부분 호족에게서 찾고 있으면서도 그들에게 의지하여 후원을 받아들이는 일면 모순되는 듯한 선승들의 태도를 어떻게 받아들여야 할까? 후삼국 시기 선승과 호족의 관계를 통하여 호족의 선승 후원이 선종의 유지와 발달에 어떤 영향을 미치고 있는지를 보겠다.

선승과 호족의 관계에서 많이 언급되는 것은 김해의 호족이었던 김인광·소율희와의 관계이다. 선승들이 김해에 머물게 된 계기와 김해를 떠나는 원인을 생각해 보겠다.

> G)-① 천우 8년(효공왕15, 911)에 이르러 뗏목으로 큰 파도를 무사히 헤치고는 나주의 회진에 도달하였다. …… 동쪽으로 정처 없이 지나다가 김해까지 이르게 되었다. 마침 金海府知軍事蘇公律熙의 귀의를 받게 되었으니 승광산 중 煙霞의 절경에 터를 잡아 절을 짓고 정성스러운 큰 뜻을 경주하여 이 절에 계시도록 청하였다.(「廣照寺眞澈大師寶月乘空塔碑」, pp.34~35.)
>
> ② 드디어 천우 15년(경명왕3, 918) …… 이때 兩地에서 지난날의 자취를 생각해 보니, 마음이(결락) 甲兵의 빛이 나타남을 걱정하다

가 홀연히 김해를 떠나 玉京을 향해 여러 날 만에 서울에 들어가
게 되었으니(「興法寺眞空大師塔碑」, p.176.)

③ 홀연히 夏末에 잠깐 경기인 서울을 하직하고 바닷가로 행각하다가
김해부에 이르니 知府及第同領軍忠子蘇律熙公이 옷깃을 여미
고 덕풍을 흠모하던 중 옷깃을 열고 도를 사모하여 이름난 큰 절
에 주석하도록 청하였는데, 이는 창생을 복되게 하기를 희망한 것
이었다.(「太子寺朗空大師白月栖雲塔碑」, p.388.)

④ 얼마 후 김해의 서쪽에 福林이 있다는 말을 듣고, 갑자기 이 산을
떠나 남쪽으로 가겠다고 말하였다. 진례에 이르러 잠시 머뭇거리니,
이에 …… 進禮城諸軍事金律熙가 道를 사랑하는 정이 깊었으며
(대사의)소문을 듣고 뜻이 간절하여 경계 밖에서 기다리고 있다가
성안으로 맞아들였다. 그리고 절을 고쳐주며 법의 수레를 머물도록
청하였는데 …… 그러므로 작은 절을 고쳐지어 발길을 멈추었으며,
鳳林이라 이름을 고치고 다시 禪宇를 열었다.(「鳳林寺眞鏡大師
寶月乘空塔碑」, 李智冠, 『校勘譯註歷代高僧碑文』(新羅篇),
伽山文庫, 1994, pp.354~357.)

⑤ 이보다 앞서 知金海府進禮城諸軍事明義將軍金仁匡이 가정에
서는 아버지의 가르침을 받고, 임금에게는 충성을 다 하였으며 선
문에 귀의하여 절을 고치는 것을 도우니 대사는 마음속으로 ……
기꺼이 여겨 그곳에서 죽을 때까지 머물고자 생각하고 그윽한 가르
침을 크게 베풀었고 佛道를 널리 떨쳤다.(「鳳林寺眞鏡大師寶月
乘空塔碑」, 李智冠, 『校勘譯註歷代高僧碑文』(新羅篇), 伽山
文庫, 1994, p.357.)

위의 자료 G)-①・G)-②・G)-③・G)-④・G)-⑤는 김해의
호족인 김인광・소율희의 도움을 받았던 선승들이다. 이 자료들에서
지적할 수 있는 것은 이들 선승들이 일정한 거주지를 가지지 못한
상태에서 자발적으로 김해에 가고 있다는 사실이다. G)-①의 이엄
은 귀국하여 정처 없이 떠돌다 김해에 이르러 소율희의 도움을 받았

으며, G)-②의 충담은 계기를 알 수 없으나, 이엄과 마찬가지로 귀국 후 자발적으로 김해에 간 것으로 보인다. G)-③의 행적은 효공왕의 초청으로 경주에 왔다가 김해로 가고 있으며, G)-④·G)-⑤의 심희는 전란을 피하여 떠돌다 김해로 이주하고 있다. 적어도 선승들은 김해 호족들의 초청 여부와 상관없이 김해 지방으로 이주하고 있으며, 이때 선승들은 김해의 호족들이 선승들에 우호적이라는 사실을 알고 의탁함으로써 전란 속에서 신변의 안전을 바라고 있었을 것이다. 이 선승들의 욕구는 김인광·소율희 등이 어느 정도 충족시켜 주었다. 이 점은 이엄이 "세상을 등지고 수도함에 답답하거나 불편하지 않았다.(A)-①) 한 것이나, 심희가 김해의 서쪽에 福林이 있다는 말을 듣고 이주하여 봉림사를 개창하고 있는 것(G)-4·G)-5)에서 알 수 있다. 이는 김해의 호족들이 후삼국 시기에 선종의 발전과 유지에 기여를 했다고 평가할 수 있고, 또한 선종과 호족이 밀착하고 있는 것으로 생각할 수 있게 한다.

그러나 다른 측면에서 보면 김해에 이른 선승들이 김인광·소율희의 도움을 받아 상당히 만족스러운 생활을 영위하고 있었음에도 불구하고 심희를 제외하면 모두 김해를 떠나고 있다. 선승들이 김해를 떠나는 이유는 분명하지 않다. 다만 이엄과 충담은 전란을 피하려는 것이었고(A)-①·G)-②), 행적은 효공왕의 초청으로 경주에 머물다 김해에 가게 되어서인지 다시 경주로 돌아가고 있다. 그러나 심희는 다른 선승들과는 달리 봉림사에서 입적하고 있어서 다른 모습을 보여준다.

이러한 상황은 선승들이 김해에서의 삶 자체는 상당히 만족스럽게 여기고 있었다 할지라도 외부적 요인에 대하여 매우 취약한 모습을 보여준다. 비록 김인광·소율희의 도움이 선승들에게 좋은 의지처가 되었다 할지라도 안정적이지 못하여 항상 세력의 확산을 꾀하는 다른 호족들의 침입과 같은 외부적 요인들에 의하여 위협받고 있었던 것이다. 후삼국 시기에 선승들은 호족의 도움을 받고 있었다 할지라도 이 도움이 오히려 선종사원을 위험에 빠트릴 수 있는 원인을 제공하기도 하였다. 예컨대 도헌의 단월이었던 아질미·희필 등이 문경 가은 지역으로 진출하는 후백제의 공격을 받고 몰락하면서 이어 봉암사도 소실되었을 것이라 하며, 견훤이 이 지역을 공략하는 것은 문경 지방과 봉암사가 신라 왕실과 긴밀한 유대관계를 맺고 있었기 때문이었다.[30] 그리고 사자산문의 본산인 흥녕선원도 영월을 거쳐 명주로 진출하는 궁예세력의 습격을 받아 불타고 있는 것이다.[31] 이러한 현상은 이 두 사원에 국한하는 현상만은 아니었을 것이다. 결국 선종사원의 유지는 후원하는 호족세력의 浮沈에 따라 운명이 결정되는 유동적인 상태에 놓여 있었던 것이다. 이는 선승들이 바라는 바가 아니었을 것이다. 선승들은 보다 안정적이고, 장기적인 후원을 바랐을 것이다. 아마 김해를 떠나는 선승들도 이러한 후원자를 찾아 떠났을 것이다.

그러면 다른 선승들의 행적을 살펴보자.

> H)-① 천우 6년(효공왕13, 909) 7月 武州 昇平에 도달하였다. …… 여기에 (소백산) 基州의 諸軍 지휘를 맡은 上國인 康公萱이 불심이 돈독하여 寶樹에 敎風을 흠모하여 禪林에 깊이 심취하였다. 돌이켜 보건데 스님이 위태로운 곳을 떠나 편안히 樂郊로 찾아왔다 하여 정성스럽게 맞이하여 편안히 모시고 공양을 올리면서 법문을 들었다.(「菩提寺大鏡大師玄機塔碑」, p.92.)

---

30) 추만호, 『나말려초 선종사상사연구』, 이론과 실천, 1992, pp.139~140.
31) 崔仁杓, 앞의 논문, 「羅末麗初 師子山門의 動向」, 1996, pp.233~236.

② 문덕 2년(진성여왕3, 889) 여름에 통효대사가 입적하니 …… 그 때 명주의 慕法弟子인 閔規閼湌이란 사람이 스님을 흠모하는 마음 더욱 간절하고, 도를 사모하는 뜻 또한 돈독하였다. 그는 일찍부터 禪扉를 후원하면서 자주 찾아가 친견하고 법문을 들었으므로 이에 普賢山寺를 희사하여 주지하도록 청하였더니 스님께서는 檀那에 대한 감사함을 느끼고 인연이 있어 이루어진 것으로 가서 住錫하리라 하고 받아들여 종래로 주지하지 않겠다고 한 마음을 바꾸어 곧 그곳으로 나아갔다.(「地藏禪院朗圓大師悟眞塔碑」, pp.149~150.)

③ 또한 當州의 軍州事를 맡은 太匡王公筍息이 鳳毛로써 경사스러움을 나타냈고, 龍額으로는 祥瑞를 드러내었다.(「地藏禪院朗圓大師悟眞塔碑」, pp.150~151.)

④ 천우 5년(효공왕12, 908) 7月 武州 會津으로 돌아왔다. 이때 군대가 지상에 가득하고 도적은 곳곳에 횡횡하며, 三鍾이 있는 곳에는 사방에 軍壁이 많았다. 대사는 암혈에 은둔하여 난리를 피하되 사슴과 더불어 벗을 삼았으며, …… 先王(고려 태조)이 북쪽에서 친히 군사를 이끌고, 南征 길에 올라 스님이 계신 근처에 이르러 특별히 사신을 보내 詔書를 전달하여 군벽으로 초빙하였다.(「五龍寺法鏡大師普照慧光塔碑」, pp.264~265.)

H)-①의 여엄은 귀국한 후 소백산에서 강공훤의 도움을 받는다. 여기서 여엄의 생활이 어떠하였는지 잘 알 수 없다. 귀국과 함께 전란을 피하여 충주 월악산·나령(영주)·소백산 등지를 떠돌고 있던[32] 여엄이었으므로 강공훤의 도움은 상당히 만족할 만한 것이었을 것이다. 그러나 여엄이 소백산에 머물던 시간은 그리 길지 않았다. 강공훤이 여엄을 태조에게 추천하자 곧 태조의 초청이 있어 개경으로 이주하였기 때문이다.[33] 강공훤의 도움은 전란을 피하여 떠

---

32) 「菩提寺大鏡大師玄機塔碑」, p.92.
33) 「菩提寺大鏡大師玄機塔碑」, p.93.

돌던 여엄에게 매우 소중한 것이었으나, 결과적으로 태조와의 연결
고리에 그치고 있어 그 영향은 매우 제한적이었던 것으로 보인다.

H-②·H-③은 개청의 단월에 대한 것이다. 개청은 범일이 입적
한 후 민규 알찬이 제공한 보현산사로 이주하였고, 이어 왕순식의
도움을 받는다. 개청은 범일의 대표적인 제자로 범일이 입적한 후
장례를 주관하고, 굴산사에 머물면서 사원을 관리하고 있었다. 이때
민규의 보현산사 이주를 요청받았다. 개청은 인연이 있다 하고 마음
을 바꾸어 이주하게 된다.[34](H)-②)

H-④는 경유가 귀국하던 908년 당시 전란이 발생하여 巖穴에
숨어 지내다 태조의 초청을 받는다. 암혈에 숨어 아무런 보호를 받

---

34) 개청의 보현산사 이주는 아무래도 석연치 않은 점이 있다. 개청은 행적과
   함께 범일의 대표적인 제자이나, 행적이 15년간 유학하고 귀국한 반면 개
   청은 범일의 곁을 떠난 적이 없었고, 또한 보현산사로 이주할 때 망설이다
   마음을 바꾼 것으로 보이기 때문이다.(H)-②) 혹 개청이 굴산사를 떠나야
   만 하는 불가피한 상황이 발생하지 않았나 싶기도 하다. 한편 김흥삼은 개
   청이 굴산사를 떠나 보현산사로 이주하는 원인으로 범일 입적 후 창궐하였
   던 草寇들이 굴산사에 위협을 줄 정도로 위세가 대단하였고, 민규 알찬이
   보현산사를 희사하고 이주를 요청했기 때문이라고 하였다.(金興三, 「羅末麗
   初 崛山門의 開清과 政治勢力」, 『韓國中世史硏究』15, 2003, p.201.) 그러나
   명주호족들의 후원에 의하여 굴산사가 개창되어, 그 보호를 받고 있었다면
   草寇들이 굴산사에 위협을 줄 정도로 창궐할 수 있었겠느냐 하는 것이다.
   고려가 건국된 후 왕순식이 오랫동안 귀부하지 않아 태조의 근심거리가 되
   고 있었다는 점을 생각하면 더욱 그렇다. 그의 비문에서 초적에 대하여 언
   급하고 있기는 하지만 "종래 주지하지 않겠다는 마음을 바꾸었다."(H)-②)
   는 것에 주목한다면 오히려 굴산사 내부의 주도권과 관련이 있는 것이 아
   닐까 한다. 즉 같은 사원 내에 거주하는 승려들이라 할지라도 단월의 성격
   에 따라 그 성향을 달리 할 수 있기 때문이다. 당시 명주의 호족은 왕순식
   계와 왕부계로 나누어 파악되고 있다.(金貞淑, 「金周元世系의 成立과 그 變
   遷」, 『白山學報』28, 1984, pp.187~193, 참조.) 또한 신라 말 해인사에 태조
   의 복전인 희랑과 견훤의 복전인 관혜가 서로 대립하고 있는 데서 볼 수
   있다.(『大華嚴首座圓通兩重大師均如傳』第4, 立義定宗分者.)

지 못하던 경유로서는 태조의 초청이 매우 반가운 것이었을 수도 있
었을 것이다. 그러나 경유는 왕건을 대면한 자리에서 함께하기를 권
유받았으나 '수레를 타고 왕과 함께 가기 어렵다'고 난색을 표시[35]
하여 거절의 뜻을 나타내기도 하였다. 태조의 제안을 거절한 이유는
분명하지는 않지만, 908년을 전후한 시기 태조의 지위가 확고하지
못한 것을 꺼려한 것이 아닌가 싶다.[36] 경유는 태조가 즉위한 후
여러 차례 태조와 대면하고, 왕사의 예우를 받다 921년 개경에 위치
한 일월사 법당에서 입적하고 있기 때문이다.[37] 태조가 왕위에 즉위
하여 확고한 지위를 갖게 되면서 경유는 입장을 바꾸어 태조에게 옮
겨 간 것으로 생각되는 것이다.

다음은 견훤과 연결된 것으로 보이는 선승을 보자. 견훤은 진표
미륵신앙의 본산인 금산사와 밀접한 관련을 지니고 있는 것으로 파
악되고,[38] 또 홍척의 제자이며 안봉사[39]의 창건자인 편운화상의 부
도탑비가 실상사에 건립되었는데, 부도탑비의 "正開十年庚午"의 正
開가 후백제의 연호로 파악되며,[40] 지배 영역 내에 다수의 선종사원
들이 존재하고 있어서 선승들과도 관계가 있었을 것으로 보이나, 자
료상으로는 매우 제한적으로 나타난다. 자료상 견훤과 연결되었던

---

35) 「五龍寺法鏡大師普照慧光塔碑」, p.266.
36) 이 시기에 태조는 궁예의 명을 받아 각지에서 정복활동에 나서 큰 공을 세
    워 궁예의 신임을 받았으나, 한편으로 호족들의 신망을 받게 되면서 궁예
    의 의심을 받는 계기를 만들어 집중적인 견제를 받게 된다.(『三國史記』卷
    50, 列傳 弓裔, 참조.)
37) 「五龍寺法鏡大師普照慧光塔碑」, pp.267~269, 참조.
38) 『三國史記』卷50, 列傳 甄萱.
39) 조범환은 안봉사가 실상사 내에 있던 암자와 같은 것으로 보았다.(曺凡煥,
    「後百濟 甄萱政權과 禪宗」,『後百濟 甄萱政權과 全州』, 주류성, 2001, p.357,
    주 30).
40) 편운화상과 견훤의 관계에 대해서는 曺凡煥, 위의 논문, 2001, pp.356~360,
    참조.

대표적인 선승은 형미·경보·긍양 등이다.

    I)-① 천우 2년(효공왕9, 905) 6月(결락) 무주 회진으로 돌아와 주석하
였다. 이때 知州蘇判王公池本이 대사를 친견할 생각이 간절하여
배를 타고 平津에 이르자 말자 …… 그리고 四事供養을 계속 궁
중에서 보내왔으니 …… 無爲岬寺에 주지하도록 간청하므로 대사
는 그 명을 받아 靈境에 옮겨 가서 주석하였다.(「無爲寺先覺大
師遍光塔碑」, p.326.)

    ② 천우 18년(경명왕5, 921) 여름 전주 임피군에 도착하였으나 전쟁
으로 인하여 거리에 사람들이 거의 다니지 못할 정도의 위험한 시
기였다. 그 당시 州尊인 都統太傅 甄萱은 군대를 통솔하여 萬
民을 보호하는 방벽의 堰城이었다. …… 전주의 남쪽 南福禪院
에 주석하도록 청하였다. 대사가 말하기를 새들도 장차 쉬고자 하
면 나무를 선택함이거늘 난들 어찌 匏瓜처럼 매달려서만 있으리오
하고 백계산 옥룡사로 갔다. …… 그러나 드디어 태부의 초청을
받아들여 그곳(남복선원)으로 이주하기로 하였다.(「玉龍寺洞眞大
師寶雲塔碑」, pp.423~424.)

    I)-①은 905년 형미가 귀국하여 지주소판 왕지본의 도움을 받았
으며, 견훤도 경제적인 후원을 하고 있었음은 4事供養을 궁중에서
제공하였다는 데서 알 수 있다.[41] 유학하고 귀국하여 국내에서의 기
반이 취약하고, 903년경부터 본격화한 왕건의 나주 지역 진출로 인
하여 先師 체징이 머물렀던 보림사가 위치한 장흥 지역이 혼란에
휩싸여[42] 向方이 불투명한 상태에서 왕지본의 후원제의를 거절하기

---

41) 890년경 金鎰이 통치하다가 견훤이 892년 독립하면서 왕지본이 州治를 담당
하였으며, 903년 이후 나주로 진출한 왕건세력과 후백제 사이 신라의 잔존세
력으로 남았다가 몰락했을 것이라 한다(全基雄, 앞의 논문, 1987, p.10).
42) 曹凡煥, 앞의 논문, 2001, pp.359~360, 참조.

어려웠을 것이다. 이러한 상태에 있던 형미에게 다시 견훤이 경제적인 후원을 하면서 무위갑사에 주지하도록 요청하였던 것이다. 형미는 선택의 여지가 없었을 것이다.[43] 나주를 둘러싼 후백제와 왕건의 공방은 더욱 치열하게 전개되어 갔으며, 911년경 태조가 나주를 정벌하여 함락시키면서 사람을 보내 초청하자 형미는 이를 받아들였다.[44] 나주를 둘러싼 두 세력의 충돌이 어느 정도 정리된 상태에서 왕건의 초청을 받아들였던 것이다.

I)-②는 경보가 912년 유학하고 귀국하여 견훤의 초청을 받고 남복선원에 머물게 되었음을 보여주고 있다. 경보가 귀국할 당시의 상황은 전란으로 인하여 거의 다니지 못할 정도였다. 이런 상황에서 견훤이 남복선원을 제공하면서 경보를 초청하였던 것이다. 그런데 경보는 견훤의 요청을 거절하고, 출가지이면서 스승인 도승선사[45]가 있던 백계산 옥룡사로 갔다가 곧 남복선원으로 이주하고 있다. 자료에는 나타나지 않으나 거절하기 어려운 견훤의 집요한 이주 권유가 있었을 것으로 보인다. 경보는 견훤이 몰락한 후 은거하여 지내던 중 태조의 초청을 받아 개경으로 이주하였다.[46]

---

43) 이즈음의 사회에 대하여 형미의 비문에는 "6년(天祐) 나라가 어지럽기는 劉曹의 시대보다 심하였고, 위로 聖主가 없음은 고슴도치들이 모인 것 같았으며, 아래로는 용렬한 무리들만 모여 있어 鯨鯢의 난을 막아내지 못하였다.(결락) 四海가 물 끓듯 하며 三韓은 소요하였다."(「無爲寺先覺大師遍光塔碑」, pp.326~327.)라고 표현하였다.

44) 「無爲寺先覺大師遍光塔碑」, p.327, 참조.

45) 道詵으로 추정되고 있는데 다음의 논문 참조.
　　金映遂, 「曹溪禪宗에 就하여 ─五敎兩宗의 一派, 朝鮮佛敎의 起源─」, 『震檀學報』9, 1938, p.153.
　　崔柄憲, 「道詵의 生涯와 風水地理說」, 『韓國史研究』11, 1975, p.110.
　　金杜珍, 「羅末麗初 桐裏山門의 成立과 그 思想」, 『東方學志』57, 1988, p.13.

46) 「玉龍寺洞眞大師寶雲塔碑」, p.426.

이상을 통하여 선승과 호족의 관계에 대한 몇 가지 사실들을 확인해 볼 수 있다. 우선은 후삼국시대 선승들은 매우 혼란한 사회적 상황에 직면하여 호족들과 상당할 정도로 밀착하고 있음을 볼 수 있다. 그러나 신라 왕실과는 교류가 거의 단절되고 있어 후삼국 성립 이전에 신라 왕실, 호족 양측과 교류하던 모습과는 차이를 보여주고 있다. 진성여왕 이후 민중의 봉기, 호족의 난립 등으로 신라 왕실의 권위가 추락하고 지배 영역이 축소되는 등의 사회적 상황이 고려된 것으로 보인다. 둘째는 선승들과 호족들이 교류하는 양상에서 지원하는 호족이 주체로 나타나는 것이 아니라 지원을 받고 있는 선승이 주도적으로 움직이고 있는 것을 볼 수 있다. 선승들은 호족의 초청을 받더라도 자신의 의지에 따라 움직이며, 반드시 받아들이는 것은 아니었다. 그러므로 상황의 변화나 다른 호족들의 초청이 있으면 미련 없이 떠나기도 하였다. 세 번째는 선승에 대한 호족들의 후원이 매우 불안정하였다. 호족들이 세력 확산을 꾀하는 과정에서 이합집산이 빈번하여 선승들 또한 이의 영향을 받았다. 따라서 후원하던 호족이 몰락하거나, 보다 강한 호족이 위협을 가하면 선승들은 어쩔 수 없이 전란을 피하여 떠돌게 되는 것이다. 이러한 상황을 잘 알고 있던 선승들은 태조 등의 초청을 받으면 미련 없이 이주해 갔던 것이다. 따라서 후삼국 시기에 호족들은 선승들의 보호자가 될 수는 있었지만, 그 보호는 매우 제한적으로 작용하였다고 할 수 있겠다.

3. 禪僧의 豪族에 대한 態度

앞에서 선승에 대한 호족의 후원실태와 그 영향에 대하여 살펴보았다. 당시 선승들은 잦은 전쟁으로 인하여 신변의 안전을 위협받아 떠돌면서 호족들의 보호를 찾아다니고 있었다. 이러한 상황을 선승들은 절망적인 것으로 여기고 나아가 그 전란의 책임 일부를 호족에게로 돌리고 있었다. 그러면서도 전란에 휩쓸린 현실적인 문제를 스스로 헤쳐 나가기 어려워 호족에게 신변의 안전을 의탁하여야 했다. 이 점은 후삼국 시기 호족이 선종사원의 유지와 발전에 기여한 공이 크다 할 수 있을 것이나, 도움이 지속적이지 못하고 단절되는 경우가 많아 다시 전란에 휩쓸리게 되었다. 이러한 상황에 선승들은 어떻게 대처하고 있었는지를 살펴보자.

먼저 이엄의 경우부터 보자. 이엄은 김해에서 전란의 위협을 피하여 영각산 북쪽의 토굴에 머물다 태조의 초청을 받는다.[47] 이때 이엄은

> J) 임금이 다스리는 땅에 거주하는 자가 감히 王命을 거역할 수 있으리오. 하고는 내가 임금을 보고자 하는 것은 왕의 國事를 돕고, 나아가 부처님께서도 왕에게 佛法의 外護를 맡기신 것을 환기시키기 위해 서울에 가려한다. 하고 곧바로 서울인 帝壤을 향했다.(「廣照寺眞澈大師寶月乘空塔碑」, p.36.)

처럼 왕명을 거역할 수 없고, 國事를 돕는 한편으로 불교의 보호를 요청하기 위해 개경으로 가고 있다. 왕명을 받든다던가, 부촉의 경우는 선승들이 왕실의 초청을 받아들이면서 명분으로 자주 언급하는 것이어서 그리 새로운 것은 아니다. 그러나 國事를 돕겠다고 하거나, 부처님이 왕에게 佛法의 外護를 맡긴 것을 환기 시키겠다는 것은 태조에게 자신의 역할을 적극적으로 표시하고, 보호를 요청한 것으로 생각된다. 이는 태조에 대한 적극적인 지지와 도움을 바라는

---

47)「廣照寺眞澈大師寶月乘空塔碑」, pp.35~36, 참조.

의사를 표명한 것이라 할 수 있다. 김해 호족들의 지원을 받았으면서도 비록 적굴에 연접하여서라는 이유가 있기는 하나 미련 없이 떠났던 이엄의 행적을 생각하면 자료 J)의 표현은 태조에 대한 지지의 사의 적극적인 표명인 동시에 새로운 보호자를 찾고 있는 것으로 볼 수 있다. 나아가 이엄은 태조가 통일전쟁을 수행하는 과정에서 발생하는 전란에 대한 해결책을 요구받자 帝王과 匹夫의 수행을 구분하고, 王者의 역할로 "四海로써 집을 삼고, 萬民을 아들로 여겨 무고한 사람은 죽이지 말고 죄가 있는 무리만을 엄선하여 다스리는"[48] 존재로 특수화시키고 있는 것이다. 이것은 왕으로서 태조의 권위를 인정하고 왕권의 독자성을 강조한 것으로 볼 수 있다.

다음은 여엄의 경우를 보자. 여엄은 소백산에서 上國 姜公萱의 도움을 받다가, 그의 추천으로 태조의 초청을 받아 개경에 이른다.[49]

> K) 堯임금의 仁과 舜임금의 德이란 것도 오직 華夏의 禹임금만이 짝할 뿐이었습니다. 하니 왕이 대답하되 三皇과 五帝 때의 태평성세와 虛薄한 과인을 어찌 비교할 수 있겠습니까라고 대답하였다.(「菩提寺大鏡大師玄機塔碑」, p.94.)

개경에 온 여엄은 위의 K)처럼 태조를 요임금과 순임금에 비기고 있다. 이는 여엄이 태조가 후삼국 시기의 혼란을 극복할 적임자의 자질을 갖춘 인물로 매우 높이는 것으로 볼 수 있으며, 또한 태조가 요·순임금시대의 태평성세를 이루어줄 것으로 기대한 것으로 태조를 매우 긍정적으로 평가하고 있음을 알 수 있다. 이러한 선승들의

---

48) 「廣照寺眞澈大師寶月乘空塔碑」, p.39.
49) 「菩提寺大鏡大師玄機塔碑」, p.93. 호족의 추천에 의하여 태조와 연결되는 예는 여엄의 경우뿐인 듯하며, 상당히 특이한 경우라 하겠다.

태도는 다른 선승들에게서도 볼 수 있다. 소백산 비로암 □運은 國父 崔善弼의 도움을 받으면서, 小伯山寺에 머물다 태조의 초청을 받고 937년 개경에 와서[50] 다음과 같이 말하고 있다.

> L) 청태4년(고려 태조 20년, 937) …… 삼한은 태평성세가 되었으니, 먼저 除凶의 神策을 경하하고는 다시 성스러운 威儀를 축하하였다.(「毗盧庵眞空大師普法塔碑」, p.123.)

이는 □운이 후삼국 통합은 태조의 훌륭한 능력과 威儀에 의한 것이라 한 것으로 태조의 영웅성을 내세우고, 태조에 의한 후삼국 통합이 매우 정당한 것임을 내세운 것이라 할 수 있다. 한편 충담은 태조에 대하여 "전하는 정기가 四乳와 같고, 눈에는 두 개의 눈동자가 빛납니다."[51]라고 하여 태조를 문왕과 순에 비기고 있다.[52] 이는 태조를 극찬하는 것으로 볼 수 있다. 그런데 문왕의 四乳는 "문왕은 四乳(네 젖)니 이는 大仁을 이르는 것으로 천하가 귀의하는 바요 백성들이 친히 여기는 바"를 상징하는 것이며, 두 개의 눈동자는 "순은 눈동자가 둘이니 이것은 重明(거듭 밝음)을 이름이니 일을 지으면 법을 이루고, 말을 내면 문장을 이루었으며"[53]를 나타내는 것

---

50) 「毗盧庵眞空大師普法塔碑」, pp.121~122.
51) 「興法寺眞空大師塔碑」, 陰記, p.183.
52) 『淮南子』卷19, 脩務訓에 "若夫堯眉八彩 九竅通洞 而公正無私 一言而萬民齊 舜二瞳子 是謂重明 作事成法 出言成章 禹耳參漏 是謂大通 興利除害 疏河決江 文王四乳 是謂大仁 天下所歸 百姓所親 皐陶馬喙 是謂至信 決獄明白 察於人情 禹生於石 契生於卵史皇産而能書 羿左臂脩而善射 若此九賢者 千歲而一出 猶繼踵而生 今無五聖之天奉 四俊之才難 欲棄學而循性 是謂猶釋船而欲"이라 하고 있다.
53) 舜二瞳子 是謂重明 作事成法 出言成章……是謂大仁 天下所歸 百姓所親(『淮南子』卷19, 脩務訓).

이다. 태조의 후삼국통일은 문왕이 大仁으로 백성의 신임을 얻어 천하가 귀의하고, 순임금이 법을 이루고 문장을 이룬 것과 같은 덕을 태조가 갖추고 있었기에 가능하였음을 강조한 것으로 볼 수 있다. 결국 태조가 王者로서의 덕망과 능력을 갖추고 있음을 강조함으로써 태조를 중심으로 하는 새로운 사회질서의 확립과 정치적 권위를 강화시켜 주고 있는 것이다.

선승들의 이와 같은 태도는 상황인식의 변화를 보여주는 것이라 할 수 있다. 선승들이 태조에게 밀착하는 것은 부촉을 명분으로 신변에 대한 안전 보장과 자신이 세운 선문의 보호를 요청하기 위함이었다.

M)-① 이제 法緣이 다하였으니 반드시 죽어 他方으로 떠나리라. 내가 임금과는 예부터 인연이 있었으니 이제 마땅히 마지막으로 왕을 만나 訣別의 인사를 하려 한다. 하고는 행장을 꾸려 하산하여 서울에 이르렀다.(「廣照寺眞澈大師寶月乘空塔碑」, p.42.)

② 대사가 대중에게 이르시되 일찍이 내가 임금과 香火의 인연을 맺었으니 마땅히 최후에 대왕전하를 찾아가 부처님께서 마지막 부촉하신 당부를 정성껏 王臣에게 부탁하리라 하시고 老軀를 무릅쓰고 병고를 참으면서 바람처럼 달려가되 급한 걸음으로 나아가 여러 날 만에 上都에 당도하였다.(「淨土寺法鏡大師慈燈塔碑」, p.241.)

③ 노승이 출가한 이래로 이제 80세에 이르기까지 아직 말을 탄 적이 없습니다. 산승도 또한 왕의 국민이니 어찌 감히 왕명을 거역하겠습니까 하고 錫杖芒鞋한 보행으로 輦下에 도착하니(「大安寺廣慈大師碑」, p.353.)

④ 이 무렵(후삼국 통합) 대사는 鵠版을 기다리지 않고, 스스로 虎溪를 나와 白足을 움직여 보행으로 마치 나는 듯 걸었으며……(「鳳巖寺靜眞大師圓悟塔碑」, pp.489~490.)

위의 자료들은 후삼국 쟁패에서 고려의 우세가 뚜렷해지거나, 후삼국 통합으로 태조의 지위가 확고해진 후 선승들의 태도를 나타내는 것이긴 하나, 선승들이 변화하는 사회상황에 대처하는 모습을 파악할 수 있는 것들이다.

M)-①은 이엄이 입적을 앞둔 936년 마지막 결별의 인사를 위해 개경으로 향하는 것을 보여준다. 자료에는 개경에 가는 이유가 결별의 인사를 위한 것이라 하고 있지만, 이엄이 오랜 세월 유랑생활을 하다가 태조의 후원을 받아 수미산문을 개창하였고, 또 "官莊은 三莊으로 나누었고, 공양은 四事로 구분하였으며 더 나아가서는 當郡과 주변의 鄰州가 모두 깊은 신심을 내었다."[54] 하는 것을 보면 태조의 경제적인 후원이 있었으며, 단월들도 적지 않았다. 이러한 점들을 고려하면 이엄이 입적을 앞두고 개경에 간 것은 작별인사와 함께 어렵게 이룬 터전에 대한 보호를 부탁하려는 생각도 있었을 것이다. 그러나 이엄의 바람은 태조가 출정 중이어서 이루어지지 못하였고, 돌아가던 이엄은 태조 19년(936) 8월 오룡산에서 입적하였다.[55] 이엄은 죽음을 앞두고 태조를 만나 수미산문의 앞날을 부탁하려 하였으나, 뜻을 이루지 못하였던 것이다.

M)-②는 정토사 현휘가 태조를 만나러 가는 모습을 보여준다. 현휘는 귀국의 시기를 조절하다 924년 귀국과 동시에 태조의 초청을 받아 개경으로 가서 정토사를 제공받았다.[56] 이후 정토사는 크게

---

54) 「廣照寺眞澈大師寶月乘空塔碑」, p.41.

55) 「廣照寺眞澈大師寶月乘空塔碑」, pp.43~45, 참조.

56) 현휘는 본국의 상황을 고려하여 귀국 시기를 조율한 듯하다. 그것은 "동방으로부터 전하는 소식이 지금 본국에는 전쟁의 안개가 걷히고 바다에는 점차 파도가 사라져서 외난은 모두 소멸되고, 다시 중흥을 이루었다는 것이었다."(「淨土寺法鏡大師慈燈塔碑」, p.237)에서 알 수 있다. 현휘는 유학 중에도 본국의 상황변화에 관심을 가지고 있었고, 전란이 종식되었다는 소식을 듣자 귀국을 결심한 한 것으로 보인다. 이러한 현휘에게 있어서 새로운

번창하여 "王事에 분망하여 스님이 계시는 문턱을 밟지 못한 것을 큰 수치로 여길"57) 정도였다. 이런 현휘가 죽음을 앞두고 태조를 다시 찾고 있는 것이다. 현휘가 태조를 찾아가는 이유로 분명하게 정토사의 보호를 위한 것이라 한 것은 아니지만, 오랜 세월 정토사에 머물렀고, 본국의 상황을 보아 귀국의 시기를 저울질하였던 점 등을 고려하면 정토사의 보호를 요청하려는 것임을 짐작할 수 있다. 이러한 추정은 현휘가 태조를 만났을 때 태조가 "佛法이 국왕으로 말미암아 興旺된다는 말이 진실로 빈말이 아님을 알았으니……"58) 하고 있는 것에서도 확인할 수 있다. M)-③은 대안사 윤다가 태조의 초청을 받자 왕명을 거역할 수 없다는 이유로 개경으로 향하고 있으며, M)-④의 긍양은 태조의 부름을 기다리지 않고 자진하여 개경으로 향하고 있다.59) 윤다와 긍양의 태도는 고려를 중심으로 사회적 상황이 재편되면서 나타난 태도일 것이다.

위의 사례를 통하여 몇 가지 사실들을 확인할 수 있다. 우선 후삼국 시기의 선승들은 태조의 초청을 매우 적극적으로 수용하고 있다는 점을 지적할 수 있다. 신라 왕실의 선승 초청에 대하여 선승들이 비록 거절하지는 않았다 하더라도 상당할 정도의 거리를 두고 있었던 점을 염두에 두면,60) 후삼국 시기 선승들은 고려 태조의 초청에 매우 적극적으로 대응하고 있다. 물론 후백제 견훤의 도움을 받은 경보61)

사회의 주인공으로 등장한 태조의 초청을 거절할 이유가 없었을 것이다.

57) 「淨土寺法鏡大師慈燈塔碑」, p.241.
58) 위와 같음.
59) 후삼국 시기 곡성의 대안사가 오랜 세월 후백제 영향권 내에 있었고, 긍양 또한 후백제와 관련을 맺고 있었던 선승이었다. 아마도 한반도에 대한 주도권이 고려로 기울어지면서 이에 대한 반응으로 나타난 것이 두 선승의 태도였던 것으로 보인다.
60) 선승들과 신라 왕실의 관계에서 초청에 대한 선승들의 반응에 대해서는 추만호, 『나말려초 선종사상사연구』, 이론과실천, pp.154~155, <표 5> 참조.

나 경유[62]의 경우처럼 소극적인 태도를 보이는 경우도 있었으나, 태조의 초청을 받은 대부분의 선승들은 개경으로 이주해 가고 있다.

다음으로 지적되어야 할 것은 태조의 초청을 받은 선승들이 태조의 개인적 능력과 영웅적 풍모를 극찬하고, 태조에 의한 통일의 정당성을 강하게 언급하고 있다. 이전의 선승들에게서 볼 수 없었던 세속의 권력자에 대한 태도들이라 할 수 있다. 견훤이 남복선원을 제공하였음에도 거주지 선택의 주체성을 내세우면서 옥룡사로 갔던 경보[63]의 경우에 비추어 보면 태조에게로 이주한 선승들이 태조의 초청과 사원제공을 거부하지 않고, 적극적으로 받아들이고 있는 것은 선승들의 태도 변화를 보여주고 있다.[64] 세 번째는 태조에게로 이주한 선승들이 매우 적극적으로 태조의 물음에 응답하면서 태조와 밀착하고, 부촉을 명분으로 보호를 요청하여 세속권력의 보호 아래 있을 것을 자처하고 있었다.

이러한 선승들의 태도는 후삼국 시기의 상황변화에 선승들이 매우 민감하게 반응하고 있음을 반영하는 것으로 볼 수 있다. 앞에서 언급한 바와 같이 선종은 장기간에 걸친 전란으로 선승 및 선종사원들이 습격당하였고, 사원이 위치한 지역의 호족세력 향배에 따라 성쇠가 좌우되었다. 문경 봉암사의 단월이었던 아질미와 희필은 문경 가은 지방으로 진출하는 견훤의 공격을 받아 몰락하면서 봉암사도 소실되었을 것이라 하며,[65] 절중이 머물고 있던 영월의 흥녕사도 명주로 진출하던 궁예에 의해 소실되었다.[66] 가지산문 역시 903년부터

---

61) 「玉龍寺洞眞大師寶雲塔碑」, p.424.
62) 「五龍寺法鏡大師普照慧光塔碑」, p.266.
63) 「玉龍寺洞眞大師寶雲塔碑」, p.424.
64) 태조와 선승들의 관계에 대해서는 崔仁杓, 「羅末麗初 禪宗佛教政策 研究」, (대구가톨릭대학교박사학위논문), 1998, pp.255~261, 참조.
65) 추만호, 『나말려초 선종사상사 연구』, 이론과실천, pp.139~140.

시작된 왕건의 나주 정벌로 이 지역이 혼란에 휩싸이면서 사원 역시 戰火 속에 휩싸이게 되었다.[67] 이러한 상황들이 선승들을 피해가지는 않았을 것이기 때문에 전란을 피해 떠돌던 선승들이 호족의 지원을 받게 되었던 것이다.

그러나 호족들이 세력의 확산을 꾀하는 과정에서 전란이 그치지 않고, 이합집산을 거듭하고 있어서 매우 불안정한 상태에 있었기 때문에 이의 지원을 받는 선승들 또한 안정적인 삶을 영위하지 못하였던 것이다.[68] 이에 대한 돌파구로 주목된 것이 태조였다. 태조는 선승들에게 매우 우호적이어서 사원의 제공을 포함하는 많은 지원을 하였고, 선승 개인의 명예 부여에도 매우 적극적이었다. 또한 태조는 그 세력이 다른 호족들에 비하여 상대적으로 안정되어 있어서 그 지원도 연속성을 지니고 있어 지원을 받던 선승들이 비교적 안정된 환경 속에서 수도에 전념할 수 있었다.

4. 後三國時期 民과 禪宗

선종과 민의 관계, 또는 선종에 대한 민의 시각을 규명하는 것은 매우 어려운 일이다. 그것은 이 시기 대부분의 불교관계 기록이 승려들의 수행과정이나 왕실, 또는 단월관계를 다루고 있기 때문에 민과 선종의 관계를 밝힐 수 있는 직접적인 자료를 찾는 것이 어렵기 때문이다. 그러므로 여기서는 신라 말 고려 초에 많이 건립하는 선

---

66) 崔仁杓, 앞의 논문, 「羅末麗初 師子山門의 動向」, 1996, 참조.
67) 曺凡煥, 앞의 논문, 「後百濟 甄萱政權과 禪宗」, pp.359~360, 참조.
68) 앞에서 언급하였던 김해 지역의 김인광·소율희의 후원을 받던 선승들이 전란을 이유로 김해를 떠나 떠돌고 있는 것은 호족의 매우 불안정한 후원의 실태를 보여주고 있다.

승들의 비문과 태조 및 신하들의 언행을 통하여 민의 존재 양태와 선종과의 관계를 살펴보고자 한다.

민들의 생활은 신라 말 진성여왕대에 이르면 극도로 피폐해진다. 물론 민들의 생활이 이때에 이르러 갑자기 나빠진 것은 아니었다. 신라에서 민의 몰락은 이미 중대 말부터 나타나고 있었다. 경덕왕대에 작성한 신라장적에 의하면 촌락내부에는 나름의 빈부차가 존재하였고,[69] 귀족과 사원이 합법·비합법적인 방법으로 토지를 집적하고 대토지 소유자로 변하여[70] 田莊을 형성함에 따라[71] 토지에서 유리되는 농민이 늘어나게 되면서 빈부 차는 더욱 심화되었을 것으로 생각한다. 그리고 토지에서 유리된 貧寒한 농민들은 田莊主의 私的인 지배를 받거나 유민으로 화하여 떠돌아다니는 것이 일반적인 형태였다.[72] 여기에다 국가의 과도한 수취는 민의 몰락을 가속화시켰다.

N)-① 나라 안의 여러 주와 군이 공물과 조세를 수송하지 않아 창고는 비고 나라의 쓰임이 모자라므로 왕이 사자를 내어 독촉하였다. 이로 말미암아 도적이 벌 떼처럼 일어났다.(『三國史記』卷11, 新羅本紀11, 眞聖王 3年)

② 신라 말에 토지가 균등하지 못하고 부역과 세금이 무거워 도적이

---

69) 金鍾璿, 「正倉院所藏 新羅帳籍에 나타난 奴婢」, 『歷史學報』123, 1989, p.68.

70) 헌안왕 4년(860)에 망수택과 이남택에 명하여 금 160분, 조 2천 곡을 내어 보림사를 장식하도록 한 바가 있는데(「寶林寺普照禪師彰聖塔碑」, 李智冠, 『校勘譯註歷代高僧碑文』(新羅篇), 伽山文庫, 1994, p.110) 이만한 양의 토지를 소유할 수 있는 귀족은 소수였겠지만 귀족이 소유한 토지의 규모를 짐작할 수 있다. 그리고 해인사에서 토지를 매입한 田券이 조선시대까지 전해지고 있었다. 또한 경문왕 12년(872) 당시 동리산문 대안사가 소유한 전답이 494결, 임야가 143결이나 되었다.(「大安寺寂忍禪師照輪淸淨塔碑」, 李智冠, 『校勘譯註歷代高僧碑文』(新羅篇), 伽山文庫, 1994, p.92)

71) 蔡雄錫, 「高麗前期社會構造와 本貫制」, 『高麗史의 諸問題』, 一潮閣, 1986, p.344.

72) 金昌錫, 「統一新羅期 田莊에 관한 연구」, 『韓國史論』25, 1991, p.49.

여러 번 일어났다. 태조가 즉위한 지 34일에 여러 신하를 맞아보고 분개하고 탄식하며 말하기를 "近世에 사납게 거두어 1頃에서 6石을 거두니 백성이 사는 것을 힘입지 못하므로 내가 그것을 심히 불쌍히 여겼다. 지금부터 마땅히 10분의 1을 써서 밭 1負에 3되를 내게 하라."(『高麗史』卷78, 食貨1, 田制 祿科田 趙浚의 上書)

N)-①은 진성여왕 3년(889)의 도적봉기 원인이 국가의 과도한 수취에 있음을 밝힌 것이다. 그리고 ②는 태조가 여러 신하를 모아놓고 신라 말에 도적이 많이 일어난 원인으로 토지 소유가 불균등하고 수취가 과도하였기 때문이라 하고 있다. 두 자료 모두 신라 말 국가에 의한 민의 수탈이 가혹하게 이루어졌음을 보여주고 있다. 특히 N)-①에서 "여러 州·郡이 貢賦를 수송하지 않았다."고 하는 것은 농민이 더 이상의 조세부담 능력을 상실하였음을 보여준다. 신라 말의 집권층은 이제 재생산을 위한 농민의 보호는커녕 지배체제를 유지하기 위한 최소한의 재정유지도 어려운 곤경에 빠졌다. 국가의 보호를 받지 못하고 생산기반인 토지까지 상실한 농민들은 유랑하면서 규합하여 각지에서 신라의 지배를 거부하고 적극적인 반항을 시도하였다. 이러한 고달픈 민의 생활은 후삼국 시기에도 계속되었다.

O)-① 전 임금이 4군의 땅이 무너지는 때를 당하여 도적을 소탕하여 없애고 점차 영토를 개척하였으나, 海內를 병합하는 것에 미치지는 못하였으면서도 매번 혹독한 폭력으로 아랫사람을 대하여 간사한 것을 돌려 道에 이르는 것으로 삼고, 위력과 모멸로써 요긴한 술책으로 삼았다. 부역이 번거롭고 조세가 과중하여 인구는 줄어들고, 국토는 황폐해졌음에도 궁전은 굉장히 크게 지어 제도를 따르지 않아 힘든 노역이 그치지 않음을 원망하였다.(『高麗史』卷1, 太祖

1年 6月 丁巳)

② 이전 임금이 백성을 초개와 같이 보면서 오직 자기의 욕심을 채우
려 하였다. 그리하여 오직 참위설을 믿고 그것을 따르고자 하여 갑
자기 송악을 버리고 부양으로 돌아가 살면서 궁실을 세웠으니 백성
은 토목공사에 시달리고 농사의 때를 잃었다. 게다가 기근이 거듭
들고 질병이 계속 유행하여 가정을 버리고 길에 누워 죽은 자가
서로 바라보았다. 곡식 값이 폭등하여 가는 베 한 필이 쌀 5되밖
에 안 되었다.(『高麗史』卷1, 太祖 1年 8月 辛亥)

O)-①과 ②는 태조가 즉위한 후에 궁예의 백성 수탈상태를 말한
것이다. 물론 위의 자료가 태조의 즉위에 대한 정당성을 홍보하는
데 일차적인 목적이 있었던 만큼 내용의 과장 여부는 의문의 여지가
있다 하더라도 이 시기 민의 상태를 전혀 도외시한 내용은 아니었
다. 당시의 호족들은 官班을 갖추고 통치에 임하였고, 여러 해 동안
전쟁이 지속되었던 만큼 생산활동은 저해되었고, 수탈도 계속되고
있었기 때문이다.

그러므로 잦은 전쟁에의 동원과 노역의 징발, 그리고 무거운 부역
과 세금은 민의 생활을 압박하는 요인이 되었다. 더욱이 인력의 잦
은 동원은 농사지을 시기를 맞추지 못하게 하여 기근이 들고 곡식
가격의 앙등을 유발시켜73) 가난한 민의 생활을 압박하였다. 이와 같
은 국가와 귀족의 수탈에 대하여 민들은 불교에 의지하여 고달픈 현
실에서 벗어나고자 하였다. 각종 수탈에 시달리던 민들이 선종에 깊
이 빠져들 수 있었던 것은 선종이 참선을 통한 개인의 해탈이라는

---

73) 당시의 물가에 대해서는 자료의 부족으로 자세히 알 수는 없으나 「城中市
價 布一疋租三十石或五十石民謂之聖代」(『三國遺事』卷1, 太宗春秋公)라고 한
것을 참고하면, 細布 1疋에 쌀 5되밖에 안 되었다는 것은 신라 말의 물가
가 어느 정도였는지를 짐작할 수 있게 한다.

점만 부각시키지 않고, 의식을 중심으로 다양한 신앙의 형태로 접근하였기 때문이다.

하지만 민들이 교종 및 선종의 교리나 수행방법을 이해하고 해탈을 이루려 하였던 것은 아니었다. 민들이 불교에 의지하는 것은 불교가 가지고 있는 여러 신의 초월적인 힘에 의지하여 현실 삶의 불합리와 수탈의 고통에서 벗어나려 하였던 것으로 이해하여야 한다. 이는 민들이 불교의 근본적인 가르침에 의지했다기보다 佛菩薩의 초월적인 힘에 관심을 가지고 있었다는 것으로 이해하는 것이다. 당시의 대표적인 불교신앙의 형태는 아미타신앙·미륵신앙이었다. 아미타신앙은 대개 탑과 아미타불상의 조성을 중심으로 전개되었으므로 거대한 경제력이 필요하여 신앙의 중심은 귀족이라 할 수 있으나, 탑돌이 풍속이 신라사회에서 보편적으로 행하여졌고, 또 탑을 중심으로 無垢淨壇을 설치하고 壇師를 초빙하고 있었던 만큼[74] 의식적인 면에서 민이 접근할 수 있는 가능성을 가지고 있었다. 더욱이 귀족보다 노비인 욱면이 먼저 정토에 왕생하였다는[75] 영험담은 민들의 관심을 사로잡을 수 있는 것이었다. 그리하여 신라하대에는 아미타신앙이 모든 계층에서 성행하고 있었으며, 종파에 관계없이 행해졌다.[76]

한편 미륵신앙은 불안한 왕권을 강화하는 데 자주 동원되어 왔었다고 하지만,[77] 급박한 현실일수록 유토피아에 대한 갈구가 증대하며, 역경에 처한 사람에게 내세는 유일한 정신적 지주가 된다는 점에서[78] 민들의 고통을 어루만져 주고, 현실의 고통에서 벗어날 수

---

74) 金英美, 『新羅佛敎思想史硏究』, 民族社, 1994, p.193.
75) 『三國遺事』卷5, 郁面婢念佛西昇.
76) 金英美, 앞의 책, 1994, p.194.
77) 金在庚, 「新羅景德王代의 彌勒信仰」, 『慶北産業大學論文集』3, 1987, p.4.

있는 도피처를 마련해 주었다. 이러한 여러 신앙의 형태가 선종사원
에서도 행해지고 있었다. 특히 신라 말 고려 초 선종사원에서의 미
륵신앙은 불안한 현실의식이 미륵의 龍華世界를 맞는 전단계로서
말법시대라는 의식과 연결되어 당시의 민중들에게 사회구원론적인
신앙으로 변모하여 존재하고 있었다.[79]

　이러한 다양한 신앙의 형태들이 있었지만, 민들이 이들 신앙의 교
리적 배경을 이해하고 있었다고는 생각하지 않는다. 특히 민들이 스
스로 마음속의 佛性을 찾아가는 추상적 성격의 가르침을 이해하고
받아들였다고 보기는 더욱 어려울 것 같다.

> P) 특별히 한 가지 일을 들었는데 여러 노인들이 말하기를 "옛날에 連谷
> 縣의 사람이 배를 갖추어 물고기를 잡았다. 그런데 갑자기 한 탑이 배
> 의 노를 따르는 것을 보았다. 모든 물고기가 그림자를 보고는 사방으로
> 흩어지니 어부는 얻은 바가 하나도 없었다. 분함과 근심을 견딜 수 없
> 어 그림자를 찾아 이르니 이 탑이 있었다. 이에 도끼를 휘둘러 깨트리
> 고 돌아갔다. 지금 탑의 네 모퉁이가 모두 없는 것은 이 때문이다."고
> 했다.(『三國遺事』卷3, 五臺山文殊寺石塔記)

　위의 자료가 어느 시기의 것을 반영하고 있는지는 알 수 없지만,
민과 불교의 관계를 알려주는 하나의 자료로 활용하는 데는 별 문제
가 없을 것이다. 이 자료에 의하면 어부는 물고기 잡는 것을 방해하는
석탑을 파괴하였다. 이 같은 행위는 석탑이 자신의 생존과 직결된 고
기잡이를 방해하였기 때문일 것이다. 민에게 중요한 것은 생존이며
살생을 금지하는 불교의 교리는 부차적인 문제였다. 어부는 생존을

---

78) 李珉容, 「新羅社會의 彌勒信仰」, 『東國思想』5, 1970, pp.71~72, 참조.
79) 추만호, 『나말려초 선종사상사 연구』, 이론과실천, 1992, p.234.

위하여 물고기를 잡는다. 그러므로 물고기 잡는 일을 방해하는 것은 곧 생존을 위협하는 것이며, 생존을 위협하는 석탑은 마땅히 없어져야 할 대상이었다.

민에게 중요한 것은 깨달음을 얻는 수행방법이나, 교리의 설명이 아니라 현실의 고통을 해결해 줄 수 있는 직접적인 求福信仰이었다. 이런 점에서 선종사원이 행한 神衆法席과 같은 신앙의례는80) 민을 포섭하고, 민이 선종사원에 접근할 수 있는 좋은 조건을 제공하였다.

여기에다 선승들의 민을 배려하는 言行과 神異한 行蹟, 그리고 토착신앙의 포용 등은 현실의 어려운 삶에 지친 민들의 취향에 맞는 것이었다. 먼저 선승의 민에 대한 언행부터 살펴보겠다.

Q)-① 동료를 지목하여 반드시 禪師라 하고, 손님을 접대함에 일찍이 높고 낮음을 가리지 않으니 자비가 방안에 가득하여 배우는 무리가 즐겁게 따랐다. 5일을 期限으로 와서 구하는 자는 질문하게 하였다. 生徒에게 가르쳐 말하기를 "마음이 비록 몸의 주인이기는 하나, 몸은 마음을 스승으로 삼아야 한다. 너희가 道를 생각하지 않음을 걱정할 것이지 어찌 도가 너희를 멀리하겠는가? 가령 농부라 할지라도 능히 세속의 먼지를 털어 버릴 수 있으니 내가 치달은 즉 마음도 치달리니 道師와 敎父되는 씨앗이 있겠는가?" 하였다. 또 말하기를 "그가 마신 바가 나의 목마름을 구제할 수 없고, 그가 먹은 바가 나의 배고픔을 구할 수 없다. 어찌 노력하여 스스로 마시고 먹지 않는가?" 했다. …… 장년에서 노년에 이르기까지 스스로 낮추는 것을 기반으로 삼아 먹는 것에 식량을 달리하지 않았고, 옷은 반드시 균등하게 입었다. 무릇 수리를 함에는 여러 사람들보다 먼저 일하였다. 매번 말하기를 "祖師도 일찍이 진흙을 밟았거늘 내가 잠시라도 편안히 있겠는가?" 했다. 물 긷는 일에서

---

80) 金英美, 앞의 책, 1994, p.197, 참조.

> 땔나무 지는 일까지 손수 하였다.(「聖住寺朗慧和尙白月葆光塔
> 碑」, 李智冠, 『校勘譯註歷代高僧碑文』(新羅篇), 伽山文庫,
> 1994, pp.201~202.)
>
> ② "속세에는 귀하고 천함이 있으나 불교에는 높고 낮음이 없다. 물과
> 달처럼 마음을 맑게 하고 연기와 안개같이 고상하게 살도록 하라.
> 옷은 반드시 균등하게 입고, 먹는 것은 양식을 달리함이 없도록 하
> 고 마땅히 고사리로써 식량을 삼으라" 하였다.(「玉龍寺洞眞大師
> 寶雲塔碑」, p.429.)

Q)-①은 무염의 수행하는 모습이자 생활의 태도이다. 그는 동료를 선사라 불렀고, 손님을 대함에 높고 낮음을 구분하지 않았으며, 농부도 해탈이 가능하다 했다. 때문에 도사나 교부되는 씨앗이 따로 없어 모든 사람이 해탈할 수 있음을 강조하였다. 뿐만 아니라 스스로의 노력을 통하여 먹고 마시라 강조하였다. 물론 여기서 먹고 마시는 대상이 음식을 말하는 것은 아니지만, 자신의 실천적 노력을 강조하고 있는 것은 부인할 수 없다. 요컨대 스스로의 실천을 통하여 깨달음을 얻을 것을 강조한 것이라 하겠다. 이는 뒤에 이어지는 그의 자발적인 노동을 통한 수행에서도 알 수 있다. 무염은 신분이나 타인이 전하는 지식보다 스스로의 실천적인 수행을 통하여 누구나 해탈이 가능하다는 것을 제시하였던 것이다.

Q)-②는 경보가 죽음에 이르러 제자에게 남긴 당부이다. 경보는 속세에서는 귀하고 천함을 가리지만 불교에서는 높고 낮음이 없다 하여 인간으로서의 평등성을 강조하고, 맑은 마음으로 검소하게 생활할 것을 강조하였다. 이러한 무염과 경보의 신분의 평등성과 모든 이의 해탈 가능성 제시는 신분제에 얽매여 수탈과 억압에 시달리며, 자신의 처지를 숙명적으로 받아들일 수밖에 없었던 민들의 의식을

계발함과 동시에 선종에 접근을 더욱 손쉽게 하였을 것이다.

다음은 선승들의 신이한 행적을 살펴보겠다. 신이한 행적의 대표적인 예들은 임신의 징조로써 나타난 선승 어머니들의 꿈에서 살필 수 있고,81) 또 선승들이 출가하여 사원에 머물거나, 유랑하는 가운데 행한 신이한 행적들도 있다. 그리고 수행과정으로 전국을 유랑하는 가운데 만난 도적들을 교화하거나, 물리친 이야기에서도 신이한 행적을 엿볼 수 있다. 선승들의 행적 중에서 초월적인 힘을 보인 대표적인 예를 살펴보자.

> R-① 武州管內 雙峰寺에서 여름 결제 때 가뭄이 들어 산이 마르고 내가 말랐다. 비가 오지 않을 뿐만 아니라 또한 한 조각구름도 없었다. 州의 관리가 禪師에게 간절히 구하니 스님이 조용한 방으로 들어가 좋은 향을 태우며 하늘과 땅에 빌었다. 잠시 후에 단비가 조금씩 내려 武州管內의 들판을 조금씩 적시고 얼마 후에 크게 내렸다. 또한 理嶽에 머물면서 참선할 때 갑자기 들불이 있어 사방에서 타들어 와 암자를 태우려 하였는데 사람의 힘으로 구할 바가 아니었다. 또한 도망할 길도 없었다. 스님이 단정히 앉아서 묵념하는 중에 소나기가 내려 불이 꺼지니 온 산이 불탔으나, 한 방이 홀로 있었다. 일찍이 천태산 국청사에 갔었는데 禍가 있을 것을 미리 알고 옷깃을 떨쳐 갔다. 사람들이 그 이유를 알지 못하였다. 오래지 않아 절 내에 전염병이 일어 죽은 자가 10여 인이었다.(「大安寺寂忍禪師照輪淸淨塔碑」, 李智冠, 『校勘譯註歷代高僧碑文』(新羅篇), 伽山文庫, 1994, p.87.)
>
> ② 咸通 辛巳年에 세상 사람이 시주한 재물로 禪의 집을 넓혔는데, 일

---

81) 대부분의 선승들 어머니는 훌륭한 고승들이 다시 태어나는 꿈을 꾸고 임신한 사실을 알게 된다. 이는 선승들이 불교와 인연이 있음을 강조하기 위한 것이겠지만, 한편으로 선승들이 옛 고승의 환생이라는 것으로 신비화될 수도 있는 것이다.

> 마침을 축하하는 날에 禪師가 절에 이르니 암수 무지개가 법당 안으
> 로 뚫고 들어와 나누어진 빛이 법당 안을 밝게 비추고 반짝이는 빛이
> 사람을 비추었다. 이는 안에서 堅牢가 상서로움을 고하고, 龍王이
> 상서로움을 표하는 것이다.(「寶林寺普照禪師彰聖塔碑」, 李智冠,
> 『校勘譯註歷代高僧碑文』(新羅篇), 伽山文庫, 1994, p.110.)

R-①은 혜철이 무주 쌍봉사에 머물 때 주변에 가뭄이 들자 비를
내리게 하고, 또 理嶽에서 참선하고 있을 때는 산불이 발생하였는데,
비를 내리게 하여 진화하였을 뿐만 아니라 다른 모든 것들은 불탔으
나, 오직 혜철이 머물던 암자만 무사하였다는 것이다. 그리고 천태산
국청사에서는 절에 전염병이 돌 것이라는 것을 알고 절을 떠나는 예
지의 능력이 있었음을 말하고 있다.

②는 체징이 머물던 가지산 보림사를 중수하고 난 다음 완공일에
무지개 한 쌍이 법당 안을 비추는 신기한 현상이 있었음을 말하고
있다.

이러한 선승의 신이한 능력은 佛菩薩을 믿어 현세의 복을 구하던
민들에게 좀더 큰 믿음을 갖게 하였을 것이며, 선승들을 신비한 초
능력을 갖춘 인물로 만들어 민들을 선종사원으로 끌어들이는 데 큰
영향력을 발휘하였을 것이다. 그리하여 선종사원은 단월들의 믿음을
촉발시켜 그들과 사회에 대한 영향력을 확산하고, 이를 바탕으로 선
종의 기반을 확대하고자 하였다.

한편 선승들은 토착신앙도 흡수하였다. 신라 말 토착신앙으로 대표
적인 것은 山嶽信仰인데, 선승들은 산악신앙과 밀접한 관련을 가지고
있었다. 선승들은 주로 山神을 만나며, 이때 산신은 대개 선승들이 나
갈 길을 제시하거나, 侍衛하는 형태로 되어 있어 선승들이 산신과 교
감할 수 있는 능력을 갖춘 신비적인 존재였음을 부각시키고 있다.

S-① 여름밤에 月嶽山神이 나타나 초청하는 …… 깨니 慈忍禪師가 편지를 보내 이르기를 "월광사는 神僧 道證이 창건한 곳이다. 옛날에 우리 태종대왕이 백성이 도탄에 빠진 것을 …… 옷깃을 드리워 하나로 통일한 날에 …… 영원히 재난을 제거할 …… 로 이 산을 따로 봉하여 으뜸가는 공훈을 표시하였다. 일찍이 金剛에 기록되어 있으며, 또 선기에도 이름이 전하여 오는데 맑고 시원한 샘물이 있고, 뭉게뭉게 안개가 피어오르며 널리 빼어난 신령스러움을 품고 있다는 것은 전에 갖추어 있다. 그곳에 살라." 스님이 메아리가 소리에 응하듯이 옷깃을 떨치고 일어나 즉 …… 저녁 꿈에 앞서의 신이 시위하여 …… 예를 다 하였다.(「月光寺圓朗禪師大寶禪光塔碑」, 李智冠, 『校勘譯註歷代高僧碑文』(新羅篇), 伽山文庫, 1994, pp.223~224.)

② 후에 산길을 가는데 나무꾼 할아버지가 이르러 앞길을 막으면서 "先覺이 後覺을 깨우치는데 어찌 모름지기 빈 껍질을 버리지 않는가?" 나간즉 보이지 않았다. 이에 부끄러워하며 또한 깨달아서 구하러 오는 자를 막지 않았다.(「鳳巖寺智證大師寂照塔碑」, 李智冠, 『校勘譯註歷代高僧碑文』(新羅篇), 伽山文庫, 1994, p.315.)

S-①은 대통이 월악산 신의 권유를 받은 후 자인선사의 초청에 따라 월광사로 옮겨 가는 것을 보여주고 있고, 월악산 신의 보호를 받고 있음을 말하고 있다. ②에서는 도헌이 후학의 가르침 요청을 거절하자 산신이 나타나 충고하고 있다. 이들 모두는 산악신앙의 한 모습을 보여주는 것이라 할 수 있다. 이외 긍양은 중국에서 유학하고 있을 때 종기가 생겼는데, 산신이 나타나 치료하고 있으며, 귀국해서 백엄사에 머물다 다른 곳으로 옮기려 할 때 神人이 은근히 제지하고 있는 것도[82] 산악신앙의 한 모습을 보여주는 것으로 생각한다. 한편 이엄은 중국에서 나주 회진에 도착하여 무사귀환에 대한

---

82) 「鳳巖寺精眞大師圓悟塔碑」, pp.477~484, 참조.

감사를 불보살이 아닌 風神에게 하고 있어83) 토착신앙의 또 다른 모습을 엿볼 수 있다.

아미타신앙·미륵신앙 등이 현세부정 내세왕생을 구하는 것이라면, 주술적인 성격이 강한 선승의 신비한 행적과 능력, 그리고 토착신앙의 흡수는 현실의 재앙을 물리치고 복을 구하는 것으로 민들의 피부에 와 닿는다는 점에서 민들을 선종사원의 단월로 흡수하는 데 큰 기여를 했을 것으로 생각한다.

이와 같은 내세신앙과 현실적인 구복신앙을 조화시킨 선종은 민의 의식세계를 지배할 수 있었다. 물론 당시 민들이 모두 선종의 단월도 아니었고, 민이 선종의 가르침을 이해하고 있었다보기도 어렵다. 또한 교종이 민들의 욕구를 충족시켜 줄 신앙의 형태를 전혀 가지지 않았던 것도 아니어서 나름대로 발전의 방향을 모색하고 있었다 하더라도 전통적으로 지배층과 밀착하여 있었던 만큼 민들의 욕구를 완전하게 수용할 수는 없었다. 그러나 선종은 교종에 비하여 훨씬 자유로운 사유체계를 가졌고, 수용계층도 사회 전 계층에 걸쳐 있었을 뿐만 아니라 계급의 평등성·수행방법으로 노동의 강조 등은 하급신분의 소유자들에게 많은 관심을 유발시키고 있었던 만큼 민의 욕구를 교종보다 상대적으로 잘 반영하고 있었다.

당시 민들의 불교에 대한 믿음은 삶 자체라 할 정도로 깊은 것이었다. 이와 같은 사실은 태조의 참모 최응이 佛事가 지나치다 간하였을 때

T) 태조가 이 같이 말하였다. "내가 어찌 그것을 모르겠는가? 우리나라의 산과 물이 신령스럽고 기이하나, 거칠고 궁벽한 곳에 있고 土性이 佛神을 좋아하여 복과 이익을 얻고자 한다."(『補閑集』卷上, 高麗名賢

83) 「廣照寺眞澈大師寶月乘空塔碑」, p.34.

　　集2, p.106.)

　　처럼 태조는 우리나라 민들이 불교의 여러 신을 통하여 복과 이익을 얻으려 한다고 했다. 이는 민들의 의식구조 안에 불교가 깊숙이 자리잡고 있음과 불교를 신봉함으로써 복과 이익을 구하는 현실적인 욕구가 강하였음을 보여준다. 이 욕구는 혼란한 전란 중에 지나치다 할 만큼 불사를 일으키지 않으면 안 될 정도였다. 이와 유사한 자료가 『고려사』에도 보인다.

　　U) 우리 태조가 쌓인 폐단을 깊이 징계하고 후대의 임금과 신하가 사사로이 사원 건립하는 것을 금지하였다. 이때 태사 최응이 불교를 제거할 것을 청하였는데, 태조가 "신라 말에 부처의 말이 사람의 骨髓에 들어가 사람마다 죽고 사는 것, 禍와 福을 모두 부처가 하는 바로 했다. 지금 三韓이 겨우 하나로 되어 인심이 정하여지지 않았는데 만약에 불교를 없애면 반드시 반발이 생길 것이다." 하였다.84)(『高麗史』卷 120, 尹紹宗)

　　최응이 불교를 제거할 것을 청하였을 때 태조는 신라 말에 불교가 사람들의 골수에 들어가 生死禍福을 부처에게 맡기고 있다면서 갑자기 없애는 것에 어려움이 있음을 밝혔다. 이처럼 불교는 신라 말의 민들이 생사와 화복을 의지할 정도로 정신세계에 지대한 영향을 미치고 있었다. 이러한 때에 선종은 민들의 현실적인 욕구를 수렴함으로써 적극적인 지지를 끌어낼 수 있었고, 선종사원은 이를 바탕 삼아 성장해 나갈 수 있었다.85)

---

84) 한편 이 자료는 『補閑集』의 내용을 옮긴 것이라 하기도 한다.(李內燾, 『高麗時代의硏究』, 亞細亞文化社, 1986, p.53, 참조.)
85) 추만호, 앞의 책, 1991, p.159.

이러하던 선종사원이 대체로 보아 진성여왕 이후부터 유망농민들로 구성된 草賊·赤袴賊·寇賊·山戎·野寇 등으로 불리던 무리들에게 약탈당하거나 소실되고, 선승이 약탈당하는 예가 자주 발생하고 있다.[86] 선종산문 단월 중의 하나였던 민들이 선종사원과 선승을 약탈하는 이유를 어디에서 찾을 수 있을 것인가? 물론 선종사원이 많은 재화를 소유하였고, 또한 침입자들이 재물의 약탈을 목적으로 하는 순수한 도적의 무리였다 하더라도 앞에서 본 것처럼 불교신앙이 骨髓에 들어가 생사화복을 부처에게 맡길 정도로 철저하였다면 그러한 행위를 할 수 있었을까 하는 의문이 생긴다.

필자는 이러한 민의 행위를 불교신앙 자체의 부정이 아닌 선종사원과 선승들의 행위에 대한 반발로 파악하고자 한다. 그러면 선종사원의 어떤 행위가 민의 반발을 받게 되는지 구체적으로 살펴보겠다. 우선은 선종사원이 토지를 집적하는 과정에서 민들이 삶의 근거지를 박탈당하고 있었음을 지적할 수 있다. 심충이 희사한 희양산 기슭에 봉암사를 개창하였던 도헌과 들도적의 관계를 살펴보자.

> Ⅴ) 대사가 가서 수년간 교화하였는데, 산에 사는 농민으로서 도적이 된 자들이 있었다. 처음에는 감히 법의 수레바퀴를 거역하였으나 끝내 교화하였다.(「鳳巖寺智證大師寂照塔碑」, 李智冠, 『校勘譯註歷代高僧碑文』(新羅篇), 伽山文庫, 1994, p.323.)

도헌이 봉암사를 개창하고 수년간 교화하던 중에 도적의 도전을 받은 것으로 되어 있다. 그런데 이 도적들은 심충이 희양산을 희사하기 전부터 그 땅에 살던 농민들이었다. 봉암사가 개창되면서 희양

산은 봉암사의 소유가 되었으며, 국가는 寺域을 표시하여 소유권을 인정하였다.[87] 따라서 농민들은 살던 땅이 봉암사 소유로 되면서 몰려나게 되었거나, 기존의 이용권을 박탈당하였을 것이다. 이에 농민들이 규합하여 봉암사에 도전을 하였던 것이다. 이는 선종사원의 개창으로 인하여 주변의 민들이 생활에 위협을 받게 되었음을 보여주는 것이다.

또 성주사에는 남포의 도적이 습격하여 왔으나 무염의 교화로 개과천선하여 득도자가 백여 명에 이르렀다고 한다.[88] 그런데 성주산문의 경제적 기반은 김흔이 희사한 김인문의 수봉지였다.[89] 따라서 그 땅에 농사를 지으며 살던 농민들은 성주산문이 개창됨으로써 삶의 근거지를 잃게 된 것으로 볼 수 있다. 이러한 선종사원의 개창과 독자적인 寺域의 설정은[90] 농민들의 삶의 근거지를 박탈하여 생존

---

87) 대표적인 예로 심충이 희양산 기슭을 도헌에게 희사하고 그 땅에 사원을 건립하자 헌강왕 7년(881) 前安輪寺 僧統 俊恭과 肅正臺의 史 裵聿文을 보내 疆域을 표시하고 '鳳巖'이라 賜額한 바 있다.(「鳳巖寺智證大師寂照塔碑」, 李智冠, 『校勘譯註歷代高僧碑文』(新羅篇), 伽山文庫, 1994, pp.321~323.)
88) 「崇巖山聖住寺事蹟」, 『考古美術』下, p.450.
89) 「聖住寺朗慧和尚白月葆光塔碑」, 李智冠, 『校勘譯註歷代高僧碑文』(新羅篇), 伽山文庫, 1994, p.188) 한편 성주사의 경제기반은 山中宰相(金昕)과 아무런 관련이 없으며, 신라 왕실과 관계가 깊다는 견해도 있다.(曺凡煥, 「朗慧無染과 聖住山門」,(서강대학교박사학위논문), 1997, pp.66~82)
90) 『三國遺事』卷2, 文虎王法敏 條에 「以星浮山(一作星損乎山)下爲武珍州上守燒木田 禁人樵採 人不敢近 內外欽羨之 山下有田三十畝 下種三石 此田稔歲 武珍州亦稔 否則亦否云」이라 하여 무진주에 설치된 '上守燒木田'은 특정의 목적을 위하여 왕명으로 지정된 곳으로 사람들이 들어가 땔나무 채취하는 것을 금지하였을 뿐만 아니라 접근조차 하지 못하도록 하는 배타적인 지역이었다. 이런 점을 감안하면 국가에 의한 寺域의 설정은 사원이 배타적으로 권한을 행사할 수 있도록 국가가 인정해 준 것으로 볼 수 있으며, 그 지역 내에 거주하는 민들은 자신들이 누리고 있었던 토지 및 임야에 대한 기존의 이용권을 박탈당하였을 것이다.

을 압박하는 하나의 요인이 되었다.

다음으로 상정 가능한 것은 선종사원에 의한 농민의 수탈이었다. 나말여초에 선종사원들은 단월의 토지희사에 의하여 거대한 규모의 토지를 집적하고 있었다. 당시 선종산문의 토지집적 상태를 보면 희양산문은 단의장옹주가 경문왕 8년(868) 현계산 안락사에 농장과 노비를 희사하였고, 이에 자극받은 도헌이 자신의 가문이 소유하고 있던 장 12구에 분속되어 있던 토지 500결을 예속시켜[91] 안락사는 거대한 규모의 토지를 소유하게 되었다.

또 동리산문 대안사는 경문왕 12년(872) 당시 2千 9百 39石 4斗 2升 5合의 곡식을 비축하고 있었으며, 田畓이 494結 39負, 坐地·下院坐가 각각 3結·4結 72負·鹽盆 43結·林野 143結·노비 23명을 소유하고 있었다.[92] 한편 태조는 937년 500결의 토지를 운문사에 희사하였다.[93] 신라장적에 기재된 4개촌 전체의 전답이 대략 600여 결 정도였으므로[94] 선종사원의 토지소유 규모가 어느 정도였는지를 짐작할 수 있다.

대규모의 토지를 선종사원이 자체의 노동력으로 모두 경작하지는 못하였을 것이므로 토지에 얽매인 농민들로 하여금 경작하도록 하고 세를 받아 갔을 것이다.[95] 농민들의 입장에서 보면 사원이 수확물에

---

91) 「鳳巖寺智證大師寂照塔碑」, 李智冠, 『校勘譯註歷代高僧碑文』(新羅篇), 伽山文庫, 1994, p.319.

92) 「大安寺寂忍禪師照輪淸淨塔碑」, 李智冠, 『校勘譯註歷代高僧碑文』(新羅篇), 伽山文庫, 1994, pp.92~93.

93) 『三國遺事』卷4, 寶壤梨木.

94) 李泰鎭, 「統一新羅期의 村落支配와 孔烟」, 『韓國社會史硏究』, 知識産業社, 1986, p.37.

95) 昔新羅京師時 有世逹寺(今興敎寺也)之莊舍 在溟州㮪李郡 本寺僧調信爲知莊 信到莊上(『三國遺事』卷4, 正趣調信.) 이 자료는 신라 말 사원의 田莊 경영 방식을 알려주는 것으로 자주 인용되는 것이다.

대한 세를 징수하던, 귀족이나 국가가 징수하는 것이던 수확물을 수탈당한다는 점에서는 동일한 것이었다.

혜철의 비문 末尾에 실려 있는 대안사의 재산비축 상태는 사원전에 대한 수취가 결코 가볍지 않았음을 보여준다. 가령 사원전에서의 수취가 귀족이나 국가의 수취보다 가볍다 하더라도 선승들이 수행의 일환으로 행한 노동은 사원전에 대한 직접 경영을 확대시켰을 것이므로 농민들이 경작할 수 있는 토지는 상대적으로 줄어들었을 것이기 때문에 불만은 여전하였을 것으로 생각한다. 더욱이 대안사의 경우 염분 43결에서 생산한 소금을 자체에서 모두 소비하였을 것으로 생각하지 않으며, 남은 소금은 판매하였을 것이다. 소금과 같은 생활의 필수품을 사원이 판매하여 이익을 취하고 있다는 것은 당시의 선종사원이 재산의 증식에 상당히 적극적이었음을 나타낸다.

사원에 의한 농민의 수탈은 고려 초에도 여전하였으리라 믿는다. 그것은 최승로의 시무책[96)]을 통하여 확인할 수 있다.

> X)-① 절의 재산인 돈과 곡식에 대하여 여러 절의 중들이 각기 주와 군에 사람을 보내 그것을 관리하게 하고서 매년 이자를 받아 가는데 백성을 수고롭게 하고 소란스럽게 합니다. 청컨대 모두 금지하십시오. 그리고 그 돈과 곡식은 사원의 전장에 가져다 두게 할 것이며, 만약 거기에 속한 전정이 있으면 그들도 동시에 소환하여 사원 장소에 두게 한다면 백성의 피해가 감소될 것입니다.
>
> ② 선회라는 자가 있었는데, 요역을 피하기 위하여 집을 떠나 산에 살고 있었으나, 광종은 그에게 경의를 표하고 예를 다하였습니다.
>
> ③ 신이 듣건대 중들이 군과 현을 왕래하면서 객관과 역사에 유숙하고 관원과 백성들을 매로 때리면서 영접과 공급이 완만하다고 꾸짖어

---

96) 『高麗史』卷93, 崔承老, 6·8·10·16조. 최승로 시무책의 해석은 李基白, 『崔承老上書文硏究』, 一潮閣, 1997, 참조.

도 관원과 백성들은 그 중이 혹 왕명을 띤 사람이 아닐까 하는 생
각으로 감히 말도 못한다고 합니다.

④ 세상의 풍속이 선을 쌓는다는 명목으로 각기 원하는 바에 따라 사원
을 지으니 그 수가 매우 많습니다. 또 서울과 지방에 있는 중들이
사사로이 살 장소를 삼고자 하여 다투어 공사를 진행하고 있는데 광
범히 주군의 윗자리에 앉은 이에게 권하여 백성을 징발하니 역사를
공공의 부역보다 급하게 부려 백성이 매우 고통스럽습니다. 바라건
대 이것을 엄하게 금지하여 백성의 노역을 제거하여 주십시오.

X)-① ② ③ ④는 고려 초 승려와 사원의 문제점을 지적한 것이
다. 최승로가 유학자였고, 불교보다 유학에 더 큰 비중을 두었을 것
이므로 다소 과장된 면도 있다. 그러나 최승로가 불교의 효용성을
전혀 무시하지 않았고,[97] 태조 때부터 원봉성 등 문한기구에 참여하
면서 당시의 정치와 사회를 계속 지켜보아 왔으므로 성종 즉위 당시
뿐만 아니라 이전부터 나타나고 있던 불교계의 일반적인 사실을 지
적한 것으로 보아도 큰 무리는 없을 것이다.[98]

최승로는 당시 사원의 문제점으로 비축한 곡식을 이용하여 무리한
식리사업을 행함으로 인하여 민들이 동요하고 있음과 역을 피하는
무뢰배들의 온상 역할을 하고 있음을 지적하였고, 승려의 문제점으
로는 국가의 공공시설을 사용하면서 관리와 민 위에 군림하고 있음
을 지적하고 있다. 그리고 원당이란 명목으로 무분별한 사원의 건립
이 이루어지면서, 이에 편승한 승려들이 관리를 사주하여 사사로운

---

97) 최승로는 그의 시무책 20조에서 불교는 자신을 다스리는 기본으로 유학은
국가를 다스리는 근원을 구하는 것으로 규정하고 있어 비록 불교를 개인적
차원의 것으로 지위를 격하하기는 하였으나 효용성을 인정하고 있었다.

98) 이들 자료들은 선종과 교종을 포함한 불교계 전반의 문제점을 지적한 것으
로 보이므로 선종사원과 승려의 문제점을 파악하는 데 이용하여도 무리는
없을 것이다.

일에 민을 동원하여 혹사하고 있음을 지적하였다.

　한편 승려 개인의 영예를 위한 국가의 조치들이 민들에게 커다란 부담으로 작용하여 원망을 듣기도 하였다.

　　Y)-① 문하의 스님들이 紀績碑를 세워 빛나는 것이 이지러짐이 없도록
　　　　할 것을 표로 청하니 왕이 그것을 허락하였다. 石版을 구하는 것
　　　　이 매우 어려워 남해 汝湄縣에서 채취하여 배로 운반하여 오도록
　　　　하였지만, 그 수고로운 비용을 계산하니 천만 냥만 드는 것이 아니
　　　　었다. 그러나 허락을 받아서 사람들로 하여금 그곳에 도착하도록
　　　　하여 일을 일으키려 役을 의논하는데, 문인이 본산의 기슭에서 石
　　　　版을 캐어 획득하였다. …… 지금 절 안에는 옛 禪師의 비석이
　　　　있는데 이는 신라 말에 전진사 최치원이 지은 것이다. 그 돌 또한
　　　　남해에서 이르렀는데, 지금까지 그 役事 일으킴을 나무라는 말이
　　　　많다.(「鳳巖寺精眞大師圓悟塔碑」, p.508.)
　　② 임금이 本山에 탑을 세우게 하되 경비는 모두 국고에서 부담하게
　　　　하고 역은 이웃의 백성들로써 하도록 하였다. 장엄함이 周密하고 갈
　　　　고 다듬은 것이 매우 妙하였다.(「大安寺廣慈大師碑」, p.357)

　Y)-①은 도헌의 비를 세울 때(경명왕8, 924) 빗돌을 남해의 汝湄縣(화순)에서 가져왔는데, 役事에 동원된 민들의 원성이 긍양의 비를 세울 때까지(광종16, 965) 전하여 오고 있었다는 것이다. 그리고 긍양의 비를 건립할 때에도 돌을 채취하여 배로 운반하려는 데 경비가 천만이나 들었지만, 허락을 얻어 시행하기 직전 본산에서 석판을 얻어 사용하고 있다. ②는 윤다의 비를 세울 때에도 비용은 국고에서 충당하였으나, 노동력은 주변의 민들을 동원하였다. 이처럼 승려 개인의 명예를 위한 일에 거대한 재원과 노동력을 투입하고 있었다. 비용은 사원이나 국가에서 부담하였으나, 노동력은 인근의 민

들이 부담하도록 하였으니 이에 대한 불만이 없을 수 없었다.

이와 같이 후삼국 및 고려 초의 선종은 지배층과 결탁한 사원과 승려들이 농민에 대한 수탈을 자행하고 있었다. 물론 탑비의 건립이 선승 개인의 의지로 이루어진 것은 아니지만, 결과적으로 농민의 부담을 가중시켜 전체 선종을 不信하게 만드는 요인이 되었다. 전통적으로 지배층과 결탁하고 있던 교종보다 상대적으로 자신들의 입장을 잘 대변해 주던 선종에 지지를 보내면서 의지처로 삼아 현실생활의 고통을 잊으려 하였던 농민들은 시일이 지나면서 선종사원과 선승들이 가지고 있는 이중적인 성격을 발견하고 커다란 반감을 가지게 되었던 것이다. 이러한 선종에 대한 민들의 인식변화는 유망농민들의 규합체인 群盜들로 하여금 선종사원과 선승들을 약탈하도록 하였을 것이다. 선종은 중요한 단월인 민의 이탈로 인한 교단의 기반약화가 초래할 사회적 영향력 감소를 우려하지 않을 수 없었으며, 이를 보완하기 위하여 지배층과 결탁하지 않을 수 없게 되었다.

제2절 太祖의 後三國統一과 禪宗政策

1. 太祖의 佛敎政策 方向

태조에게 있어서 불교는 신앙의 대상인 동시에 사상정책의 핵심이었다. 태조의 불교에 대한 관심은 종파를 가리지 않았으나, 특히 선종과 화엄종에 깊은 관심을 보였다. 불교에 대한 태조의 표면적인

태도가 본심을 모두 반영하고 있었다고는 할 수 없다. 개인적 신앙
행위와 국가를 경영하고, 새 질서를 확립하고자 하는 군주로서의 입
장이 같을 수 없기 때문이다. 또한 선종을 지원하는 것이 곧 교종을
배척하였다는 의미는 아니므로[1] 태조의 불교에 대한 정책은 선·교
의 구분이 있었던 것이 아니었다. 태조에게 있어서 불교는 선·교의
문제가 아니라 사회에 대한 영향력과 효용성의 문제였다.

> A) 우리나라의 大業은 여러 부처님이 호위하는 힘에 의지하였다. 그러므
> 로 선종과 교종의 사원을 건립하고 주지를 파견하여 향을 피우고, 수
> 도하게 하여 각기 그 業을 닦게 하라. 후세에 간신들이 정권을 잡고
> 승려의 청을 받아 사원을 서로 쟁탈하게 될 것이니 마땅히 그것을 금
> 지하라. 여러 사원은 모두 도선이 山水順逆에 따라 건립한 것이다. 도
> 선이 이르기를 내가 지정한 외의 곳에 망령되이 창조를 더한다면 지덕
> 을 손상시켜 국운이 길지 않을 것이다. 내가 생각하건데 후에 국왕·공
> 후·후비·조신들이 각기 원당을 칭하고 혹은 창조를 더한다면 크게
> 우려되는 것이다. 신라 말에 다투어 부도를 지어 地德을 손상시켜 쇠
> 퇴하여 망하였으니 어찌 경계할 일이 아니겠는가?(『高麗史』卷2, 太
> 祖 26年 4月)

태조는 고려의 건국이 부처의 도움에 의한 것임을 밝히면서 그
보답으로 선·교의 사원을 건립하고 주지를 파견하여 각기 그 業을
닦게 하라고 하였다. 이는 국가 경영에서 불교의 긍정적인 기능을

---

1) 태조는 화엄종 승려였던 坦文에게 別和尙의 칭호를 부여하여 우대한 바가 있
고,(「普願寺法印國師寶乘塔碑」, 李智冠, 『校勘譯註歷代高僧碑文(高麗篇2)』,
1995, p.93.) 해인사에 머물고 있던 희랑은 태조의 福田이었다.(李智冠 編著,
「伽倻山海印寺古蹟」, 『伽倻山海印寺志』, 1992, p.562.) 그리고 개태사의 창건
(『新增東國輿地勝覽』卷 81, 連山縣 佛宇)과 직접 지은 화엄법회소에서 개태
사를 영원히 화엄종 사찰로 한다고 밝힌 바와 같이 화엄종에도 관심이 많았다.

말한 것이다. 그러나 후세에 간신과 결탁한 승려들이 사원을 사유화하고 서로 분쟁을 일으키는 것과 신라 멸망의 원인으로 사원의 濫設을 언급한 것은 세속과 결탁한 불교의 부정적인 측면을 말한 것이다. 태조는 국가경영에서 불교의 효용성을 인정하면서도 깊은 경계심을 가지고 있었다. 따라서 태조는 불교의 긍정적인 기능은 지원을 통하여 활용하면서 인사권을 국가가 장악하여[2] 사원을 국가관리 아래 두고자 하였다.[3]

태조의 불교관은 신라 말 불교계와 세속의 결탁, 선·교의 분열, 그리고 국가지배에서 벗어나면서 발생하는 문제점들을 경험하면서 형성되었다. 신라 말 고려 초 불교계의 행태에 대해서 최승로는 시무책 6·10·16조에서 다음과 같은 지적을 하고 있다.

> B) 佛堂의 돈과 곡식에 대하여 여러 절의 중들이 각기 州와 郡에 사람을 보내 관리하게 하고 매년 이자를 받아 가는데 백성을 수고롭게 하고 소란스럽게 합니다. …… 신이 들으니 중들이 군과 현을 왕래하면서 客館과 驛舍에 유숙하고 관원과 백성들을 매로 때리면서 영접과 공급이 완만하다고 꾸짖어도 그 중이 혹 왕명을 지닌 것이 아닐까 하는 생각으로 감히 말도 못합니다.……세상의 풍속이 善을 쌓는다는 명목으로 각기 원하는 바에 따라 사원을 지으니 그 수가 매우 많습니다. 또 서울과 지방에 있는 중들이 사사로이 살 장소를 삼고자 하여 다투어 공사를 진행하고 있는데 널리 주군의 윗자리에 있는 이에게 권하여 백성을 징발하고 役事를 公役보다 급하게 부리니 백성이 매우 고통스럽습니다.(『高麗史』卷93, 崔承老, 時務策 6·10·16조)

---

2) 주지의 성향이 사원의 성향을 결정함으로 고려건국과 태조를 지지하는 승려를 주지로 파견하는 것은 사원의 통제에 큰 의미가 있다.

3) 이정신, 「고려태조의 건국이념형성과 국내외정세」, 『韓國史硏究』118, 2002, p.48, 참조.

정리하면 사원의 殖利事業으로 인한 백성들의 고통과 승려들이
국가의 공공시설을 이용하면서 횡포를 부리는 것, 그리고 원당의 명
목으로 무분별한 사원의 건립이 이루어지고 이에 편승한 승려들이
관리를 사주하여 민을 혹사하고 있음을 지적하였다. 한편 승려 개인
을 위한 국가주도의 불사도 민에게는 커다란 부담으로 작용하였다.

> C) 지금 절 안에는 옛 禪師의 비석이 있는데 신라 말에 전 진사 최치원이
>   지은 것이다. 그 돌 또한 남해에서 이르렀는데 지금까지 役事 일으킴을
>   나무라는 말이 많다.(「鳳巖寺精眞大師圓悟塔碑」, 李智冠, 『校勘譯
>   註歷代高僧碑文』(高麗篇1), 1994, p.508.)[4]

처럼 도헌의 비를 건립하기 위해 빗돌을 남해에서 운반하는 役事
의 고됨이 긍양의 비를 건립하는 광종 16년(965)까지 전하고 있었
다. 이것은 태조에게 우려되는 상황이었다. 건국 초의 불안정한 권력
과 사회혼란이 계속되는 때에 佛事를 위한 노동력의 동원과 이에
대한 민의 불만은 혼란을 가중시킬 수도 있기 때문이다.

태조는 사원을 건립하고 승려를 후원하였지만, 불교가 국가(왕권)
의 지배 밖에 존재하는 것을 바라지 않았다. 태조가 국가 경영자로
서 지배권을 강화하고, 새로운 사회질서를 확립해야 할 과제를 안게
되면서 불교에 대한 통제의 필요성은 더욱 증대하였다. 특히 선종은
외곽 지역에서 다양한 성향의 신자를 확보하여 여론형성에 영향을
미쳤으며, 자유로운 사고방식과 분립적 성격을 지니고,[5] 풍수지리설
상의 명당에 자리 잡아 국가와 왕권의 중심인 수도의 권위를 침해하

---

4) 이하 별도 명기가 없으면 이 책을 사용함.
5) 崔柄憲, 「羅末麗初 禪宗의 社會的 性格」, 『韓國佛敎禪門의 形成史研究』, 民族
   社, 1989, pp.198~199, 참조.

기도 하였다.[6]

  후삼국 통합과 중앙집권체제의 구축·새로운 사회질서 확립 등의 과제를 안게 된 태조는 여론형성의 중심지인 선종사원의 존재를 의식하지 않을 수 없었다. 태조는 선종사원이 자신을 중심으로 하는 새로운 사회질서와 권위를 뒷받침하는 정치적 이익에 협조할 것을 바랐다. 선종사원과 직접적으로 관련한 것은 아니지만 다음의 자료는 건국과정서 불교의 기능이 어떠하여야 했는지를 보여준다.

> D) 태조가 최응에게 일러 말하기를 "옛날에 신라가 9층의 탑을 세우고 드디어 통일의 과업을 이루었다. 지금 개경에 7층의 탑을 세우고, 서경에 9층의 탑을 세워 현묘한 공덕을 빌어 추한 무리들을 없애고 삼한을 합하여 한 나라를 이루고자 한다."(『高麗史』卷92, 崔凝)

  개경과 서경에 탑을 건립하는 것은 상징성이 매우 큰 것으로서 사상적, 정치적 위상을 고려한 것으로 보인다.[7] 삼국통일의 구심점이 되었던 황룡사 9층탑과 같은 새 왕조의 구심점이 필요하였다. 개경은 새 왕조의 수도로서, 서경은 우리나라 지맥의 근본으로서 국가가 만대에 이어질 땅이었다.[8] 여기에 9층의 탑을 건립함으로써 고

6) 선종사원은 '三韓의 勝地'(「大安寺寂忍禪師照輪淸淨塔碑」,『校勘譯註歷代高僧碑文』(新羅篇), p.88.) 또는 '海東의 佳景이며, 天下의 福田'(「興寧寺澄曉大師寶印塔碑」, p.203.)임을 자처하고 있었다. 이것은 선종사원이 위치한 지역이 吉地라는 관념을 확산시켰고, 이를 수용하는 사회집단이 있었으며,(金杜珍, 「羅末麗初 桐裏山門의 成立과 그 思想」,『東方學志』57, 1988, p.43, 참조) 이를 수용하는 사회적 관념체계라는 지지기반이 깔려 있었다.(추만호,『나말려초 선종사상사 연구』, 이론과실천, 1992, p.224, 참조.)

7) 韓基汶, 「高麗太祖의 佛教政策-創建寺院을 中心으로-」,『韓國佛教禪門의 形成史研究』, 民族社, 1989, pp.140~141, 참조.

8)『高麗史』卷2, 太祖 26年 4月.

려건국의 정당성을 내세운 것이다. 불교와 풍수지리설에 의지하여[9]
고려의 건국을 합리화하고 있다.

> E) 태조가 처음 개국하여 兵亂 중일 때 陰陽과 浮圖에 뜻을 두자 최응
> 이 간하여 말한 것이 전한다. "어지러움을 당하여 文을 닦아 인심을
> 얻어야 합니다. 王者는 비록 전쟁에 있을 때에도 반드시 文德을 닦아
> 야 합니다. 부도와 음양에 의지하여 천하를 얻었다는 것을 듣지 못하였
> 습니다." 태조가 말하기를 "그 말을 내가 어찌 모르겠는가? …… 土性
> 이 佛神을 좋아하여 복과 이익을 거기에 두고 있다. 지금 전쟁이 그치
> 지 않아 편안하고 위급함이 결정되지 않아 번뇌하고 황망하여 조치할
> 바를 알지 못하여 오직 佛神을 생각하고 山水靈應의 보이지 않는 도
> 움을 생각하고 있어 고식적인 효과를 보려는 것이다."(『補閑集』卷上,
> 高麗名賢集2, p.106.)

위의 자료는 불교와 토착신앙에 대한 태조의 관심이 지나치다고
판단한 최응이 文德(儒敎)을 닦을 것을 권하였고, 태조는 불교의 영
향력을 설명하면서 인심을 얻기 위한 정책적 수단임을 말하고 있다.
불교는 사람들이 생사화복을 의지할 정도로 강한 영향력을 지니고
있어[10] 사회 불안의 요인을 제공할 수 있음을 우려한 것이다. 따라
서 불교가 국가지배권 밖에 존재할 수는 없는 것이다. 태조는 나아
가 불교계의 적극적인 봉사를 기대하면서 불교와 국가의 관계를 제
시하였다.

> F) "佛法이 국왕으로 말미암아 興旺된다는 말이 진실로 빈말이 아님을 알

---

9) 고려초기 태조와 풍수지리설에 대해서는 洪承基, 「高麗 初期 政治와 風水地
　　理」, 『高麗太祖의 國家經營』, 서울대학교출판부, 1996, 참조.
10) 『高麗史』卷120, 尹紹宗, 이 자료는 『補閑集』의 내용을 옮겨 적은 것으로 생
　　각하기도 한다.(李丙燾, 『高麗時代의 硏究』, 亞細亞文化社, 1986, p.53.)

> 았으니 원컨대 스님께서는 편안한 마음으로 수도하시어 오래도록 生靈을
> 보호해 주십시오.(「淨土寺法鏡大師慈燈塔碑」, pp.241~242.)

태조는 현휘에게 불교의 발전이 국왕에게서 연유하는 것이라 밝힘
으로써 자신이 불교의 보호자가 될 수 있음을 밝혔다. 대신 生靈을
보호해 달라고 하였다. 生靈의 보호는 민중에 대한 교화내지 영향력
행사를 의미하는 것으로 생각한다. 따라서 이 자료는 불교가 국왕의
보호를 받으면서 국가에 봉사할 것을 요구한 것이라 할 수 있다. 이
점은 경청선원의 건립과 관련한 다음의 자료에 보다 명확하게 드러
난다.

> G) 이때에 敎旨가 내렸으니 "그러한가 戶丁의 地를 知事者(스님들)가
>   國家의 大福田處로 삼고(이 福田處)를 조성하기 위하여(사람을) 브
>   리시도록 하라."고 命하시었슴(가르치시었슴).11)

여기서 태조는 '國家의 大福田處'임을 허가의 이유로 제시하여
국가에 대한 사원의 봉사 기능을 강조하고 있다.12) 태조는 많은 선
승들을 개경에 불러 모았고, 지방의 사원으로 재배치하는 방법으로
지방사회에 대한 영향력을 증대하였다.13) 태조는 승려를 국사·왕사
로 임명하고, 선승의 비문을 찬술하고, 사원을 제공하는 등 적극적으
로 후원하였다. 또한 선승들에게서 정치적인 자문을 구하기도 하였

---

11) 南豊鉉, 「高麗初期의 帖文과 그 吏讀에 대하여 −醴泉鳴鳳寺慈寂禪師碑의
    陰記의 解讀−」, 『古文書硏究』5, 1994, 참조.
12) 崔仁杓, 「新羅末 高麗初 禪宗佛敎統制 −行政的인 規制를 중심으로」, 『加羅
    文化』13, 1996, pp.162~177, 참조.
13) 崔仁杓, 『羅末麗初禪宗佛敎政策硏究』, (대구가톨릭대학교박사학위논문), 1998,
    pp.232~241, 참조.

다.14) 그러나 선승들의 자문은 원칙 제시 정도에 그쳤고, 실제 정치에 참여하는 경우는 극히 드물었다. 이 점은 고려의 정책결정과 건국이념형성에 관계한 인물들이 대부분 유학자였다는 데서 확인할 수 있다.15)

고려 초에 있어서 왕사와 국사에 대한 대우는 극진하였으나 일반 國政이나 僧政에는 무관하였으며, 교화를 부탁하여 정신적인 영향을 주었을 뿐 일반 고승과 기능상 크게 다를 바가 없었다.16) 따라서 태조가 보는 불교의 기능은 정신적인 교화를 통하여 단월에게 영향력을 행사함으로써 자신의 권력기반 확대에 기여하면서 국가를 위해 봉사하는 것이었다.

2. 太祖의 禪僧 包攝

태조는 불교가 자신의 권력기반을 확충하고, 나아가 후삼국 통일에 기여해 줄 것을 기대하고 있었다. 불교의 기능을 이렇게 설정한 태조는 선종에 대한 여러 가지의 후원을 통하여 선승과 선종사원이 자신을 지지하도록 유도하였다. 이 목적의 달성을 위하여 태조는 선종에 대한 지원을 아끼지 않았으며, 많은 선승들이 초청을 받아 개경에 왔다. 선승들의 초청에는 호족의 암묵적인 양해가 있었던 것으로 파악

---

14) 「廣照寺眞澈大師寶月乘空塔碑」, pp.38~39: 「大安寺廣慈大師碑」, p.354: 「菩提寺大鏡大師玄機塔碑」, pp.93~94, 참조.
15) 崔仁杓, 위의 논문, 1998, pp.125~126, 참조.
    이정신, 「고려태조의 건국이념형성과 국내외정세」, 『韓國史研究』118, 2002, pp.53~59, 참조.
16) 許興植, 「國師·王師制度와 그 機能」, 『高麗佛教史研究』, 一潮閣, 1992, pp.407~408.

하기도 하나,[17] 선승들이 호족의 강한 규제를 받았던 것 같지는 않다. 선승들은 호족의 정치적 입장과는 상관없이 자유롭게 옮겨 다녔다. 다음은 태조와 선승의 관계 및 후원내용을 정리한 것이다.

<표 3-1>을 보면 이엄은 김해부지군사 소율희[18]가 제공한 승광산의 어떤 절에 머물렀으나, 영각산 북쪽으로 옮겨 지내던 중 태조의 초청을 받아들여 개경의 태흥사사나내원에 머물렀다. 두 사원은 태조가 제공한 사원으로 사나내원은 왕궁 내의 사원이었다. 광조사는 태조가 이엄을 위해 창건한 사원으로 官庄을 三庄으로 나누어 지급하여 경제기반으로 삼게 하였다. 이엄은 만년에 이곳에 머물면서 수미산문을 개창하였다.

순지가 머물렀던 오관산 용엄사(후에 서운사로 개칭)는 元昌王后와 威武大王이 제공한 사원으로 태조와 직접적인 관련은 없지만 그의 先祖의 후원이 있었다. 여엄은 지기주제군사 강공훤이 제공한 소백산의 어떤 절에 머물렀다. 태조와 여엄의 만남은 그의 추천에 의해서지만, 終焉地인 보리사는 태조가 제공한 사원이었다.

---

17) 金杜珍, 「王建의 僧侶結合과 그 意圖」, 『高麗初期佛教史論』, 民族社, 1989, pp.109~115, 참조. 이 견해는 선승들과 호족들이 강하게 결합되어 있다는 것을 전제로 성립하는 것이라 할 수 있다. 그러나 앞에서 보았듯이 선승과 호족은 비록 단월의 관계로 결합이 되기는 하지만 선승들이 거취의 결정에 제약을 느낄 정도로 강한 결속력을 가진 것은 아니었다.

18) 소율희의 정치적 성향은 분명하지 않으나, 조범환은 소율희가 심희의 봉림산문 개창을 도와주고, 구가야왕족의 지원을 받아 김해 지역 지배의 사상적 근거를 확보하려 하였다고 하였다.(曹凡煥, 「新羅末 鳳林山門과 新羅王室」, 『震檀學報』78, 1994, p.25. 참조), 한편 김두진은 소율희(김률희)와 김인광은 김해 지방의 군진세력으로 나주정벌 이후 태조와 연결되었다고 하였다.(金杜珍, 「新羅 下代 禪師들의 中央王室과 地方豪族과의 關係」, 『韓國學論叢』20, 1997, p.25.)

〈표 3-1〉 禪僧과 高麗太祖의 關係

선사명	사 원	사원제공자	사원제공자와 고려 왕실의 관계	비 고
이 엄	승 광 산 태 흥 사 사나내원 광 조 사	김해부지군사 소율희 태조 태조, 師資의 예 취함 태조, 官庄을 3庄으로 나누고, 공양을 4事로 구분		
순 지	용 암 사	원창왕후, 위무대왕	태조의 선대	태조와 대면 못함
여 엄	소 백 산 보 리 사	지기주제군사 상국 강공훤 태조	태조에게 귀부한 세력	여엄 추천 태조가 탑비 건립
□ 운	소백산사	국부 최선필	〃	재암성주로 추정
개 청	보현산사	명주 민규 알찬 지당주군주사태광 왕순식	〃	태조와 대면 못 함
충 담	김 해 ? 흥법선원	태조, 왕사로 책봉		비문 작성
홍 준	경청선원 귀산선원	정광□□, 태조는 경청선원 건립지원 태조제공	〃	
현 휘	정 토 사	태조, 충주유씨 경영사원	〃	
경 유	일 월 사	태조		
형 미	무위갑사	지주소판 왕지본, 견훤, 태조는 탑비 건립, '태안' 이라 사액	태조의 적대 세력	궁예에게 피살
윤 다	대 안 사	태조가 주지 허락		田結과 노비 헌납, 주지 추인
경 보	남복선원 옥 룡 사	견훤 태조, 혜종, 정종의 후원	태조의 적대 세력	

*李智冠, 『校勘譯註歷代高僧碑文』(高麗篇1), 伽山文庫, 1994를 자료로 작성.

　□운은 國父 최선필의 후원을 받았다. 최선필은 재암성 성주인

선필로 추정하며,[19] 국부라는 칭호를 사용하는 것에서 태조와의 관계를 짐작할 수 있다. 또 충담은 김해의 어떤 절에 머물고 있던 중 태조의 초청을 받고 개경에 들어와 왕사로 책봉되었으며, 태조가 제공한 흥법선원에 머물렀다. 비문은 태조가 직접 작성하였다.

홍준은 태조가 제공한 귀산선원에 머물다 입적하였다. 홍준이 잠시 머물렀고, 탑비가 건립되는 경청선원은 정광□□가 제공한 사원이긴 하나, 오래 머물지 않았다. 태조는 경청선원을 중수하면서 都評省帖을 내려 행정적인 지원을 하였다.[20]

현휘가 머물던 정토사도 태조가 제공한 사원이었다. 정토사는 충주유씨가 경영한 사원으로 알려져 있으나,[21] 태조가 현휘를 정토사 주지로 임명하던 924년경 정토사는 태조의 지배권 내에 들어와 있었다.[22] 정토사는 조정의 士類가 禪門 출입 않는 것을 수치로 여길 정도로 번창하였다.[23] 정토사의 번창은 태조의 후원을 받는 현휘가 주지하였기 때문에 가능하였다.

경유가 머물렀던 일월사도 태조가 제공한 사원이었다. 형미는 효공왕 9년(905) 귀국하여 지주소판 왕지본의 후원을 받아 강진의 무위갑사에 8년간 머물렀으며, 왕지본은 內庫에서 공양물을 지출하였

---

19) 鄭容淑, 『高麗時代의 后妃』, 민음사, 1992, p.76.
20) 崔仁杓, 앞의 논문, 「新羅末 高麗初 禪宗佛敎統制 －行政的인 規制를 중심으로－」, 1996, 참조.
21) 蔡尙植, 「淨土寺址 法鏡大師碑 陰記의 分析 －高麗初 地方社會와 禪門의 構造와 관련하여－」, 『高麗初期佛敎史論』, 1989, pp.179~183, 참조.
22) 채상식은 현휘의 정토사 주지임명을 충주 지역에 대한 유대 강화에 목적이 있는 것으로 파악하였다.(蔡尙植, 「淨土寺址 法鏡大師碑 陰記의 分析 －高麗初 地方社會와 禪門의 構造와 관련하여－」, 『高麗初期佛敎史論』, 1989, p.182, 참조.) 그러나 충주유씨가 이미 태조에게 귀부한 상태에서 현휘를 정토사에 주지시켜 유대강화를 꾀하여야 했는지는 의문이다.
23) 「淨土寺法鏡大師慈燈塔碑」, p.241.

다.24) 그 후 태조의 초청을 받고 대면하였다. 형미가 입적하자 태조는 오관산에 사원을 건립하고 탑비를 세운 후 '태안사'라 사액하였다.25)

경보는 견훤의 도움을 받았으나,26) 후백제 멸망 후 남산에 은거하여 있던 중 태조와 대면하였다.27) 윤다는 태조의 초청으로 개경에 왔다가 대안사로 돌아가자 토지와 노비를 지급하여 경제적인 기반을 삼도록 하였고, 입적 후 탑비를 조성할 때 경비를 국고에서 부담하도록 하고, 주민을 동원하여 불사를 도왔다.28)

한편 개청은 명주의 민규 알찬이 제공한 보현사에 주지하였고, 지당주군사태광 왕순식의 도움을 받아 중수하였다.29) 그리고 탑비 조성에 참여한 사람들의 직책이 官班의 형태를 띠고 있어,30) 명주 지역에서 활동하던 호족들로 보인다.

그러나 개청의 주요 단월이었던 김순식이 고려에 귀부하여 왕씨를 賜姓 받았으며, 탑비 건립을 주도한 것으로 보이는 좌승 왕예는 도령의 직책을 가지고 있었고,31) 그의 딸은 태조와 혼인하여 대명주원부인이 되었다32) 이상에서 살펴본 바와 같이 고려 초의 선승들은 호족의 도움을 일부 받았으나, 태조의 초청을 받자 개경으로 갔으며,

---

24) 「無爲寺先覺大師遍光塔碑」, pp.326~328, 참조.
25) 「無爲寺先覺大師遍光塔碑」, p.331, 참조.
26) 「玉龍寺洞眞大師寶雲塔碑」, pp.423~424.
27) 「玉龍寺洞眞大師寶雲塔碑」, p.426.
28) 「大安寺廣慈大師碑」, pp.356~357.
29) 「地藏禪院朗圓大師悟眞塔碑」, pp.149~151.
30) 「地藏禪院朗圓大師悟眞塔碑」, p.157.
39) 都領은 토착호족에게 주어진 직책이지만, 고려 정부에 의해 임명되었다.(金甲童, 『羅末麗初의 豪族과 社會變動 硏究』, 高麗大學校民族文化硏究所, 1990, pp.73~74.)
32) 『高麗史』卷88, 列傳 后妃1, 大溟州院夫人王氏.

태조의 지원을 받았다.

한편 선종사원의 운영에 중요한 요건이라 할 수 있는 경제기반의 대부분을 태조가 제공하였다. 윤다가 주석한 대안사, 보양이 주석한 청도 운문사, 이엄이 주석하였던 해주 광조사 등에 태조의 경제적 후원이 있었다. 이외 태조가 선승을 파견한 사원에도 경제적인 후원이 있었을 것이다. 태조는 선종사원에 대해 지원을 하면서 자신의 정치적 이익에 협조할 것을 요구하였고,[33] 선승들은 이를 부정하지 않은 것으로 보인다.

> H) 우리 태조가 처음 王業의 터를 이루고 禪法을 독실하게 숭상하였다. 이에 서울과 지방에 500개의 선종사원을 창건하고 승려들을 있게 하였다. 2년마다 서울에서 談禪大會를 열었는데, 北兵을 막는 데 이유가 있다.(『東國李相國集』卷25, 龍潭寺叢林會膀)

태조는 500여 개의 선종사원을 건립하여 선승을 머물게 하였다. 그리고 선승들은 개경에서 2년마다 담선대회를 열었다. 고려시대의 담선대회는 범국민적으로 전개된 법회로서 개인의 수행을 도모하는 한편으로 결사운동으로서 호국적인 면을 지니고 있었다.[34] 많은 선승들이 호국을 위해 개경에 운집하고, 대규모 법회를 여는 것은 고려 건국의 정당성 확보에 도움이 되었을 것이다.

태조의 선종사원에 대한 후원이 모두 신앙적인 차원에서 이루어진 것은 아닐 것이다. 태조는 국가에 대한 불교의 봉사를 기대하고 있었으므로 선종사원에 대한 정비도 그러한 차원에서 이해하여야 할 것이

---

33) 「淨土寺法鏡大師慈燈塔碑」, pp.241~242에서 태조는 佛法이 나라의 발전에 연유하는 것이라 하였다. 이는 불교보다 국가를 우위에 둔 것으로 볼 수 있다.

34) 李 萬, 「談禪法會에 관한 研究」, 『韓國佛教學』10, 1985, pp.70~73, 참조.

다. 전쟁·약탈 등에 시달리고 있던 선종사원[35]의 재건, 또는 중건·
창건을 통하여 유지를 보장하고, 여기에 선승들을 재배치하는 것은
선종사원에 커다란 영향을 미쳤을 것이며, 태조에게 협조적인 선승들
을 머물게 하였을 것이므로 人的인 규제의 의미도 있었다. 물론 선종
사원에 대한 호족의 후원이 없었던 것은 아니나, 지속적이지 않아서
한계가 있었다.

    I)-① 세상에서 숨어 수도함에 답답하거나 불편해 하지는 않았으나, 지리
       적으로 적굴과 인접하여 몸을 도모함에 편안하지 않았다.(「廣照寺
       眞澈大師寶月乘空塔碑」, p.35.)
      ② 군대의 빛이 보이므로 김해를 떠나 멀리 玉京을 가리키고 길을 가
       서 천천히 경계에 들었다.(「興法寺眞空大師塔碑」, p.176.)
      ③ 남쪽 武州가 이 중에서 안전하여 …… 얼마 후 남해에 많은 사찰
       이 있다 하여 그곳으로 가서 마땅한 정처를 구하다 홀연히 도적의
       소굴을 만나게 되었다. 물건을 강탈한 후 방으로 끌고 가서 차례로
       죽이고 스님의 차례가 되어 칼로 목을 치려하였다.(「淨土寺法鏡大
       師慈燈塔碑」, p.234.)
      ④ 대사가 무리들에게 일러 말하기를 "이 땅은 반드시 재해가 나서 도
       적들이 서로 죽일 것이니 미리 대처하여 재난이 다가와도 상관이
       없는 곳으로 가야겠다." 하고 홀연히 北山을 향해 떠났다.(「興寧寺
       澄曉大師寶忍塔碑」, pp.294~296.)

    I)-①은 이엄이 소율희가 제공한 승광산에서 머물다 적굴이 인접
하여 편안하지 않아 떠나는 것을 보여준다. I)-②는 김해에 머물던
충담이 甲兵의 빛이 나타남을 걱정하여 떠나고 있다. I)-③은 안전
하다는 이유로 무주에 머물던 현휘가 남해로 가는 길에 도적을 만나

---

35) 추만호, 『나말려초 선종사상사 연구』, 이론과실천, 1992, p.167, <표 7> 참조.

약탈당하고 있다. Ⅰ)-④는 동림사에 머물던 절중이 도적들이 서로 죽이는 일이 있어날 듯하다는 이유로 떠나고 있다. 이외 봉암사를 개창한 도헌의 후원자였던 아질미와 희필[36]은 문경 가은 지방으로 진출하는 견훤의 공격을 받아 몰락하였을 것이라 하고, 봉암사도 소실되었을 것이라 한다. 이 충돌의 여파로 아질미와 희필, 봉암사는 재기불능의 상태에 빠졌다.[37] 선승들은 후원자가 제공한 사원에 머물다가도 상황의 변화에 따라 신변안전을 보장해 줄 수 있는 보다 안정적인 후원자를 찾아 떠돌고 있었다.

이러한 선승들에게 태조는 개경으로 초청하거나 각지의 사원에 주지로 파견하고, 경제기반을 제공하여 안전한 피난처와 수도처를 마련하여 주었다. 이런 점을 고려하면 고려 초 선종사원의 유지·발전에서 호족보다는 태조의 보호가 큰 영향력을 가지고 있었음을 알 수 있다. 이상과 같은 선종에 대한 태조의 후원을 선승들은 적극적으로 수용하여 태조에게 적극적으로 협조하는 자세를 보였다.

3. 太祖의 禪僧包攝 意圖

태조의 선종포섭 의도에 대해서는 선승을 매개로 한 호족의 연합 및 민심의 수습이란 측면[38]과 불교세력의 회유와 후삼국통일을 위한 민심의 수습 및 안정을 위한 측면,[39] 중국 유학승을 포섭함으로

---

36) 「鳳巖寺智證大師寂照塔碑」, 『校勘譯註歷代高僧碑文』(新羅篇), p.293.
37) 추만호, 『나말려초 선종사상사 연구』, 이론과실천, 1992, pp.139~140.
38) 金杜珍, 「王建의 僧侶結合과 그 意圖」, 『高麗初期佛教史論』, 民族社, 1989, p.115.
39) 韓基汶, 「高麗太祖의 佛教政策－創建寺院을 중심으로－」, 『高麗初期佛教史論』, 民族社, p.159.

써 중국의 권위를 빌어 귀족과 호족을 제압하고 지방사원의 장악을 통한 지방통제를 위한 것이라 한다.[40] 또한 지지기반을 확대하고 다른 선승과도 결연하기 위한 것으로 보는 견해도 있다.[41] 이 견해들은 불교의 영향력을 이용하여 호족을 융합시키고, 민심을 수습하면서 태조의 영향력을 확대하려한 것으로 파악한 것이다. 필자는 이러한 견해들을 수용하면서 고려건국의 정당성 확보와 지방지배 거점 확보 측면에서 이 문제를 생각해 보고자 한다. 다음은 고려 초 선승들의 단월을 정리한 것이다.

〈표 3-2〉 高麗 初 禪僧들의 檀越

구분 선사명	태조와 관련형태			주요단월	비 고
	귀국 연대	결연 연대	내 용		
이엄	911	927(?)	초청, 태흥사, 사나내원(개경), 광조사제공(932)	소율희·황보제공·이척량·왕유·정승휴	청원행사계
순지	·	·	·	원창왕후·위무대왕	앙산혜적
여엄	909	?	보리사(지평)	강공훤·정순·이인·여일·인봉·예언	무염, 청원행사계
□운	·	937	덕산(개경?)	최선필,	道義遺址 참배
충담	918	·	왕사추대 흥법선원(원주)	태조, 김해의 호족(?)	비문 작성

---

40) 徐珍敎,「高麗 太祖의 禪僧包攝과 住持派遣」,『高麗太祖의 國家經營』, 서울대학교출판부, 1996.
41) 沈在明,「高麗 太祖와 四無畏大師－太祖의 結緣意圖를 중심으로－」,『高麗太祖의 國家經營』, 서울대학교출판부, 1996.

구분 선사명	태조와 관련형태			주요단월	비 고
	귀국 연대	결연 연대	내 용		
홍준		934(?)	귀산선원(개경)	□□·김선소·홍공·수문·주충· 영회·인강·인휘·흔휘·흔□·원□	경청선원 건립 지원
현휘	924	924	정토사(충주)	유권열·견서·준양·필양·준홍 등	유학전 무주에 거주
경유	908	908-909	남정 중 군영으로 초 대, 일월사(개경)	태조·강공□과 부인박씨·유 금필·왕□·유권열과 부인김 씨·왕유·최언위·한계봉과 부 인금씨·정□·한헌윤·한평	청원행사계 무주근처 은거
형미	905	?	무위갑사 군영에 초청 태안사에 탑비 건립 하고 사액	왕지본	체징 청원행사계
윤다	?	918(?)	초청, 흥왕사(개경) 대안사(곡성), 노비, 토지하사	왕욱·황보숭·충양일	도선
경보	921	936이후	초청	견훤, (남복선원제공)	후백제멸망 후 남 산에 은거, 옥룡 사서 입적 (947)
긍양	924	936년경	자진 개경행	견훤	대장경 분치지문

*李智冠, 『校勘譯註歷代高僧碑文』(高麗篇1), 伽山文庫, 1994를 자료로 함.

위의 <표 3-2>를 좀더 자세히 보겠다. 우선 초청을 받아 개경에
온 선승들은 태조가 제공한 사원에 머물게 되는데, 그 사원들은 개
경이나, 그리 멀지 않은 곳에 있었다. 여엄이 지평의 보리사, 충담이
원주 흥법선원, 현휘가 충주 정토사를 이엄이 만년에 해주 광조사를
제공받았고, 나머지는 개경소재의 사원을 제공받았다. 긍양과 윤다는
봉암사와 대안사로 돌아갔다. 현휘가 머물던 정토사를 제외하면 호
족과 직접적인 관련은 없어 보이며, 선승들과도 별 연관이 없는 사

원이었다.42)

주요 단월을 간추려 보면 이엄에게는 소율희·황보제공·이척량·왕유·정승휴 등이 있었다. 황보제공은 황주의 호족으로 신정왕태후의 아버지였으나,43) 이들은 이미 궁예 당시부터 태조와 연결되어 있었다. 이엄과 태조가 만난 때는 927년경이므로 황주 황보씨의 회유와는 관계가 없는 것으로 보인다. 왕(박)유는 광해주인으로 궁예 아래서 東宮記室로 있다가 산곡 간에 은거하여 지내던 중 태조가 즉위하자 귀부하여 왕씨를 사성받았다.44) 이척량과 정승휴는 官階 없이 각각 前侍中, 廣評侍郎으로만 표기하고 있는데 왕(박)유와 같은 관료들로서 호족 출신은 아닌 것 같다.

여엄의 단월은 지기주제군사 강공훤이 있는데, 陰記의 좌승 공훤과 동일인으로 보인다. 강공훤은 기주의 호족이었으나, 여엄을 태조에게 추천하고 있어서,45) 호족의 회유와는 관련이 없는 것 같다. □운이 태조와 만난 것은 937년이었고, 스스로 개경에 갔다. 그는 개경의 덕산에 머물렀는데, 태조와 만나기 전 최선필의 도움을 받았다. 충담은 918년 당에서 귀국하여 김해에 머물다 자진하여 개경으로 갔다.46) 태조는 원주의 흥법사를 제공하였다. 스스로 찾아간 충담을 환대한 것이 호족을 포섭하기 위한 것으로는 생각되지 않는다. 또한 그와 연결된 호족은 확인되지 않는다.47)

---

42) 여기서 연관이라는 것은 출가지, 수계지, 수행처 등을 말하는 것으로 사원과 선승의 인연을 말하는 것이다.

43) 『高麗史』卷88, 后妃1, 신정왕태후황보씨.

44) 『高麗史』卷92, 列傳5, 王儒.

45) 「菩提寺大鏡大師玄機塔碑」, p.93.

46) 「興法寺眞空大師塔碑」, pp.176~177.

47) 연결되었다면 김해의 호족이었을 것이지만, 대부분의 선승들이 김해 호족의 후원을 받고 있어서 큰 의미는 없는 것으로 생각된다. 김해의 호족과 선승의 관계에 대해서는 다음의 논문이 참고된다.

홍준은 당에서 귀국 후 예천에서 정광□□의 후원을 받았으나, 934년 경 태조의 초청을 받아 개경으로 들어왔으며, 개경의 귀산선원에 머물렀다. 단월로는 상부 김선소·대상 홍공·좌승 수문·주충·태상 영공 등이 있었다. 홍준은 예천으로 돌아가지 못하고, 귀산선원에서 939년 입적하였으므로[48] 이들 단월들도 개경에서 만났을 것이다. 현휘는 924년에 귀국하여 곧바로 태조의 초청을 받아 개경으로 갔고, 태조가 제공한 충주 정토사에 머물렀다. 현휘는 귀국과 동시에 태조의 초청을 받아 개경에 갔으므로 비 음기에 보이는 ‘中原府 道俗二官 公卿夫老 黎人士庶’의 단월들[49]은 정토사에 주석 후 받아들였을 것으로 생각된다. 이들은 충주유씨의 지배를 받았을 것이고, 충주유씨는 태조에게 적극적으로 협조하고 있었기 때문에 태조가 이들을 포섭하기 위해 현휘를 정토사에 머물게 한 것 같지는 않다.

경유는 908년 귀국하여 908~909년 사이 후백제 지역에 머물다 南征 중이던 태조의 초청으로 군영에서 만남이 이루어졌다. 태조 5년(922) 후 언젠가 초청을 받아 개경에 와서 일월사에 머물렀다.[50] 그의 단월로는 강공□ 부부·유금·왕□태광·유권설·왕유·최언휘 등이 있었으나, 이들은 이전부터 태조와 연결되어 있었으며, 개경에서 받아들인 단월이었을 것이다.

형미가 귀국한 것은 905년이었으며, 무주 무위갑사에 머물면서 지주소판 왕지본의 후원을 받았다. 태조가 나주를 정벌할 때 군영에서

曹凡煥, 「新羅末 鳳林山門과 新羅王室」, 『震檀學報』78, 1994, 참조.
崔柄憲, 「新羅末 金海地方의 豪族勢力과 禪宗」, 『韓國史論』4, 1975, 참조.
48) 「境淸禪院慈寂禪師凌雲塔碑」, p.201.
49) 「淨土寺法鏡大師慈燈塔碑」, pp.219~221.
50) 일월사는 태조 5년(922) 5월 宮城의 서북에 건립한 사원이므로(『高麗史』卷1, 太祖 5年 5月) 경유가 개경에 온 것은 태조 5년(922) 이후가 될 것이다.

만났으나, 개경에 언제 왔는지는 분명하지 않다. 윤다는 918년 초청을 받아 개경에 이르렀고, 개경의 흥왕사에 머물다 대안사로 돌아가 입적하였다(혜종2, 945). 그의 단월로는 황주원 왕욱·내의령 황보숭 등이 있었으나 이들은 윤다가 개경에 있을 때 만난 단월로 보인다. 경보는 921년에 귀국하여 견훤의 청을 받아 남복선원에 머물렀다. 후백제 멸망 후 남산에 은거하여 있던 중 태조의 청으로 개경에 갔다.[51] 태조 사후 혜종·정종의 도움을 받았으나, 옥룡사로 돌아가 입적하였다.[52] 단월로는 견훤과 태조 이외는 잘 확인되지 않는다. 긍양은 924년경 귀국하여 견훤의 도움을 받았으며,[53] 통일 후 스스로 개경에 가서 대장경분치에 대한 자문을 하였다.

선승들에게는 다양한 성향의 단월들이 있었으나, 이들 중 대부분은 태조에게 복속하였고, 개경에서 만났다. 이는 태조의 선승 초청이 호족과 상관없이 이루어지고 있음을 반영하는 것이다.[54] 다만 명주 호족의 후원을 받았던 개청이 태조와 만남 없이 태조 13년(930)에 입적하고,[55] 10년 후인 태조 23년(940)에 탑비 건립이 이루어지고 있는[56] 데 비하여 같은 범일의 제자로 신라 왕실에 우호적이었으며, 최인연(언휘로 개명)을 단월로 하던 태자사 행적의 탑비가 신라 경명왕 때 건립하기로 결정하여 최인연(후에 언휘로 개명)이 비문을 작성하였으나 세우지 못하고 있다가 광종 5년(954)에야 건립되는

---

51) 「玉龍寺洞眞大師寶雲塔碑」, p.426.
52) 「玉龍寺洞眞大師寶雲塔碑」, p.429.
53) 추만호, 『나말려초 선종사상사연구』, 이론과 실천, 1992, pp.134~150, 참조.
54) 개경을 중심으로 한 주변 지역에 선승을 머물게 한 것은 호족과의 단절 및 지방세력과의 결합을 방지하고자 한 것으로 본 견해도 있다.(徐珍敎, 「高麗太祖의 禪僧包攝과 住持派遣」, 『高麗太祖의 國家經營』, 서울대학교출판부, 1996, p.378.)
55) 「地藏禪院朗圓大師悟眞塔碑」, p.152.
56) 「地藏禪院朗圓大師悟眞塔碑」, p.156.

것은57) 단월들의 동향과 관련되는 것으로 이해할 수도 있다.58) 그러나 명주 호족들이 대규모로 귀부해 온 때가 태조 5년(922)에서 11년(927) 사이에 이루어진 것을 감안하면59) 태조 23(940)년의 탑비 건립이 명주의 호족을 의식하고 이루어진 것으로 보기는 어려울 것 같다.

이상과 같다면 태조가 선종사원뿐만 아니라 불교계 전체를 호의적으로 대하면서 얻고자 한 정책적 목표는 무엇이었을까? 두 가지 측면에서 생각해 보겠다. 우선은 고려 건국의 정당성을 확보하는 데 목적이 있었던 것으로 보인다. 다음의 자료를 보자

> J) 전쟁의 어두운 기운이 48년이었으나, 하루아침에 소탕하여 남음이 없었다. 封墓와 수레에서 예를 행하는 것은 周王의 높은 발자취를 이었다. 스님을 중히 여기고 부처에 귀의하는 것은 양무제의 유풍을 존중한 것이며, 5天竺을 모방하여 불상을 장식하였다. 4門을 활짝 열어놓고 英賢들을 불러들이니 道人이 급히 달려오고 禪師가 구름처럼 모여들어 上德의 宗旨를 다투어 논하며, 태평의 業을 높이 찬양하였다. 이 무렵 대사는 鵠版을 기다리지 않고, 虎溪를 나와 …… 京師에 이르니(「鳳巖寺精眞大師圓悟塔碑」, pp.489~490.)

한 것처럼 태조는 전국의 승려를 개경으로 불러 모았으며, 승려들은 태평의 덕을 찬양하면서 태조가 주왕이나 양무제의 業을 이었다고 칭송하였다. 이들 선승의 언행은 태조 즉위의 정당성을 확인하는 동시에 적극적인 협조의 표시였다. 특히 견훤에게 협조하던 승려로 알려진 긍양이60) 스스로 개경에 간 것은 태조의 정통성을 확인해

---

57) 「太子寺朗空大師白月栖雲塔碑」, p.396.
58) 崔仁杓, 「羅末麗初의 太子寺 －朗空行寂을 중심으로－」, 『安東文化』11, 2003, 참조.
59) 『高麗史節要』卷1, 太祖 5年 7月・10年 8月・11年 正月.

주는 중요한 의미를 지니는 것이라 할 수 있다. 또 이엄은 태조의
부름을 받자

> K) 왕의 땅에 살고 있는 자로서 감히 왕의 말을 거역할 수 없다. 하늘을
> 뵙고자 하는 것은 잠깐 물음에 돌아보고 부촉을 이유로 나는 장차 도
> 읍에 가려 한다.(「廣照寺眞澈大師寶月乘空塔碑」, p.36.)

왕의 땅에 살면서 왕명을 거역할 수 없고, 태조를 '하늘'로 표현하
면서 부촉을 명분으로 개경에 갔다. 이는 태조의 권위를 인정한 것
으로 정통성 확보에 커다란 도움이 될 수 있는 것이다. 또 순지의
탑비는 신라 때 비문을 짓고 건립을 시도하였으나 완성하지 못하고,
태조 20년(937) 혜운상인에게 비문을 짓게 하여 건립하였다.[61] 순
지 탑비의 음기는 이때 새로 지은 것이다.

> L) 대왕전하께서는 날마다 상서로움을 나타내시고 용안에는 경사스러움을
> 보일 뿐만 아니라 세상을 구제하고 백성을 편안하게 하는 묘한 책략을
> 품었으므로 위급을 구하고 절망을 소생시키는 英謀를 지니고 있었다.
> 복된 靈地를 얻어(결락) 北闕에 居存하였고 東溟에는 발자취가 두루
> 닿았다. 이때 外域에서는 왕에게 귀화하는 공물을 올렸으며, 등극을 축
> 하하는 사절이 오기도 하였다. 그리하여 사방으로부터는 塗山의 모임
> 을 찾아오고 三千列國들이 함께 踐土의 동맹에 참가하였다. …… 공
> 손히 天命을 奉行하여 모든 갑옷과 무기를 버리고, 한 손을 머리에
> 얹고 항복하여 오므로 모두가 평화롭게 농사지으며 살게 되었다. 이로
> 써 높은 靈의 위력을 의지하고 잠시 神用을 수고롭게 하여 먼저 원흉
> 의 악당을 제거하였으니 …… 五流의 형에 해당하는 죄인에게도 한결
> 같이 사면령을 내려 석방하고 가택을 소유하게 하는 관용정치를 행하였

---

60) 추만호, 『나말려초 선종사상사연구』, 이론과실천, 1992, pp.134~150, 참조.
61) 「瑞雲寺了悟和尙眞原塔碑」, pp.73~74.

다.(「瑞雲寺了悟和尙眞原塔碑」, pp.68~70.)

와 같이 태조의 건국과 이를 지지하는 여러 가지 사실들을 나열하고, 태조의 훌륭한 능력으로 인하여 戰亂이 그치면서 모두 평안하게 살게 되었으며, 전란에 책임이 있는 사람들에게까지도 관용을 베푸는 정치를 하였다는 것이다. 태조를 극찬하고 고려의 건국과 통일을 찬양하는 내용이 승려의 추모탑비에 기록되어 있는 것은 고려의 건국과 태조의 즉위 및 태조에 의한 후삼국통일을 합리화하고 정당성을 부여하는 것에 종교적 권위를 빌리고 있는 것으로 볼 수 있다.

한편 태조는 선승들로부터 통일전쟁의 명분을 제공받고 있었으며, 동시에 전쟁으로 지친 민과 군사들의 심리상태를 안정시키는 효과도 거두었다.

M)-① "비록 살리기를 좋아하나 점점 서로 죽이기를 깊이 한다. 과인이 일찍이 부처의 계율을 가르침 받아 그윽이 자비로운 마음을 일으키나, 살생을 주저하거나 적을 업신여겨 방치해 두면 자기의 몸을 위태롭게 하는 화가 이를까 두렵다."…… 帝王과 匹夫의 닦음은 각기 달라서 비록 전쟁 중일 때에도 백성을 불쌍히 여겨야 합니다. 그 이유는 왕은 四海를 집으로 삼고 萬民을 자식으로 삼기 때문이며, 무고한 무리는 죽이지 않고 죄가 있는 무리를 論하는 것입니다. 그런 까닭으로 여러 선을 받들어 행하는 이것이 널리 구제하는 것입니다."(「廣照寺眞澈大師寶月乘空塔碑」, p.38.)

② 옛날 聖祖가 처음 개국하였을 때 行營福田 能兢이 친히 道詵의 聖訣을 전하였다.(『湖山錄』, 藝臺亞監閔昊書, 許興植, 『高麗佛敎史硏究』, 一潮閣, 1992, p.900.)

③ 우리 태조가 창업하였을 때 行軍福田 四大法師 能兢 등이 글을 올려 말하기를 "대당국에 三歸一의 妙法華經과 天台智者의 一心三觀禪法이 있어서 성군과 더불어 삼한을 합하여 한 나라를 이루었

다고 들었습니다.”(『東文選』卷68, 國淸寺金堂主佛釋迦舍利靈
異記)

　M)-①은 태조가 통일전쟁에서 발생하는 사상자문제를 고민한 끝
에 이엄에게 자문을 구한 것이다. 이때 이엄은 전쟁과정의 불가피한
살생을 인정하여 태조가 수행하던 전쟁을 죄 있는 자들을 징벌하는
부득이한 것으로 합리화시켜 주었다. 이로써 태조는 민을 구한다는
전쟁이 오히려 민을 전쟁의 소용돌이 속으로 몰아넣어 고통받도록
한 모순에서 벗어날 수 있었으며, 자비롭고 인자한 측면과 악을 징
계하는 구세주로서의 이미지를 부각시킬 수 있었다. 더욱이 제왕의
수행과 필부의 수행을 분리시킴으로써 통치권자로서의 독자성을 확
인하여 주었다.
　M)-② ③에서는 행영복전·행군복전 능긍 등 사대법사를 볼 수
있다. 이 사대법사는 전쟁 때 태조를 수행하면서 군사적인 자문과
전략을 제시하는 승려로 파악하고 있으나,[62] 필자는 陣中에서 전쟁
의 정당성을 홍보하고 전몰장병을 위문하는 오늘날의 軍宗將校와
같은 것으로 파악하고자 한다. 군사운용에 전문지식과 경험을 가지
지 않은 승려들이 태조를 수행하면서 실제 군사전략을 제공한다는
것은 무리가 있는 것으로 보이기 때문이다. 전쟁에서 죽음의 공포를
떨쳐내고, 정당성을 부여하는 것은 사기유지에 매우 중요하다. 그리
고 민중들은 본의 아니게 피해를 입게 된다. 따라서 전쟁으로 인한
민중들의 고통을 어루만져 주고 전쟁의 정당성을 홍보함으로써 민심
을 수습하고, 사기를 유지할 수 있는 것이다. 사대법사는 이러한 역

---

62) 韓基汶, 앞의 책, 1989, p.145. 한편 지방의 사원에 거주하여 주변의 지리를
　　　잘 알고 있었을 선사들이 이에 대한 조언을 하였을 가능성은 충분
　　　히 인정된다.

할을 담당한 것으로 생각한다.

다음으로 태조의 선종정책은 선종사원을 통하여 지방지배 거점의 확보에 목적이 있었다. 즉위 당시 태조는 지방관을 파견하여 직접적으로 지방을 지배할 수 없었다.[63] 비록 今有와 租藏 등의 임시관리가 파견되고 있었으나,[64] 한계가 있었다. 태조는 지방사회에 큰 영향력을 가진 선종사원을 통하여 자신의 지배권을 행사할 거점을 확보하고자 하였다. 선종사원은 衆望 있는 고승들을 중심으로 많은 道俗이 결집하여[65] 여론형성의 구심점 역할을 하면서, 호족으로 성장하기도 하였다.[66] 또한 선종사원은 호족의 거점이 될 수 있는 조건을 갖추고 있었다.[67]

이러한 선종사원에 존경받으면서도 자신에게 협조적인 선승을 주지로 파견함으로써 불교를 보호한다는 명성도 얻고, 선종사원을 통치권 내로 흡수하는 효과도 거둘 수 있었다. 나아가 지방세력으로 성장하거나, 군사 요충지에 자리한 선종사원을 지방지배의 거점으로 삼아

---

63) 『高麗史』卷93, 崔承老 時務策 7條.
64) 『高麗史』卷77, 百官2, 外職.
65) 崔仁杓, 「新羅末 禪宗政策에 대한 一考察」, 『韓國傳統文化研究』9, 1994, 참조.
66) 경문왕 12年(872) 당시 동리산문의 大安寺는 40명의 복전과 494결의 토지, 그리고 시지 143결, 염전 43결과 노비 23명을 소유하고 있었다. 영향력의 범위도 곡성·구례·광양을 중심으로 형성되어 있었다. 윤다가 주지할 무렵의 대안사는 소유 토지가 진주·영광·나주·보성·승주·합천은 물론 섬들에까지 존재하고 있었다.(金杜珍, 「羅末麗初 桐裏山門의 成立과 그 思想」, 『東方學志』57, 1983, pp.16~18.) 그리고 정토사 현휘의 비 음기에 보이는 중원부의 道俗二官·公卿父老士庶가 단월로 존재하였다는 것(「淨土寺法鏡大師慈燈塔碑」, pp.219~222.)과 흥녕사 절중의 탑비 음기에 보이는 단월들의 규모는(「興寧寺澄曉大師寶忍塔碑」, pp.303~307.) 이러한 사실을 잘 보여주고 있다.
67) 심충이 기부한 희양산을 둘러 본 도헌이 승려가 살지 않으면 도적의 소굴이 될 것이라 한 것이 대표적인 예이다.(「鳳巖寺智證大師寂照塔碑」, 『校勘譯註歷代高僧碑文』(新羅篇), p.322.)

주변에 대한 영향력을 확대함으로써 집권력을 강화하는 효과도 얻을
수 있었다.

> N)-① 中州에서 소문을 듣고 기꺼운 마음으로 찾아오는 사람이 백천이나
> 되었다. 스님이 자리를 정하고 禪榻을 펴자 사방에서 오는 자가
> 띠 집을 가득히 채웠으며, 벼와 삼을 세운 것처럼 빽빽하였다.
> …… 안개처럼 모이고 구름처럼 돌아갔다.(「淨土寺法鏡大師慈燈
> 塔碑」, p.239.)
> ② 비록 산중에서 고요히 지키고 있으나, 域內에 위엄과 용맹을 떨쳤
> 다. 조용히 魔軍을 항복받는 기술을 떨치고, 불교를 돕고 순화하는
> 공을 드날렸다. 드디어 개미처럼 모인 흉한 무리와 뱀 같은 逆黨
> 들로 하여금 어리석고 미혹한 성품을 고치게 하고 강폭한 마음을
> 순화시켜 점차 다툼을 그만 두게 하여 각기 안도를 기약케 하였
> 다.(「鳳巖寺精眞大師圓悟塔碑」, p.487.)

N)-①은 현휘가 충주 정토사에 머물자 많은 단월들이 모여들었으
며 주변에 대한 영향력도 매우 컸음을 보여준다. 당시 조정의 士類
들이 禪門 출입 않는 것을 큰 수치로 여길[68] 정도였다. 충주는 지
리적으로 한반도의 중부에 위치하여 전략적으로 중요한 요충지로서
충주유씨를 중심으로 하는 강력한 호족의 근거지였다. 이러한 지역
에 현휘를 주지로 파견함으로써 정토사를 거점으로 하여 조정의 사
류뿐만 아니라 중원부의 道俗2官·公卿父老·士庶를 단월로 확보
하고,[69] 주변 사회에 대한 영향력을 증대하려 한 것이다.[70]

---

68) 「淨土寺法鏡大師慈燈塔碑」, p.241.
69) 「淨土寺法鏡大師慈燈塔碑」, pp.219~221.
70) 정토사에 주지하는 현휘를 통하여 충주유씨 등의 호족을 회유·포섭함과
    동시에 충주를 중심으로 주변 지역에 영향력을 행사할 수 있는 거점을 확
    보하기 위한 것이었다.

N)-②는 긍양이 문경 봉암사에 머물면서 단월들에게 영향력을 미치고 있음을 보여준다. 봉암사가 위치한 문경은 새재와 인접한 전략적 요충지여서 후삼국 쟁패기에는 이 지역을 차지하기 위한 노력이 치열하게 전개되었다.[71] 이러한 지역에 위치한 봉암사에서 긍양이 영향력을 발휘하여 주변의 兇徒나 逆黨이 사나운 마음을 고치고, 농민들이 安堵를 기약케 하였다는 것은 지방사회를 안정시킨 것으로 통치력의 침투를 쉽게 하는 효과가 있었다.[72] 긍양은 견훤에게 협조하였던 승려로[73] 스스로 태조에게 가서 협조하는 것은 후백제 지역의 통합과 통치력 행사에도 기여하였을 것이다.

한편 동리산문 대안사의 배후에는 이름조차 남길 수 없을 정도로 신라정부에 적대적인 호족이 단월로 존재하였고, 이 세력은 견훤이 흡수하였을 것이라 한다.[74] 지리적인 위치로 보아 곡성의 대안사는 견훤의 세력권 내에 있었을 것이다. 이런 점에서 대안사에 주지하고 있던 윤다에게 토지와 노비를 지급하고[75] 있음은 대안사를 거점으로 후백제 지역에 대한 영향력 확대를 꾀한 것이라 할 수 있다.

따라서 선종사원에 대한 우대와 포섭, 그리고 협조적인 선승의 주지 파견을 통한 선종사원의 장악은 태조의 통치력 강화와 직결될 수 있다. 태조는 존경받는 선승을 포섭하여 자신을 지지하게 만들고, 선

---

71) 추만호, 『나말려초 선종사상사 연구』, 이론과실천, 1992, p.140.
72) 웅천주는 김헌창이 난을 일으킬 때 중심지였고, 또 백제유민의식도 상당히 뿌리 깊은 지역이었다. 여기에 도적까지 발생하여 지배에 상당한 곤란을 느껴야만 했다. 이런 상태에서 남포의 群賊들이 성주사를 습격하다 무염의 교화를 받아 개과천선하자 문성왕이 통치에 상당한 도움이 되었다 하고 있는 것은 선종사원이 지방에 대한 영향력 증대의 거점이 될 수 있는 가능성을 보여준다 할 것이다.(「崇巖山聖住寺事蹟」, 『考古美術』98, 1968, p.450, 참조.)
73) 추만호, 앞의 책, 1992, p.144.
74) 金杜珍, 앞의 논문, 1983, pp.20~21.
75) 「大安寺廣慈大師碑」, p.357.

종사원의 주지로 파견하여 그들의 영향력으로 통치력을 침투시켜 왕권의 안정과 중앙집권체제의 확립을 도모한 한 것이다.[76]

후삼국통일 후 선종사원은 태조에게 예속되는 모습이 뚜렷하다.[77] 선승을 초청하고 대하는 태도에 군주로서 태조의 사회적인 지위가 반영되고 있다. 다음의 자료에는 후삼국통일 후 선승들의 입장과 태조의 입장이 잘 드러나 있다.

> O) "일찍이 대왕전하와 香火의 인연이 있어 영원히 王臣에게 의탁하여 부촉을 말하고자 한다. 그런 까닭으로 노승은 홀연히 병을 참으면서 바람처럼 달려가되 급한 걸음으로 가서 한 마디만 하려는 것이며, 다른 것을 구하지는 않는다." …… 임금이 대답하여 말하기를 "法은 나라로 말미암아 흥왕하는 것이라는 말이 진실로 빈말이 아니다. 실로 대사는 안심하고 道를 생각하여 오랫동안 生靈을 보호해 주기를 바란다. 제자는 法城의 담장과 요새가 되어 金城과 湯池처럼 지키겠다." 하였다.(「淨土寺法鏡大師慈燈塔碑」, pp.241~242.)

현휘는 죽음에 임박하여 향화의 인연을 명분으로 개경에 가서 정토사의 보호를 요청하였다. 이는 정토사의 존속을 세속권력에 의지하겠다는 의미로 풀이할 수 있다. 이에 대해 태조는 불교의 발전이 국가에 의존하고 있음을 밝힘으로써 국가의 존재 의의를 강조하여 국가를 우위에 두려는 뜻을 분명히 하였다. 현휘는 세속권력에 정토사를 보호해 줄 것을 부탁한 반면에 태조는 국가의 존재 의의를 강조함으로써 불교가 국가권력 아래 위치하여 봉사할 것을 요구한 것

---

76) 최승로의 시무책 10조에 "승려들이 군과 현을 왕래하면서 …… 관원과 백성은 그 중이 혹 왕명을 지닌 것이 아닐까 하는 생각으로 감히 말도 못합니다." 한 것에서 왕명을 받아 집행하는 승려들의 존재를 확인할 수 있다.

77) 崔仁杓, 앞의 논문, 1998, pp.256~262, 참조.

이다. 현휘는 부촉을 명분으로 이를 거부하지 않은 것으로 보인다. 선승이 선종사원의 보호를 권력에 의존하려는 태도는 이엄의 경우에도 볼 수 있다.

> P) "나와 대왕은 예부터 인연이 있었으니 지금 마땅히 만나서 訣別의 인사를 하려한다." 하고는 문득 행장을 꾸려 서울에 이르렀다. …… 대사가 병이 깊어 허약함에도 특별히 임하였는데, 보는 것을 얻지 못하고 사람에게 말을 남겨 계족산에 기약이 있다.(「廣照寺眞澈大師寶月乘空塔碑」, p.42.)

이엄은 옛 인연을 내세워 광조사의 보호를 요청하려 하였지만, 태조를 만날 수 없었다. 죽음을 앞둔 병든 몸으로 개경까지 이별의 인사를 위해 가야만 했던 이엄과 香火의 인연을 내세워 보호를 요청하는 현휘의 모습에서, 태조와 선승들의 관계를 짐작할 수 있다.

이러한 선승의 태도는 신라 말의 상황과는 크게 다른 것으로 화엄종의 대두 및 통일정권의 형성과 관련이 있는 것 같다. 태조의 화엄종에 대한 관심은 청태 초(934~936)부터 높아지는 것 같다. 화엄종 승인 탄문에 대한 우대[78]와 후백제를 평정한 다음 연산에 개태사를 창건하고 영원히 화엄의 사찰로 한 것은[79] 태조의 보호 아래 화엄종이 세력을 얻어 가는 과정을 보여주는 것이다. 태조가 화엄종에 관심을 갖는 것은 화엄종이 중앙집권적인 이념과 전통적으로 관계가 깊었기 때문일 것이다.

아울러 화엄종이 융회적인 성격을 지니고 있었다는 것도 한 가지

---

78)「普願寺法忍印國師寶乘塔碑」, 李智冠, 『校勘譯註歷代高僧碑文』(高麗篇2), 伽山文庫, 1995, p.96.
79)『新增東國輿地勝覽』卷81, 連山縣 佛字.

요인이었을 것이다. 후삼국을 통합한 다음 서로 이질적인 요소들을 통합하여 새로운 사회의 구성과 왕권의 안정, 중앙집권체제의 구축을 시도하는 시점에 이르러 개인주의적 사유체계를 가지고 있는 선종보다 융회적인 성격을 갖는 화엄종의 이념이 태조의 정책과 어울리는 점이 많았을 것이다.

 태조가 화엄종에 대한 관심을 증대시키고, 선종에 대한 규제를 강화하며,[80] 통일정권의 형성이라는 새로운 상황이 전개되면서 위기감을 느낀 선승들은 세속의 권력에 더욱 협조적인 자세를 보이게 되었다. 선종은 새로운 사회상황에 적응해야 했다. 혼란한 사회상황과 사회주도권의 향방을 예측할 수 없었을 때의 세속권력에 대한 태도와 세속권력의 향방과 선종에 대한 정책의 방향 및 사회적 목표가 분명해진 때의 태도가 같을 수는 없기 때문이다. 선종의 유지와 발전에 필요한 여러 가지 자원을 세속으로부터 공급받아야 할 선종으로서는 어쩔 수 없는 선택이었다. 이에 따라 선종은 점차 독자성을 잃고, 세속의 권력에 예속되어 갔다.

---

80) 태조의 초청을 받아 개경에 온 선승들은 개경이나, 그리 멀지 않은 곳의 사원을 제공받았다. 이때 선승들은 거주지 이전에서 상당한 제약을 받은 듯하다. 그것은 선사들이 거주지를 옮기려 할 때 태조의 허락을 받고 있기 때문이다. 태조가 선승의 거주지 이전을 규제하는 것은 선승의 영향을 받고 있는 정치세력의 이탈을 막고,(崔仁杓, 앞의 논문, 1998, pp.259~260.) 선승들이 사원을 거점으로 하여 지방통치의 한 부분을 담당하고 있었기 때문일 것이다. 한편 지방세력과 선승의 결합을 방지하는 조치로 파악하기도 한다.(徐珍敎, 앞의 논문, 1996, p.378.)

제4장

高麗 初 王權과 禪宗

제1절 太祖의 執權力强化와 禪宗規制

1. 執權化 方向

918년 추대의 형식을 빌려 왕위에 오른 태조는 서울을 송악으로 옮겨 정치·군사적인 기반을 확고히 하는 한편으로 사회의 제 세력을 통합하는 여러 가지 정책을 추진하였다. 대외적으로 중국 5대의 여러 나라와 교류하여 국제적인 지위를 높이는[1] 한편으로 신라에 대해서는 우호적인 정책을 취하여 정치적 정통성 확보에 노력하였다. 그리고 후백제에 대해서는 적대적인 정책을 취하였다. 이러한 태조의 정책은 성공을 거두어 935년 경순왕의 투항을 받고, 이듬해 일리천 전투에서 신검의 군대를 격파하여 후삼국을 통일할 수 있었다.

태조가 건국 후 안게 된 가장 큰 과제는 호족을 왕권 아래 복속시켜 왕권을 강화하고, 지방에 대한 지배력을 강화하여 중앙집권적인 지배체제를 이룩하는 것이었다. 당시 각처에는 호족들이 독립적인 무력과 경제기반을 소유하고 독자적인 세력권을 형성하고 있었다. 또 중앙에서 태조와 같이 활동하고 있었던 호족 출신 장수들도 전쟁에서 얻은 전리품을 나누어 갖고 사병을 양성하여 정국불안의 요인

---

1) 李基白, 「高麗 初期에 있어서의 五代와의 關係」, 『高麗光宗研究』, 一潮閣, 1981, 참조.

이 되고 있었다.[2] 그러므로 태조는 정국을 안정시킬 다양한 방법을 모색하였다.

태조는 각지에서 독자적인 세력권을 형성하고 있던 호족의 통합에 정책의 역점을 두었다. 일부의 호족들은 태조가 즉위한 다음에도 태도를 분명히 하지 않아 태조의 근심거리가 되고 있었다.[3] 따라서 태조는 이러한 호족을 회유하거나 억압을 통하여 고려에 협조하도록 유도하였다. 태조는 각지의 호족에게 사절을 보내 '重幣卑辭'라는 저자세로 親和의 뜻을 표시하고, 복속해 오는 호족에게는 官階의 부여 등 특별한 대우를 하여 주었다.

태조는 여기에 그치지 않고 호족들을 회유·포섭하기 위한 구체적인 방법들을 강구하였는데, 첫 번째로 들 수 있는 것이 호족의 딸들과 혼인이었다. 태조는 6왕후 23부인을 두었다. 그중 경순왕의 백부 김억렴의 딸인 신성왕후 김씨를 제외하면 모두 호족의 딸들이었다. 태조의 이러한 혼인형태는 정략결혼의 성격을 지니고 있으며,[4] 유력한 호족, 또는 호족 출신의 관료들과 인척관계를 맺음으로써 유대를 돈독히 하여 정국의 안정을 도모하기 위함이었다.

한편 태조는 왕실 세력의 결집과 세력의 확산을 위하여 근친혼과 賜姓을 시행하였다. 태조는 모두 25명의 왕자와 9명의 왕녀를 얻어 이들 이복남매를 혼인시킴으로써 왕실세력의 분산을 막으려 하였다.[5] 그리고 유력 호족이 귀부하여 올 경우에는 왕씨 성을 내려 주어 그들과 의제친척관계를 맺음으로써 왕실세력의 확대를 꾀하였다.[6]

---

2) 『高麗史節要』卷1, 太祖 1年 6月 丁巳, 참조.
3) 『高麗史』卷92, 王順植, 참조.
4) 金哲埈, 「後三國時代의 支配勢力의 性格」, 『韓國古代社會研究』, 知識産業社, 1975, p.266.
5) 鄭容淑, 「高麗 初期 婚姻政策의 추이와 王室族內婚의 成立」, 『韓國學報』37, 1984, pp.56~59.

태조는 또 다른 호족 통합과 견제방법의 하나로 事審官制度와 其
人制度를 시행하였다. 사심관 제도는 태조 18년(935)에 경순왕이
항복하자 경주의 事審으로 삼아 부호장 이하 관직 등에 관한 사무
를 보게 한 데서 비롯하여[7] 다른 공신들에게도 이 제도를 적용하면
서 널리 시행되었다. 이 제도는 중앙정부의 지배력이 지방에까지 미
칠 수 없었던 당시의 실정에서 수도에 거주하는 지배층을 매개로 한
간접 지방통제를 시도한 것이다.[8] 그리고 기인제도는 향리의 자제를
뽑아 서울에 볼모로 잡고, 출신지의 사정에 대하여 자문케 하였던
것으로[9] 지방에 거주하고 있는 호족에 대한 견제책이었다. 따라서
두 제도는 내용을 달리 하고 있으나, 추구하는 바의 목적은 모두 호
족에 대한 통제 겸 회유의 필요성에서 출발한 제도였다.[10]

이와 같이 태조가 호족의 통합과 규제에 많은 노력을 기울였던
것은 왕권의 강화와 중앙집권적인 통치체제의 구축을 위한 것이었다.
더욱이 건국 초에는 지방통치 조직이 완비되지 못하였고, 또 호족들
이 독자적인 세력권을 구축하고 있었으므로 회유·포섭·억압을 통
하여 간접적으로 자신의 지배력을 침투시키려 하였다. 태조 때 지방
지배는 다음의 자료에서 보는 것처럼 제도적으로 완비되지 못하였다.

A) 임금이 백성을 다스리는 법은 집집마다 가거나 날마다 볼 수는 없는

---

6) 명주에서 독자적인 세력기반을 가지고 있으면서 태조에게 귀부하지 않아 근
   심거리가 되고 있던 김순식이 귀부하여 오자 왕씨 성을 내려 준 것은 대표
   적인 예라 할 수 있을 것이다.(『高麗史』卷92, 王順式.)
7) 『高麗史』卷75, 選擧志3, 銓注 事審官.
8) 河炫綱, 「高麗王朝의 成立과 豪族聯合政權」, 『한국사』4, 국사편찬위원회,
   1974, pp.55~56.
9) 『高麗史』卷75, 選擧, 銓注 其人.
10) 朴龍雲, 『高麗時代史』上, 一志社, 1990, p.49.

것입니다. 때문에 각 지방에 수령을 파견하고 백성들의 이해를 살피게
하는 것인 바 우리 태조가 통일하신 후 지방에 外官을 두려하였으나
대체로 초창기에 일이 번잡하여 미처 둘 겨를이 없었습니다.(『高麗史』
卷93, 崔承老, 時務策 7條)

처럼 건국 초의 혼란으로 인하여 지방관을 파견하지 못하고 있었
음을 알 수 있다. 따라서 태조 당시의 지방지배는 호족들의 협조를
얻어 지배력을 행사하는 간접 방식을 채택하지 않을 수 없었다.[11]
중앙정부는 임시관료를 파견하여 호족들의 협조하에 지배권을 행사
하고 있었다.

  B) 今有와 租藏은 같이 지방 使者의 이름인데 건국 초에 그것이 있었
     다. 성종 2년에 罷하였다.(『高麗史』卷77, 百官志2, 外職)

와 같이 금유와 조장을 지방에 파견하고 있었다. 그러나 이들이
常駐하는 외관은 아니었던 듯하고, 필요시에 호족이 지배하는 영역
에 파견하여 임무를 수행하게 했던 것으로 생각되므로 왕과 호족을
연결하는 유대가 되었을 것이다.[12] 그리고 당시의 사정으로 보아 여
기에는 호족을 주로 임명하였던 것으로 추측된다.[13] 금유와 조장은
지방 행정조직이 정비되고 상주 지방관이 파견되기 시작하는 성종 2

---

11) 건국 초 운문사와 백엄사에 대한 실태조사를 시행할 때 대내말 수문과 임
    도대감 등이 이심사 순영과 참여하고 있었다.(『三國遺事』卷3, 伯嚴寺石塔舍
    利, 같은 책, 卷4, 寶壤梨木, 참조)
12) 李基白, 「高麗 地方制度의 整備와 州縣軍의 成立」, 『高麗兵制史硏究』, 一潮
    閣, 1986, p.183. 한편 금유와 조장은 조부의 징수와 보관을 담당한
    관원으로 추측하기도 한다.(朴龍雲, 앞의 책, 1990, p.117)
13) 邊太燮, 「高麗前期의 外官制 −地方機構의 行政體系−」, 『高麗政治制度史硏究』,
    一潮閣, 1971, p.119.

년(983)에는 혁파되었다. 금유와 조장 외에도

> C) 건국 초 여러 道에 轉運使가 있었다. 현종 20년에 파하였다.(『高麗
> 史』卷77, 百官志2 外職)

처럼 전운사를 파견하였다. 이 전운사는 대체로 읍보다 광범한 지역 혹은 방면에 파견하여 호족에 대한 감찰을 행하였다. 그러나 이 역시 상주관은 아니었던 것으로 추측한다.[14] 기타 지방의 군사적인 요지에는 都護府와 都督府를 설치하여 중앙에서 파견한 외임관이 상주하였다.[15] 도호부와 도독부는 민정적인 지방관이 아니지만 중앙의 통치력이 직접 미치는 곳이었고, 호족을 견제할 수 있는 장치라는 점에서 중요한 의미를 지닌다.

태조는 호족의 동향에 큰 관심을 가졌고, 이들의 견제와 회유·포섭에 적극적인 태도를 가지고 있었다. 그러나 금유·조장·전운사 등이 모든 지역에 파견된 것도 아니었고, 또 상주관이 아닌 임시직이었으므로 지방에 대한 중앙정부의 지배력 행사에는 일정한 한계가 있었다.

한편 태조는 서경을 매우 중요하게 여겼다. 태조가 서경을 중요하게 여기는 이유에 대해서는 국방상의 이유 및 풍수지리사상과 결부시키기도 하고,[16] 또 후백제와 전투 때 군사력 동원에 원활을 기하기 위해서라 하기도 한다.[17] 또 왕권을 뒷받침할 수 있는 새로운

---

14) 李基白, 앞의 논문, 1986, p.184. 한편 징수·보관한 租賦를 개경으로 운반하는
　　　일을 담당한 관원으로 보기도 한다.(朴龍雲, 앞의 책, 1990, p.118)
15) 李基白, 앞의 논문, 1986, pp.184~188.
16) 李丙燾, 「太祖와 圖讖」, 『高麗時代의 硏究』, 亞細亞文化社, 1986, 참조.
17) 李泰鎭, 「金致陽亂의 性格 －高麗 初 西京勢力의 政治的 推移와 관련하여－」,
　　　『韓國史硏究』17, 1977, pp.75~77.

근거지 확보라는 정치상의 목적이 컸다는 견해도 제시되었다.[18] 이 들 견해 중에서 단적으로 어느 것이 옳다고 말할 수는 없지만, 태조 의 당제 왕식렴이 파견되어 서경을 지키고 있었다는 점, 왕규를 몰 아내고 정종이 왕위에 오를 때 서경의 군사력이 중요한 역할을 하고 있었다는 점 등을 고려하면 왕권을 뒷받침하는 정치적인 목적과 더 불어 복합적인 목적이 있었을 것으로 생각한다.

이외에도 태조는 민심의 수습을 위하여 조세를 감면하는 등 민의 부담을 줄여 주었고, 민의 의식세계를 지배하는 불교나 토착신앙에 대해서도 큰 관심을 가지고 있었다. 또한 북진정책도 추진하여 영토 를 청천강까지 확보할 수 있었다.

이러한 태조의 정책은 성공을 거두어 후삼국을 통합하고 호족들의 협조를 얻어 고려는 어느 정도 안정적인 정치기반을 가질 수 있었 다. 태조가 가장 관심을 가지고 추진하였던 것은 호족을 억제하여 왕권을 강화하고, 중앙집권적인 통치구조를 창출하는 것이었다. 따라 서 지방에 散在해 있으면서 큰 세력권을 형성하고, 호족에게 상당한 영향을 주고받으며, 또 민중들에게 큰 영향을 주고 있던 선종은 어 떠한 형태로든지 태조의 규제를 받지 않을 수 없었다.

2. 禪僧에 대한 規制

태조는 개인적으로 불교에 많은 관심을 가지고 있었으며, 그 표현 으로 승려들과 교분을 맺거나, 사원을 창건하고, 법회의 소문을 짓기 도 하였다. 그러나 태조의 불교에 대한 기본적인 시각이 긍정적인

18) 河炫綱, 「高麗西京考」, 『歷史學報』35・36, 1967, pp.140~149.

측면과 함께 부정적인 측면도 가지고 있어서 개인적인 신앙행위와 최고 권력자로서의 불교정책은 구분하여야 한다.

태조는 불교만 특별히 우대하였던 것이 아니었다. 그는 불교가 방대한 조직력과 경제력, 그리고 교화력을 갖추어서 사회에 대한 영향력이 큰 것을 인정하고 있었지만, 이에 못지않게 민중의 의식세계를 지배하던 또 하나의 신앙대상으로서 토착의 신에 대한 배려도 잊지 않았다.

> D)-① 6번째로 짐이 지극히 바라는 바는 연등과 팔관에 있다. 연등은 부처님을 섬기는 것이고, 팔관은 天靈과 5嶽·名山·大川·龍神을 섬기는 것이다. 후세에 간신들이 더하고 빼는 건의를 일체 금지하라. 나 또한 마음에 맹세하여 만나는 날이 나라에서 피하는 것을 범하지 않고 임금과 신하가 함께 즐기기로 하였으니 조심해서 그것에 의지하여 행하라.(『高麗史』卷2, 太祖 26年 4月)
>
> ② 왕은 포부가 크고 원대하였으며 국사를 공정하게 처리하고 상벌을 공평히 하고 절약과 검소함을 숭상하며, 현량한 신하들을 등용하였으며, 유학을 소중히 여겼다.(『高麗史』卷2, 太祖 26年 5月.)
>
> ③ 개태사는 천호산에 있는데, 태조의 眞影이 있다. 태조 19년 백제를 정벌하여 크게 이겨 하남의 30여 군을 얻고, 발해인이 모두 귀순하여 왔으므로 이에 유사로 하여금 개태사를 창건하게 하고 친히 願文을 지었다. …… 佛聖의 유지에 보답하고 山靈의 贊助에 대답하여 특히 司局에 명령하여 절을 새로 짓습니다. 이에 천호로써 산 이름으로 하고, 개태로써 절 이름을 삼았습니다. 云云 바라는 바는 부처님이 감싸서 보호하고 하늘의 힘이 그것을 돕는 것입니다.(『新增東國輿地勝覽』卷81, 連山縣 佛宇.)

D)-①은 태조의 훈요 10조 중 6조이다. 여기서 태조는 부처를 섬기는 연등회와 함께 天靈·5嶽·名山·大川·龍神 등 토착의 신

을 섬기는 팔관회를 동일하게 중요시 여기고 있었으며, 후세에 간신들에 의하여 제사의 대상이 가감되는 것을 경계하고 있다. 이는 여러 신에 대한 제사 자체의 가감이 중요하다기보다 특정 신의 가감에 따른 제사체계의 혼란을 우려한 것으로 해석한다.

D)-②는 태조에 대한 사관의 종합 평으로 상벌에 밝고 근검절약하며, 유학을 소중히 여겼다는 것이다. 태조가 유학을 통치의 이념으로 삼고자 한 것은 통일전쟁을 수행하던 시기부터였다. 그리하여 최응·김악·최승로를 비롯한 많은 수의 유학자들을 문한기구인 원봉성 등에 소속시켜 정치의 자문을 구하였다. 그리고 태조가 전쟁 중에 사원건립 등의 佛事를 자주 일으키는 데 대하여 최응이 우려를 표시하였을 때 태조는 전쟁이 끝나고 사회가 안정되면 유학으로 교화할 것임을 밝히기도 하였다.[19]

D)-③은 연산에 개태사를 창건하게 된 동기를 밝힌 것이다. 이에 의하면 개태사는 태조 19년(936)에 후백제를 크게 격파하여 하남의 30여 군을 획득하고, 발해인이 모두 귀순해 왔는데, 이러한 군사적인 성공은 佛聖과 山靈의 계속된 도움 때문이며, 이에 대한 감사의 표시로 건립한 것이다. 이는 화엄세계의 法界觀으로 왕건을 위시한 당시 인간들의 세계관·우주관이라 말할 수 있는 것으로 시공을 초월한 부처와 천상의 신·지상의 신 등 세 가지로 줄여서 구분할 수 있으며, 부처가 우선으로 다음으로는 불교수용 이전의 자연신이 종속적인 차원으로 인식되고 있었음을 보이는 것이라 한다.[20]

이러한 태조의 인식은 화엄세계의 법계관에 나타난 부처와 이에 종속된 불교수용 이전의 토착신들이 태조의 군사적인 성공을 돕고

---

19) 『補閑集』卷上, 高麗名賢集 2, p.106.
20) 許興植, 「高麗의 佛敎와 融合된 社會構造」, 『高麗佛敎史硏究』, 一潮閣, 1992, p.15.

있었다는 의미로 생각한다. 토착신은 아무래도 민들에게 많은 영향을 미쳤을 것이므로 부처와 함께 토착신의 존재를 부각시키고 있는 것은 민들을 의식한 행동으로 생각한다.

한편 후백제를 격파한 격전지 중의 하나였던 연산에 개태사를 창건하고 있는 것은 후백제인의 불만을 무마하기 위한 교화 내지 민심수습에도 목적이 있었다.[21] 그러나 태조는 개태사를 창건하는 등으로 후백제 지역에 대해 일정한 배려를 하고 있었지만, 후백제인들을 전적으로 신용하고 등용한 것은 아니어서 일정한 거리를 유지하면서 통일사업에 방해가 되는 적대적인 인물들은 냉대하였다.[22] 후백제인에 대한 차별대우는 그의 훈요 10조에서 차현 이남 공주강 밖의 사람들과는 혼인은 물론 양민일지라도 정치에 참여시키지 말 것을 당부하는[23] 데서도 알 수 있다. 그러므로 태조에 의한 개태사의 창건은 차별대우에 따르는 민중과 고려에 비협조적인 인사들을 회유·포섭하여 동요를 막고, 지방 통치조직을 정비하지 않은 상태에서 후백제 지역을 통치하기 위한 근거지의 확보에 목적이 있었던 것으로 생각한다. 사원은 지방사회에 있어서 교화와 문화의 중심지가 되고 있었기 때문이다.

이와 같이 태조는 불교와 함께 유학·토착의 신, 그리고 풍수지리설·도참사상 등을 동일하게 중요시하고 있어서 불교만 중요하게 여겼던 것은 아니었다. 태조에게 있어서 불교정책은 여러 사상정책 중의 한 부분을 차지하는 것이었고, 국가의 통제를 필요로 하는 국가

---

21) 金杜珍, 「王建의 僧侶結合과 그 意圖」, 『高麗初期佛敎史論』, 民族社, 1989, p.125.
22) 李基白, 「新羅統一期 및 高麗 初期의 儒敎的 政治理念」, 『大同文化研究』6·7, 1969, p.154.
23) 『高麗史』卷2, 太祖 25年 4月.

불교를 추구하였다.24) 이는 그의 불교인식이 긍정적인 측면과 함께 부정적인 측면이 함께 존재하는 것과 관련이 있었다. 태조의 불교정책은 단순한 우대가 아니라 통치자의 입장에서 지배권의 범위를 벗어나지 못하게 하는 강한 규제를 기본적인 방향으로 하고 있었다.

이에 따라 태조는 승려에 대한 인사관리를 강화하였다. 그리하여 태조 4년(921)에 시험을 통하여 승려들을 선발하였다. 이때의 승려 선발은 敎와 禪을 불문하고 이루어진 듯하다.

> E) 용덕 원년에 海會를 두고 승려를 선발하였다. 制하여 말하기를 "장의사의 別和尙을 어찌 다시 居士로 하겠는가?" 하고는 바야흐로 승려의 이름을 짓고 드디어 발탁하였다. 묻는 자가 비유키를 "종을 쳐서 크게 울려 천천히 퍼지는 것과 같다."고 하였다.(「普願寺法印國師寶乘塔碑」, 李智冠, 『校勘譯註歷代高僧碑文』(高麗篇2), 伽山文庫, p.93.)

이러한 승려 선발시험을 해회라고 불렀다. 이때 선발된 장의사 別和尙은 탄문으로 광종이 국사로 책봉한 화엄종의 고승이었다.25) 해회를 통하여 선발된 승려들은 학식과 중망이 있는 인물들이었으며, 이들을 각지의 사원에 주지로 파견하였을 것으로 생각한다. 물론 선발한 승려라 하여 모두 태조에게 우대를 받았을 것으로는 생각하지 않는다. 무엇보다 중요한 것은 태조에게 협조를 하느냐의 여부였을 것이다.

한편 다음의 자료는 고려 초에 태조에 의한 사원의 정비와 거주 승려에 대한 통제가 있었음을 보여주고 있다.

---

24) 許興植, 「僧科制度와 그 機能」, 앞의 책, 1992, p.362.
25) 許興植, 위의 논문, 1992, p.364.

F) 우리 태조가 처음 나라를 세우고 禪宗을 독실하게 숭상하였다. 이에 서울과 지방에 500개의 선종사원을 창건하고 승려를 있게 하였다. 한 해 걸러 서울에서 談禪大會를 열었는데, 北兵을 막고자 한 것이다. 9山의 승려들이 모이기 1년 앞서 각기 산문으로써 外方의 사원을 차지하고 法會를 열어 겨울을 지냈다. 이를 일러 叢林이라 한다.(『東國李相國集』卷25, 龍潭寺叢林會牓.)

태조는 개국한 후에 서울과 지방에 500개의 선종사원을 건립하였다. 물론 이들 사원 모두가 새로 건립한 것은 아닐 것이다. 아마도 기존의 사원을 중수한 것과 창건한 것을 합한 숫자로 생각한다. 이들 사원의 위치가 어디인지 알 수는 없으나, 지방의 요지에 건립하였을 것이다. 이는 국가적인 차원에서 사원에 대한 일제 정비가 이루어졌음을 나타내는 것이다. 정비한 사원에는 국가가 승려를 파견하여 머물게 하였다. 이때 지방사원에 파견한 승려들은 해회와 같은 일정한 자격시험을 거쳐 파견한 승려들과 고려에 협조적인 승려였을 것이다. 그렇다면 태조는 선종사원에 대한 일제 정비에서부터 주지의 파견·주지의 선발 등 僧政權을 완전히 장악하고 있었으며, 사원에 대한 강한 통제 의도를 나타낸 것이라 할 수 있다.

한편 2년마다 열리는 담선대회 개최의 근본 목적이 北兵(거란족)의 침입을 저지하기 위한 것이기는 하지만, 9산 선문의 승려들이 개경에 모여 대회를 개최하는 것은 국가의 강한 승려통제와 승려들이 고려에 협조하고 있음을 과시하는 동시에 교리의 문답을 통한 승려들의 자질을 향상시키기 위한 것으로 보인다. 담선대회나 해회와 같은 불교행사에 승려들이 적극적으로 참여하고 있는 것은 국가의 승려통제가 상당히 엄격하게 이루어지고 있었으며, 승려들이 국가의 불교정책에 협조하고 있음을 보여준다.26)

시험에 의한 주지의 선발과 주지의 파견, 그리고 승려들의 동향을 파악하기 위해서는 각지에 산재한 사원의 실태에 대한 자료가 필요하였다.

  F)-① 釋寶壤傳에는 鄕里와 氏族을 싣지 않았다. 삼가 청도군 官衙의 기록을 살피니 천복 8년 계유(태조 즉위 26년이다.) 정월 일에 靑道郡界 理審使 順英, 大乃末 水文 등의 柱貼公文에 실린 것에 의하면, 운문산 선원의 장생은 남쪽에 阿尼岾, 동쪽에 嘉西峴 운운하였고, 같은 절 三綱典主人 寶壤和尙·院主 玄會長老·貞座 玄兩上座·直歲 信元禪師(오른쪽 공문은 청도군 都田帳傳에 준함)이다. 또 개운 3년 병진년에 운문산 선원 長栍標塔公文 一道에는 장생이 11개가 있는데 阿尼岾·嘉西峴·畝峴·西北嘉峴(面知村이라고도 쓴다)北猪足門 등이다.(『三國遺事』卷4, 寶壤梨木)

  ② 개운 3년 병진 11월 19일 康州界 任道大監의 柱貼에 이르기를 선종의 백엄사는 초팔현(지금의 초계이다.)에 있는데, 절의 중 侃遊上座는 나이가 39세이고, 절의 시작과 끝은 알지 못한다.(『三國遺事』卷3, 伯嚴寺石塔舍利)

  F)-①은 운문사의 실태를 조사한 내용이다. 첫 번째 조사는 태조 26년(943)에 이루어졌는데, 이심사 순영과 대내말 수문 등이 운문사 장생의 위치와 운문사 삼강전의 직임을 맡은 승려를 파악하여 주첩 공문에 기록하였다. 주첩공문은 고려의 창건을 지지 협찬한 사원세력에게 사원전의 소유권을 확정 판결해 준 공문서였다.27) 아마도 태

---

26) 담선대회나 해회와 같은 전국적인 규모의 불교행사가 고려의 수도인 개경에서 개최되고 있다는 것에서 그렇게 추측한 것이다.
27) 金潤坤, 「麗代의 寺院田과 그 耕作農民 －雲門寺와 通度寺를 중심으로－」, 『民族文化論叢』2·3, 1982, p.152.

조가 후삼국을 통일한 후 5岬의 田地 500결을 합하여 운문사에 소속시키고, 청태 4년(태조 20년)에 운문선사로 사액하여 가사의 영음을 받들게 한 적이 있는데,[28] 이것을 공식적으로 인정하고 문서를 만든 것으로 생각한다.

정종 1년(946)에는 운문사의 장생이 구체적으로 11개가 있는데, 그 위치는 아니점·가서현·무현·서북가현·북저족문 등이라 기록하고, 삼강전을 파악하여 기록하였다. 장생의 구체적인 위치를 조사·기록한 것은 사원의 경계선과 사역을 파악하기 위한 것으로 볼 수 있고,[29] 사원의 거주 인원과 직책을 파악하고 있는 것은 역을 피하여 사원에 숨은 자들을 적발하고,[30] 한편으로 고려를 지지하는 인물들을 주지로 파견하기 위한 준비 작업으로서 승려의 성향에 대한 자료 확보가 목적이었다.[31]

F)-②는 정종 1년(946) 강주계의 임도대감이 백엄사의 위치와 거주 승려의 연령, 그리고 사원의 창건 연대 등을 조사하여 주첩공문에 기록하고 있다. 여기서도 위에서와 같은 이유로 사원의 실태조사를 행하고 있는 것으로 보인다. 사원의 실태조사관이 중앙정부에서 파견된 관원이 아니라 호족이라 하더라도 이러한 사원의 실태조

---

28) 『三國遺事』卷4, 寶壤梨木.

29) 長栍의 기능은 경계표로서의 성격과 함께 성역의 상징적인 표현으로서 그 성역의 표시였다.(崔光植, 「韓國古代의 祭儀硏究 ─政治·思想史的인 고찰을 중심으로─」, (고려대학교 박사학위논문), 1989, p.221, 참조.) 또한 신라 말에 왕실이 사원의 寺域을 설정하였다는 것을 상기할 필요가 있다.

30) 최승로의 시무28조에 국가의 役을 피하여 사원에 피신하고 있는 무뢰배들이 많이 존재하고 있음을 지적하고 있다.(『高麗史』卷93, 崔承老.)

31) 보양은 반신라 호족세력의 지원을 받았던 반신라적 사원세력의 일원이었으며, 부사 손긍훈과 협조 혹은 연합세력으로써 친고려적인 활동을 전개하였을 가능성이 높다는 견해도 있다.(金潤坤, 「麗代의 雲門寺와 密陽靑道地方」, 『三國遺事硏究』上, 영남대학교민족문화연구소, 1984, pp.53~54.)

사는 고려에 협조적인 호족에 의해 이루어졌을 것이다.

사원의 실태조사는 국지적인 것이 아닌 전국적인 규모로 실시하였다. 위의 자료 F)-① ②에서 운문사와 백엄사에 대한 실태조사가 각기 다른 지역에서 이루어졌음에도 불구하고 정종 1년(946)에 이루어지고 있어서 태조 때도 그러하였을 것으로 생각하기 때문이다. 따라서 사원의 실태조사는 국가의 필요에 의하여 일률적으로 이루어지고 있음을 알 수 있다. 태조는 사원의 실태 조사 자료를 바탕으로 주지의 파견과 같은 불교계 장악을 위한 구체적인 불교정책을 추진하였을 것이다. 시험을 통하여 학식과 덕망을 갖춘 고승을 확보하고, 사원의 실태조사 자료를 바탕으로 각지의 사원에 주지를 파견하고, 저항하는 승려 및 사원은 도태시켜 지방사회의 이념적이고 문화 중심지인 사원을 통치권 내로 흡수하여 갔다.

사원의 실태 파악과 주지의 파견을 통하여 지방의 사원을 장악해 나가는 한편으로 선승들을 개경으로 불러 모으기도 하고, 직접 사원을 방문하여 만나 보기도 하였다. 그런데 선승에 대한 태조의 태도는 즉위 전과 즉위 후, 그리고 통일 후가 서로 다르게 나타난다.[32] 호족으로서 사회적 지위 및 선종에 대한 입장, 즉위 후 군주로서 사회적 지위 및 선종에 대한 입장, 그리고 통일된 국가의 군주로서 새로운 사회질서를 창출하여야 할 과제를 안게 된 태조의 입장이 같을 수는 없는 것이라 하겠다. 이러한 태조의 입장 차이가 선승을 대하는 태도에 반영되었다.

---

32) 金杜珍, 「王建의 僧侶結合과 그 意圖」, 『高麗初期佛敎史論』, 民族社, 1989, pp.113~115, 참조.

<h4 align="center">〈표 4-1〉 태조즉위 전 선승에 대한 태도</h4>

선승명	초청형태 및 선승의 반응	태조의 대우	비 고
경 유	암혈에서 난 피함(908) 남정길에 군영으로 초청 받아들임(909) 동행 거절	자주 찾음 왕사로 대우	철원에 들어 온 것으로 추정 일월사에서 입적(921)
형 미	귀국 후 무위사에 머물다 초 청받음, 상봉 후 철원으로 감	공양물 内庫에 서 충당	개주의 □운산에 탑 건립 후 태안사라 함

*李智冠, 『校勘譯註歷代高僧碑文』(高麗篇1·2), 伽山文庫, 1994를 자료로 작성.

　　<표 4-1>을 살펴보면 경유는 南征 중이던 태조가 군영으로 초빙하여 상봉이 이루어졌고, 형미는 무위사에 머물고 있던 중 나주 정벌에[33] 나섰던 태조의 초청으로 만났다. 즉위하기 전의 태조는 戰場에 나가는 길에 軍營으로 선승들을 초청하여 만남이 이루어졌다. 이러한 태조의 태도는 선승들에 대한 호기심도 작용하였을 것이지만, 지역의 실정을 잘 파악하고 있는 선승들의 협조를 구하는 것으로 생각한다. 선승이 태조의 정벌사업에 협조한 예로는 청도 경계에서 吠城의 산적을 토벌할 때 공격방법을 알려주었던 보양이 있었고,[34] 용문사·직지사·해인사 등도 경주를 둘러싼 견훤과 충돌 지역에 위치하여 있으면서 태조를 도왔던 사원들이다.[35]

　　그러나 궁예의 신하로서 선승들을 철원으로 불러올 수 없는 현실적인 제약으로 인하여 태조가 즉위하기 전에 선승들과 접촉하는 것

---

33) 903년 3월에 태조는 나주를 점령하였고, 궁예를 피할 목적과 함께 나주에 동요가 있어 909년에 재차 나주 정벌 길에 나서고 있다.(『高麗史』卷1, 高麗世系.)

34) 『三國遺事』卷4, 寶壤梨木.

35) 「龍門寺重修碑」, 『韓國金石全文』, p.372: 「直指寺事蹟碑」, 『朝鮮金石總覽』下, p.190: 李智冠 編, 「伽倻山海印寺古蹟」, 『伽倻山海印寺誌』, 1992, p.562. 참조.

은 상당히 조심스러웠다. 궁예는 선승들에게 별반 호감을 가지지 못하여 형미가 궁예에게 박해를 당한 것으로 추정되고 있으며,[36] 또 궁예의 教說에 대해 석총이 사설괴담이라 비난하는 것을 보면,[37] 궁예가 신봉하고 있던 불교는 당시 유행하던 불교와 상당한 차이가 있었다. 그러므로 태조가 선승을 대동하고 철원으로 오거나, 선승들을 불러들이는 일은 매우 조심스러웠을 것이다. 이런 상황이 즉위 전의 태조가 戰場에서 선승들을 만나는 이유였을 것이다.

〈표 4-2〉 태조 즉위 후 선승에 대한 태도

선승명	초청형태 및 선승의 반응	대 우	비 고
이 엄	당에서 귀국(911), 영각산 남쪽에 머물던 중 초청받음(923), 윤음 거절 어려워 수락	태흥사·사나내원 제공, 사자의 예, 광조사 제공	오룡산에서 입적
여 엄	당에서 귀국(909), 소백산에 머묾, 초청받고 개경에 감(910)—입조 요청 거절 어려워 수락	보리사 제공	보리사에서 입적(930)
충 담	당에서 귀국(918), 초청 없이 개경에 감(919년경)	왕사로 추대, 흥법선원 제공	흥법선원서 입적(939)
홍 준	예천의 어떤 절에 머묾, 초청받고 부촉 생각하여 수락	삼귀의 예 표시, 귀산선원 제공	귀산선원서 입적(939)
현 휘	당에서 귀국(924), 특사보 내 교외서 영접	3등의 품계 내리고 국사로 예우, 정토사 제공	정토사에서 입적(941)
윤 다	낭관을 보내 초청, 산승도 왕의 백성이므로 왕명거역 불가, 개경에 감(?)	연로하므로 말 타게 함, '의빈시'에 모시고 빈객의 예, 흥왕사에 모심, 대안사로 돌아가자 토지와 노비 하사	대안사에서 입적(945)

---

36) 金杜珍,「高麗 初 法相宗과 그 思想」,『高麗初期佛教史論』, 民族社, 1989, pp.256~257, 주)39.
37)『三國史記』卷50, 弓裔.

선승명	초청형태 및 선승의 반응	대 우	비 고
찬 유	당에서 귀국(921), 삼랑사에 머묾, 초청받고 개경에 감	천왕사에 머묾	

*李智冠, 『校勘譯註歷代高僧碑文』(高麗篇1·2), 伽山文庫, 1994를 자료로 작성.

<표 4-2>에서 보는 것처럼 태조는 즉위 후 개경에서 글을 보내 초청의 형식으로 불러올리는 경우가 많았다. 태조가 군주로서 선승들을 대하고 있음을 나타낸 것이라 할 수 있다. 그런데 태조가 선승을 개경으로 불러올리는 데 있어서 형식은 조서를 내려 초청하는 형태를 취하고 있으나, 초청을 받은 선사들의 언행에서 거절할 수 없는 분위기가 느껴진다. 이엄은 綸音을 거절할 수 없다는 이유로, 여엄은 사찰을 중수하고 있던 중 입조 요청을 받고 거절하기 어려워 개경으로 갔으며, 윤다는 山僧도 또한 왕의 백성이므로 왕명을 거절할 수 없어 개경으로 갔다. 이러한 선승들의 언행은 태조가 초청의 형식을 통하여 선승들을 예우하면서도 거절할 수 없는 분위기를 조성되어 있는 듯한 인상이다.

개경에 불려온 선승들은 태조가 정해 준 사원에 머물고 있어 거주지에 대한 자유로운 선택이 상당히 제약되었다.

G)-① 대사가 서울에서 머물면서 빈번하게 해가 바뀌었는데, 매양 산천에 주목하여 죽음 맞을 땅을 택하여 안개 속에 숨고자 하는 뜻이 간절하였다. 소문을 들음에 이르러 임금이 道情을 막지 못하고, 그윽이 이별함을 아쉬워하며, 오랫동안 생각한 끝에 마침내 허락하였다.(「廣照寺眞澈大師寶月乘空塔碑」, p.40.)

② 德山으로 옮기고는 서로 자주 만나게 되었다. 그러나 죽음이 가까웠음을 생각하고 속히 雲泉으로 돌아가서 巖谷에서 지낼 수 있도록하여 달라고 伏乞하였다.(「毗盧庵眞空大師普法塔碑」, p.123.)

③ 드디어 죽기 수년 전에 산간으로 돌아가고자 하였다. 하물며 內議令
皇甫崇과 太相 忠良이 매일 대사의 공양구를 감독하여 마치 執侍
者와 같이하므로 대사의 편안하지 않음이 날로 더하였다. 어느 날
임금께 고하되 "사슴이 들판에서 자유롭게 놀듯 산중에서 조용하고
편안하게 있도록 놓아 달라"고 간청하였다. "외람되이 어명을 받아
王城에 와서 살고 있으니 점차 정이 깊어질까 하는 두려움이 軒鶴
과 梁鷗로도 비유할 수 없습니다. 엎드려 바라건대 작은 정을 쫓아
서 구름처럼 옛 산에 돌아가 물고기가 깊은 구렁에서 놀 듯 하시면
내리시는 것이 크다 하겠습니다." 하였다. 임금이 그것을 허락하였
다.(「大安寺廣慈大師碑」, pp.355~356.)

G)-① ② ③을 살펴보면 이엄·□운·윤다 등이 태조의 초청으
로 개경에 와서 머물다 하산하려 할 때 태조의 허락을 구하고 있다.
물론 이 자료들은 태조가 선승들을 우대하는 모습을 기록한 것이겠
지만, 선승들의 거주지 이전과 같은 행동이 자유롭지 못하였음을 보
여준다. 이처럼 선승에 대해 강한 통제를 가하는 것은 이들의 언행
이 지방사회에 커다란 영향력을 발휘할 수 있다는 것과 이들이 개경
에 계속 머물면서 태조에게 협조하는 것을 보임으로써 선승의 영향
을 받고 있는 여타의 세력들이 태조의 지배에서 이탈하지 않도록 하
는 정치적인 효과를 노렸기 때문일 것이다.

다음은 후삼국을 통합한 다음 태조가 선승을 대하는 태도와 선승
들의 반응을 보자.

<표 4-3>을 살펴보면 선승을 초청하는 형태에 있어서는 통일
전과 큰 차이가 없다. 그러나 경보는 견훤의 후원을 받았음에도 불
구하고 개경으로 초빙되어 극진한 대우를 받았다. 경보의 초청은 후
백제 지역의 민을 회유하려는 의도가 있었을 것으로 생각한다.

〈표 4-3〉 후삼국 통합 후 선승에 대한 태도

선승명	태조의 초청형태 및 선승의 반응	태조의 대우	비 고
□ 운	초청받고 개경에 감(937) 조계종지에 어긋남을 부끄러워하나 통일을 축하	덕산에 옮겨 머물게 함	소백산서 입적(937)
경 보	후백제 멸망 후 남산에 은거 중 초청받고 개경에 감	부처 대하듯 함	견훤의 청으로 남복선원에 머묾
긍 양	초청 없이 개경에 감 대장경 분치에 대한 자문	경이하게 여김	견훤의 후원 받은 것으로 추정

*李智冠, 『校勘譯註歷代高僧碑文』(高麗篇1), 伽山文庫, 1994를 자료로 작성.

□운은 태조의 초청에 대하여 조계종지에 어긋난다 하면서도 개경으로 가서 통일에 대해 축하를 하였다. 긍양은 태조의 초청 없이 자발적으로 개경에 가서 대장경을 나누어 두는 것에 대한 자문을 하고 있어 선승들이 태조를 대하는 태도에 변화가 있었다.

한편 <표 4-2>와 <표 4-3>을 보면 개경에 초청된 대부분의 선승들은 태조가 지정한 사원에 머물렀다. 태조가 제공한 사원이 위치한 지역은 교통의 요지이거나 후삼국 정립기에 주요 호족이 존재하던 곳이었다. 태조에게 비교적 협조적이던 선승들을 이러한 지역에 배치하는 것은 호족의 정신적 구심점인 선종사원을 효과적으로 장악하고, 이를 근거지로 지방통치에 임하려는 의도가 있었던 것으로 생각한다.[38] 건국 초에는 지방통치 조직을 제대로 갖추지 못한 상태에 있었고, 호족이 官班의 형태로 독자적인 지배권을 행사하고

---

38) 참고로 성종 2년(983) 최승로의 건의에 의하여 집권화 정책을 수행하면서 중요한 지역에 牧을 설치하고 외관을 파견하였던 지역을 열거하면 다음과 같다. 양주·광주·충주·청주·공주·진주·상주·전주·나주·승주·해주·황주로서 이들 지역과 태조가 선사들을 머물도록 한 지역들은 근거리에 위치하고 있거나 하급 지방행정구역들이 많았다.

있었다. 이러한 상황에서 마찰 없이 지방통치의 근거지를 확보한
다는 것은 지배력의 침투와 함께 점령지에 대한 효과적인 확보책
이 될 수 있다.[39]

이와 같이 태조는 선종사원과 선승들을 규제함으로써 이들이 호족
과 결합하는 것을 막으면서, 고려의 지배에서 벗어나는 것을 방지하
려 하였고, 비교적 정치적인 성향이 약한 선종사원을 이용하여 호족
들의 반발을 무마하면서 지방통치의 근거지를 무리 없이 확보할 수
있었다.

3. 寺院建立의 行政的 規制

고려 초에 佛事 특히 사원의 건립이 어떤 행정절차를 거쳐 이루
어지고 있었는지에 대해서는 관련 사료의 부족으로 잘 알려져 있지
않다.[40] 다만 태조가 개인적인 신앙의 차원이 아닌 정책적인 차원에

---

39) 개청은 보현산사에 머물고 있으면서도 「大師此時 暫移慈盖 來至郡城 尊州
　　師勤王 讚邑人之奉佛」(「地藏禪院朗圓大師悟眞塔碑」, p.135.)처럼 郡城에 나
　　가 머물면서 軍州事가 나라에 충성함을 높이 격려하였다 하는데, 이는 당
　　시 지방통치에서 선승들의 역할이 어떠하였는지를 잘 보여준다. 또한 성주
　　사 무염에 대한 문성왕의 평가에서도 이런 점을 확인할 수 있다.(「崇巖山聖
　　住寺事蹟」)
40) 고려 태조의 불교정책과 고려의 불교행정기구에 대해서는 다음의 연구들이
　　참고된다.
　　安啓賢, 「麗代僧官攷」, 『東國史學』5, 1957.
　　李載昌, 「高麗佛教의 僧科僧錄司制度」, 『崇山朴吉眞博士華甲紀念韓國佛教思
　　　　　想史』, 圓光大出版局, 1975.
　　韓基汶, 「高麗太祖의 佛教政策 －創建寺院을 중심으로－」, 『高麗初期佛教史
　　　　　論』, 民族社, 1989.
　　許興植, 「佛教界의 組織과 行政制度」, 『高麗佛教史研究』, 一潮閣, 1992.
　　許興植, 「僧科制度와 그 機能」, 위의 책, 1992.

서 신라 말 불교계의 타락과 부패, 그리고 국가의 지배 밖에 존재하는 것에 대해서 반드시 긍정적이지만은 않았고, 불교를 통치권 내로 흡수하기 위한 끊임없는 노력이 있었다는 점에서 상당히 강한 국가의 행정적인 규제가 있었음을 짐작할 수 있다.[41]

태조대에는 개경을 중심으로 사원에 대한 일제 정비가 이루어지고 있었다. 전란 중인 어려운 때임에도 불구하고 개경에 법왕사·왕륜사 등 10개의 대규모 사원을 창건하였고,[42] 오관산에 태흥사,[43] 대궐의 서북에 일월사를 창건하였다.[44] 또 후삼국을 통일한 936년에는 광흥사·현성사·미륵사·사천왕사·개태사를 창건하였다.[45] 이외 연대는 알 수 없으나 개국 초에 500여 개의 선종사원을 개경과 지방에 건립하여 승려들을 머물게 하였다.[46] 이러한 사원의 건립은 종교적·정치적 목적을 가지고 건립하고 있어,[47] 고려 초의 사원건립이 국가의 주도하에 일정한 목적을 가지고 이루어지고 있음을 알 수 있다.

許興植, 「國師·王師制度와 그 機能」, 앞의 책, 1992.
　　이 연구들은 불교 전반에 대해 규제가 이루어지고 있었다는 것과 행정기구에 대해서 밝히고 있으나, 佛事에 대한 구체적인 행정절차와 고려사항에 대해서는 미흡한 점이 있다.

41) 태조 말년에는 사원의 新創이 제한되었으며, 태조 시에 창건되었다는 500여 개의 선종사원도 도선의 개경중심 지리설에 맞추어 전국의 선종사원을 재편성한 것이라고 한다.(許興植, 앞의 논문, 「僧科制度와 그 機能」, 1992, p.361.) 이로써 보면 태조대의 사원건립은 일정한 목적 아래 정책적으로 추진되었음을 알 수 있고, 이 목적에서 벗어나는 사원의 건립은 가급적 억제되었음을 짐작할 수 있다.

42) 『高麗史』卷1, 太祖 2年 3月.

43) 『高麗史』卷1, 太祖 4年 10月.

44) 『高麗史』卷1, 太祖 5年 4月.

45) 『高麗史』卷2, 太祖 19年 12月.

46) 『東國李相國集』卷25, 龍潭寺叢林會牓.

47) 許興植, 「佛敎와 融合된 王室의 祖上崇拜」, 앞의 책, 1992, 참조.
　　許興植, 「開京寺院의 機能과 所屬宗派」, 앞의 책, 1992, 참조.

　　고려 초에 사원의 건립이 어떤 행정절차를 거쳐서 이루어지고 있으며, 어떤 점들을 고려하고 있었는지를 경청선원 홍준의 비 음기를 통해 살펴보도록 하겠다. 홍준의 비 음기는 이두문으로 되어 있어 잘 이용하지 않던 자료였다. 필자는 이 음기를 해독하고 간단한 해설을 덧붙인 남풍현의 연구를 접하게 되었으며,[48] 이것을 이용하여 고려 초 사원건립에 대한 행정절차와 고려사항을 살펴보게 된 것이다. 그러므로 이 부분은 전적으로 남풍현의 해석에 근거하여 작성하였음을 밝혀둔다.

　　홍준 비 음기의 해석문을 남풍현의 연구에서 전재하면 다음과 같다.

H) 都評省에서 洪俊和尙 衆徒의 右法師에게 帖文을 보내어 알린다.
　　師의 啓에 의하면 僧의 경우에는 赤牙縣의 鷲山에 新處所를 처음으로 (朝廷에) 보고하여 (寺刹을) 造成하고 있는 바이라고 보고하시었음.
　　縣으로부터 入京하도록 부림 받은 金達舍가 (都評省)에 출두하여 右寺의 터를 묻되 大山이므로 따로 地主가 없으며 衆(스님들)의 보고하신 모양과 같이 加知谷의 寺谷에 들어가 造成하시고 있는 바이라고 사뢰는 뜻을 직접 보고하였음.
　　이때에 敎旨가 내렸으니 "그러한가 戶丁의 地를 知事者(스님들)가 國家의 大福田處로 삼고 (이 福田處를)造成하기 위하여 (사람들을)브리시도록 하라"고 命하시었음(가르치시었음).
　　天福4年 己亥 歲次 八月一日 省史 目光
　　5年(辛丑年) 8月 21日 國家로부터 山名, 院名과 함께 14州·郡·縣의 契로써 造成시키시었다.
　　節成造使正朝 仁謙 停勵古寶

48) 南豊鉉, 「高麗 初期의 帖文과 그 吏讀에 대하여 ―醴泉 鳴鳳寺 慈寂禪師碑의 陰記의 解讀―」, 『古文書硏究』5, 1994.

H)는 사원을 건립하면서 구체적인 불사의 내용을 건립의 주체인 우법사가 도평성에 보고하고, 도평성은 관할 현의 관원인 김달사에게 보고의 내용이 정확한지를 확인한 다음 태조의 교지를 받아 도평성의 사 목광이 그 내용을 공문서로 작성하여 내려 보낸 사실을 기록하고 있다. 이 공문서는 사원건립 허가에 대한 주무관청이 도평성이며, 최종 결재권자는 태조이고, 문서의 작성자는 도평성의 최하위 관인 사 목광임을 나타내고 있다. 개별적인 내용을 살펴보고 전체적인 내용을 보겠다.

이 자료는 도평성이 사원의 건립을 허가하는 공문서의 형식을 하고 있으므로 도평성부터 살펴보겠다. 도평성은 사원건립에 따르는 제반의 사항을 건립자로부터 보고받고, 현지 관원에게 확인한 다음 왕의 교지에 따라 사원건립에 대한 허가 사항을 공문서로 작성하여 발송하는 역할을 하고 있으므로 사원의 건립에서 매우 중요한 官司였음을 알 수 있다.

그러나 『고려사』 백관지를 비롯한 각종의 자료에 도평성이란 관사가 보이지 않는다. 이는 불교와 관계되는 관사를 『고려사』 편찬자가 생략한 데서 기인한 것일 수도 있고, 또 관사가 여러 차례 개폐되는 과정에서 오는 혼란일 수도 있다.[49] 고려 건국 초에는 ～省의 명칭을 갖는 관사로 광평성·내봉성·내의성의 중요 정무기관 외에도 태

---

49) 첩문의 내용으로 보아 왕의 명령을 출납하는 기능을 가지고 있는 관사였고, 그 이름이 광평성과 비슷하므로 그런 수준의 관청명일 것으로 보기도 한다.(南豊鉉, 앞의 논문, 1994, p.7.) 그러나 광평성은 『고려사』 백관지에 「摠領百官」이라 하고 있으므로 모든 관리를 총괄하는 관사로서의 기능을 가지고 있었다. 그런데 도평성은 사원건축에 따르는 제반의 문제를 확인하고 교지를 받아 공문서를 작성하고 시행하는 기능을 가지고 있어서 광평성의 기능과는 차이가 있다. 그러므로 도평성과 광평성을 동일한 수준의 관사로 보기에는 무리가 있는 것처럼 보인다.

조 원년(918)의 인사조처에서 백서성·물장성·진각성 등의 관사를 볼 수 있고, 나머지의 司와 省들에도 각각 郎과 史로 정원을 채웠다.[50] 또 백관지에서 내서성·예빈성 등을 볼 수 있으므로 구체적인 명칭과 기능을 알 수 없는 ~省의 명칭을 갖는 여러 관청이 존재하였음을 알 수 있다. 도평성도 ~司·~省 중의 하나일 것으로 생각하나 구체적인 것은 알 수 없다.

다만 기능과 관련하여 도평성이 불교관계의 구체적인 사안을 조사하고, 교지를 받아 공문서를 작성·시행하고 있다는 점을 고려하면 불교관계 王命을 출납·실천하던 관사가 아니었을까 생각한다. 고려 초에 왕의 측근에서 봉명·실천하는 기관으로 내봉성이 지목되고 있으나,[51] 인사 담당기관으로 추측한 견해도 있어[52] 서로 엇갈린 견해를 보이고 있다. 뿐만 아니라 내봉성은 최고의 정무기관으로 나타나고 있어 도평성과는 관사의 격에 있어 맞지 않는 듯한 생각도 든다.

한편 이와 관련하여 고려 초에 왕명을 받아 국사·왕사 등 고승의 책봉·하산·입적하였을 때 喪禮를 마치는 과정을 감독하면서 돕고, 국사·왕사의 탑비를 세우는 과정을 주관하는 등 불교관계 업무를 추진하던 관사로 승록사가 있었다. 이 관청은 독립된 기능을 갖기보다 불교계 운영에 대한 국가정책 수행의 보조적인 역할을 담당하였다고 한다.[53] 승록사의 기능이 이렇다고 할 때 불교관계 행정업무를 담당한다는 점에서 도평성의 기능과 유사한 점이 있다.

다음은 우법사에 대하여 보겠다. 자료에서 우법사가 누구를 지칭

---

50) 『高麗史』卷1, 太祖 1年 6月.
51) 邊太燮, 「高麗時代 中央政治機構의 行政體系」, 『高麗政治制度史硏究』, 一潮閣, 1984, p.4.
52) 李泰鎭, 「高麗 宰府의 成立 ─그 制度史的 考察─」, 『歷史學報』56, 1972, pp.3~12.
53) 許興植, 1992, 앞의 논문, pp.342~346, 참조.

하는 것인지는 알 수 없다. 다만 사원건립에 따른 제반 사항을 보고
한 대표자였고, 도평성 첩을 받을 승려로 거명하고 있어 사원 건립
의 주체가 되는 중요한 지위에 있었던 인물로 판단된다. 홍준의 제
자를 대표하는 승려로 아마도 사원건립의 책임을 맡았던 자로 생각
한다. 홍준에게는 작린·승담 등 100여 인의 제자가 있었는데,[54] 사
원건립의 대표자로서 비중이 큰 승려였겠지만 탑비의 본문에서 언급
이 없는 것은 의문이다.

적아현은 사원이 건립되고 있는 행정구역이다. 적아현은 신라 경
덕왕 때 은정현으로 개명하였고, 고려 때는 은풍현이었으며 예천군
의 영현이었다.[55] 그리고 취산은 경청선원이 위치하고 있는 명봉산
을 지칭하는 것으로 보이는데, 은풍현의 서쪽 16리에 소재하며 조선
문종의 태를 묻은 곳이었다.[56]

김달사는 사원 소재지인 적아현의 행정책임자였을 것이다. 가지곡·사
곡은 취산 내 사원을 건립하고 있는 계곡을 이르는 것으로 생각하
며, 가지곡 내에 사곡이 있었던 것으로 생각한다.

다음은 帖文의 작성연대로서 천복 4년은 태조 22년이며, 천복 5
년은 자료에서 신축년이라 하였으나 천복 4년이 기해년이므로 경자
년의 잘못이다. 천복 5년이란 연대를 따르면 태조 23년(940)이 되
고, 신축년을 따르면 태조 24년(941)이 된다. 간지보다는 연호의 사
용에 착오가 있었던 것으로 생각하므로 신축이라 한 간지를 따르기
로 한다. 앞의 연대인 천복 4년(940) 8월 1일은 사원건립에 대한
정부의 허가가 있어 문서로 알린 때를 말하는 것으로 생각하며, 뒤
의 천복 6년(941) 8월 21일은 사원의 건립공사를 마무리한 때인 것

---

54) 「境淸禪院慈寂禪師凌雲塔碑」, p.203.
55) 『三國史記』卷34, 地理1, 醴泉郡.
56) 『新增東國輿地勝覽』卷25, 豊基郡.

으로 생각한다. 한편 홍준은 천복 4년(939) 10월 1일 귀산선원 법당에서 입적하였고,[57) 곧 시호와 탑명이 내려지면서, 천복 6년(941) 10월 27일에 탑비를 세웠다.

성사 목광은 도평성 첩을 작성한 도평성의 관리로 보이며, 절성조사 정조 인겸은 사원의 건립을 감독하기 위해 국가에서 파견한 임시 관리로서 사원건립에 참여한 속관이었을 것이다. 정조 인겸은 국가가 허가한 사항이 잘 지켜지고 있는지를 감시·감독하고, 국가 대복전처인 사원건립에 따르는 비용이나 노역의 동원에 대한 협조 내지는 감독의 임무를 맡았던 인물로 생각한다.

이상의 내용을 종합하면 고려 초에 사원의 건립은 책임자 또는 대표자가 사원건립에 따른 제반의 사항을 도평성에 보고하고, 도평성은 현지 관원을 통해 확인하는 절차를 거친 다음 왕의 재가를 얻어 공문서를 작성하고, 이것을 해당사원의 건립 대표자에게 보내 공사를 하도록 하고 있음을 알 수 있다. 이것은 국가가 사원의 건립에 상당할 정도의 행정적인 규제를 하고 있었음을 보여준다.

경청선원은 새로 창건되는 사원이 아니었다.

I) 이후 醴泉에 이르러 단월을 만나니 이가 정광□□이다. …… "반드시 神人이 있어 나의 都城으로 들어올 것이므로 먼저 아름다운 祥瑞를 나타냈다." 하고 교외에서 영접할 때 禪師에게 예를 취하며 玄關에 머물기를 청하였고, 공을 치하하는 일은 하지 않았다. 여러 해 신령스러운 집에 머무니 용이 앉아 비늘을 감추는 듯하고, 잠시 사원에 머무니. …… 이때 특별히 보배로운 장소에 왕의 사람을 보내 바야흐로 그 禪의 무리들을 흩어버리고 鳳城으로 오라고 초청하였다.(「境淸禪院慈寂禪師凌雲塔碑」, pp.199~200.)

---

57) 「境淸禪院慈寂禪師凌雲塔碑」, p.201.

홍준은 예천에서 정광□□이라는 단월을 만나 그의 도움으로 이름을 알 수 없는 어떤 사원에 머물렀다. 홍준은 여기서 많은 제자들을 거두었으며, 태조가 특사를 보내 제자를 흩어버리고 개경으로 초빙할 때까지 수년간 머물렀다. 홍준이 머물렀던 사원이 경청선원의 전신이었는지 확실하지 않으나, 그의 탑비를 경청선원에 건립하고 있는 것을 보면 정광□□가 마련해 준 사원을 경청선원으로 보아도 틀리지는 않을 것이다.58) 다만 앞의 자료에서 사원을 건립하는 지역에 따로 地主가 없다는 것이 강조되고 있기는 하나 정광□□의 영향력 아래 있는 지역이면서도 소유권이 불분명한 예도 있었을 것이므로 별 무리는 없을 것으로 생각한다.

사원건립에서 국가가 고려하고 주의를 촉구하고 있었던 것은 무엇이었는지를 보자. 우선 도평성에서 김달사에게 확인한 것은 사원의 건립 지역에 다른 지주가 있는지의 여부였다. 지주의 유무를 확인하는 이유는 따로 지주가 있을 경우 사원과 소유권 마찰을 일으킬 우려가 있고, 또 무단으로 사원에 대한 토지의 희사가 이루어짐으로써 있을 수 있는 公田의 침식을 막기 위한 것으로 생각한다.

그리고 호족의 소유지일 경우에도 같은 문제가 발생할 우려가 있다. 이러한 추측이 가능한 것은 태조가 사원에 대한 정비를 시행하였으며, 사원에 대한 실태조사를 행한 자료가 『삼국유사』에 보이기 때문이다.59) 이때의 조사는 사역의 범위·머무는 승려·연령·사원의 연혁 등 다방면에 걸치는 것이었다.

다음으로 도평성이 사원의 건립을 두고 주의를 기울인 것은 풍수지리설에 입각한 사원의 위치였다. 도평성은 경청선원이 국가의 大

---

58) 통상 탑비는 해당 승려가 머물렀던 사원 중에서 인연이 많았던 사원에 건립한다.

59) 『三國遺事』卷4, 寶壤梨木.

福田處로서의 기능을 갖도록 요구하였다. 이는 비보사탑설에 근거하여 사원의 국가에 대한 봉사 기능을 강조한 것이다. 그리고 사원의 무분별한 창건을 막고, 불교에 대한 통제를 강화하기 위한 하나의 수단이었을 뿐만 아니라 태조의 신라 말 불교계 행태에 대한 인식과 연관이 있었다. 훈요 10조 중 2조에서

> J) 둘째 여러 사원은 모두 도선이 산수순역에 따라 미리 정한 곳에 창건하라. 도선이 말하기를 "내가 지정한 곳 외에 망령되게 창조를 더한다면, 地德을 손상시키고 엷게 하여 나라가 영원하지 않을 것이다." "짐이 생각하기로 후세의 국왕·공후·후비·조신들이 각기 원당이라 칭하여 혹 창조를 더한다면 크게 걱정되는 것이다. 신라 말에 다투어 부도를 만든 것이 지덕을 손상시켜 쇠퇴하여 망하였으니 경계하지 않을 수 없다"고 하였다.(『高麗史』卷2, 太祖 26年 4月)

한 것처럼 사원의 위치는 도선이 지정한 山水順逆에 따라야 하며, 신라의 멸망은 이를 따르지 않았기 때문이라 하였다. 이는 풍수지리설을 내세워 사원의 무분별한 건립을 경계한 것이다. 따라서 홍준의 제자들이 추진하고 있는 사원의 건립에서도 풍수지리설에 입각하여 지덕을 손상시키지 않을 장소가 필요하였고, 중건하는 사원의 기능도 국가 대복전처여야 했다. 경청선원은 이 조건을 충족하였기 때문에 사원의 중건을 허가하고 농민을 노역에 동원할 수 있도록 조처하고 있는 것이다.

당시 佛事에서 풍수지리설을 중요시하였음은 혜종 1년(944)에 건립한 오룡사 법경대사 비 음기에 기록된 비 건립에 참여하였던 사람들의 직책 중에 專知碑事·修道使者와 함께 專知地理事가 보이고 있는 데서도 알 수 있다.[60] 전지지리사가 어떤 직무를 맡고 있었는

지 자세하지는 않으나 대덕 총훈이 맡고 있어 승려가 임명되었고,[61) 또 地理事란 명칭이 땅과 관련이 있는 것으로 생각되므로 비를 건립할 때 풍수지리설에 입각하여 비의 건립장소를 선정하는 직책으로 생각한다.

한편 노역의 동원은 그 범위가 정해져 있어서 14개 州·郡·縣의 인민을 동원하도록 범위를 규제하고 있다. 불사를 위해 국가가 인민을 노역에 동원할 수 있도록 허용한 예로는

> K) 본산에 탑을 건립하도록 하되 재물은 관의 창고에서 내고, 役은 근처의 民으로써 하였는데 장엄하고 주밀하게 다듬은 것이 매우 妙하였다.(「大安寺廣慈大師碑」, p.357.)

처럼 윤다의 탑비를 건립할 때 비용은 관에서 부담하였지만, 노역은 인근 주민을 동원하도록 조치한 바가 있었고, 또

> L) 문하 스님들이 대사의 紀蹟碑를 세워 빛나는 것이 썩지 않도록 청하니 임금이 허락하였다. 그러나 석판이 될 만한 것을 구하기가 매우 어려웠다. 남해 바닷가 여미현에서 파내어 취하여 배로 운반하도록 하였는데, 그 수고로운 비용을 계산하니 千萬뿐이겠는가? 재가를 받아 그곳에 도착하여 役을 일으키려는 의논을 하였다.(「鳳巖寺精眞大師圓悟塔碑」, p.508.)

와 같이 긍양의 탑비를 건립하는 데 필요한 석판을 구하기 위해 허

---

60) 「五龍寺法鏡大師普照慧光塔碑」, p.273.

61) 당시의 선승들은 풍수지리설에 매우 많은 지식을 가지고 있어서 사원의 건립장소 선정 등에 이용하고 있었다. 심충이 희사한 희양산의 지세를 살펴본 도헌이 승려가 살지 않으면 도적이 살 것이라며 사원을 건립하고 있는 것은 선승들이 풍수지리설에 매우 밝았다는 것을 보여주는 한 예라 할 수 있다.

가를 얻어 役을 일으키려 하고 있다. 이러한 불사에 동원된 농민들은 반드시 자발적인 것만은 아니어서 도헌의 탑비를 건립할 때 동원된 농민들의 원성이 긍양의 비를 건립하는 고려 광종 때까지 전해 오고 있었다.[62]

불사에는 거대한 인력과 비용이 필요하였고, 또 노역에 동원되는 민들의 원성도 예상되는 만큼 엄격한 규제와 감시가 필요하였다. 더욱이 태조는 민들의 생활에 많은 관심을 표명하고 있었고, 민심을 수습하여 국가지배체제를 공고히 하려 하였다. 이에 따라 국가에서는 정조 인겸을 사원건립의 임시 성조사로 파견하여 인력동원과 같은 세속과 관련된 업무를 협조하고, 사원이나 호족이 국가의 통치행위라 할 수 있는 노동력 징발을 무단으로 하지 못하도록 하였던 것이다. 무엇보다 중요한 것은 오랜 세월 전란으로 시달린 민들에게 비록 종교적인 열정에 의한 자발적인 참여라 하더라도 과도한 노동력의 동원은 민의 원성을 초래할 수도 있었다. 앞에서 언급한 도헌의 비 건립에 따른 민의 원성은 대표적인 예라 할 수 있다. 신생권력으로서 호족의 집중적인 견제를 받아 견고한 권력기반이 형성되지 않은 상태에서 민의 원성을 받는다는 것은 결코 바람직하지 않은 것이었다.

한편 홍준의 비 음기에는 도평성 첩과 함께 여러 사람들의 官階와 이름을 기록하고 있는데, 이들은 비의 건립과 경청선원의 건립공사에 직·간접적으로 참여하였던 인물들로 생각한다. 그리고 도평성 첩에는 경청선원의 건립 공사에 14개 주·군·현의 노동력을 동원하였음을 밝히고 있으나, 어느 지역의 사람들을 동원하였는지, 또 작업단위는 어떻게 편성하였는지는 알 수가 없다. 사원의 건립은 광대한 규모의 재원과 노동력이 필요한 만큼 이의 효율적인 배분을 위해서

---

62) 「鳳巖寺精眞大師圓悟塔碑」, p.508.

도 노동력을 집단화·조직화하였을 것으로 생각한다.

이와 관련하여 홍준의 비 음기를 분석하고, 기타의 사원이나 불사에서의 작업방식을 통하여 경청선원 건립 공사의 작업방법을 유추해 보고자 한다. 홍준의 비 음기에서 관련 부분을 제시하면 다음과 같다.[63]

M) 國主 神聖大王　　國統 坦然

　節三剛 院主 道堂　典坐 含惠　史僧 惠允

　在家弟子佐丞 秀文　佐丞 主忠　太相 英會

　　　元甫 仁剛　正甫 仁暉　元尹 昕暉

　　　元尹 昕□　正位 元□　正位 □□

　　　太卿 昕□　吉永 □□　文忠 宗希

　　　　　　　　　　　□釋 □翠

　輔州官班 上沙喰 元吉 第二 純保 第三 英希

　寺卿村主吉萱

　官班　上沙喰 宗侃 第二 今岳　第三 主道

　　　村主 行悟 村主 能直　村主 宣直

　　　鐵匠能弋居士　石匠 相昕大 內外□□惟那　□□

M)은 전체적으로 고려의 官階를 지닌 인물과 신라의 관계를 지닌 인물로 구성되어 있다. 고려의 관계를 지닌 인물들은 지방에 있던 호족들이 고려에 복속하면서 세력의 크기에 따라 관계를 받은 것으로 생각하나,[64] 모두 그러한 것은 아니어서 고려에 복속하였으면서도 관계를 받지 못한 군소호족들도 있었을 것이다. 보주관반 이상에 기록된 좌승 수문 이하 정위□□까지는 고려의 관계를 받은 인물들로서

---

63) 「境淸禪院慈寂禪師凌雲塔碑」, pp.193~194.
64) 武田幸男, 「高麗初期の官階」, 『朝鮮學報』41, 1966, p.37.

상급 호족들로 생각한다. 그리고 태경 흔□ 이하는 그렇지 못한 군소 호족으로 생각한다. 하지만 태경이 관계인지 관직인지는 알 수 없다. 경은 촌주를 나타낸다 하므로[65] 대촌주를 나타내는 것 같다.

한편 보주관반 상사식 원길 이하 내외□□ 유나□□까지는 사원의 건립에 직접 참여하여 공사를 담당하였던 인물들로 보인다. 신라 때부터 州治나 小京이었던 곳에는 중앙과 같은 직제를 마련하고 있었는데, 그것이 신라로부터 이탈하여 호족의 관반이 되었다[66] 하므로 M)의 보주관반·관반도 그러한 부류로 생각할 수 있다.[67] 보주관반과 관반의 구성은 모두 상사식·제2·제3~로 구성되어 있어서 서로 다른 곳의 관반일 가능성이 많다. 관반의 구성원들이 동일한 칭호를 사용하고 있어 상하를 가릴 수 없기 때문이다.

그런데 재가제자 좌승 수문에서 문충 종희에 이르기까지 인물 수가 12명, 그리고 보주관반과 또 다른 관반을 합하면 모두 14개가 되는데, 도평성 첩에서 14개 주·군·현의 노동력을 동원할 수 있도록 허가하고 있으므로 이와 관련이 있을 것으로 생각한다. 이 추측을 허용할 수 있다면 고려 관계를 지닌 인물들은 출신 지역으로부터 인력을 동원하고, 나머지 2개 주의 관반이 이들을 노동단위로 조직하여 직접 작업에 임한 것이 아닐까 하는 생각이다.

보주관반과 관반의 상사식은 지방의 통치기구 내에 참여한 촌주나 史職者들이 대부분이었을 것으로 호족과는 연결되는 것이나, 중앙과는 연결되지 않는 사람들로서 지위는 높지 않았을 것이라 한다.[68]

---

65) 金光洙, 「羅末麗初 豪族과 官班」, 『韓國史硏究』23, 1979, p.126.
66) 金光洙, 위의 논문, 1979, p.127.
67) 輔州官班은 州政을 보좌하는 임무를 담당한 조직으로 州治官府와의 관계에서 비롯되는 업무를 담당하였으며, 官班은 郡政을 담당하는 조직이라 한다.(全基雄, 1987, 「羅末麗初 地方社會와 知州諸軍事」, 『慶南史學』4, p.39.)
68) 金周成, 「新羅下代 地方官司와 村主」, 『韓國史硏究』41, 1983, p.76, 참조.

이외 사경촌주는 그 지역의 사원과 연계된 임무를 맡고 있는 것으로 보이므로[69] 경청선원의 영향력 아래 있던 촌락의 대표였을 것이다. 철장 능일거사·석장 상흔대는 특수한 직임으로서 대장장이, 또는 석수장이로 생각한다.

한편 도평성 첩에서 右法師의 존재가 보이고 있어 左法師의 존재 가능성을 추정할 수 있는데, 우법사와 좌법사는 사원의 건립에서 전체적인 작업을 지휘하고 있었던 승려로 생각한다. 따라서 작업조직은 2원화되어 있었을 것으로 추정하며, 이때 우법사는 사원의 건립에서 대외적인 관계가 발생하였을 때 이를 대표하던 승려로 생각한다. 이와 관련하여 신라 말, 고려 초 佛事에서 작업반의 편성과 관련된 자료들을 금석문에서 뽑아보면 다음과 같다.

N)-① 보력 2년(826, 흥덕왕1)병오 8월 초 6일 신축일에 中初寺 동쪽 僧岳에서 한 돌이 나뉘어 둘이 된 것을 얻었다. 같은 달 28일에 두 무리로 나누고 9월 1일 이곳에 처음으로 암자를 짓게 하여 정미년(827, 흥덕왕 2) 2월 30일에 그것을 이루어 마쳤다. …… 무리의 우두머리는 둘인데 智生法師와 眞方法師이다. 作上은 秀南法師이다.(「中初寺幢竿石柱記」, 『韓國金石全文』, p.164.)

② 當州都令 佐丞王乂 執事郎中 俊文 執事郎中 官育 員外 金乂 色執事 仁悅 順忠(「地藏禪院朗圓大師悟眞塔碑」, p.157.)

③ 專知碑事 專知地理使大德聰訓 修道使者佐尹康守英 廣評省吏王翼 (「五龍寺法鏡大師普照慧光塔碑」, p.273.)

④ 弼造都令佐丞 鄭暄達公 禁敎指揮都令 釋慧初 釋能會 都監典 村主 明相卿 康順 典吉 貞能達 釋能寂 景如 幹如 如良吉 諸槃事 使用道俗幷 三百許人(「退火郡大寺鐘記」, 『韓國金石全文』, p.367.)

---

69) 末松保和,「新羅の村主について」,『新羅史の諸問題』, 1954, p.488.

⑤ 門下刻字僧 幸言 慶然 宗能 廣規
　　塔名使 大相神輔 副使佐尹 令虛
　　送葬使 正輔信康 副使佐尹 主康
　　齋　使 元尹守英 祿僧使 英順
　　修碑使 卿圭凝 直務憲規 掌持筆硯官 眞書左直學生
　　李弘廉 石匠 仍乙希(「高達院元宗大師惠眞塔碑」, 李
　　智冠, 『校勘譯註歷代高僧碑文』(高麗篇2), 伽山文庫,
　　1994, pp.26～27.)

　N)-①은 흥덕왕 2년(827) 안양 중초사에서 암자를 건립할 때 작
업반의 편성에 대한 것을 보여준다. 이에 의하면 작업반을 2개로 편
성하여 공사에 투입하고 있었으며, 작업을 지휘한 사람은 2명의 승려
였다. 이는 같은 자료에서 두 무리가 암자를 지었다 하고서, 말미에
무리의 우두머리(徒上)는 둘인데 지생법사와 진방법사라 하기 때문이
다. 당시 작업반의 우두머리를 좌법사·우법사로 불렀는지, 또 二徒
를 左徒와 右徒로 나누었는지에 대해서는 분명하지 않으나, 작업반
을 2개로 편성하고 있었음은 분명하다. 그러나 작상 수남이 있어서
지생·진방 두 법사가 노동력을 직접 동원하였던 것 같지는 않다.
　작상은 토목공사 등을 담당하는 將作에서 유래한 명칭으로 단위
촌, 또는 성의 役夫를 지휘하는 촌주급으로 이해하고 있다.[70] 다만
작상 수남은 승려이기 때문에 일반 군과 현의 인력을 동원하거나 지
휘하였을 것으로는 생각되지 않고, 승려를 동원하고 지휘하는 직책
을 맡고 있었던 것으로 보인다. 그러므로 중초사 암자 건립불사에서
는 작상 수남법사가 노동력을 동원하고 徒上인 지생법사와 진방법

---

70) 李鍾旭, 「南山新城碑를 통하여 본 新羅의 地方統治體制」, 『歷史學報』64,
　　　1977, p.54.

사가 작업반을 둘로 나누어 실제 공사과정을 지휘하였을 것으로 생각한다.

N)-②는 태조 23년(940) 개청의 비 건립에 참여한 인명과 그들이 지닌 관계 및 직책을 기록하고 있다. 여기서의 當州는 지장선원이 위치하고 있는 명주를 이르는 것이며, 도령·원외·집사낭중·색집사는 그들의 직책을 이르는 것 같다. 집사낭중부터 살펴보자. 집사낭중을 하나의 직명으로 볼 것인지 아니면, 집사와 낭중을 나누어 일을 맡은(담당한) 낭중으로 볼 것인지에 대해서는 이견이 있을 수 있으나, 필자는 나누어서 보고 싶다. 그것은 자료에서 도령·집사낭중·원외·색집사의 기록 순서가 지위를 나타내고 있는 것처럼 보이고, 또 향리직제와 유사한 순서를 가지고 있기 때문이다.

都令은 都領과 같은 존재로서 고려시대 양계 지역에 배치한 州鎭軍의 최고 지휘관이었으며,[71] 대개 그 지역의 토착 호족을 임명하였다.[72] 그러나 도령이 스스로 칭한 것이 아님은 국가 公兵인 주진군의 최고 지휘관이었을 뿐만 아니라 도령의 직위를 지닌 왕예가 좌승이란 고려의 관계를 지니고 있는 데서도 알 수 있다.

낭중과 원외는 향리직으로 생각한다. 이는 고려 초의 향리직이 당대등(호장)－대등(부호장)－[호부] …… 낭중(호정)－원외랑(부호정)－집사(사)[73]의 순서를 밟고 있어서 자료의 기록 순서와 거의 일치하기 때문이다. 다만 자료에서 원외랑이 아닌 원외로 되어 있어 문제가 없는 것은 아니지만, 크게 어긋나지는 않을 것으로 생각한다.

---

71) 金甲童, 『羅末麗初의 豪族과 社會變動研究』, 高大民族文化研究所, 1990, p.73.
72) 金南奎, 「高麗兩界의 都領에 대하여」, 『慶南大學論文集』4, 1977, pp.65~67.
   李基白, 「高麗 兩界의 州鎭軍」, 『高麗兵制史研究』, 一潮閣, 1986, p.254.
73) 李基白, 「新羅私兵考」, 『新羅政治社會史研究』, 一潮閣, 1992, p.266, 참조.
   趙仁成, 「高麗 兩界 州鎭의 防戌軍과 州鎭軍」, 『高麗光宗研究』, 一潮閣, 1987, pp.132~133.

한편 색집사는 어떤 직책인지 알 수 없으나 명칭에 있어 집사와 유사하므로 동일한 것으로 볼 수 있을 것 같다.[74]

따라서 개청의 비 건립 공사에는 명주 도령 좌승 왕예가 총지휘를 하고, 낭중 준문과 관육, 원외 김예, 색집사 인열·순충이 실제 작업에 투입한 인력을 지휘하였을 것으로 생각한다. 그리고 주진군의 최고 지휘관인 명주 도령 좌승 왕예가 비의 건립공사를 총지휘하고 있어서, 이때 동원한 노동력이 혹 군대였을 가능성도 있다.

N)-③은 혜종 1년(944) 오룡사에 경유의 비를 건립할 때 작업 모습을 보여준다. 전지비사는 비를 세우는 일을 총지휘한 사람으로 생각하며, 전지지리사는 비 건립의 장소를 풍수지리설에 입각하여 선정하는 일을 맡았을 것으로 생각한다. 그리고 수도사자는 글자 그대로 길을 닦는 사람으로 생각한다. 상당히 조직적인 모습이 보이고 있다. 그러나 하부의 조직에 대해서는 더 이상의 자료가 없어 알 수 없다.

N)-④는 퇴화군(흥해) 대사의 종을 주조할 때(광종7, 956) 참여하였던 사람들이다. 여기서 필조도령과 금교지휘도령은 종을 주조할 때 전체 작업을 지휘한 사람들이었을 것이다. 필조도령 좌승 정훤달은 북미질부성주 훤달과 동일인으로 추정하고 있으며, 그 지역의 군사권을 가진 토착의 호족이었다.[75] 그런데 금교지휘도령은 잘 알 수가 없다. 그러나 필조도령과 마찬가지로 도령이란 칭호를 쓰고 있어 군사지휘관으로 추정할 수 있으며, 승려인 석혜초와 석능회가 맡고 있어 승군을 지휘한 것이 아닌가 한다.

아마도 필조도령과 금교지휘도령은 전체 공사를 지휘하면서 노동력 동원을 책임지는 사람들이었을 것이다.[76] 필조도령은 俗人을 동

---

74) 金甲童, 앞의 책, 1990, pp.76~77.
75) 金甲童, 앞의 책, 1990, pp.73~74.
76) 고려시대에 군대가 조직적으로 동원되어 향리(호족)의 지휘 아래 불사에 조

원하여 지휘하고, 금교지휘도령은 승려를 동원하여 지휘하였을 것이다. 그러나 道監典이 설치되어 있어 이들이 직접 종을 제작하는 공정을 지휘하고 있었던 것 같지는 않다. 도감전은 승·속으로 나뉘어 있었는데,[77] 속인으로는 촌주 명상경·강순·전길·정반·능달 등이 참여하였고, 촌주 명상경의 경은 촌주를 나타내는 칭호였다.[78] 그리고 승려로는 석능적·경여·간여·여양길 등이 참여하였다. 한편 이 종의 조성에는 도·속인 300여 명을 동원하고 있는데, 이들은 도감전에 소속되어 작업에 참여한 인원과 종의 주조 때 경제적인 후원을 하였던 단월들로 생각하며, 승려는 도감전의 승려가, 속인은 도감전의 촌주들이 공정을 지휘하였을 것이다.

N)-⑤는 고려 경종 2년(977) 찬유의 탑비를 건립할 때 참여하였던 인물들이다. 여기서 탑명사는 시호와 탑명을 내려 주는 책봉사로 볼 수 있으며, 송장사는 장례를 주관하는 관리로 생각한다. 또 재사는 齋를 주관한 사람으로 추정한다. 한편 수비사는 비를 세울 때 직접 공사를 담당하였던 관리로 보이며, 경 규웅은 작업을 지휘한 촌주로 생각한다. 직무는 잘 알 수 없으나 역시 작업에 참여하였던 인물로 생각한다. 그리고 장지필연관은 종이와 붓먹 등의 문방구를 담당하였던 관으로 보이며, 진서좌직학생 이홍렴은 기록을 담당하였

___

직적으로 참여한 예로는 현종 1년(1010)에서 동왕 2년(1011)에 완성되는 예천의 개심사 석탑축조 공사에서 볼 수 있는데, 이때 동원된 군대는 광군이었다. 광군은 농민을 징발하여 편성한 부대로 지방호족의 징병에 의하여 조직되었으며, 지휘관은 향리였다.(李基白, 「高麗 光軍考」, 『高麗兵制史硏究』, 一潮閣, 1986, pp.164~167.)

77) 불사에서 도감전과 속감전이 설치되어 인적인 구성이 속인과 승려로 나뉘어 있었던 예로는 황룡사 9층목탑 중수시 편성한 작업반에서 볼 수 있다. (「皇龍寺九層木塔刹柱本記」, 『韓國金石全文』, p.195.)

78) 金光洙, 앞의 논문, 1979, p.126.

던 사람이었을 것이다. 여기서도 탑비의 건립에 조직적인 직무의 분장이 이루어지고 있었음을 알 수 있다.

이상에서 살펴본 바와 같이 신라 말·고려 초의 불사에서는 노동력으로 승려와 속인을 함께 동원하고 있었으며, 노동력을 동원하는 주체는 도령과 같은 군사지휘관과 상급의 호족이었다. 그러므로 노동력은 주변의 농민들로 구성된 군대였을 가능성이 많다.

동원된 승속의 노동력은 필요에 따라 작업반을 나누고, 이 작업반을 촌주·도상·직무 등이 지휘하여 작업에 투입하고 있었던 것으로 생각한다. 작업반의 편성 단위에 대해서는 자료가 없어 잘 알 수 없으나, 촌락을 단위로 하였을 것이다. 경청선원의 건립에서 군대를 동원하였는지는 확실하지 않다. 그러나 도평성 첩에서 우법사의 존재가 보이고 있어 좌법사의 존재를 상정할 수 있는데다, 보주관반과 또 다른 관반에 촌주들이 조직적으로 참여하고 있는 것으로 보아 위에서 살펴본 다른 사원에서의 불사와 같은 조직적인 노동단위의 편성을 추측할 수 있다.

고려 초의 불사에서는 승속의 노동력이 조직적으로 참여하였다. 이들이 군대인지는 불확실하지만 국가에서 임명한 도령이 지휘하는 노동력인 만큼 아무리 불사라 하더라도 임의적으로 동원하지는 못하였을 것이다. 또 중앙정부도 불사에 동원하는 것이긴 하나, 도령이나 호족이 임의적으로 군대를 동원하여 노동에 참여시키는 것을 허용하고 있었을 것으로 생각하지 않는다.

경청선원의 건립에서 태조가 도평성 첩을 통하여 14개 주·군·현의 노동력을 동원할 수 있도록 지정하여 주는 것은 무단적인 노동력의 동원을 막는 효과와 함께 무분별한 인력동원을 규제하여 민의 피폐를 방지하고, 사원의 건립을 억제하는 효과를 노렸기 때문이다.

건국 초 불안한 정국 속에서 호족의 무단적인 노동력 동원을 국가가 규제하는 것은 사원의 건립을 매개로 이루어지는 노동력 동원이 가져올 수 있는 호족이나, 사원의 민에 대한 물리적 영향력 확대를 방지함으로써 지방사회의 안정을 도모하고 집권력의 강화를 위한 것으로 보인다.

제2절 高麗 初 政治集團과 禪宗寺院

1. 興寧寺의 再建과 澄曉大師碑 陰記의 作成時期

891년 궁예가 흥녕사를 불태울 때 절중은 조령에 머물고 있었다.[1] 이후 절중의 行蹟을 그의 비문에 따라 정리하면 다음과 같다. 조령을 출발한 절중은 공주에서 長史 金休와 郡吏 宋巖의 영접을 받으면서 머물기를 권유받으나, 거절하고 무주에 도착한다. 이때 진성여왕으로부터 무량사와 영신사[2]에 주지해 줄 것을 요청받았으나 이를 받아들이지 않았다.

---

1) 崔仁杓, 「羅末麗初 師子山門의 動向」, 『韓國傳統文化硏究』11, 1996, pp.232~240, 참조.

2) 영신사는 충담이 수계를 받았던 사원으로 官壇이 있었을 가능성이 있으며, 국가에서 관리하였던 사원이었고,(韓基汶, 「新羅 末 高麗 初의 戒壇寺院과 그 機能」, 『歷史敎育論集』12, 1988, p.50.) 신라 말 승려의 수계처는 대개 교종사원에서 이루어지고 있었으므로 영신사도 교종사원이었다. 여기에 선종승려인 절중을 머물도록 요청하는 것은 어느 정도 정치적인 포석이 있었지 않나 하는 생각이다.

이어 郡吏 金思尹 등이 芬嶺郡(승주군 낙안면) 桐林寺를 희사하
고 주지를 요청하자 이를 받아들였다. 그 후 동림사에 災害가 일어
나 도적들이 서로 죽이는 일이 일어날 듯하다는 이유로 海路를 통
해 북상하다 풍랑을 만나 표류하게 된다. 이때 절중은 중국으로 유
학을 결심하였으나, 본산으로 돌아가라는 海神[3]의 권유를 받아 유
학을 포기하고 당성군(남양) 평진에 이른다. 이어 수진(강화도)으로
가 권 모 씨[4]의 집에서 며칠을 묵은 후 은강선원으로 옮겼으나 효
공왕 4년(900) 입적하였다.

절중은 북원의 양길과 궁예의 위협을 받으면서 흥녕사를 떠난 이래
다시는 돌아가지 못하고,[5] 약 10여 년 동안 일정한 거주지 없이 떠돌
아다닌 셈이다. 이 여정은 절중의 자의에 의한 것이라기보다는 타의에
의하여 이루어진 것이었다. 절중의 사리는 제자들에 의하여 분령군 동
림사로 옮겨져 효공왕 11년(907)에 탑을 세워 안치하였다. 절중의 탑
을 동림사에 건립하게 된 데에는 두 가지 이유가 있었던 것 같다.

하나는 사자산문의 본산인 흥녕사가 불타 없어져 탑을 세울 장소
가 없었기 때문일 것이다. 대개 선승들의 탑비는 해당 선승이 개창
하였거나, 출가·수계·스승·법형제가 주지하는 등의 인연이 많은
사원에 건립한다. 흥녕사는 비록 절중이 개창한 사원은 아니라 할지
라도[6] 절중이 머물면서 사자산문을 실질적으로 개창하고 번창시킨

---

3) 여기서의 海神이 무엇을 가리키는지는 잘 알 수 없다. 밝힐 수 없는 해상세
   력이었을 것이다. 그리고 해신이 무엇 때문에 불타 없어진 흥녕사로 돌아가
   라고 말하는지도 알 수 없다.
4) 누구를 가리키는지 알 수는 없지만 비가 세워질 당시에 이름을 밝힐 수 없
   을 정도로 고려에 적대적인 해상세력이었던 것으로 생각한다. 본산으로 돌아
   가라 권하던 해신과 동일인이었을 것이다.
5) 崔仁杓, 앞의 논문, 1996, 참조.
6) 흥녕사는 절중이 개창한 사원이 아니라 석운대선사가 그를 초청하여 머물게
   한 사원이었으므로 엄밀한 의미에서 절중이 개창한 사원은 아니었다.

사원이었으므로 탑비는 당연히 흥녕사에 세워졌어야 했다. 그러나 흥녕사가 궁예의 공격을 받아 불탔으므로 終焉地로 삼았던 동림사에 건립하였을 것이다.

둘째는 동림사가 절중과 인연이 깊은 절이었음을 지적할 수 있다. 조령에 머물던 절중이 남으로 옮겨 가 동림사에 머물게 되는 것은 늙어 죽음이 임박하였으므로 화순 쌍봉사에 가서 同學을 만나보고, 스승인 도윤의 탑에 참배함과 동시에 종언지를 구하는 데 목적이 있었다. 동림사가 위치한 승주 낙안면과 화순 쌍봉사는 가까운 거리에 있어 스승의 탑에 참배하고 동학을 만나보려는 절중의 욕구를 충족시켜 줄 수 있는 지리적인 이점을 가지고 있었다. 그러나 재해가 일어나 도적들이 서로 죽이는 일이 있을 것이므로 미리 대처하여 재난이 일어나도 아무런 상관이 없는 곳으로 가야겠다 하고 해로를 통하여 북상하던 중 은강선원에서 입적하였다. 비록 절중이 타의에 의하여 동림사를 떠나고는 있으나 동림사는 절중이 종언지로 삼았던 만큼 인연이 깊은 절이었다.

한편 절중의 탑을 입적한 장소인 은강선원에 건립하지 못한 것은 은강선원이 탑을 건립할 수 있는 여건을 갖추지 못하였고, 해안이므로 탑을 조성하기 위한 노동력의 동원에도 상당한 애로가 예상되었기 때문일 것이다. 절중의 비문에서 은강선원의 지리적인 조건과 머무는 사람들의 상태를 설명하면서

A) 縣邑 사람들이 한스럽게 여기는 것은 山寺와 거리가 멀 뿐만 아니라 바다 구석에 위치하여 오직 스님들만이 살고 있었다. 비유하면 절벽에 매달린 제비집 같았다. 그리하여 사리를 모시고 동림사로 돌아가서 천우 3년에 높이 돌무덤을 일으키고 金骨을 안치하였다.(「興寧寺澄曉大師寶印塔碑」, p.299.)

이런 점을 감안하면 동림사에 탑을 건립하는 것은 순리적인 것으로 慣例에 어긋나는 것이라 할 수는 없을 것이다. 그렇다면 절중의 비도 탑이 있는 동림사에 건립하는 것이 순리적임에도 흥녕사에 건립하고 있다. 대부분의 선승 비는 탑과 동시에 건립하고, 동일한 위치에 있기 때문이다. 그런데도 절중의 비는 흥녕사에 건립하였다. 또 흥녕사는 절중이 사자산문을 개창한 중요한 곳이었으므로 절중의 비를 그곳에 건립하는 것은 당연한 것으로 생각할 수도 있다. 그러나 비 건립 당시 흥녕사는 폐허상태로 있었다. 절중의 비를 실질적인 개창자라는 이유만으로 폐허에 세우지는 않았을 것이기 때문이다. 이를 감안하면 절중의 비를 건립할 당시에는 이미 흥녕사가 재건되어 있었거나, 비를 세우면서 재건하였음을 추정할 수 있다. 동시에 이때에 와서 왜 동림사가 아닌 흥녕사에 절중의 비를 건립하고 있으며, 흥녕사는 왜 재건하여야 했는가 하는 것이 궁금하다. 절중의 비를 건립하기 위해 절을 재건했다고는 믿어지지 않기 때문이다. 흥녕사의 재건 이유에 대해서는 절을 달리하여 살펴보기로 하고 여기서는 흥녕사의 재건 시기를 살펴보겠다.

B) 효공대왕이 일찍이 華風을 앙모하고 항상 □의 이치를 숭상하여 諡號를 주어 澄曉大師라 하고, 탑 이름을 寶印의 탑이라 했다. 翰林學士 前守禮部侍郎 朴仁範으로 하여금 비문을 짓도록 하였다. 그 인범이 잠간 명을 받들다 또한 글을 닦기 전에 병으로 누워 갑자기 죽었다. …… 지금 임금이 神器와 빛나는 寶圖를 전해 받고 天命을 받아 先王의 뜻을 이어 후에 오는 자에게 보여주고자 臣으로 하여금 법처럼 높은 공적을 찬양하라 하시지만 仁滾은 재주가 吐鳳이 되지 못할 뿐만 아니라 학문도 亡羊에 부끄럽다.(「興寧寺澄曉大師寶印塔碑」, pp.300~301.)

절중의 비문은 박인범이 효공왕의 명을 받아 짓다가 마치지 못하고 죽자, 다시 최인연(최언위로 개명)에게 짓도록 하였다는 것이다.

> C) 용덕 4년 갑신년 4월 15일에 비문을 완성하였으나, 국가에 일이 많음
> 으로써 24년을 지나서 홀연히 4군에 연기가 소멸됨을 만나 한 나라에
> 먼지가 그치므로 천복 7년 갑진년 6월 17일에 세웠다.(「興寧寺澄曉
> 大師寶印塔碑」, p.302.)

비문은 절중이 입적한 지 24년 만인 경애왕 1년(924)에 완성하였다.[7] 그러나 국가에 일이 많아 세우지 못하다, 고려 혜종 1년(944) 6월에 건립하였다. 따라서 절중의 비를 건립하는 혜종 1년(944) 6월까지는 흥녕사가 재건되어 있었다. 그런데 비문을 완성하였다는 경애왕 당시에는 신라의 지배 영역이 영월에까지 미치지 못하였고, 더욱이 비문을 완성하였으면서도 비를 건립하지 못할 정도의 상황에서 흥녕사를 재건하였다고는 믿어지지 않는다. 또 흥녕사를 불태운 궁예가 재건하였다고 보기도 어렵다. 이러한 점들을 고려하면 흥녕사는 고려가 성립한 이후에 재건된 것으로 보아야 할 것이다. 그러나 정확한 시기는 자료가 없어 알 수 없다. 다만 정황 자료들을 가지고 무리한 것이긴 하나 추정하여 본다면, 다음의 자료를 참고할

---

7) 그러나 이 자료의 비문 작성연대도 의문이 있다. 그것은 절중의 비문에서
「方離北地 漸次南行 路出公州 經過城下」(「興寧寺澄曉大師寶印塔碑」, p.279.)
라 하여 공주라는 지명이 보이고 있기 때문이다. 공주는 「公州本百濟熊川 神
文王改爲熊川州 置都督 景德王又改熊州 太祖二十三年 更今名」(『高麗史』卷56,
地理12, 公州)이라 하고 있어 공주라는 명칭은 태조 23년(940) 이후에야 사
용되었다는 것을 알 수 있다. 그러므로 비문에 공주라는 지명이 사용되었다
는 것은 비문이 태조 23년(940) 이후에 작성되지 않았을까 하는 추측을 하
게 만든다. 혹 비를 건립할 때 기존의 비문을 수정하면서 公州라는 지명으로
바뀌었거나, 아니면 그 부분이 추가되었을 것으로도 추측할 수 있다.

수 있다.

> D) 우리 태조가 나라를 세운 뒤에 선종을 돈독히 숭상하여 서울과 지방에
> 500개의 선종사원을 창건하고 승려를 있게 했다.(『東國李相國集』卷
> 25, 龍潭寺叢林會牓.)

태조는 개국 후 서울과 지방에 500여 개의 선종사원을 건립하고 승려를 머물게 하였다. 물론 500개의 선종사원은 모두 새로 건립한 것이 아니라 중건하거나, 재건한 것까지 포함한 숫자라 하더라도 개국 후에 선종사원을 일제히 정비하고 있음을 알 수 있다.

태조 때 사원의 정비 및 창건을 『고려사』에서 찾아 정리해 보면, 2년(919) 3월 개경에 법왕사·왕륜사 등 10개의 사원을 건립하였고, 개경과 서경의 석탑과 廟宇에 있는 畵像들 중 없어지거나 오손된 것을 수리하고 있으며,[8] 4년(921) 10월에는 오관산에 태흥사를 창건하였다.[9] 5년(922) 5월에는 궁성의 서북쪽에 일월사를 건립하였다.[10]

따라서 태조에 의한 사원의 창건 및 중건은 즉위 2~5년 사이에 집중적으로 이루어지고 있음을 알 수 있다. 이러한 점을 고려해 보면 개국 후라고 하는 것은 이때를 지칭하는 것으로 볼 수 있을 것 같고, 500여 개의 선종사원 중에는 흥녕사도 포함되어 있었을 것으로 생각한다. 따라서 흥녕사의 재건은 920년을 전후하여 그리 멀지 않은 시기에 이루어진 것이 아닐까 한다. 흥녕사는 신라 말 중사성에 예속되어 국가의 직접 지배를 받던 사원이었을 뿐만 아니라 궁예가 불태운 사원이었다. 궁예를 타도하고 왕위에 오른 태조 자신의 행위를 합리화시킬 수 있는 사원이었다. 재건의 이유가 충분한 것이다.

---

8) 『高麗史』卷1, 太祖 2年 3月.
9) 『高麗史』卷1, 太祖 4年 10月.
10) 『高麗史』卷1, 太祖 5年 5月.

다음은 음기의 내용이 어느 시기의 사실을 반영하고 있는가 하는 것을 생각해 보겠다. 이것은 地名을 고친 시기를 통하여 살피는 것이 편하고, 정확한 방법이 될 것 같다.[11] 음기에는 여러 시기의 지명을 혼용하고 있는데, 이들 중에서 주목되는 것이 원주·죽주·공주·제주이다. 이 중 공주에 대해서는 앞에서 살펴보았으므로 나머지를 살펴본다.

E)-① 원주는 본래 고구려 평원군이다. 신라 문무왕이 북원소경을 두었고, 태조 23년에 지금 이름으로 고쳤다.(『高麗史』卷56, 原州)

② 죽주는 본래 고구려의 개차산군이었는데, 신라 경덕왕이 고쳐서 개산군으로 하였고, 고려 초에 다시 지금 이름으로 했다.(『高麗史』卷56, 竹州)

③ 제주는 본래 고구려의 나토군인데 신라 경덕왕이 고쳐서 나제군으로 하였고, 고려 초에 다시 지금 이름으로 했다.(『高麗史』卷56, 提州)

E)-① ② ③을 보면 원주는 북원소경을 태조 23년(940)에 고쳐 부른 것이며, 죽주와 제주는 고려 초에 고쳐 부른 지명들이다. 『고려사』 지리지 서문에

F) 고려 태조가 고구려 땅에서 일어나 신라를 항복시키고, 백제를 멸망시켜 개경에 도읍을 정하고 삼한의 땅을 하나로 통합하였다. 그러나 처음의 황망함으로 인하여 經理를 정하지 못하고 있다가 23년에 이르러 비로소 여러 주·부·군·현의 이름을 고쳤다.(『高麗史』卷56, 地理志序文)

---

11) 地名의 변화를 가지고 연대를 추정할 때는 자료의 성격과 撰者의 身分, 官職 등을 잘 살펴보아야 한다. 지명은 행정적으로 변경되어 공문서 등에는 사용되고 있다 할지라도 민간에서는 꽤 오랫동안 옛 지명을 사용하는 경우가 있기 때문이다.

하여 태조 23년(940)에 주·부·군·현의 이름을 고쳐 불렀음을 알 수 있다. 그러므로 앞의 자료에서 '고려 초'라고 하는 것은 이때를 가리키는 것으로 볼 수 있다. 물론 '고려 초'의 시기에 대해서는 다양한 견해들이 제시되고 있기는[12] 하지만, E)-①에서 원주를 고쳐 부른 것은 태조 23년(940)이라 기록하고 있으므로 죽주나 제주의 지명 개정이 이보다 앞서거나 뒤진다 하더라도 전체 음기의 작성 연대를 추정하는 데는 별무리가 없을 것으로 생각한다.

태조 23년(940)에 고쳐 부른 지명이 음기에 나타나는 것은 이 음기가 태조 23년(940) 이후에 작성하였음을 보여주고 있다. 그런데 비의 건립 연대가 혜종 1년(944) 6월이었으므로 음기의 작성연대는 940년을 상한으로 하고, 944년을 하한으로 하고 있음을 알 수 있다.[13] 음기의 작성연대를 이와 같이 설정할 때 절중의 비 음기에

---

12) 지리지 '고려 초'의 시기에 대해서는 다양한 견해들이 제시되고 있는데 정리하여 보면 다음과 같다. 궁예에서 태조연간(金甲童, 「高麗 初'의 州에 대한 考察」, 『高麗史의 諸問題』, 三英社, 1986, pp.262~266. 참조)이라 하기도 하고, 성종대에 기록이 나오는 것에 국한하여 태조 23년 이전일 것이라는 견해,(李義權, 「高麗의 郡縣制度와 地方統治政策 -州·屬縣 考察을 中心으로-」, 위의 책, 1986, pp.227~234.) 또 몇 개의 예외는 있지만 역사적인 변동과 관련하여 태조대일 것으로 본 견해,(朴宗基, 「≪高麗史≫地理志의 <高麗初>年紀實證」, 『斗溪李丙燾博士九旬紀念韓國史學論叢』, 知識産業社, 1987, pp.168~184.) 또 지리지 '高麗初'의 개명군현은 태조의 통일전쟁 기간에 이루어진 것으로 본 견해(金日宇, 「高麗初期 郡縣의 主屬關係 形成과 地方統治」, 『民族文化』12, 1989, p.8) 등이 있다.
13) 음기의 작성연대를 태조 19년 이후 堯의 즉위(945년 9월) 이전이었다고 본 견해(李鍾旭, 「高麗初 940年代의 王位繼承과 그 政治的 性格」, 『高麗光宗研究』, 一潮閣, 1987, p.10.)가 있는가 하면, 혜종 즉위 후에 기록한 것이라는 견해도 있다.(朴貞柱, 「新羅末 高麗初 師子山門과 政治勢力」, 『震檀學報』77, 1994, p.31.) 전자는 郡縣의 地名改定 시기를 고려하면 상한을 지나치게 올려 잡은 감이 있고, 후자의 경우는 하한을 지나치게 내려 잡은 감이 있다. 비를 세우는 작업은 석재의 운반과 국왕의 윤허 및 문한관의 작문, 명필의 運書, 名工의 조

기록된 내용들은 전면의 비문과는 달리 940년대 흥녕사와 관련되어 있던 인물과 지역을 기록한 것으로 볼 수 있으며, 고려 초 흥녕사의 동향을 보여주는 자료로 활용할 수 있을 것이다.

2. 澄曉大師 碑 陰記의 分析

고려 초에 선종사원이 어떠한 모습으로 존재하며, 어떤 세력과 관련되어 있었는지에 대해서는 잘 알려져 있지 않다. 다만 충주 정토사 현휘의 비 음기에 기록된 자료를 분석하여 고려 초 지방사회와 선종사원의 구조를 밝힌 연구가 있어[14] 선종사원의 동향과 지방사회에서의 역할을 이해하는 데 도움을 주고 있을 뿐이다. 고려 초에는 선종사원이 지방뿐만 아니라 중앙의 정치세력과도 관련을 맺고 있는 것으로 생각하나, 이 부분에 대해서는 언급이 없다. 그러므로 여기에서는 흥녕사 절중의 비 음기를 분석하여 고려 초 선종사원과 중앙의 정치세력이 어떻게 연결하고 있었으며, 정국 운영에서 선종사원의 역할이 어떠하였는지를 살펴보고자 한다.

절중의 비 음기에는 고려 초에 개명된 지명과 官階를 부가한 다수의 인물들을 수록하고 있고, 이 중에는 고려 초 정치세력으로 개경에서 활동하던 중요한 인물들을 상당수 포함하고 있어 고려 초 흥녕사와 중앙정치세력과의 관계를 파악하는 데 도움을 줄 수 있을 것으로 생각하기 때문이다. 절중의 비 음기를 내용에 따라 나누어 옮기면 다

각 등의 과정을 거치는 매우 큰 공사였다.(許興植, 「新羅佛敎界의 組織과 行政制度」, 『新羅文化祭學術發表會論文集』8, 1987, p.114.) 따라서 혜종 1년 6월에 건립되는 비의 제작에 시간적인 여유가 없어 보이기 때문이다.

14) 蔡尙植, 「淨土寺址 法鏡大師碑 陰記의 分析 －高麗初 地方社會와 禪門의 構造와 關聯하여－」, 『高麗初期佛敎史論』, 民族社, 1989, pp.175~214.

음과 같다.[15)]

    謹錄賢哲僧俗弟子尊位排在於後

G) 能善寺主　　乘全寺主　　聰月寺主　　崔虛大德

    弘休大德　　契貞大統　　慶甫大統　　性言大德

H) 王堯君

  王昭君

  □□大王　　弼榮大王　　英章正匡　　王景大承

  淸端□主　　金鎰蘇判　　兢達蘇判　　王規佐承

  權□佐承　　王詢佐承　　王廉佐承　　誠俊元甫

  □□□相　　金奐阿湌　　金休長史　　鎰休郞

  □順元甫　　希悅助　　　兢悅助　　　式榮韓湌

  寬質韓湌

  兢鎰海湌　　賢逢元甫　　官憲元甫

  廉相海湌　　允逢元甫　　憲邕元尹　　師尹一哲湌

  侃榮阿湌　　章劍史上　　弼邢大監　　姚謙郞

  崔芳元尹　　奇悟元尹　　奇達元尹　　知連正衛

  與一正朝　　乎直阿干溟州

  剋奇溟州　　金芮卿溟州　　連世大監溟州

  王侃原州　　德榮沙干竹州　　弟宗沙干竹州

  松嵒史上公州　平直村主提州　貴平一吉干提州

  堅必村主冷州　堅奐沙干新知縣　越志山人新知縣

  哀信沙干又谷郡　能愛沙干又谷郡　世達村主奈生郡

  式榮大監冷水縣　明奐村主酒淵縣　康宣助別斤縣

  全入房所郞　吉舍村主丹越驪　崔山柒昕

I) 當時三綱典名位列

  院主希朗長老

  典座昕曉上座

---

15) 「興寧寺澄曉大師寶印塔碑」, pp.284～285.

史道澄禪師
直歲朗然禪師
□檢校維那良善長老
當維那契融上座
持客契廉禪師

  절중의 비 음기는 크게 세 부분으로 나누어 볼 수 있다. G)는 8 명의 승려 명단과 그들의 승관직을 기록하였고, H)는 왕족을 포함하여 지방의 촌주에 이르기까지 61명의 인명과 관위, 그리고 출신 지역을 기록하였다. I)는 절중의 비를 건립할 당시 흥녕사 삼강전을 기록하였다. 삼강전은 외부의 간섭 없이 이루어진 선종사원 독자조직의 한 형태이므로 삼강전의 성격도 이 시기 흥녕사의 성격을 파악하는 데 많은 도움을 줄 것으로 생각한다. 이상의 자료를 인명과 관위 및 관직, 그리고 지역으로 나누어 살펴보겠다.

  먼저 G)의 인명을 살펴보겠다. 여기에는 8명의 승려들을 기록하고 있는데, 이 중에서 다른 기록을 통하여 확인할 수 있는 인물은 능선사주·홍람대덕·경보대통 세 사람이다. 능선은 봉암사 도헌의 비 음기에 보이는 원주대덕 능선과 동일인으로 생각되며, 도헌의 제자 또는 法孫으로 추정되고 있다.[16]

  홍람대덕은 개청의 제자로서 정토사 현휘의 비 음기에 기록되어 있는 홍림대덕과 같은 인물로 추정되고 있으며,[17] 경보대통은 동리산문 옥룡사파 계승자인 경보와 동일 인물로 추정되고 있다.[18] 경보는 견훤의 도움을 받았으나, 태조의 초청을 받고 개경으로 들어 왔으며,

---

16) 추만호, 『나말려초 선종사상사 연구』, 이론과 실천 1992, p.57.
17) 蔡尙植, 앞의 논문, 1989, p.186.
18) 崔柄憲, 「道詵의 生涯와 羅末麗初의 風水地理說」, 『韓國史硏究』11, 1975, pp.109~110.

태조가 죽은 다음에는 혜종과 정종의 도움을 받기도 하였다.[19]

한편 이들은 사주·대덕·대통 등의 승관직을 가지고 있는데, 대덕은 막연히 고승을 가리키는[20] 수식어로 사용하고 있으며, 대통은 신라 때부터 사용하고 있던 승관직의 변형된 유제라 할 수 있다.[21] 그리고 사주는 신라 때 "國統一人(一云寺主)"[22]라 하여 국통의 다른 말로 사용하고 있었다. 그러나 여기에서는 사주가 3명이나 보이고 있으므로 최고 승관직인 국통의 의미로 사용한 것 같지는 않다. 아마도 당시 어떤 사원을 대표하는 승려를 의미하는 것 같다.

자료 H)에서는 왕족 및 태조 비의 아버지, 그리고 고려 및 신라의 관위를 지니고 있는 인물과 출신 지역명이 부가되어 있는 촌주 등 모두 61명의 명단을 기록하였다. 확인 가능한 인명을 살펴보면 다음과 같다.

왕요군과 왕소군은 정종과 광종을 이르고 있는데,[23] 두 왕자는 신명왕후유씨의 아들로 충주의 호족인 유긍달의 외손자이다.[24] 그리고 □□대왕·필영대왕은 누구를 지칭하는 것인지 알 수 없으나, 요와 소를 기록하고 줄을 바꾸어 기록하고 있어, 요와 소보다 격이 낮은 신분을 소유하고 있었던 것으로 생각한다. 하지만 대왕을 칭하는 것으로 보아 상당히 고귀한 신분의 소유자였을 것이다.

> J) 고려에서는 宗室의 친척을 封하여 또 높은 자를 公이라 하고, 그 다음을 侯라 하고, 작은 자는 伯이라 하며 어린 자는 司徒, 司空으로 삼는데 모두를 칭하여 諸王이라 한다. 모두 맡은 일은 없고 친함을 지

---

19) 「玉龍寺洞眞大師寶雲塔碑」, pp.427~428.
20) 許興植, 「僧科制度와 그 機能」, 『高麗佛教史研究』, 一潮閣 1992, pp.365~366.
21) 蔡尚植, 앞의 논문, 1989, p.190.
22) 『三國史記』卷40, 職官(下), 武官.
23) 『高麗史』卷2, 定宗光宗.
24) 『高麗史』卷88, 后妃1.

키고자 한 것이다.(『高麗史』卷90, 宗室 序文)

처럼 고려에서는 종실의 친척들을 왕이라 불렀다. 또한 신명왕후유씨가 낳은 아들 중에 문원대왕 정이 보이고 있어서,[25] □□대왕·필영대왕은 왕족 중에서도 상당히 고귀한 신분을 지니고 있었음을 알 수 있다. 그러나 이들이 구체적으로 태조의 왕자인지, 어머니가 누구였는지, 후원자가 누구였는지에 대해서는 알 수 없다. 그리고 청단□주는 태조의 공주였을 것으로 추정하나, 누구를 지칭하는 것인지는 알 수 없다.

영장정광은 월화원부인의 아버지로 성씨는 알려져 있지 않고,[26] 왕경대승은 정목부인의 아버지로 명주인이다.[27] 김일 소판은 송악군 태수를 역임한 바가 있고,[28] 890년경에는 무주 도독으로 있으면서 무염의 비 조성에 관여하였다.[29] 그리고 김일이 무주 도독으로 있을 때 절중이 무주로 가고 있었으므로 두 사람은 만났을 것이다.

한편 긍달 소판은 유긍달로 추정되며 충주의 대표적인 호족이었다. 왕규좌승은 광주의 호족으로 태조에게 광주원부인과 소광주원부인을 바쳤고, 혜종에게는 후광주원부인을 바치는 등 세 딸을 고려 왕실에 시집보내 중첩된 인척관계를 맺고 있었다.[30] 권□좌승은 충주의 호족 유권설로 추정된 바 있고,[31] 왕렴좌승은 김순식의 아들

---

25) 『高麗史』卷88, 后妃1.

26) 『高麗史』卷88, 后妃1.

27) 『高麗史』卷88, 后妃1.

28) 「皇龍寺九層木塔刹柱本記」, 『韓國金石全文』, p.196.

29) 「聖住寺朗慧和尙白月葆光塔碑」, 李智冠, 『校勘譯註歷代高僧碑文』, (新羅篇), 伽山文庫, 1994, p.169.

30) 『高麗史』卷88, 后妃1. 한편 왕규는 상당한 학식을 겸비한 인물로서 태조에게 문필적인 능력을 인정받고 있었을 것이라 한다.(鄭容淑, 『高麗時代의后妃』, 민음사, 1992. p.44)

장명이다. 그는 아버지를 따라 태조에게 귀부하여 왕씨를 사성받고 염으로 개명하였다.[32] 김휴 장사와 송암 사상은 징효절중의 비문에

> K) 점차 남으로 가서 공주로 나오는 길에 성 아래를 지나는데, 長史 金休와 郡吏 宋巖 등이 멀리서 자애로운 □이 이르렀다 하고 郡城으로 맞아들였다.(「興寧寺澄曉大師寶印塔碑」, p.294)

하여 절중이 공주를 지날 때 영접하여 성으로 맞아들인 공주의 지방관이었다. 관헌원보는 태조 19년(936) 일리천 전투 때 유금필·관무와 함께 흑수·철륵·달고 등 외족들의 정예기병을 거느리고 참전하였던 인물로 추정한다.[33]

염상해찬은 잘 알 수 없는데, 태조 25년(942) 5월에 태자 무·왕규·박수문 등과 함께 국가의 중요한 국사를 위임받았던 염상과 동일인으로 보는 견해가 있으나,[34] 고려의 관계가 아닌 신라의 관계인 海湌을 지닌 염상이 고려의 宰臣으로 있었다고는 믿어지지 않는다. 고려 초에는 대개 독립적 성격의 호족들이 신라식 관계를 칭하는 경우가 많으므로 그러한 부류였을 것이다.

H)에는 인명에 부가되어 있는 고려 및 신라의 관계들이 나타나 있고, 주로 촌주들이지만 출신 지역을 부가한 인물을 기록하였다. 이들은 신라 말 고려 초에 흥녕사와 관련이 있었던 인물로 본다. 그러나 이들이 실제로 흥녕사와 어떠한 연유로 연결되었는지는 확실하지 않다. 하지만 상당수의 인물들이 신라 및 고려의 고위 관계를 소유하고 있어 이들의 역할에 주목한다. 또한 광범위한 지역의 촌주이름

---

31) 蔡尙植, 앞의 논문, 1989, p.191.
32) 『高麗史』卷92, 王順式.
33) 『高麗史』卷2, 太祖 19年 9月.
34) 朴貞柱, 앞의 논문, 1994, pp.28~29.

을 기록하고 있어 이들의 역할도 주목의 대상이다. 먼저 관계와 관직에 대해서 살펴보고 지명들을 살펴보겠다. 신라 말 고려 초에는 고려식 관계를 지닌 지방의 최고 실력자 밑에 고려 건국 이전부터 吏役을 담당한 계층이 있었고, 또 신라에서 고려 초의 왕조교체 과정에서 고려 왕실에 불복한 훈구대신들이 지방으로 貶黜되어 吏役을 담당하기도 하였다. 따라서 지방의 지배집단은 고려식 관계를 받은 상층집단과 신라식 위계나 관직을 가지고 있는 하층집단으로 분류할 수 있다.[35] 그러므로 음기에 나타나는 신라 및 고려의 관계와 관직을 가지고 있는 인물들은 고려 중앙정부에서 활동한 인물들도 있었지만, 지방에서 활동하면서 고려 정부에 불복하고 있었던 상당수의 호족도 포함하고 있을 것으로 생각한다.

자료에 나타나 있는 고려식 관계를 들어보면 정광·대승·원보·원윤·정위·정조 등이다. 이들 고려 관계 중에서 정조는 태조 휘하에서 통일전쟁을 수행할 때 무장이 소유하는 경우가 많으며, 원윤은 통일 사업을 수행할 때 일선에서 핵심적인 역할을 수행한 자들로 귀부해 오는 호족에게 처음으로 수여하는 관계로 이용하였다. 또 원보는 태조 휘하 장군으로 통일사업 수행과정에서 중추적인 역할을 담당한 자와 귀부해 오는 호족의 아들 또는 귀순 왕족에게 수여하였다.[36] 비록 통일 전의 사례를 분석한 것이기는 하지만 관계 수여 대상자들 대부분이 무장들이었으며, 출신 지역의 상층 지배집단이었다.

또한 태조에게 귀부해 온 이들은 거의 그 지역을 장악하고 있었던 성주·장군들이었으며, 또 무인들은 고려의 관계를 지니고 성을 쌓거나 鎭頭에 임명되었고, 왕비의 아버지인 경우에는 명예적인 대

---

35) 金甲童, 「高麗 初期 官階의 成立과 그 意義」, 『歷史學報』117, 1988, p.31.
36) 金福姬, 「高麗 初期 官階의 成立基盤 －浿西豪族의 動向과 관련하여－」, 『釜大史學』14, 1990, pp.51~65, 참조.

우일 뿐만 아니라 호족의 흡수 내지 통제라는 측면을 내포하고 있었다.[37] 따라서 음기에 나타나는 고려 관계를 지닌 많은 수의 인물들도 이러한 사람들이라 할 수 있다. 특히 무장이나 성주·장군들의 동향은 고려 초 정국안정에 매우 중요한 조건이 된다는 점을 감안하면 자료의 인물들은 그 관계의 고하와 관계없이 중요한 의미를 지닌다 할 수 있다.

신라의 관계로는 소판·아찬·한찬·해찬·일철찬·일길간·내마 등이 있다. 신라식 위계의 대부분은 지명을 부가하고 있는 사람들이 지니고 있어서, 이들은 중앙 정치무대에서 활동하던 사람들이라기보다 고려의 관계를 받지 않고 출신 지역에서 활동하던 군소 호족으로 추정할 수 있다. 또한 여기서 특징적인 것은 지명이 부가된 사람들은 모두 干을 칭하고 있다는 사실이다. 干은 족장의 의미로 사용하고 있었으므로 아마도 그 지역의 토착세력이 신라의 지배를 벗어나면서 임의적으로 사용한 것이 아닌가도 생각한다.

한편 장사·낭·조·사상·대감·경·산인·소랑 등은 관계라기보다 관직이었다. 장사는 신라에서

L) 長史(혹은 司馬라 한다.)는 9명이 있었는데 위계는 舍知에서 大奈麻에 이르기까지 삼았다.(『三國史記』卷40, 職官(下), 外官)

9명을 두었는데, 사지에서 대내마에 이르는 사람을 임명하였다. 모두 9명인 것으로 보아 각 주에 1명씩 배치하여 都督을 보좌하도록 했던 것으로 생각하며, 다른 명칭이 司馬인 점으로 미루어 9주에 배치한 무관으로 파악하고 있다.[38] 장사는 김휴가 가졌던 관직이

---

37) 金甲童, 앞의 논문, 1988, pp.12~19, 참조.
38) 申兌鉉, 「新羅職官 및 軍制의 硏究」, 『新興大學論文集』1권2호, 1959, p.228,

다. 그는 절중이 공주를 지나다 만난 사람으로 비의 본문에는 김공
휴로 기록하고 있어,[39] 신분과 관직이 상당히 고위직에 있었음을 암
시하고 있다.

사상은 어떤 관직인지 잘 알 수 없다. 다음의 자료에

> M) 건녕 1년 명주에 들어갔는데, 무리가 3,500여 인이 있어서 14부대로
>   나누고, 김대검·모흔·장귀평·장일 등을 舍上으로 삼았다.(舍上은
>   副將이다.)(『三國史記』卷50, 弓裔)

처럼 사상은 부장이었다. 史上과 舍上은 음이 같고, 또 음기에서
사상의 관직을 가지고 있는 인물로는 장검과 송암이 있다. 장검은
누구인지 알 수 없으나, 송암은 공주 관하 군리로서 장사 김휴와 함
께 절중을 영접한 인물이었다. 따라서 사상은 장사보다 하위직으로
서 무관직이었음을 알 수 있다. 그런데 군리 송암이 음기에는 사상
으로 나타나고 있어 사상은 군리들이 가지는 관직의 하나로서 이직
의 상층부를 구성하던 관직으로 생각하며,[40] 군리 송암은 고려 초에
공주 지방을 중심으로 토착하여 호족으로 성장하고 있었던 것으로
생각한다.[41]

참조.

39) 「興寧寺澄曉大師寶印塔碑」, p.294.
40) 尹熙勉, 「新羅下代의 城主·將軍 －眞寶城主 洪術과 載巖城主 善弼을 중심
     으로－」, 『韓國史研究』39, 1982, p.56, 참조.
41) 사상 송암이 군리로 표기되고 있음에 주목하여 吏와 史上을 동일한 성격의
     것으로 파악하면서, 지방통치를 효율적으로 하기 위하여 설치된 州郡
     縣司에서 지방관의 지방통치와 관계된 보조적인 역할을 하였고, 신라 말
     지방에서 성주 또는 장군으로 칭해졌던 새로운 지배세력은 이 吏에서 성장
     하였다고 한다.(陰善赫, 「新羅下代 地方의 吏와 豪族」, 『全南史學』, 창간호,
     1987, pp.7~23, 참조)

대감은 신라시대 고급 군관의 명칭이었으나, 왕건이 궁예에게 귀부할 당시에는 제감과 더불어 촌주들이 흔히 붙이고 있던 칭호였다. 호족이 장군이라 칭한 것에 대응하는 것으로서 당시 호족 아래 촌주층은 대감, 혹은 제감이라 칭하였었는데,[42] 인력동원을 담당하였다고 추측되던 작상류가 변화한 것으로 보기도 한다.[43]

한편 경은 신라 중앙 관부의 차관으로 나타며, 고려 초 향리직제에서 병부경·창부경을 볼 수 있는데,[44] 여기서 경만 기록한 것이 아닐까 한다. 음기에서 명주 출신의 김예 경은 명주의 향리를 나타내는 것으로 생각한다. 그리고 낭·소랑·조·산인 등은 어떤 직책인지 알 수 없다. 다만 助를 州助(補)로, 낭을 향리직제에 보이는 낭중과 연결할 수 있을지 모르겠다.

다음은 음기에 기록된 인물들에 부가된 지역을 살펴보자. 음기에는 명주(강릉)·원주·죽주(안성군 이죽면)·공주·제주(제천)·냉주(?)·신지현(?)·나생군(영월)·냉수현(?)·주연현(주천)·별척현(?) 등을 기록하고 있다. 우곡군은

N) 우계현은 본래 고구려 우곡현이다. 신라 경덕왕이 지금의 이름으로 고쳤는데, 삼척군의 영현이 되었다.(『高麗史』卷58, 羽溪縣)

우계현의 고구려 때 명칭이 우곡현으로 삼척 지방을 지칭하는 듯하다. 냉주와 냉수현은 『삼국사기』 지리지에서 유명미상 지명으로 처리된 냉정현을 볼 수 있으나, 연결시킬 수 있을지 의문이다. 연결시킬 수 있다 하더라도 구체적인 위치를 파악할 수 없다.[45] 다만

---

42) 李基東, 앞의 논문, 1990, p.228.
43) 金光洙, 「羅末麗初의 豪族과 官班」, 『韓國史研究』23, 1979, p.127, 참조.
44) 『高麗史』卷75, 選擧 銓注, 鄕史.

단양과 제천을 연결하는 국도 부근에 '찬우물'이라는 지명이 있는데
냉정현을 풀어쓴 것으로 생각할 수도 있으나 속단할 수는 없다.

　이상의 지역 중에서 공주는 절중이 무주로 가던 길에 잠시 머물
렀던 지역이어서 실제 고려 초의 흥녕사와 별 관련이 없을 듯하다.
그러나 고증이 가능한 나머지 지역은 흥녕사를 중심으로 거리가 그
리 멀지 않을 뿐만 아니라 하나의 지역권을 이루고 있다.[46] 물론
이들 지역이 모두 흥녕사의 영향력이 미치는 지역으로 보기는 어렵
다. 그것은 명주나 삼척이 굴산사의 영향력 아래 있었기 때문이
다.[47] 그렇더라도 이들 지역이 하나의 벨트를 형성하고 있는 것을
가벼이 여길 수만은 없다.

　Ｉ)는 징효절중의 비가 건립될 당시 흥녕사 삼강전의 직위와 인명
이다. 원주 희랑장노는 신라 말에 해인사가 북악과 남악으로 양분되
어 있었는데 북악의 희랑은 태조의 복전으로, 남악의 관혜는 견훤의
복전으로 있었다고 하는데[48] 이 희랑으로 추정된다.

　삼강전은 사원의 宗務를 처리하는 기구로 해당사원의 최고 지도
자격인 승려의 구도에 따라 설치 운영하며, 외부세력의 간섭을 받지
않고 해당사원 나름대로 설치한 기구였다.[49] 흥녕사 삼강전의 직임
은 院主・典座・史・直歳・□檢校維那・當維那・持客 등이 있었
다. 이들의 임무는 다음과 같다.[50]

---

45)『三國史記』卷37, 地理4, 冷井縣.
46) 李鍾旭,「高麗 初 940年代의 王位繼承과 그 政治的 性格」,『高麗光宗硏究』,
　　　一潮閣 1987, pp.14~15, 참조.
47) 金杜珍,「新羅下代 崛山門의 形成과 그 思想」,『省谷論叢』17, 1986, p.312.
48)『均如傳』第4, 立義定宗分者.
49) 金在應,「新羅末 高麗初 禪宗寺院의 三綱典」,『震檀學報』77, 1994, pp.40~41.
50) 金在應, 앞의 논문, 1984, pp.51~53, 참조.
　　　許興植,「佛敎界의 組織과 行政制度」,『高麗佛敎史硏究』, 一潮閣, 1992,
　　　　pp.336~338.

원주는 사원의 대외적인 업무를 처리하는 직책이었으며, 전좌는 사원의 살림살이를 주관하였다. 또 직세는 사원의 건물 유지와 농장의 관리 등 사원경제를 책임지는 직책이었고, 田租의 수취를 담당하기도 하였다. 유나는 사원의 창건과 중수에 관계된 업무를 총괄하는 직책이었다. 사는 기록물의 작성과 보관을 지객은 방문자를 접대하고, 사중의 연락체계를 맡은 직임이었다.

흥녕사 삼강전의 직임 중에서 특징적인 것은 주지격인 원주로 희랑이 있었다는 것과 檢校維那의 檢校職이 보인다는 점일 것이다. 이것은 고려 초 흥녕사의 성격을 보여주는 것으로 생각하므로 뒤에 다시 자세히 살펴보기로 하겠다.

3. 惠宗代 王位繼承 紛爭과 興寧寺

절중의 비 음기에는 고려 초에 왕실과 관련 있는 인물을 상당수 포함하고 있다. 이들은 명목상 흥녕사의 단월인 것으로 나타나지만 堯와 昭를 중심으로 하는 정치집단의 성격이 드러나며, 또한 지역적인 분포로 보았을 때 940년대의 왕위계승전에 뛰어들어 주인공으로 활약할 수 있었던 인물로 보인다.[51]

그러나 이들이 고려 초에 모두 생존하여 정치세력화하고 있었던 것이라 보기는 어렵다. 상당수는 절중이 생존해 있을 때의 단월들로 판단된다. 특히 출신 지역명을 부가하고 있는 촌주 등은 정치적 목적을 지닌 사람들이라기보다는 순수한 단월이었거나, 흥녕사를 재건할 때 공사에 참여하였던 사람들일 것으로 생각한다.

蔡尙植, 앞의 논문, 1989, pp.200~210.
51) 李鍾旭, 앞의 논문, 1987, p.12 주)23, 24. 참조.

이렇게 볼 때 주목되는 것은 요·소·유긍달·유권설 등 충주를 기반으로 하는 정치세력이다. 고려 혜종대 정치세력은 왕규를 중심으로 하는 세력, 박술희 등의 혜종 지지파, 충주유씨·요·소파로 분류할 수 있고, 요·소는 신라계 세력이 지지하고 있었다.[52] 그리고 평산박씨를 비롯한 개경의 북쪽 세력들이 요와 소를 후원하고 있었다.[53]

당시 충주유씨는 정토사를 경영하고 있었다. 정토사는 조정의 士類들이 禪門 출입 않는 것을 수치로 여길 정도로 방대한 세력을 자랑하였다.[54] 만일 신앙의 문제라면 정토사의 경영만으로 충분하지 않았을까? 그럼에도 불구하고 홍녕사의 경영에 이들이 깊숙이 관여하고 있는 이유를 어디에서 찾을 수 있을까?

이 문제와 관련하여 혜종의 즉위를 반대한 정치세력으로 박질영·김행도·김행파 등 浿西勢力[55]에 주목할 필요가 있다. 이들 패서세력 특히 정주류씨·동주김씨·신천강씨·평산박씨 등은 궁예 말년에 왕건과 관련을 맺게 되는데,[56] 이들은 강력한 무력을 소유하고 있어서 고려 초 정국운영의 주요 변수가 되었다. 이들은 서경경영의 책임자였던 태조의 堂弟 왕식렴과 함께 왕규일파를 제압하고 정종이 즉위하는 데 결정적인 역할을 하였다.

이러한 패서 지방의 정치세력과 충주유씨·요·소 집단은 중첩된 혼인관계를 맺어 밀접한 관련을 맺고 있었다. 이들의 중첩된 혼인관계를 제시하면 <표 4-1>과 같다.

---

52) 姜喜雄, 「高麗 惠宗朝 王位繼承亂의 新解釋」, 『韓國學報』7, 1977, 참조.
53) 李鍾旭, 앞의 논문, 1987, p.7.
54) 「淨土寺法鏡大師慈燈塔碑」, p.241.
55) 姜喜雄, 앞의 논문, 1977, pp.71~72.
56) 鄭淸柱, 「新羅末 高麗初 豪族의 形成과 變化에 대한 一考察 -平山朴氏의 一 家門의 實例 檢討-」, 『歷史學報』118, 1988, p.22.

〈표 4-1〉 패서호족과 충주유씨 및 堯·昭의 혼인관계

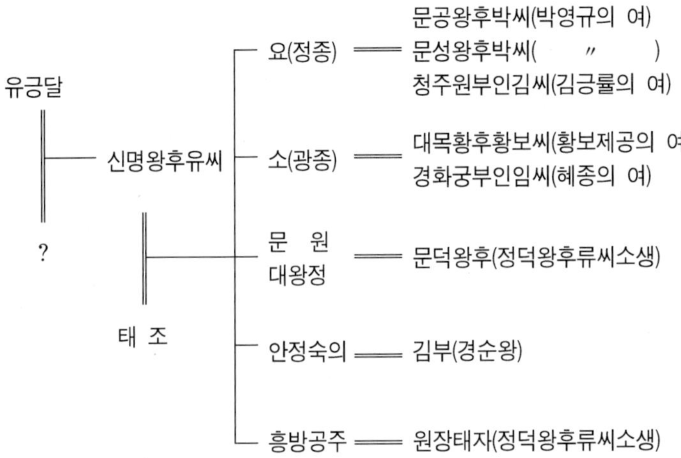

정주류씨

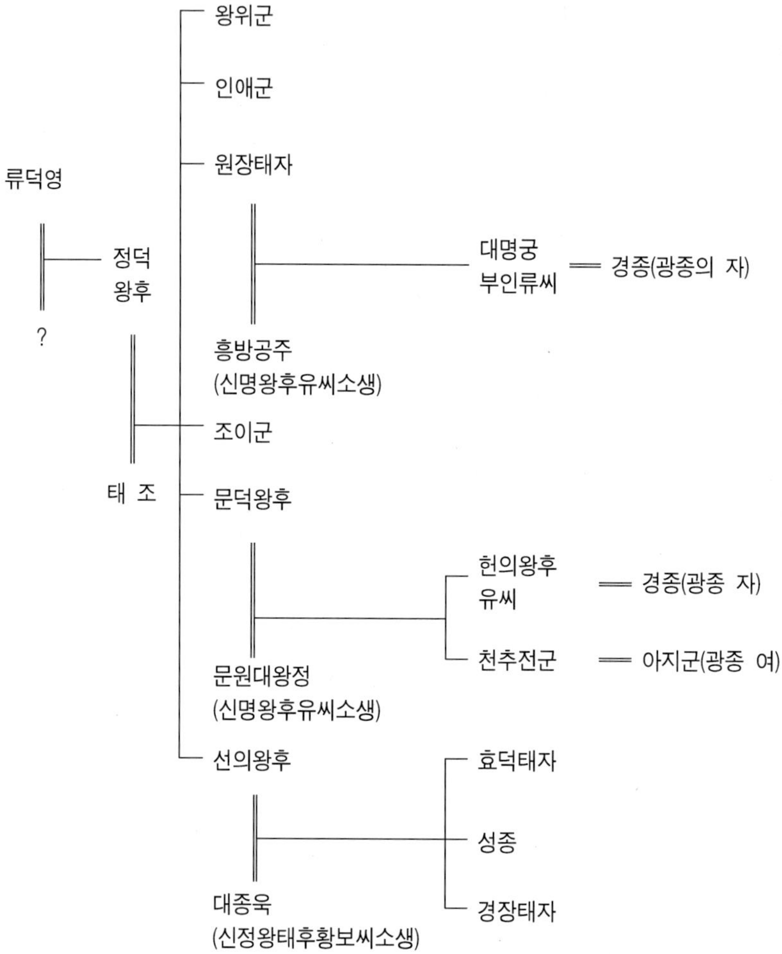
왕위군
인애군
원장태자
류덕영
정덕
왕후
?
대명궁
부인류씨
경종(광종의 자)
흥방공주
(신명왕후유씨소생)
조이군
태 조
문덕왕후
헌의왕후
유씨
경종(광종 자)
천추전군
아지군(광종 여)
문원대왕정
(신명왕후유씨소생)
선의왕후
효덕태자
성종
대종욱
(신정왕태후황보씨소생)
경장태자

황주황보씨

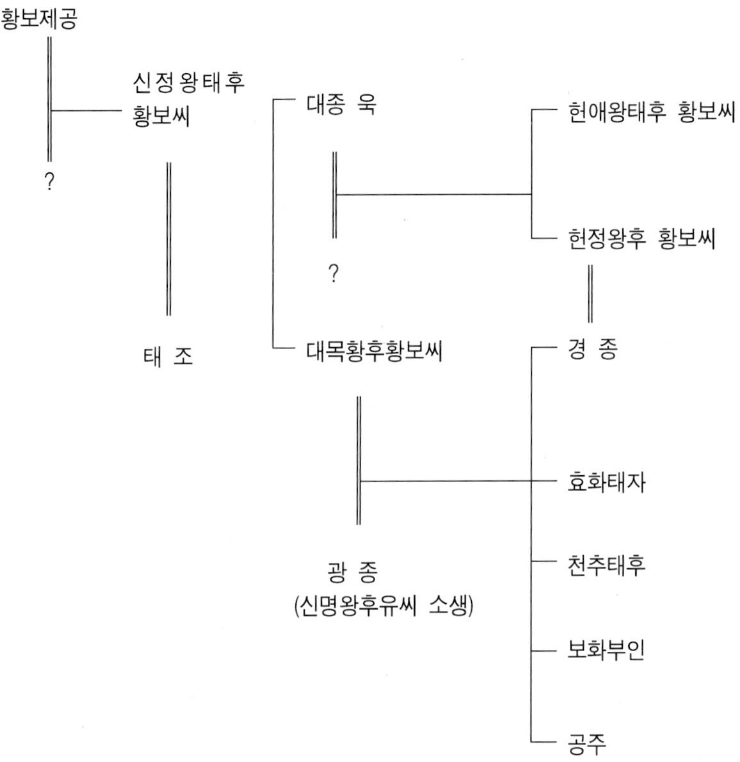

*『高麗史』卷58, 后妃傳을 자료로 작성.

 <표 4-1>에서 보는 바와 같이 충주유씨·정주류씨·황주황보씨
는 서로 중첩된 혼인관계를 가지고 있어 정치적으로 연결될 많은 가
능성을 가지고 있었다. 그런데 패서호족의 대표적인 가문이라 할 수
있는 평산박씨와는 혼인관계가 없다. 고려 초에 평산박씨는 패서 지
방의 대표적인 호족으로서 무력으로 큰 영향력을 행사하고 있었다.
 그럼에도 충주유씨와는 혼인관계가 보이지 않는다. 물론 혼인관계

가 있다 하여 정치적인 입장을 같이하는 것은 아니라 할지라도 유대 강화에 혼인이 중요한 매개수단이 될 수 있다.[57] 그러므로 두 가문이 적대적인 태도를 취하지는 않았다 할지라도 긴밀한 관계도 아니었던 것 같다. 더욱이 오룡사 경유의 비 음기에 보이는 인물들의 출신 지역이 평주·개경 등지로 패서 지방과 관련이 많다 하고, 이들은 태조를 받들었던 집단으로 정치집단을 이루지는 못하였을지라도 적대적이지는 않았다.[58]

그런데 여기서도 평산박씨의 존재가 보이지 않는다. 다만 강공□ 태광의 부인이 박씨로 되어 있으나,[59] 이를 평산박씨로 속단할 수만은 없다. 견훤의 사위였고, 정종에게 두 딸을 시집보낸 박영규도 박씨였기 때문이다. 태조 말년에 염상·왕규·태자 무 등과 함께 박수문이 중요 사무를 위임받을 정도였으므로[60] 평산박씨의 정치적인 위상을 짐작할 수 있다. 그럼에도 요와 소, 그리고 충주유씨는 평산박씨와 정치적인 유대의 매개를 구하지 못하고 있는 것이다.

이 점은 정치적인 결속을 강화해 가던 요와 소집단이 상당히 불안하게 여겼을 것으로 생각한다. 그러므로 요와 소 등은 패서호족과 연관이 깊은 사자산문 흥녕사를 매개로 평산박씨와 결속을 꾀한 것으로 생각한다. 사자산문의 실질적인 개창자는 절중이다. 그는 패서 지역 출신[61]이었을 뿐만 아니라 그의 스승인 도윤도 그러하였다.[62]

---

57) 태조가 호족의 통합을 위하여 호족의 딸들과 혼인하고 있음을 상기할 필요가 있다.

58) 李鍾旭, 앞의 논문, 1987, pp.9~16, 참조.

59) 「五龍寺法鏡大師普照慧光塔碑」, p.274.

60) 『高麗史』卷2, 太祖 26年 5月.

61) 절중은 황해도 봉산 출신으로 속성은 비문의 마멸로 알 수 없으나 그의 아버지 先憧은 궁술과 기마에 뛰어난 호족이었다.(「興寧寺澄曉大師寶印塔碑」, p.287)

62) 도윤은 漢州 鵂巖(鳳山)人으로 여러 대에 걸친 호족이었으며, 속성은 박씨

이 점은 패서 호족들과 지역적, 혈연적 유사성을 매개로 유대를 강화할 수 있는 또 다른 계기를 제공할 수 있을 것이기 때문이다.

한편 정종의 왕후인 문공왕후와 문성왕후가 승주 출신 박영규의 딸이란 점도 주목된다. 박영규는 견훤의 사위였을 뿐만 아니라 신라계 인물이란 견해도 있으므로[63] 통일 후 후백제 및 신라계 세력의 결집이란 의미가 있었다. 이와 관련하여 다른 측면에서 보면 승주의 인접 지역인 어쩌면 그 영향하에 있었을 무주 분령군(승주군 낙안면)에는 절중의 탑을 건립한 동림사가 위치하고 있다. 동림사는 절중이 종언지로 삼았던 사원일 뿐만 아니라 절중의 스승인 도윤의 탑이 멀지 않은 화순의 쌍봉사에 위치하고 있어 사자산문과는 밀접한 관련을 지니는 지역이었다. 따라서 사자산문의 본산인 흥녕사는 여러 세력들이 同信者集團이라는 명분으로 결집할 수 있는 좋은 조건을 가지고 있었던 셈이다.

다음으로 생각할 수 있는 것은 명주세력의 동향이다. 명주는 진성여왕 8년(894) 궁예의 지배권 내로 편입되었으며, 고려가 건국된 후에도 오랫동안 독자적인 세력권을 구축하고 있어서, 태조의 근심거리가 되었을 정도로 강력한 세력권을 형성하고 있었다.[64] 그런데 절중의 비 음기에 명주 출신 인물이 상당수 보인다. 물론 이들이 모두 정치세력화하였다고 보기는 어렵지만, 당시 명주세력의 향배와 관련시켜 보면 여전히 중요한 정치적인 변수가 될 수 있는 사람들이었다.

태조 즉위 초에 명주세력은 태조에 대하여 적대적인 태도를 취하고 있었으며, 태조 10년(927)에 가서야 김순식의 아들 장명이 군사 600명을 거느리고 태조의 숙위를 담당하였고,[65] 태조 11년(928)에

였다.(『祖堂集』, p.214)
63) 鄭容淑, 앞의 책, 1992, p.40.
64) 『高麗史』卷92, 王順式.

야 김순식의 친조가 이루어졌다. 이때 태조는 소장 관경에게 왕씨 성과 관계를 부여하고, 장명에게는 염이라는 이름을 주었다. 그리고 김순식에게는 대광의 관계가 주어졌다.[66] 대광은 살아 있는 인물에게 주었던 관계 중 최고위로서 이는 군사적인 측면을 고려한 것이었다.[67] 이러한 명주세력과 결합을 위하여 태조는 왕예의 딸과 왕경의 딸을 부인으로 맞이하였던 것이다.[68] 이는 고려 초 명주세력이 패서 호족과 함께 정국의 추이에 중요한 변수가 되고 있었음을 반영한 것이라 할 수 있다.

명주세력은 재경세력화한 왕순식 계열과 재지세력으로 남아서 지역민을 통치하고 있던 왕예 계열이 있었는데, 두 세력은 서로 대립적인 관계를 유지하고 있었다.[69] 절중의 비 음기에 기록된 명주 출신의 인물들은 왕순식 계열의 인물들이었다.[70] 앞에서 충주유씨는 사자산 흥녕사를 기반으로 호족의 결집을 꾀하고 있었는데, 명주세력도 이와 같은 목적 아래 결집한 것이 아닌가 한다.

다음은 검교유나의 존재로 선종사원의 삼강전에 검교직을 사용하고 있었다는 점이다. 검교직은 고려시대에 훈관직으로 주어진 것이었는데,[71] 흥녕사 삼강전에서 사용하고 있기 때문이다. 이 검교유나를 사원 내에서 전임자의 대우를 위하여 설치한 것으로 본 견해가 있다.[72] 그러나 '檢校'는 신라에서 奉聖寺成典·感恩寺成典·奉德

---

65) 『高麗史節要』卷1, 太祖 10年 8月.

66) 『高麗史』卷92, 王順式.

67) 金甲童, 『羅末麗初의 豪族과 社會變動研究』, 高麗大民族文化研究所, 1990, p.69.

68) 『高麗史』卷58, 后妃1.

69) 金甲童, 앞의 책, 1990, pp.78~81.

70) 金甲童, 앞의 책, 1990, p.81.

71) 韓㳓劤, 「勳官<檢校>考」, 『震檀學報』, 29·30, 1996, pp.84~87, 참조.

72) 金在應, 1994, 앞의 논문, p.36.

寺成典의 襟荷臣을 경덕왕대에 檢校使로 개칭하여 사용한 적이 있었고,73) 문성왕 17년(855)에 작성한 「昌林寺無垢淨塔願記」이면에 檢校修造僧奉德寺上座淸玄・檢校使阿干前執事侍郞金元弼・檢校副使守溟州別駕 金嶷寧74) 등에서 檢校修造僧・檢校使・檢校副使 등의 검교직을 사용하고 있어 관직의 성격을 지니고 있음을 알 수 있다. 따라서 검교직은 국가의 공적인 관직으로서 사원에서 임의로 전임자를 대우하는 일종의 명예로 사용할 수 있는 것이 아니었다. 또한 절중의 비 음기를 제외한 나말여초 선종사원의 삼강전에는 검교직이 보이지 않는다.

이것은 흥녕사의 삼강전이 순수하게 사원의 의도에 따라 설치하고, 직임자를 임명한 것이 아니라 국가에서 검교직을 수여한 승려가 삼강전의 직임을 맡을 정도로 국가의 간섭이 있었음을 암시하는 것이다. 따라서 검교유나는 흥녕사의 불사나 운영을 감독하기 위하여 국가에서 임명한 승려로 생각하며, 고려 초의 흥녕사는 중앙정부의 강한 통제를 받고 있었음을 추정할 수 있다. 당유나는 유나 본래의 업무를 담당하던 승려로 생각한다.

흥녕사에 대한 국가의 통제와 관련하여 또 하나 주목되는 것은 주지격인 원주에 희랑을 임명하고 있다는 사실이다. 희랑은

O) 신라 말에 승통희랑이 이 절에 주지하였는데, 화엄신중 삼매를 얻었다. 그때 우리 태조가 백제왕자 월광과 싸웠다. 월광은 미숭산에 있어 먹을 것이 넉넉하고 군대는 강하여 태조의 힘으로 능히 제압할 수 없었다. 해인사에 들어가 희랑공을 스승으로 섬기니 스님이 용감한 군대를 보내 태조를 도왔다. 월광은 金甲이 공중에 가득한 것을 보고, 그것이 神兵

---

73) 『三國史記』卷38, 職官(上).
74) 「昌林寺無垢淨塔願記」, 『韓國金石全文』, p.175.

임을 알고 두려워하여 항복하였다. 태조가 이러한 연유로 공경하여 重
하게 받들어 섬기고 토지 500결을 시주하였다.(李智冠編著, 「伽倻山
海印寺古蹟」, 『伽倻山海印寺誌』, 1992, p.562.)

해인사 주지로서 태조가 후백제 월광과 가야산 일대에서 전쟁할
때 神兵으로 도움을 주었으므로 이에 대한 보답으로 500결의 토지
를 주었다는 것이다. 당시의 해인사는 교선일치의 사상경향을 나타
내기는 하였으나 대표적인 화엄종사원이었고, 화엄종 승인 균여가
북악 희랑의 법맥을 잇고 있으므로 희랑 역시 화엄종 승려였다. 이
런 희랑이 언제 해인사를 떠나 선종사원인 흥녕사 원주로 갔는지는
알 수 없으나,75) 이례적인 것이라 하지 않을 수 없다. 더욱이 희랑
이 태조를 지지하던 화엄종 승려였다는 점을 생각하면 흥녕사의 삼
강전을 순수한 선종사원 내의 자발적 조직으로 보기에는 석연찮은
점이 있다.

흥녕사 삼강전에서 또 하나의 특징적인 모습은 삼강전의 직임자들
이 가지고 있는 칭호이다. 흥녕사 삼강전에서 희랑과 양선이 長老의
칭호를 가졌고, 전좌 흔효·당유나 계융이 상좌의 칭호를 지녔고,
사 도징·직세 낭연·지객 계렴이 禪師의 칭호를 가지고 있다. 그런
데 검교유나인 양선이 원주인 희랑과 같이 장로를 칭하고 있다. 陰
記에 기록된 삼강전의 직임순서가 상하관계를 반영하고 있는 것으로
본다면, 검교직을 가지고 있기는 하나 유나가 흥녕사 삼강전의 최고
직임자인 희랑과 동일한 장로의 칭호를 사용하고 있다는 것 자체가

---

75) 920년에 대야성이 견훤에게 함락되어(『三國史記』卷12, 新羅本紀12, 景明王 4
年) 합천 지방이 견훤의 세력권 내로 흡수되고 있으므로 태조의 복전이었
던 희랑도 해인사를 떠나지 않을 수 없었을 것이다. 이때 희랑은 태조에게
몸을 의탁하였을 것으로 생각한다.

사원 내에서 양선의 지위를 짐작하게 한다.

이상에서 살펴본 바와 같이 고려 초 흥녕사는 중앙의 정치집단과 밀접한 관련을 맺고서 세력결집의 매개체 역할을 하고 있었다. 이는 신라 말의 선종사원이 중앙의 왕실이나 귀족의 영향을 받으면서도 호족들과 일정한 관련을 맺고, 정치권력과는 일정한 거리를 유지하여 세속의 권력과 건강한 긴장관계를 유지하고 있던 상황과는 다른 모습을 보이고 있는 것이다.

이 같은 선종사원의 변화는 고려의 성립과 통일로 사회가 점차 안정을 찾으면서 호족이 고려를 중심으로 재편하고 있었고, 지방의 문화적·정치적 중심지인 선종사원에 대한 통제가 강화되어 감에 따른 현상으로 생각한다. 한편으로 선종사원도 새로운 사회구성에 적응하고자 하는 현실적인 욕구가 중앙정치 무대의 정치세력 동향에 따라 움직여가고 있음을 나타내는 것이라 할 수 있다.

제3절 光宗代 專制王權과 禪宗의 對應

1. 光宗과 佛敎

즉위과정에서 호족의 강대한 힘과 정치적 변혁을 경험한 광종은 건국과정에 등장한 여러 정치세력을 왕권에 복속시키면서 중앙집권적인 국가체제를 이룩하려 하였다. 광종은 이 목표의 달성을 위하여 호족 출신 정치세력을 숙청하지 않을 수 없었다. 광종은 즉위 11년

(960) 이후부터 왕권의 행사에 장애가 되는 건국 초기 有功豪族出身 정치세력, 또는 종실세력을 무자비하게 숙청하였다.[1]

광종의 정치는 쌍기를 비롯한 귀화인·발해·후백제계열의 인물들과 중국에서 유학하고 귀국한 인물들로 구성된[2] 신진정치세력이 뒷받침하고 있었다. 이들은 광종 사후에 최승로로부터 혹독한 비판을 받았다.[3] 광종은 개혁정치의 실현을 위하여 종교적 권위를 빌리는 한편으로 불교계의 협조를 얻고자 하여 불교에 큰 관심을 쏟았다.[4] 광종이 불교에 관심을 보인 이유에 대해서 최승로는

> A) 광종이 讒邪를 崇信하여 무고한 자를 많이 죽이고, 불교 果報의 설에 惑하여 罪業을 없애고자 하였다.(『高麗史』卷93, 崔承老)

고 하였다. 최승로의 지적에 따른다면 광종은 호족 출신 정치세력에 대한 대대적인 숙청 이후 불교에 관심을 집중시켰던 것으로 볼 수 있고,[5] 불교에 대한 관심도 개인적 신앙적 차원의 것으로서 큰 의

---

1) 金杜珍, 「高麗光宗代의 專制王權과 豪族」, 『韓國學報』51, 1979, pp.70~71, 참조. 한편 광종의 개혁정치는 즉위 7년(956) 이후부터 11년(960)에 절정에 도달한다고 한다.(李基白, 「高麗初期 五代와의 관계」, 『高麗光宗硏究』, 一潮閣, 1987, p.149)

2) 河炫綱, 「高麗初期 崔承老의 政治思想 硏究」, 『梨大史苑』12, 1975, p.17, 주24) 참조.
李基白, 「新羅統一期 및 高麗初期의 儒敎的 政治勢力」, 『大同文化硏究』6·7 합집, 1974, p.155.

3) 『高麗史』卷93, 崔承老.

4) 광종대는 유교지식을 갖춘 學士들이 중요 정책의 결정과정에 참여하고 있어서 이들의 정치적 영향력이 큰 것은 사실이다. 그러나 광종의 개혁을 적극적으로 지지해 줄 수 있는 지지세력의 보다 많은 확보를 위해서는 국민 대부분이 불교신자인 상황에서 이들에게 영향력을 행사할 수 있는 승려들의 협조는 필수적인 것이었다.

5) 金龍善, 「光宗의 改革과 歸法寺」, 『高麗光宗硏究』, 一潮閣, 1987, p.94. 호족에

미를 지니고 있었던 것처럼 보이지는 않는다. 그런데 다음의 자료를
보면

> B) "住持·三寶는 모름지기 國主의 힘에 의지하여야 한다. 그 까닭은
> 석가여래께서 출세하여 이르기를 佛法의 外護를 국왕과 대신에게 附
> 囑하였기 때문이다." 이로써 우리 황제폐하가 불교의 묘한 이치를 敬
> 重하는 정이 깊어 함께 좋은 인연을 맺어 이 규칙이 영원히 유통되도
> 록 하였다.(「高達院元宗大師惠眞塔碑」, 李智冠, 『校勘譯註歷代
> 高僧碑文』(高麗篇2), 1995, p.53.)[6]

위의 자료 B)는 광종 22년(975) 10월 元和殿에서 대장경을 열람
하고 不動三門을 설정하면서 내린 조칙의 일부이다. 여기서 광종은
住持와 三寶가 왕권의 보호 아래 있을 것을 강조하였다. 부처가 佛
法의 外護를 국왕과 대신에게 부촉하였던 예에 따른 것으로 보이긴
하지만 불교가 정치권력의 보호 아래 있을 것을 분명히 하여 불교와
정치권력의 관계를 명확히 정립하고 있는 것이다.[7]

하지만 三寶에 대한 국왕의 보호는 부처의 예에 의한 것으로 합
리화시킨다 하더라도 사원의 주지까지 국가에 의지하라 하는 것은
사원과 주지가 국가에 예속되어야 함을 강조한 것이다. 사원의 책임
자인 주지는 사원을 대표하고, 사원의 성향은 주지의 성향에 따라

대한 숙청이전에도 유학은 불교보다 중요한 의미를 지니고 있었을 것이지만,
불교에 대해서도 일정한 배려를 하고 있었음을 긍양·찬유·겸신 등이 국사
또는 왕사로 책봉되고 있었던 것에서 알 수 있다.

6) 이하 별도 명기가 없는 경우는 이 책을 이용함.

7) 불교와 국가의 관계를 명확히 한 예로는 태조가 현휘에 대하여 「上答曰 法
由國興 誠不虛言 大師安心道念 久護生靈 弟子牆塹法城 金湯祇樹」에서 볼 수
있다.(「淨土寺法鏡大師慈燈塔碑」, 李智冠, 『校勘譯註歷代高僧碑文』(高麗篇1),
1994, p.217.)

결정된다 할 수 있으므로 불교가 왕권 아래 존재하면서 봉사할 것을 요구한 것이다. 이는 개인적 신앙의 차원에서 불교에 관심을 가졌던 것이 아님을 분명하게 보여준다.

이런 점에서 광종의 불교에 대한 기대는 각별하다 할 수 있으며, 이 목적 아래 광종 14년(963) 7월에 건립한 사원이 歸法寺였다.

> C)-① 귀법사를 창건하고 濟危寶를 두었다.(『高麗史節要』卷2, 光宗
>   14年 7月)
> ② 광종 …… 귀법사에서 無遮水陸會를 베풀었다.(『高麗史』卷93, 崔承老)

처럼 귀법사에는 제위보를 설치하였고, 무차대회·수륙회를 개설하였는데 이는 그의 개혁 작업을 적극적으로 성원해 줄 사회 지지세력을 획득함과 아울러 그 세력을 유지·보호하는 데 주된 목적이 있었다.[8] 그리고 전제정치의 이데올로기인 均如의 '性相融會思想'을 관장하기 위한 목적도 있었다.[9]

뚜렷한 정치적 목적을 가지고 창건된 귀법사는 광종의 정치를 실제적으로 지원할 수 있는 체제를 갖추어야 했다. 이런 점에서 귀법사에 머문 승려들의 역할은 매우 컸다고 할 수 있다. 광종의 청에 의하여 귀법사에 머물면서 전제정치를 뒷받침하던 대표적인 승려로는 균여와 정수, 그리고 탄문 등을 들 수 있다.

균여가 광종과 인연을 맺게 된 것은 광종 4년(953) 송나라 사신이 이르러 광종을 책봉하려 하는데, 장마비가 계속되어 의식의 집행이 지연될 때 날이 개도록 기도하는 기도사로 국사 겸신의 추천을

---

8) 金龍善, 앞의 논문, 1987, p.100, 참조.
9) 金杜珍, 「均如華嚴思想의 歷史的 意義」, 『高麗初期佛敎史論』, 民族社, 1989,
    p.365.

받은 것에서 비롯하여 대목황후 황보씨의 난치 종기를 치료하는 神異한 행위가 바탕이 되었던 것으로 『균여전』은 설명하고 있다.[10] 이는 균여의 신앙이 신비적 주술적 성격을 지니고 있었음을 반영하는 것으로 민중들에게 큰 영향을 주었을 것으로 생각한다. 신비적 주술적인 균여의 신앙적 특성은 민중과 통치권의 결합에 교량 역할을 하였을 것이며, 또한 구결과 향가를 이용하여 화엄사상과 민중을 결합시키기도 하였다.[11]

당시에 토착적 전통이나 신비적인 思潮를 강조할 수 있었던 것은 광종의 개혁정치가 强豪勢力을 거세하는 이른바 신분질서를 어지럽히면서 행해졌으므로 새로운 권력체계를 중심으로 한 특수성을 강요하고 있었기 때문이다.[12] 더욱이 토착적·신비적인 요소는 민중의 기호에도 맞는 것이어서 백성을 위한다는 개혁정치의 명분과도 융합할 수 있었다.[13] 그러나 균여는 전제정치의 후원세력인 군소토호의 동향에도 유의하였지만, 대호족 출신 정치세력인 황보씨 세력과도 결연하고 있어서[14] 광종의 전제정치와 완전히 일치하고 있었던 것은 아니었다. 그러므로 균여의 言行은 항상 주목의 대상이었다.[15]

한편 정수는 균여와 같은 시기에 귀법사 正秀房에 머물던 승려였다. 그의 사상적인 경향에 대해서는 알려진 바 없으나, 개보 중(광종 19~26)에 균여가 異情을 수행한다고 법관에게 고발하였다가 오히

---

10) 『均如傳』第6, 感通神異分者.
11) 許興植, 「華嚴宗의 繼承과 所屬寺院」, 『高麗佛敎史硏究』, 一潮閣, 1992, p.188, 참조.
12) 金杜珍, 앞의 논문, 「均如華嚴思想의 歷史的 意義」, 1989, p.372.
13) 金杜珍, 「高麗光宗代 法眼宗의 登場과 그 性格」, 앞의 책, 1989, pp.290~291.
14) 金杜珍, 「高麗光宗代 專制王權과 豪族」, 『韓國學報』15, 1979, pp.74~75, 참조.
15) 송나라 사신이 와서 균여와 만나기를 청하였을 때 균여가 君臣의 마음을 살펴서 거절하고 숨어버리는 것은(『均如傳』第8, 譯歌功德分者) 균여의 행동이 광종과 신하들 사이에 주목의 대상이 되고 있었기 때문일 것이다.

려 광종에게 죽음을 당한 인물이다.[16] 그가 황보씨 세력과 연결된 균여를 異情修行者로 고발하고 있는 것으로 보아 균여보다 더 왕실에 밀착한 세력이었을 것으로 추측한다.[17]

그런데 균여와 정수는 같은 귀법사에 머물렀다. 비록 사상적인 성향에 있어서 차이가 있더라도 근본적으로 화엄종 승려였고, 광종의 전제정치를 위해 봉사하고 있었다. 그럼에도 정수는 균여를 異情修行者로 고발하는 것으로 보아 두 사람은 대립하였거나, 경쟁하고 있었던 것으로 생각한다. 자신의 정권에 봉사하는 두 사람이었지만, 이들이 대립·경쟁하고 있었음을 알면서도 같은 사원에 머물게 하였던 것은 광종의 정치적 의도가 작용하고 있었기 때문이다.

이는 전제정치를 효율적으로 달성하기 위한 조처였다.[18] 말하자면 광종은 자신의 측근이면서 종교적 후원자인 균여와 정수라는 두 대립된 인물을 귀법사에 머물게 하면서 전제정치의 이념과 권력행사에서 종교적 권위를 제공받으면서도 서로 감시·견제케 하는 방법을 채택하고 있었다. 그러므로 광종은 불교가 갖는 종교적 권위와 단월에 대한 영향력을 정치적 목적달성을 위한 수단으로 삼고 있음을 알 수 있다.

귀법사에서 광종의 전제정치를 뒷받침하던 또 한 명의 승려로 탄문을 들 수 있다. 그는 광종 19년(968) 9월 귀법사가 창건되면서 광종의 요청으로 머물게 되며,[19] 그해 10월에는 왕이 '釋門의 宗主'라 칭하면서 왕사로 모시고자 간청한 후 '王師弘道三重大師'로 책봉하였

---

16) 『均如傳』第9, 感應降魔分者.
17) 金杜珍, 앞의 논문, 1979, pp.74~75, 참조.
18) 金杜珍, 「均如의 生涯와 著述」, 『歷史學報』75·76 합집, 1977, p.77, 참조.
19) 「普願寺法印國師寶乘塔碑」, pp.99~100. 탄문이 귀법사에 머물게 된 정확한 연대는 비문의 마멸로 자세하지 않으나 광종 19년 9월이었던 것으로 추정되고 있다.(金龍善, 앞의 논문, 1987, p.105, 주)53) 참조.

다.[20] 탄문은 광종 26년(975) 보원사로 돌아갈 것을 요청하였으나, 광종은 오히려 귀법사에 주석토록 하였다.[21] 그리고 탄문이 늙었음을 이유로 사양하였음에도 불구하고 국사로 책봉하였다. 탄문이 계속해서 돌아갈 것을 요청하자 마침내 허락하고 보원사에 토지 1,000경과 노비 50명을 헌납하였다.[22]

이와 같이 탄문과 광종은 매우 긴밀한 관계를 유지하였다. 광종이 탄문에게 집착하는 것에 대하여 단순히 그의 사상적인 경향이 화엄종의 입장에서 '敎禪一致思想'을 가지고 있었기 때문이라고 설명하는 것은[23] 설득력이 부족하다.[24] 광종과 탄문의 밀접한 관계 형성은 여러 정치세력을 융회할 수 있는 탄문의 사상적 경향도 작용하였겠지만, 광종의 권력에 대해 아주 긍정적으로 드러나는 탄문의 言行에서 찾는 것이 합리적일 것 같다.

> D)-① 왕에게 즉위한 깊은 공덕을 宣揚하고 나라를 다스리며 교화할 妙法을 講說한 탓으로 시대는 康寧하고 왕도는 태평스러워 국가는 부강하고 가정은 昌盛하였다.(「普願寺法印國師寶乘塔碑」, p.97.)
>
> ② 광종이 나라를 다스린 지 4년째 되던 해 봄에 佛舍利 3개를 얻어 유리 항아리에 담아 법당에 안치하였다. 수일 후 밤 꿈에 7명의 중이 있어 "동방에서 와 지금 妙한 願이 함께 원만하고 신령스러운 자태를 두루 교화하므로 왔습니다." 했다. 깨어서 그 항아리를

---

20) 「普願寺法印國師寶乘塔碑」, p.101.
21) 「普願寺法印國師寶乘塔碑」, p.103
22) 「普願寺法印國師寶乘塔碑」, p.105. 한편 『高麗史』에는 탄문의 국사책봉이 혜거가 입적한 후에 이루어졌으며, 그 연대도 광종 25년(974)에 이루어진 것으로 되어 있어 비문과 1년의 차이를 보이고 있으나, 비문의 연대를 취한다.
23) 金杜珍, 앞의 논문, 1977, p.112. 주)114, 참조.
24) 이 시기에는 敎禪一致 사상을 갖는 승려들이 여러 명 있었다. 교선일치 사상을 가졌다는 것이 그리 특별한 것이 아니기 때문이다.

보니 사리가 돌아서 3으로 …… 하늘의 뚫린 것을 깁듯 돌을 가려
서 감실을 일으켰으니 황제의 수명을 연장하고 성스러운 교화를 도
우려는 것이었다.(「普願寺法印國師寶乘塔碑」, p.98.)

③ 대사가 고하여 말하기를 "성스러운 임금이 나를 칭하여 스승이라
하니 부처님으로서 임금에게 보답하려 한다." 받들어 玉皇의 만수
를 축원하기 위하여 三尊金像을 만들고 이로 인하여 鳳曆을 얻
고 오직 큰 계획을 새롭게 하려 하였다.(「普願寺法印國師寶乘塔
碑」, p.99.)

D)-①은 탄문이 나라를 다스리고 교화할 방법을 강설하였기 때문
에 왕도는 태평하고, 국가는 부강하며, 가정은 창성하였다. 하여 광
종의 정치에서 그의 영향력이 상당하였음을 밝히고 있다. 물론 이것
이 의례적인 측면을 가미한 것이라 하더라도 탄문이 광종의 정치에
서 큰 비중을 차지하고 있었고, 상당히 적극적으로 참여하고 있음을
보여주는 것에는 조금의 부족함도 없다.

D)-②는 탄문이 불사리 3개를 얻어 감실을 만들어 안치하고 있는
데, 그 이유는 광종의 수명을 연장하고, 정치를 돕기 위한 것이었다.
또 D)-③에서는 광종이 자신을 스승이라 부르므로 이에 보답하기 위
하여 광종의 장수를 기원하는 三尊金像을 조성하고, 이로써 광종의
정치를 새롭게 하려 하였다는 것이다. 이 역시 탄문이 광종과 그의 정
치에 대하여 적극적인 지지를 표방하고 있는 것이라 할 수 있다. 이와
같은 탄문의 적극적이고 능동적인 자세는 광종이 기대하고 있던 불교
의 역할에 부응하는 것이라 할 수 있다. 따라서 광종은 자신의 정치를
뒷받침하기 위하여 창건한 귀법사에 주지하도록 설득하고 있는 것이
라 할 수 있다.

한편 광종은 선종에 대해서도 일정한 관심을 보이고 있었다. 不動

三門의 설정은 그러한 것을 보여준다.

> E) 乾德 9年 辛未 10월 21일 元和殿에서 대장경을 열어 읽을 때 황
> 제폐하가 조서를 내려 말하기를 "나라 안에 사원으로는 오직 3곳이
> 있으니 다만 움직이지 아니하고 머물게 하며 문하제자가 서로 이어 주
> 지하여 대대로 끊어지지 않도록 하라. 이로써 법으로 삼으라. 이른바
> 高達院·曦暘院·道峯院이다."(「高達院元宗大師惠眞塔碑」,
> 1995, pp.52~53.)

위의 자료는 광종이 큰 관심을 가지고 있었던 선종사원으로 高達
院·曦暘院·道峯院의 3곳이 있었음을 밝힌 것이다. 고달원은 慧目
山門의 중심 사원으로서 현욱이 개창하고 심희와 찬유가 계승하였
다. 희양원은 봉암사를 의미하며, 고려 초에 긍양이 머물고 있었다.
그리고 도봉원은 혜거국사가 머물렀던 사원이었다.[25] 이들은 비록
일부의 왕들에 대하여 비판적이거나 소극적이기도 하였으나 전반적
으로 보았을 때 세속의 권력에 부정적이지 않았다.

찬유와 긍양은 선승이면서도 화엄종에 대해 깊이 이해하여 '교선
일치'의 사상경향을 가졌다. 이들은 세속에 대하여 상당히 적극적인
자세를 가지고 있었다. 혜거는 法眼文益의 제자여서[26] 법안종을 수
용하였다. 법안종은 교선일치의 사상적 경향을 지니고 있었다. 혜거
의 사상경향은 특수한 경전을 통한 절충적인 경향이 강하며, 고려
초에 주류를 이룬 묵조선을 수용한 조동종 계통도 아니고, 법안종의
영향을 받은 부류와도 다른 국내에서 신비사상을 토대로 자생한 선
승이었으며, 후백제·신라와 관계가 깊었고, 태조에 대해서는 부정적

---

25) 許興植, 「禪宗 九山派說의 批判」, 앞의 책, 1992, pp.163~164, 참조.
26) 『景德傳燈錄』卷25, 高麗道峯惠居國師.

인 모습을 보였다.27)

　법안종은 '교선일치' 사상체계를 가지고 있으므로 이들은 사상적으로 공통점을 지니고 있음을 알 수 있다. 이들 승려들이 주로 광종 초기와 후반기에 활동하고 있고, '교선일치' 사상체계가 대호족 출신 정치세력에게 호감을 주는 것이었다는 점에서 광종의 전제정치를 반대하는 세력의 대두와 관련시켜 이해하기도 한다.28) 따라서 법안종 사상은 호족 출신 정치세력을 억압하고 전제왕권을 형성하려 하던 광송의 입장과 완전히 일치할 수는 없었다. 그럼에도 현실적으로 대호족 출신 정치세력이 힘을 얻어 대두하는 상황에서 광종은 이들과 관계를 재정립해야 할 필요성을 느꼈을 것이다.

　광종은 호족 출신 정치세력을 완전히 부정할 수 없는 상황에서 어쩔 수 없이 전제왕권 아래 이들의 지위를 재정립시켜 협조를 유도하는 타협적인 자세를 보이게 하였던 것이다. 광종이 不動三門을 설정하는 등 법안종에 대해 일정한 배려를 하는 것은 왕권과 호족 출신 정치세력과 관계를 고려한 정치적인 포석이었다.29)

　이와 같이 광종은 자신의 전제정치에 필요한 권력기반을 확대하고자 불교를 후원하였다. 이는 정치권력이 자신의 권력기반 확대를 위하여 불교 지도자의 권위와 영향력을 이용하고 있는 것이라 할 수 있다.

2. 華嚴宗의 盛行과 佛敎行政組織의 整備

　광종은 전제정치를 위한 권력기반의 일부를 불교에서 구하고 있었

27）許興植,「葛陽寺惠居國師碑」, 앞의 책, 1992, pp.579∼597. 참조.
28）金杜珍, 앞의 논문,「高麗光宗代 法眼宗의 登場과 그 性格」, 1989, p.343, 참조.
29）위와 같음.

으므로 왕권의 행사에 비협조적인 불교세력은 가급적 멀리하려 하였다. 따라서 광종의 불교에 대한 관심은 선종보다 교종에 집중하는 모습을 보였고, 특히 전통적으로 왕권과 밀착하는 경향이 강한 화엄종에 관심이 높았다.

화엄종은 태조 때부터 보호를 받았다. 태조의 화엄종에 대한 관심은 후삼국의 분열을 수습하고 중앙집권적인 통치체제의 정비라는 과제를 해결하기 위한 일종의 선택이라 할 수 있다. 따라서 고려 왕실은 현실적으로 불교계를 주도하면서 다양한 계층의 신자를 확보하고 있던 선종에 대해 관심을 보이고 지원을 아끼지 않으면서도 한편으로 화엄종에 대한 지원도 하였던 것이다.

이러한 현상은 후삼국 통합 후에 보다 뚜렷한 모습으로 나타났다.

F-① 영원히 화엄의 사찰로 하고 승려들이 모이는 곳으로 한다. 지난번 화엄의 이름 있는 고승인 輪言·承淡 두 대덕을 청하고 주지 方臨·玄律이 法筵을 열어 화엄을 강하고 金文을 폈다. 輪言을 청하여 玉柄을 잡게 하고 널리 승려를 맞아 높이 사자좌에 두었다. 幡幢은 맑은 하늘에 펄럭이었고, 梵唄는 푸른 하늘에 맑게 울렸다. 이에 有司로 하여금 매년 겨울과 여름에 삼가 법회를 열되 21일간을 예로 하였다.(「神聖王親製開泰寺華嚴法會疏」, 『東人之文四六』卷8, 佛疏, 高麗名賢集5, p.90.)

② 옛날 우리 태조가 통합 초에 이 산의 동남쪽 귀퉁이에서 좋은 땅을 얻었다. 이에 처음으로 개창하고 밭 6頃과 연료 채취의 땅을 속하게 하여 화엄원교를 闡揚할 곳으로 삼았다.(『新增東國輿地勝覽』卷28, 山陽縣, 佛宇 龍巖寺)

③ 청태 초에 西伯山 神朗太大德이 覺賢의 화엄경에 정통하여 大方廣의 秘宗을 說한다는 소식을 듣고 …… 대사가 드디어 서백산으로 가서 3본 화엄경을 듣고 "어찌 이것이 가섭에게 비밀히 전하고 유마거사가 문수보살과 묵대한 것과 다르겠는가?"라고 하였다. 낭공대사

가 부끄러운 얼굴로 대답하기를 "옛날 유동보살이 이르기를 나를 일
으킨 자는 商이다."라고 하였는데, 이 때문에 화엄대교가 이때부터
크게 성행하였다.(「普願寺法印國師寶乘塔碑」, pp.95~96.)

F-①은 태조가 후삼국을 통합한 후 개태사를 창건하고 친히 지은
하엄법회의 疏文으로 개태사를 영원히 화엄종사원으로 삼을 것을
규정한 것이다. 개태사는 태조가 후백제를 쳐서 크게 이겨 하남의
30여 군을 획득하였고, 발해인이 많이 귀순하여 왔으므로 이에 대한
보답으로 창건한 사원이었으며,30) 복속한 후백제인의 불만을 회유하
려는 태조의 종교정책과 염원으로 세웠다.31) 따라서 개태사의 창건
은 화엄종을 이용한 후백제인의 회유에 큰 목적이 있었다. 이는 궁
극적으로 후백제 지역에 대한 집권력의 강화를 시도한 것이라 할 수
있다. 태조는 피정복지에 대한 집권력 강화를 위하여 의도적으로 화
엄종을 이용하고 있으며, 근거지로 삼았던 곳이 개태사였다. 이러한
추측은 개태사를 후백제와 마지막 전투지였던 연산에 건립하고 있는
것에서도 방증될 것으로 믿는다.
  F-②는 정확한 연대를 알 수 없으나, 태조가 후삼국을 통합한 후
에 용암사를 건립하였는데, 그 목적은 화엄종을 지원하기 위한 것이
었다. 그리고 F-③은 신랑태대덕의 화엄경의 강설을 탄문이 들었으
며, 이에 대하여 탄문이 감동받고 있어 그 영향이 적지 않았음을 알
수 있다. 이 화엄경 강설로 화엄종이 크게 성행하게 되었으며, 탄문
이 태조로부터 '別和尙'이란 칭호를 부여받아32) 우대를 받고 있었다
는 점을 고려하면 탄문 이후 화엄종의 대두에는 태조의 영향력이 크

---

30) 『新增東國輿地勝覽』卷18, 連山縣, 佛宇.
31) 許興植, 「佛敎와 融合된 社會構造」, 앞의 책, 1992, p.15.
32) 「普願寺法印國師寶乘塔碑」, p.95.

게 작용하고 있었음을 추측할 수 있다.

그러므로 태조는 선종을 우대하여 선승들에게 주지사원을 지정해주고 사원을 정비하며, 선승들을 개경으로 초빙하거나 경제적인 지원을 아끼지 않으면서도 화엄종에 커다란 관심을 가지고 있었다는 것을 알 수 있다. 특히 왕권과 전통적으로 밀착하는 모습을 보이고 있던 화엄종을 후삼국 통합 후 중앙집권적인 국가체제와 왕권의 안정 필요성이 한층 증대되는 시점에 관심과 지원을 아끼지 않고 있었던 것은 종교와 정치권력의 관계에 있어서 시사하는 바가 크다.

화엄종에 대한 고려 왕실의 관심이 태조대에 국한한 것은 아니었다. 혜종·정종 때도 동일한 모습을 보이고 있었다.

> G) 혜종이 왕위를 이어 3본 화엄경의 사경을 마치고, 천성전에서 불상을 모시고 法宴을 열고는 대사를 청하여 강설과 열람을 하고 겸하여 경찬을 펴 그 寶偈를 널리 선양하였다.(「普願寺法印國師寶乘塔碑」, pp.96~97.)

처럼 화엄경 사경을 마치고 탄문을 초청하여 법회를 열고 화엄경에 대한 강설과 열람, 그리고 經讚을 통하여 화엄종을 선양하였다. 이는 혜종이 화엄종에 많은 관심을 가지고 있었음을 보여주는 것이다.[33] 특히 탄문이 태조 때부터 왕실과 밀착하여 있었다는 점에서 왕실이 지속적으로 화엄종을 끌어들이는 노력이 있었음을 반영하는 것이라 할 수 있다.

한편 정종 때는 새로 의희본 화엄경을 사경하여 8질을 긍양에게

---

33) 태조와 혜종을 포함하는 고려 왕실의 화엄종에 대한 관심이라 할 수도 있겠지만 탄문 개인에 대한 배려가 탄문이 속해 있던 화엄종에 대한 관심으로 나타날 수도 있었을 것이다.

보냈다.[34] 궁양은 선승이기는 하나 태조 때 대장경 분치를 위한 자문에 긍정적으로 대답하는 등[35] 교종의 필요성을 인정하여 왕실의 종교정책에 상당히 적극적으로 대응하고 있었다. 이와 같이 화엄종은 고려 초에 왕실의 지속적인 관심을 받으면서 세력을 신장하여 광종대에는 주도적인 위치로 성장할 수 있었다.

광종대의 화엄종은 남악과 북악의 대립이 균여에 의하여 극복되면서 전제정치의 권력기반 확대에 기여하였다.

> H) 스님은 北岳의 법손이다. 옛날 신라 말 가야산 해인사에 두 華嚴司宗이 있었는데 한 분은 觀惠公으로 백제 괴수 견훤의 福田이었다. 다른 한 분은 希朗公으로 우리 태조대왕의 福田이다. 두 공이 신심을 내어 香火의 願 맺기를 청하였다. 願이 서로 다른데 마음이 어찌 하나이겠는가? 門徒에 미쳐서는 점차 물과 불을 이루었다. 하물며 법의 맛에 각기 시고, 짠 것을 품었으니 이 폐단을 없애기 어려웠다. 유래가 이미 오래되었기 때문이다. 이때 세상 사람들이 관혜공의 법문을 남악이라 이름 하였고, 희랑공의 법문을 북악이라 이름 하였다. 스님이 남북의 宗趣가 모순되어 분명하지 않음을 탄식하고, 여러 막힌 많은 갈래를 한길로 돌리고자 하였다.(『均如傳』第4, 立義定宗分者.)

처럼 고려 초의 화엄종은 견훤의 후원을 받던 남악과 태조의 후원을 받던 북악이 서로 대립한 상태에 있어서 물과 불의 관계를 이루고 있었다. 남악과 북악의 대립은 교리상의 차이에서 기인한 것도 있었겠지만, 후원세력의 정치적인 대립에 그 뿌리가 있었다.[36] 정치

---

34) 「鳳巖寺精眞大師圓悟塔碑」, 李智冠, 『校勘譯註歷代高僧碑文』(高麗篇1), 伽山文庫, 1994, p.495.
35) 「鳳巖寺精眞大師圓悟塔碑」, 李智冠, 『校勘譯註歷代高僧碑文』(高麗篇1), 伽山文庫, 1994, p.491.
36) 남북악의 분열을 정치적인 이유만으로 이해하기에는 석연치 않은 점들이

세력의 이질성이 같은 교단 안에 두 가지 성격의 세력이 동시에 존재하도록 만들었던 것이다.

균여는 화엄종단의 분열을 통합하기 위한 노력을 기울여 결실을 맺을 수 있었다. 균여가 화엄종단의 분열을 수습할 수 있었던 요인으로는 여러 가지를 제시할 수 있으나,[37] 무엇보다 광종대 정치상황의 변화에서 찾을 수 있을 것 같다. 균여는 귀법사를 중심으로 그의 '성상융회사상'을 펼쳤는데, 귀법사는 광종이 전제정치의 이데올로기를 관장하기 위하여 건립한 사원이었다.[38] 신앙상의 문제보다 정치적인 목적을 위해 건립한 사원이었다. 따라서 균여가 귀법사에 머물게 된 것도 광종의 정치적 의도에 의한 것임을 짐작할 수 있다.

귀법사와 균여, 그리고 광종의 관계가 정치적인 의도된 관계였다면, 균여에 의한 화엄종단의 통합도 정치적인 목적 아래 이루어진 의도적인 것일 수 있다. 화엄종이 왕권과 밀착하여 있었다 하더라도 각기 고려와 후백제의 후원을 받고 있던 두 화엄세력이 분열하여 대립하였고, 한 세력은 후원자가 정치적인 몰락의 길을 걸었을 뿐만 아니라 정치적인 진출의 길마저 막히게 되었다.[39] 이러한 후원정치

있다고 하면서, 희랑은 북악(태백산) 부석사에, 관혜는 남악(지리산) 화엄사에 각각 그 배경을 두고 있었던 것으로 파악하여 의상계와 법장계의 갈등이라 하기도 하고,(金相鉉, 「新羅華嚴教學僧의 系譜와 그 活動」, 『韓國華嚴思想史硏究』, 民族社, 1988, pp.67~69. 참조) 부석사 계통과 화엄사 계통의 갈등 원인을 의상·연기계의 대립으로 파악하기도 한다.(崔柄憲, 「高麗時代 華嚴教學의 變遷 －均如派와 義天派를 중심으로－」, 『韓國史研究』30, 1980, p.66.)

37) 許興植, 앞의 논문, 「華嚴宗의 繼承과 所屬寺院」, 1992, pp.186~187, 참조.
38) 金杜珍, 앞의 논문, 「均如華嚴思想의 歷史的 性格」, 1989, p.365.
39) 태조의 훈요 10조에서 車峴 이남 공주강 밖의 사람 등용을 배제한 것은 후백제인에 대한 차별대우의 성격이 강하였음을 보여준다.(『高麗史』卷2, 太祖 26年 4月.)

권력의 분열에 따른 화엄종단의 갈등은 전제정치의 동반자로 활용하기 어렵게 만들었다.

따라서 광종은 귀법사를 근거로 삼아 북악을 계승한 균여를 후원함으로써 화엄종단을 북악 중심으로 통합하고자 한 것이라 할 수 있다.[40] 이러한 광종의 정치적인 의도는 개혁정치를 추진하면서 등용한 후백제계 인사들이 신진세력의 일부로서 정국운영의 주도권을 장악하면서 남·북악의 대립 원인이 희석되어 통합이 가능하였던 것이라 할 수 있다. 균여의 북악을 중심으로 하는 화엄종단의 통합에 광종의 정치적인 배려가 있었음은 다음의 자료를 통해서도 알 수 있다.

> I) 국가가 왕륜사에서 크게 뽑는 자리를 열고서 스님을 급제시켜 취하여 발탁하는데, 우리 스님의 義路를 바른 것으로 삼고, 나머지는 旁系로 했다. 무릇 재주와 이름 있는 무리가 어찌 이 길을 경유하지 않겠는가?(『均如傳』第4, 立義定宗分者)

위의 자료는 왕륜사에서 시행한 僧科에서 균여의 이론을 바른 것으로 삼고, 나머지는 방계로 하고 있음과 승과에 많은 승려들이 참여하고 있었음을 보여준다. 승과는 승려에 대한 국가의 공식적인 시험인데, 여기서 균여의 입장을 바른 것으로 삼은 것은 그의 교리 해석이 국가에 의해 공식화하고 있음을 보여주는 것이다. 승과에 응시하기 위해서는 균여의 이론을 추종하지 않을 수 없었으므로 균여의 교리해석은 널리 보급될 수 있었다.

---

40) 균여는 사원상으로는 의상과 그 후계자가 세운 사찰과는 관련이 없더라도 이론상으로는 철저히 그를 계승하였다. 탄문은 종단상으로 화엄10사 가운데 하나인 보원사를 중심으로 의상을 계승하였으나 교리상으로는 원효를 중요시하는 경향이 있었다.(許興植, 앞의 논문, 「華嚴宗의 繼承과 所屬寺院」, 1992, p.189.)

균여의 이론이 正系가 될 수 있었던 것은 균여가 많은 저술을 남기는 등 연구 활동이 많았다는 점에서 이해할 수도 있다. 그러나 균여와 같은 시기에 귀법사에서 활동하고 있던 탄문도 신랑태대덕이 감탄할 정도로 화엄학에 밝았고, 구룡산사에서 화엄경을 강설하고, 덕은 화엄종의 宗長들 중에 수장이었으므로 태조로부터 '別大德'의 칭호를 받았고,41) 또 왕사로 책봉된 적이 있었다는 점을 고려하면 균여의 교리해석을 바른 것으로 하는 것은 광종의 정치적인 배려로 볼 수밖에 없다. 이와 같이 광종은 자신의 전제정치를 위한 권력기반의 확대를 위하여 의도적으로 화엄종을 후원하였으며, 귀법사 균여를 중심으로 분열된 화엄종단의 통합을 시도하였다. 광종의 의도는 정치권력에 적극적이던 균여가 달성하였다.

광종에 의한 화엄종의 장려는 선종에서 국사를 배출한 시기가 광종 8년(957) 찬유가 입적하는 때까지로 국한하며, 이후는 교종 출신 승려가 국사·왕사로 책봉되는 모습으로 나타났다. 광종 8년(957)을 기점으로 그 후반은 개혁으로 새로운 제도를 정립시키는 격동기여서 여러 가지 사회적 변동이 있었다. 비록 왕사·국사가 실질적인 기능은 없으나 변화의 정신적인 바탕이 된 사상적인 존재로서의 기능은 충분하였으므로 광종 8년(957) 이후 사회변동은42) 상당 부분 화엄종의 뒷받침을 받은 것으로 추측한다.

광종은 전제정치의 권력기반 일부를 불교에서 구하였으므로 왕권에 봉사할 수 있는 내용의 불교를 요구하였고, 그렇지 않은 불교세력은 규제를 가하였다. 광종은 불교를 왕권에 봉사하도록 만들기 위하여 여러 가지 제도를 마련하였다. 불교제도는 일반 정치와 마찬가

---

41) 「普願寺法印國師寶乘塔碑」, p.93.
42) 許興植, 「國師·王師制度와 그 機能」, 앞의 책, 1992, p.420.

지로 광종 때를 분기점으로 갖추기 시작하였고, 성종과 현종 때 어느 정도 완비되었다. 불교제도는 승계와 승과를 토대로 한 僧政에서 찾을 수 있는데, 僧科·僧階 그리고 승정이 유기적인 관계를 맺으면서 급속도로 불교계의 통제에 성공하고 있었다.[43]

승계는 승과에 합격한 승려만이 획득할 수 있었다. 승계는 늦어도 광종 초에 제정하였을 가능성이 크며, 승계와 승과가 밀접한 관련을 가진 점으로 보아 승과도 광종 초에 실시하였다는 추론이 가능하다.[44] 승계와 승과제도를 시행히면서 불교계는 커다란 변화가 일어났다. 즉 사원의 주지는 승과를 거쳐 승계를 얻은 자로 보임하였다. 그러므로 사원의 독자성은 상실되고 불교는 국가에 예속되어 정치에 영향을 줄 수 없을 정도로 통제되었다. 이러한 현상을 단적으로 보여주는 예가 10세기 말을 전후한 비문들에서 삼강직제가 소멸하는 것인데,[45] 이는 승계를 지닌 승려를 주지로 임명하면서 사원의 독자성이 침해된 결과였다.

승과에 응시하기 위해서는 구족계를 받아야 했다. 구족계는 승려 자격을 공인하는 의식행위였으므로 중요한 의미를 지녔다. 신라말·고려 초에 구족계는 私設戒壇에서 받는 경우도 있었으나, 대부분 官壇에서 받았다. 관단은 극소수 유가종 사원에도 있었으나, 대부분 화엄종사원을 이용하였다. 이는 광종대 불교제도가 화엄종사원을 통하여 강화한 일면을 반영하고 있는 것으로 추측한다.[46] 이와 같이 고려 초에는 승과승계 등 불교에 대한 제도적인 정비가 활발히 이루어지고 있었으며, 이는 불교에 대한 국가의 지배력을 강화하

---

43) 許興植, 「宗派의 起源에 대한 試論」, 앞의 책, 1992, p.123.
44) 許興植, 「불교계의 조직과 행정제도」, 앞의 책, 1992, pp.320~325, 참조.
45) 許興植, 위의 논문, 「佛敎界의 組織과 行政制度」, 1992, p.338.
46) 許興植, 위의 논문, 「佛敎界의 組織과 行政制度」, 1992, p.322.

는 방향으로 수행되었다.

한편 고려에서는 불교에 대한 제반의 문제를 처결하기 위한 관부로 승록사를 두었다. 승록사를 언제 설치하였는지 확실하지는 않으나 태조 21년(938) 서천축에서 홍범대사 등이 올 때 이를 맞는 왕의 행차에 참여하고 있는 것이 처음 나타나는 기록이다.[47] 고려 초 승록사와 관련한 기록을 살펴보면 다음과 같다.

> J-① 여기 大弟子 兩街僧統 三重大師 昕弘 등이 있으니 法苑에서의 큰 鍾이고 禪門의 龜鏡이다. 자비의 우물에 가서 자취를 밟았으며, 법의 횃불을 들어 남은 빛을 이었다. …… 이에 대사의 행장을 모아 …… 큰 임금의 은혜로 훌륭한 문장을 지어 우리 스님의 덕업이 기념되도록 청하였다.(「高達院元宗大師惠眞塔碑」, p.48.)
>
> ② 바야흐로 이별하는 길을 당하여 행장을 갖추게 하고 …… 僧維 釋惠允·元輔 蔡玄 등으로 하여금 호위하여 보냈다.(「普願寺法印國師寶乘塔碑」, p.104.)
>
> ③ "지금 曦暘大師를 보니 진실로 보살의 화신이다. 어찌 師資의 예를 펴지 않겠는가?" 했다. 여러 사람이 옳다 하고 다른 말이 없었다. 이에 임금이 兩街僧統 大德 法興·內議令 太相 皇甫 ……로 하여금 禪扄으로 가서 갖춘 聖旨를 전하게 하였다.(「鳳巖寺精眞大師圓悟塔碑」, 李智冠, 『校勘譯註歷代高僧碑文』(高麗篇1), 伽山文庫, 1994, p.499.)
>
> ④ 임금이 그것을 듣고 크게 애도하고 여러 것을 쉬었다. 이에 左僧維 大德 淡猷·元尹 守殿中監 韓潤弼 등을 사신으로 보내 글로써 조문하고 곡식과 향으로써 부의하였다. 또 諡號·塔銘使로 元甫 金俊嵓·副左尹 前廣評侍郎 金廷範 등을 보내 깨끗한 시호와 탑명을 증정하여 '정진대사원오지탑'이라 하고, 관청으로 하여금 眞影 한 폭을 비단에 그리고 金軸으로 엮게 하였는데 날이 되지 않아

---

47)『高麗史』권2, 太祖 21年 3月.

이루어졌다. 같이 제목을 찬술하여 右僧維 大德 宗乂·正輔 金
瑛·正衛 兵部卿金靈祐 등으로 보냈다.(「鳳巖寺精眞大師圓悟
塔碑」, 李智冠, 『校勘譯註歷代高僧碑文』(高麗篇1), 伽山文
庫, 1994, p.505.)

J-①에서 양가승통 흔흥을 볼 수 있는데, 삼중대사의 승계를 가졌
고, J-②에서 승유를 볼 수 있으나, 승계는 알 수 없다. 그리고 J-③
에서는 양가승총을 볼 수 있는데, 승계는 대덕이었다. J-④에서는 좌
승유와 우승유를 볼 수 있는데, 승계는 대덕이었다. 그런데 양가승통
의 승계가 최고 승계인 삼중대사(J-①)와 최하위 승계인 대덕(J-②)
을 지닌 것으로 되어 있어 혼란을 준다. 이처럼 광종대의 승록사는
좌우가로 나뉘어 있었으며, 승계를 지닌 승려들이 직책을 나누어
불교와 관련된 왕명과 행정업무 등을 처리하고 있음을 알 수 있다.

승록사의 직임자는 왕명을 받아 왕사책봉의 조서를 전달하고, 고승
의 喪事를 감독하며, 왕사가 하산할 때 수행하는 일을 하고 있으며,
고승의 탑비 건립을 요청하기도 하였다. 따라서 승록사는 독립된 행
정기능을 갖기보다는 불교계의 운영과 국가의 정책수행에 대한 보조
적인 역할을 담당하고 있어서,[48] 독립적인 성격은 미약하였다. 특히
J-①에서 승록사의 책임자인 승통 삼중대사 흔흥이 찬유의 제자였으
므로 그는 선승이었다. 그러므로 광종 26년(975)경에는 선승들도 불
교정책을 보좌하던 승록사의 직임을 맡을 정도로 선종이 국가 제도권
내로 편입하고 있었다. 이처럼 광종대는 여러 가지 불교제도를 마련
하여 시행하면서 불교계는 선·교를 막론하고 국가지배에 예속되었다.
국가는 불교에 대한 승정권뿐만 아니라 경제권까지 장악하였다.[49] 불

---

48) 許興植, 위의 논문, 「佛敎界의 組織과 行政制度」, 1992, p.346.
49) 金杜珍, 앞의 논문, 「高麗光宗代 法眼宗의 登場과 그 性格」, 1989, pp.335~

교계는 왕권에 봉사하여야 했고, 그렇지 않을 경우 엄청난 탄압을 받
을 수도 있었다.

> K) 개보 중에 귀법사 중 정수가 法官을 뵙고 참소하여 말하기를 스님이
> 異情을 수행함이 있는 것 같다고 하였다. 관이 그 일을 아뢰니 광종
> 이 그것을 듣고 노하여 재빨리 스님을 불러들여 그를 해치려 하였다.
> 스님이 임금이 계신 곳에 이르자 황망하고 두려워하여 땅에 엎드렸다.
> 임금이 그 모습을 보고 일어나게 하고는 勅을 바꾸어 의사 2명으로
> 하여금 그를 호위하여 보내게 하였다.(『均如傳』第4, 立義正宗分者.)

위의 자료는 귀법사에 균여와 함께 머물던 정수가 균여를 異情修
行者로 고발하자 광종이 크게 노하여 체포를 명하고 있으며, 균여는
광종의 크게 노한 모습에 황망하고 두려워하여 땅에 엎드려 처분만
기다리고 있는 모습을 보여주고 있다. 광종의 전제정치를 뒷받침하
던 균여가 비록 고발당하기는 하였으나, 목숨을 구걸하는 죄인처럼
행동하는 것은 광종의 처분에 공포심을 가졌기 때문일 것이며, 광종
역시 지금까지 전제정치 시행의 파트너로서, 권력기반의 일부였던
균여가 異情을 수행한다는 이유로 즉시 체포하고 있음은 균여에 대
한 미움보다 균여가 異情을 수행하면서 왕권에의 봉사라는 테두리
를 벗어나고 있는 것에 대한 분노였을 것이다.[50]
　이와 같이 고려 초에는 중앙집권적인 지배체제의 확립과 왕권의

349.
50) 균여가 행하였던 異情修行이 의미하는 것은 확실하지 않다. 광종은 균여의
　　화엄학설을 바른 것으로 규정하고 있었으므로 교리상의 문제는 아닌 것 같
　　다. 혹 균여가 '성상융회사상'으로 전제왕권에 봉사하면서도 일면 대호족과
　　관계를 완전히 단절하지 않고 있었는데, 이때 대호족과 연결을 시도하고
　　있었던 것은 아닌지 한다.

강화를 위한 이념으로 화엄종이 대두하고 있었다. 화엄종은 광종대에 귀법사에서 균여의 북악을 중심으로 통합되었는데, 이에는 광종의 정치적인 배려가 있었으며, 전반적인 불교제도의 운용도 같은 맥락에서 이해할 수 있다. 이는 광종이 불교를 왕권의 봉사자로 존재할 것을 요구한 것이라 할 수 있으며, 이에서 벗어나는 자는 자신의 협조자였더라도 가차 없이 처벌하였던 것이다.

3. 禪宗의 對應

후삼국을 통합한 후 고려 왕실은 선종과 함께 화엄종에 많은 관심을 보였고, 지원도 많았다. 고려 왕실이 화엄종에 관심을 보이는 것은 중앙집권적인 체제의 정비와 함께 왕권의 강화를 위해 전통적으로 왕권과 밀착하여 있던 화엄종의 이념이 필요하였기 때문이다. 특히 광종은 전제왕권의 확립을 위하여 권력기반의 일부를 화엄종 승인 균여에게서 구하였다. 그리하여 귀법사를 창건하여 정치적인 입장에 따라 남·북악으로 분열한 화엄종을 북악 중심으로 통합하고, 화엄교리 또한 균여의 해석을 바른 것으로 삼아 교리상의 통합을 시도하였다. 이와 함께 불교제도 전반에 대한 정비를 단행하여 왕권에 봉사하는 불교로의 전환을 시도하고, 이에서 벗어날 때는 강력한 제재를 가하였다. 이러한 상황의 변화를 맞아 선종은 어떻게 대응하면서 활로를 모색하고 있었는지를 살펴보겠다.

먼저 긍양의 경우를 보겠다.

L) 이 무렵(후삼국 통합시) 대사는 鵠版을 기다리지 않고 문득 虎溪를 나와 白足을 움직여 보행으로 마치 나는 듯 걸어 눈 같은 눈썹이 펼쳐지니 보

는 이가 즐거워하였다.(「鳳巖寺精眞大師圓悟塔碑」, 李智冠, 『校勘
譯註歷代高僧碑文』(高麗篇1), 伽山文庫, 1994, pp.489~490.)

처럼 긍양은 고려가 후삼국을 통합하자 태조의 부름을 기다리지
않고 스스로 태조에게 갔다. 긍양은 견훤을 정신적으로 지원하던 사
상계의 후견인 가운데 하나였다.[51] 그러므로 고려 통일 이전에 긍양
과 태조는 서로 적대적인 위치에 있었다. 이러한 긍양이 태조에게
스스로 가는 것은 새로운 정치체제와 사회상황의 변화에 민감하게
반응하고 있음을 보여주는 것이다.

긍양이 당에 유학하고 전주 희안현 포구로 귀국한 것은 경애왕 1
년(924)이었다. 그리고 兵亂으로 인하여 떠돌아다니다 강주 백엄사
로 이주한 것은 경순왕 1년(927)이다.[52] 긍양이 백엄사에 가게 된
것은 스승인 양부화상이 창건하고 입적한 곳이기 때문이다. 그런데
『삼국유사』에는 긍양이 백엄사에 온 것은 925년이며 10년을 머물다
935년에 희양산으로 돌아갔다고 하였다.[53] 따라서 『삼국유사』와 비
문 사이에 백엄사 이주를 두고 2년 정도의 시차가 보이고 있다. 이
러한 연대의 차이에 대해서 긍양이 925년에 머문 백엄사는 강주가
아닌 후백제권의 남원 백암수를 가리키는 것으로 생각하며, 이를 긍
양의 비문에서 밝히지 않은 것은 前代에 대한 정치적 고려와 지역
안배의 소산이었다.[54]

강주는 전라도 쪽에서 보면 신라 때부터 남에서 북으로 올라가는
신라 공격의 발판 역할을 하고 있었고, 927년 이전까지 이 지역은 신

---

51) 추만호, 『나말려초 선종사상사 연구』, 이론과실천, 1992, p.145.
52) 「鳳巖寺精眞大師圓悟塔碑」, 李智冠, 『校勘譯註歷代高僧碑文』(高麗篇1), 伽
　　山文庫, 1994, p.478.
53) 『三國遺事』卷3, 伯嚴寺石塔舍利.
54) 추만호, 앞의 책, 1992, pp.136~137.

라와 우호 또는 중립적인 관계를 후백제와는 적대, 또는 중립적인 관계를 유지하고 있었기 때문에 스승이 창건하고 입적한 백엄사에 바로 갈 수 없었던 것이다.[55] 강주 백엄사에 머물던 긍양은 935년 희양산으로 옮겼다. 긍양의 이주에 대하여 당시 백엄사에서는 상당한 혼란이 있었던 듯하다.

> M) 청태 2년에 이르러 생각하되 道를 넓히기 위해 좋은 산을 선택하기로 결심하고 행장을 준비하고는 출발을 지체하고 있었다. 그런데 갑자기 먹구름이 덮여 지척을 분간하기 어려웠다. 이때 한 神人이 나타나 대사에게 이르기를 "스님께서 이곳을 버리고 어디로 가시려 합니까? 꼭 가시려면 먼 곳으로 가지 마십시오."라고 했다. 이를 지켜본 대중이 모두 이상히 여겨 떠나지 말고 계시라 간청하였으나, 대사는 굳은 의지로 받아들이지 않고 문득 떠났다.(「鳳巖寺精眞大師圓悟塔碑」, 李智冠, 『校勘譯註歷代高僧碑文』(高麗篇1), 伽山文庫, 1994, pp.483~484.)

긍양이 백엄사를 떠난 것은 935년이었다. 백엄사를 떠나는 이유는 道를 넓히기 위한 좋은 산의 선택에 있었고, 행장을 준비하고서도 출발을 지체하고 있었다. 도를 넓히기 좋은 산이 어떤 것인지 분명하지 않으나, 당시 강주가 후백제 세력권 내에 들어가 있었고, 자신의 후원자였던 견훤이 935년 3월 금산사에 유폐된 점을 생각하면[56] 신검이 지배하는 후백제 영향권에서 벗어나려는 것이었음을 추정할 수 있다. 긍양의 결정에 대하여 백엄사의 분위기가 우호적이지 않았음은 먼 곳으로 가지 말라는 神人의 제지[57]와 제자의 만류에서 알

---

55) 추만호, 앞의 책, 1992. pp.137~138.
56) 『三國遺事』卷2, 後百濟 甄萱.
57) 神人은 신검계열의 어떤 세력으로서 긍양이 후백제 세력권 밖으로 이탈하

수 있고, 이것이 행장을 준비하고서도 머뭇거리게 된 이유였던 것으로 생각한다.

백엄사를 떠난 긍양은 희양산 봉암사로 갔다. 봉암사는 신라 왕실과 긴밀한 관계에 있었고, 전략적 중요성으로 인하여 929년 10월 가은현에 대한 견훤의 공격으로 큰 타격을 받은 후 민들의 습격으로 소실되었다.[58] 그러므로 긍양이 이주할 당시 봉암사는 폐허로 변해 있었다.[59] 도를 넓힐 좋은 장소가 아니었다. 사조부인 도헌이 창건하였다는 것만으로 도를 넓히기에 적당한 장소로 보기 어렵기 때문이다.

오히려 935년 당시 봉암사가 고려의 영향권 내에 있었고, 935년 4월 견훤이 금산사에서 고려로 탈출하는 것과 관련이 있는 것으로 생각하는 것이 더 나을 것 같다. 긍양은 후백제가 왕위계승 문제를 두고 정치적인 혼란에 휩싸이고, 후원자였던 견훤이 고려로 투항하는 상황의 변화를 맞아 고려의 영향권 아래 있으면서도 사조부인 도헌이 창건하였던 봉암사로 옮겨 간 것이 아닌가 하며, 급변하는 정치상황에 대한 인식의 차이로 제자들이 만류한 것으로 생각한다.

고려가 후삼국을 통합한 후 긍양은 자신이 친고려적이라는 것을 알릴 필요가 있었다. 때문에 태조가 부르기도 전에 개경으로 간 것이다. 그리고 그의 法系 역시 청원행사계인 곡산도연의 법맥을 계승하고 있음에도 불구하고 비문에서 남악회양계의 法脈으로 고치고 있는 것도 고려 초 남종과 북종의 대립이라는 측면[60]과 함께 고려

려는 것을 막고자 하는 것 같으며, 먼 곳으로 가지 말라는 것도 후백제의 지배력이 미치는 범위 내에서 이동하라는 권유로 볼 수 있을 것 같다. 긍양의 탑비가 광종대에 건립된다는 점을 고려하면 후백제 세력을 직접 거명하기는 어려웠을 것이므로 신인으로 표현한 것으로 생각된다.

58) 추만호, 앞의 책, 1992, pp.139~142, 참조.
59) 「鳳巖寺精眞大師圓悟塔碑」, 李智冠, 『校勘譯註歷代高僧碑文』(高麗篇1), 伽山文庫, 1994, p.484.

에 우호적인 법맥을 제시해야 할 필요성에 의해서였다.61)

후삼국 통합 후 긍양이 스스로 개경에 이르자 태조는 대장경 1부를 寫經하여 서경과 개경에 나누어 안치하려 하면서 긍양에게 자문을 구하였다. 이때

> N) "이는 有爲의 공덕이긴 하지만 無上의 菩提를 이룩하는 데 방해가 되지 않으니 경전을 널리 펼친 인연으로 능히 부처님의 마음을 기쁘게 할 것"이라 하였으며, "그것으로 부처의 은혜와 왕의 교화가 땅처럼 오래고 하늘같이 높을 것이며, 복과 이익이 끝이 없고, 功名이 썩지 않을 것입니다."라고 하였다.(「鳳巖寺精眞大師圓悟塔碑」, 李智冠, 『校勘譯註歷代高僧碑文』(高麗篇1), 伽山文庫, 1994, p.491.)

이는 태조가 단순히 대장경을 나누어 두는 것에 대한 可否를 물은 것이 아니라 생각한다. 오히려 통일 후에 교종을 진작시키고자 하는 태조가 이에 대한 긍양의 의사를 물었고, 이에 대해 긍양은 찬성의 입장을 밝혔던 것이다. 태조의 불교정책 방향을 간파한 긍양은 태조의 정책에 찬성의 입장을 밝힘으로써 자신이 태조에게 협조하고 있다는 사실을 인식시키려 하였다. 이는 대장경을 나누어 둠으로써 얻을 수 있는 것이 부처의 은혜와 함께 왕의 敎化를 강조하고 있는 것에서 알 수 있다. 즉 종교지도자로서 정치권력에 협조할 의사가 있음을 밝힌 것이라 하겠다.

혜종이 즉위하여 사신을 보내 문안을 하자, 사람을 보내 답례하면서 國利民福을 위하여 기도하였고,62) 정종 때는 개경에 가서 나라

---

60) 金煐泰, 「曦陽山禪派의 成立과 그 法系에 대하여」, 『韓國佛敎禪門의 形成史研究』, 民族社, 1989, pp.183~188.
61) 추만호, 앞의 책, 1992, pp.142~145, 참조.
62) 「鳳巖寺精眞大師圓悟塔碑」, 李智冠, 『校勘譯註歷代高僧碑文』(高麗篇1),

다스리는 藥言을 베풀었다.[63] 이와 같이 긍양은 고려에 대하여 매
우 적극적인 자세로 협조를 다짐하고 있었으나, 이것이 모든 불교계
의 일관된 태도는 아니었다.

> O) 광덕 2년 봄에 사신을 보내 친서를 전달하며 반드시 서로 만나기를
> 원하여 왕림하길 바라는 마음을 간절히 하였다. 대사도 또한 東林을
> 나와 北闕로 가서 임금을 배알하기로 결심하고 淨人에게 아침공양을
> 재촉하였고, 侍者에게 행장을 빨리 꾸리도록 하였다. 이때 법당 한쪽
> 에 걸려 있던 북이 갑자기 스스로 울렸는데 소리가 구덩이에서 울리는
> 듯하고, 산위에서 돌이 구르는 것과 같아 깊은 골에서 울려 나오는 듯
> 하였다. 이를 들은 대중은 모두 놀라서 한결같은 마음으로 떠나심을
> 만류하였으나 대사는 끝내 받아들이지 아니하였다.(「鳳巖寺精眞大師
> 圓悟塔碑」, 李智冠, 『校勘譯註歷代高僧碑文』(高麗篇1), 伽山文
> 庫, 1994, p.496.)

위의 자료는 광종이 951년 긍양에게 만나기를 청하였을 때 봉암사
의 분위기를 나타내고 있다. 광종의 초청을 받은 긍양은 즉시 개경으
로 향하려 하고 있으나, 북이 울리는 異變을 이유로 많은 사람들이
반대하고 있다. 이는 광종의 개혁정치 방향이 결정되지 않은 상태에
서 정국의 추이를 관망하는 자세를 보이는 것으로 파악하고 있다.[64]
이 같은 봉암사의 분위기에도 불구하고 스스로 개경에 가야만 했
던 긍양의 입장은 사실 절박한 것이었다. 태조의 불교정책에 대한
적극적인 찬성과 法系의 변조까지 행하면서 겨우 고려 왕실의 신뢰
를 받았는데, 정권 내의 권력투쟁으로 광종이 즉위하면서 전혀 새로

　　伽山文庫, 1994, p.493.
63) 「鳳巖寺精眞大師圓悟塔碑」, 李智冠, 『校勘譯註歷代高僧碑文』(高麗篇1),
　　伽山文庫, 1994, p.494.
64) 추만호, 앞의 책, 1992, p.146.

운 정치상황이 전개되고 있었다. 긍양은 혼란한 정국상황 속에서 새 정권에 협조적이라는 것을 보일 필요가 있었다. 정국의 추이를 관망하면서 판단할 수 있는 여유가 없었던 것이다. 긍양은 세속정권의 부침에 큰 영향을 받았고, 정권의 향배에 따라 이리저리 옮겨 다닌 고통스러운 경험이 있었으므로 새 정권의 정책방향에 관계없이 모든 정권에 적극적이고 협조적인 자세를 보일 수밖에 없었다.

> P) "이제 희양대사를 보건데 진실로 보살의 화신이다. 어찌 師資의 예를 펴지 않겠는가?" 이에 모두 좋다 하였고 다른 말이 없었다.(「鳳巖寺精眞大師圓悟塔碑」, 李智冠, 『校勘譯註歷代高僧碑文』(高麗篇1), 伽山文庫, 1994, p.499.)

와 같이 광종은 그를 왕사로 책봉하여 긍양의 태도에 대한 보답을 하였는데, 이때 주변 사람들의 의견을 물어 찬성을 얻었다. 긍양의 왕사책봉은 광종 측근들이 반대하였으면 성사가 어려웠을 것이지만, 새 정권에 대한 긍양의 적극적인 자세는 그들의 지지를 이끌어 낼 수 있었다.

다음은 찬유의 경우를 보자. 찬유는 청원행사계인 투자대동의 법을 받고 경명왕 5년(921) 강주 덕안포에 도착하였다. 이어 봉림사에 가서 스승인 심희를 뵙고 귀국인사를 한 다음 상주 삼랑사에서 3년을 보냈다.

> Q) "오히려 새들도 편안히 쉬려면 나무를 선택하거늘 내 어찌 □오이처럼 매달려만 있겠는가? 엎드려 들으니 신성대왕께서 큰 포부를 품고 때를 만나고 褒를 잡은 때문으로 성스러움을 보여주려 하니 마치 하나라 순임금이 개혁할 때, 顧天의 命을 받아 周나라를 비롯하여 出日의

성스러운 나라를 이룩함과 같았다. 이때 대사는 마치 조각달이 하늘에
서 놀듯 외로운 구름이 바위구멍에서 나오듯 하였다. 푸른 용이 물결
을 건널 때 본래 뗏목에 의지하고자 하는 마음이 없다 하나, 봉새가
허공을 날면서도 오히려 오동나무에 깃들고자 하는 마음이 있다.” 멀
리서 지팡이를 가지고 곧바로 玉京으로 가서 태조대왕을 배알하였다.
(「高達院元宗大師惠眞塔碑」, p.36.)

위의 자료는 찬유가 태조에게 가게 된 경위를 밝힌 것이다. 이에
의하면 찬유는 태조가 즉위하여 점차 세력을 넓혀 나가자 의지하기
위하여 개경으로 가고 있음을 알 수 있다. 후삼국의 정세가 혼미를
거듭하다 태조를 중심으로 재편되는 듯한 기미가 보이자 태조에게
간 것이라 하겠다.[65] 이에 태조가 광주 천왕사를 제공하여 머물게
되었으나, 곧 혜목산으로 옮겼다.[66] 혜목산은 스승인 심희가 머물던
곳이었고, 찬유가 공부하던 곳이었다.[67]

혜종이 즉위하여 차와 香·法衣를 내리자 佛心으로 啓導하여 부
처님의 신통법력을 펴기도 했다. 또 정종이 법의 등을 보내자 국태
민안을 위하여 불사공덕의 기도를 봉행하였다.[68] 그러나 혜종과 정
종의 재위 기간이 짧았으므로 실제 만남은 이루어지지 못하였다.

광종이 즉위하여 證眞大師라는 호를 내리고 초청하자 도를 행함
에 때를 놓칠 수 없다는 이유로 개경에 갔다.[69] 왕의 초청에 대하
여 부촉을 명분으로 삼는 것은 다른 선승에게서도 흔히 볼 수 있는

---

65) 찬유는 상주 공산 삼랑사 융제선사에게 출가 하였고, 혜목산에서 심희를
　　스승으로 모셨다. 또 심희가 광주 송계선원으로 옮기자 따라 가고 있으므
　　로 신라 및 후백제와도 인연이 깊었다고 할 수 있다.
66)「高達院元宗大師惠眞塔碑」, p.37.
67)「高達院元宗大師惠眞塔碑」, pp.32~33.
68)「高達院元宗大師惠眞塔碑」, p.38.
69)「高達院元宗大師惠眞塔碑」, p.40.

예이므로 특별한 것은 없으나, 태조의 초청을 받아 이미 서로 만났었고, 혜종과 정종의 도움도 받은 바 있는 찬유가 광종의 초청에 대해서 "도를 행함에 때를 놓칠 수 없다."는 것을 명분 삼아 초청을 받아들이는 것은 급변하는 정국의 흐름과 왕실의 적극적인 지원을 받아 화엄종세가 급성장하고, 전제왕권을 추구하던 정치적 상황에서 개인주의적 성향이 강한 선종의 기반이 약화되는 등의 상황변화에 적극적으로 대응하려는 의도가 있었던 것으로 생각한다.

개경에 온 찬유는 국사로 책봉되어 천덕전에서 크게 법회를 열었다. 이 법회로 인하여

> R) 이른바 사방이 모두 존경하고 만세토록 모두가 영원히 의뢰하였다. 부처님의 慧日이 다시 중흥하는 때를 당하였으니 仁方(동쪽)이 크게 변혁할 때이다.(「高達院元宗大師惠眞塔碑」, pp.43~44.)

와 같이 부처님의 慧日이 다시 중흥하는 때를 맞이하였으며, 고려가 크게 변혁할 것으로 기대하게 되었다. '變革'이라는 말에 주목한다면, 순수한 불교 보급이란 차원에서의 이해보다 오히려 사회적인 변화를 수반하는 것으로 볼 수 있을 것 같다. 찬유가 주관하는 법회가 변혁의 계기였으므로 향후 광종의 개혁정치에 대한 의견의 제시도 이루어졌을 것으로 생각한다. 이는 선종 승려가 정치권력과 타협한 것으로서 적극적 지지의사의 표명이다.

한편 산청의 지곡사 석초가 용책사 도부의 법을 받고 귀국한 것은 정종 1년(946)이었다.[70]

---

70) 「智谷寺眞觀禪師悟空塔碑」, pp.145~146, 참조.

S) 물러가는 익새가 바람 앞에서 헛되이 날개 짓을 하고, 사나운 매가 하
   늘 끝에서 별다른 길을 얻어 자비로움을 헤아림에 미쳤다. 곧바로 대궐
   에 가서 임금을 뵐 때 정종문명대왕이 흥주 숙수선원에 머물게 하였
   다.(「智谷寺眞觀禪師悟空塔碑」, p.146.)

처럼 별다른 길을 얻어 자비로움을 헤아리게 되었다고 하였다. 이
는 선종의 중흥을 위한 어떤 방책을 마련한 것을 말하는 것으로 해
석한다. 당시는 왕실이 화엄종을 지원함에 따라 선종의 입지가 점차
약화되고 있던 시기였다. 그러므로 왕실의 요구에 알맞은 새로운 종
풍의 선을 보급하고자 하는 것이 아닌가 한다. 더욱이 석초는 귀국
후 곧바로 왕을 뵈러 갈 정도로 왕실의 태도에 관심을 가지고 있었
다. 이전의 선승들에게서는 볼 수 없었던 행위이다.

　광종이 즉위해서 산청의 지곡사로 옮기도록 하였는데, 이때 삼장
원의 주수가 신이한 꿈을 꾸고 이른 새벽에 대중을 동원하여 멀리까
지 나가서 환영하였다.[71] 이는 석초에 대한 존경의 의미가 포함되었
겠지만, 광종에 대한 배려도 있었을 것이다. 또한 광종이 흥주 숙수
선원에서 멀리 떨어진 산청의 지곡사로 옮기게 하는 것도 단순히 사
원의 제공이라 하는 의미보다 정치적인 의도가 개재되어 있는 것으
로 보는 것이 합리적일 것 같다. 후백제 지역에 대한 지역적인 안배
와 관련되어 있는 것으로 생각한다.[72]

---

71) 「智谷寺眞觀禪師悟空塔碑」, pp.425~426.
72) 광종대 선종과 관련한 불사 중에서 봉화 태자사에 행적의 탑비를 건립하고
　　있는 것도 주목하여 보아야 할 부분이다. 행적은 범일의 제자로 신라 왕실
　　에 매우 적극적인 우호의 자세를 보이고 있었다. 행적이 입적하자 경명왕
　　이 탑비의 건립을 위한 시호와 탑명을 내렸고, 단월인 최인연(후에 최언위
　　로 개명)이 비문까지 완성하였으나 혼란한 사회적 상황으로 세우지 못하고
　　있었던 것이다. 같은 사형제간인 지장선원 개청의 탑비가 입적 후 곧바로
　　태조 때 건립되는 것을 생각하고, 비록 비문까지 완성된 상태라지만 수십

또 영준은 화엄경을 공부하다 도봉산 영국사 혜거국사 아래서 공부하고 중국에 가서 영명사 연수를 섬겨[73] 법안종을 배우고 광종 23년(972)에 귀국하였다. 한편 지종은 광종 4년(953)에 희양산 초선사를 찾아가 문법하고,[74] 현덕 초년(광종 5~10) 승과에 급제하였다.[75]

특히 현덕 초년부터는 광종의 개혁정치가 본격화하였고, 많은 선승들이 중국으로 유학의 길을 떠나고 있었다. 이때의 상황을 보면

> T) 때마침 광종은 중국의 文明制度를 도입하여 크게 변화시켰는데, 정신과 생활문화를 하나로 통일시키고, 가까운 곳으로부터 점점 먼 곳에 이르기까지 서로 앞을 다투어 汗漫의 자취를 따랐으니 같은 시대에 많은 스님들이 중국에 가서 유학하였으나, 스님만이 스스로 만족할 줄 아는 것에 만족하였다. …… 이미 열반하신 證眞大師가 꿈에 나타나 이르기를 …… "너는 하루속히 중국으로 구법의 길을 떠나라"고 격려하였다.(「居頓寺圓空國師勝妙塔碑」, pp.233~234.)

라 하고 있어 광종의 개혁정치가 본격화하는 시점에 선승들의 유학이 많았음을 알 수 있다. 이는 선승들의 대거 유학과 광종의 개혁정치가 무관하지 않았음을 보여주는 것으로 생각한다. 즉 광종이 전제정치의 권력기반의 일부를 화엄종 승인 탄문·균여·정수 등에게서 구하고 있어 화엄종세가 성장하고 있었다. 이러한 불교의 환경변화에 적응하지 못한 많은 선승들이 중국으로 유학을 떠나고 있는 것이 아

년이나 지난 광종 5년(954)에야 새삼스럽게 건립을 시도하고 있는 것은 광종의 선종정책과 관련이 있는 것으로 생각된다.(崔仁杓, 「羅末麗初의 太子寺 －朗空行寂을 中心으로－」, 『安東文化』11, 2003, 참조)

73) 「靈巖寺寂然國師慈光塔碑」, p.199.
74) 「居頓寺圓空國師勝妙塔碑」, p.232.
75) 위와 같음.

닌가 생각한다.

　지종은 국내에서의 공부로 만족하려 하였으나 꿈에 나타난 찬유의 권유를 받고, 유학을 떠났다. 이때가 광종 6년(955)이었으며, 왕에게 출국을 고하기도 하였다.[76) 그리고 영명사에서 연수선사를 만나 법안종을 공부하였다. 그 후 광종 12년(961)에는 국청사에서 정광대사를 뵈었는데, 정광대사가 고려의 불교를 알리고자 광종에게 편지를 내 허락을 구하고 大定慧論으로 天台宗旨를 가르치는 敎授師로 임명하였으며,[77) 광종 19년(968)에는 傳敎院에서 대정혜론과 법화경을 강설하였다.[78) 이러한 때에

> U) 꿈속에서 본국에 보배로운 탑이 있음을 보았는데 하늘에서 밧줄에 매달려 탑이 힘을 따라 俯仰하였다. 또 돌아가신 증진대사가 꿈에 나타나 말하기를 "너는 능히 뜻을 얻었거늘 어찌 본국으로 돌아감을 지 않는가?" 하였다.(「居頓寺圓空國師勝妙塔碑」, p.241.)

　처럼 꿈에 본국 하늘에 매달린 보배로운 탑을 보고, 또 꿈에 나타난 증진대사(찬유)의 귀국 권유를 받고 광종 21년(970)에 귀국하였다. 따라서 지종은 직접적인 것은 아니라 할지라도 찬유의 영향을 많이 받고 있음을 알 수 있고, 법안종풍의 사상적인 경향을 지니고 있음을 알 수 있다. 특히 찬유는 광종 초에 국사로 책봉되었고, 그가 머물렀던 고달원이 不動三門 중의 하나로 설정되는 등 두 사람의 관계를 염두에 두면, 유학을 하지 않으려는 지종에게 꿈속에 나타나서까지 유학을 강하게 권유하는 것은 당시 불교계의 상황과 관

---

76) 「居頓寺圓空國師勝妙塔碑」, p.235.
77) 「居頓寺圓空國師勝妙塔碑」, p.238.
78) 「居頓寺圓空國師勝妙塔碑」, p.239.

련이 있었을 것이다. 그리고 이 시기에 많은 선승들이 유학을 떠나고 있는 것도 선승으로서 화엄종과 같은 교종에 배치되지 않고, 전제적인 왕권을 뒷받침해 줄 수 있는 사상체계를 습득하기 위한 것으로 생각한다. 이는 고려사회의 변화 특히 권력구조의 변화에 적응하기 위한 것이다.

이와 같이 광종은 불교계에 대하여 왕권에 봉사할 것을 요구하였다. 그러나 선종은 자체의 주관적·개인적 성격과 호족과의 관계로 인하여 왕권의 강화외는 거리가 있었다. 따라서 선승들이 교종으로 전환하지 않는 한 광종의 요구에 부응할 수 없었다. 그러므로 선승들은 선종의 태두리 안에서 광종의 개혁정치에 알맞은 이념적인 변신을 꾀할 수밖에 없었고, 이것이 선승들의 대거 유학과 법안종의 수용으로 나타났다.

균여가 異情을 수행하다 광종에게 체포당하는 수난을 당한 것이나, 송나라 사신이 만나고자 하였을 때 임금과 신하들의 마음을 헤아려 피한 것은79) 광종의 불교정책과 당시의 정치상황을 고려한 행위였다. 이는 승려들이 정치적인 상황의 변화를 수용하지 않을 수 없었던 데 그 원인이 있었다. 광종의 지극한 존숭을 받던 탄문이 광종 26년(975) 가야산사(보원사)에 당도하였을 때 仙樂을 갖추고, 幡盖가 구름처럼 날리며, 바라가 우레와 같이 진동하는 성대한 의식 속에 禪·敎僧 1,000여 명이 영접하고 있는 것도80) 이러한 사실을 보여주는 것으로 생각한다. 이것이 탄문에 대한 개인적인 존경을 나타내는 것일 수도 있지만, 탄문의 하산을 간곡히 만류하던 광종과 관계를 생각하면 순수한 것일 수만은 없는 것처럼 보이기 때문이다.

---

79) 『均如傳』第8, 譯歌功德分者.
80) 「普願寺法印國師寶勝塔碑」, p.107.

제 5 장

結 論

　나말려초 선종에 대한 연구들이 대체로 선종은 왕실과 교종에 대해서 부정적인 입장을 나타내는 것으로 파악하여 지방에서 새롭게 등장하는 호족 및 민과 연결되는 것으로 이해하는 경향이 있었다. 이것은 선종의 도입 당사자들이 대체로 6두품 이하 신분이었고, 또 낙향한 진골귀족 출신과 민 출신이었다는 것이 주된 근거였다.

　그러나 이들 소외계층이 추구하고 있었던 구체적인 사회의 모습과 선종의 지향사회에 대한 구체적인 언급이 없었다. 여기에다 새로운 사상체계의 수입에 따른 기득권층의 입장과 반응에 대한 설명도 없었다. 선종과 호족이 밀접한 관련을 가지고 사회구조에 대한 재편을 요구하였다면, 기존의 사회구조를 유지하면서 새로운 사상체계의 움직임을 주시하는 또 하나의 사회세력에 대한 구체적인 고려가 없었다.

　이와 함께 고려 왕실은 새로운 사회구조를 창출하는 과정에서 선종에 대해 다양한 반응을 보이고 있었으므로 이들과 선종의 관계에 대한 규명은 나말여초 선종과 사회를 이해하는 중요한 단서를 제공한다. 그러므로 본 연구에서는 선종이 나말여초 사회에서 기존의 지배질서를 유지하려는 신라 왕실과 진골귀족, 그리고 고려성립 후 새로운 사회구조의 창출을 추구하던 집권세력과 밀접한 관련을 가지고 있었다는 것을 구명함으로써 종교와 정치권력의 역학관계를 확인하고자 하였다. 정리하면 다음과 같다.

신라하대 선승들은 신라 왕실의 요청을 받거나, 경주로 초청되었을 때 시무책을 제시하였다. 선승들이 제시한 시무책은 신라 왕실을 개혁의 주체로 인정하였다는 점에서 신라 왕실에 긍정적으로 작용하였다. 그러나 시무책은 선승들이 신라하대 사회의 현실을 바탕으로 개선해야 할 병폐적인 현상들을 지적한 것이어서 이를 실천하여 사회개혁을 이룩할 과제를 신라 왕실에 안겨 줌으로써 상당한 부담을 지우는 것이기도 하였다.

여기에다 모두 그러한 것은 아니지만 일부의 선승들이 수행자로서의 도리를 내세워 신라 왕실에 대하여 소극적인 자세를 보이는 것도 부담이었다. 이러한 선승들의 태도는 각종의 후원을 매개로 회유·포섭에 의한 수세적 입장의 선종 정책에 한계를 가져왔다. 신라 왕실은 새로운 정책적 수단을 강구할 필요가 있었다.

수도에서 멀리 떨어진 변경 지역은 동향파악이 어렵고, 중앙정부의 권력투쟁으로 인한 지배권의 약화는 지방에 대한 통제력 이완으로 나타났다. 또한 전라도, 충청내륙 지역과 강원도해안 지역을 중심으로 반신라적, 민중적 성격을 지니는 진표의 미륵신앙도 광범하게 확산하였으며, 일부의 선종사원은 이에 영향을 받고 있었다.

이러한 상황의 변화를 맞아 신라 왕실은 권력의 정당성과 합법성을 확보하고 권력기반을 확대하면서 지방에 대한 지배권의 강화 및 지방불교계를 선도해 갈 수 있는 거점사원이 필요하였다. 신라 왕실은 이러한 역할을 해 줄 수 있는 사원으로 새롭게 지방사회에 자리 잡으면서 급속하게 영향력을 확대해 가던 선종사원에 주목하였다.

신라 왕실은 각종의 지원을 통하여 선종사원에 대한 영향력을 증

대해 나가는 한편으로 선승들이 제시하는 시무책의 실천 주체로서의
긍정적인 측면은 유지하면서 제시된 시무책의 실천과제 해결에 선승
들을 참여시키고자 하였다. 그것이 선승 또는 선종사원을 중사성·선
교성 등의 국왕 근시기구에 참여시키거나, 불교계의 통제와 이에 따
른 불교계의 반발을 무마하는 기능을 담당하던 황룡사와 흥륜사에
예속시키는 것이었다.

이러한 신라 왕실의 조처는 지역적으로 수도인 경주와 멀리 떨어
져 지방지배에 취약성을 가지거나, 반신라 민중적 성격의 불교신앙
이 성행하던 지역의 선종사원과 선승들을 대상으로 추진되었다. 충
청도 해안지대에 위치한 성주사가 대흥륜사에 예속되었으며, 지리산
지역의 쌍계사 혜소는 황룡사에 예속되었다. 전라도 해안 지역에는
장흥의 가지산사(보림사)가 선교성에 예속되었다. 그리고 강원도 지
역에서는 강릉 굴산사 범일에 주목하였으나 거절당하자 내륙 지역의
흥령선원을 중사성에 예속시켰던 것이다. 이들 지역은 대규모 반란
의 중심지이거나, 대규모 호족세력이 성장하고, 반신라 민중적 성격
의 불교 신앙이 성행하던 지역이었다.

이러한 신라 왕실의 선종정책은 진성여왕 이후 대규모 민중 봉기
가 일어나고, 후삼국이 성립하면서 더 이상 진행하기 어려운 상황에
이르기까지 계속되었다. 따라서 진성여왕 이후에는 후백제 영향권
내로 들어가는 전라도 지역과 지리산 지역 및 후고구려의 영향권 내
로 들어가는 강원도 지역의 선종사원과의 관계는 단절되거나 크게
축소되었다. 그럼에도 신라 왕실은 기존의 선종정책을 답습하여 후
백제나, 후고구려, 고려의 영향권을 벗어나 떠도는 선승들과의 관계
를 통하여 붕괴하는 권력을 지탱하고자 하였으나, 효과를 볼 수 있
는 상황은 아니었다. 신라의 지배 영역이 축소되어 선종사원과 교류

할 수 있는 통로가 차단되었으며, 후백제·고려의 지배자들이 선종에 주목하고 적극적으로 이들을 흡수하려 하였고, 선종 또한 새롭게 성장하는 후백제·고려의 지배자들에 관심을 가지고 접근하고 있었기 때문이다.

후삼국 시기는 호족들의 세력 확장과정의 투쟁으로 인하여 사회적 혼란이 극심하고, 전란이 끊임없이 발생하고 있었다. 이러한 혼란은 선승들로 하여금 신변의 안전을 보장해 줄 수 있는 지역이나, 호족을 찾아 떠돌게 하였다. 이 과정에서 선승들은 호족들의 지원을 받게 된다. 이러한 상황을 선승들은 절망적인 것으로 생각하였으며, 그 책임의 일정 부분을 호족에게로 돌리고 있었던 것으로 파악된다.

그러나 사회적 혼란으로 신변의 안전을 위협받게 된 선승들은 역설적이게도 호족들의 보호를 받지 않을 수 없었다. 스스로를 보호하고, 물질적 기반을 가지지 못한 선승들은 이의 타개를 위하여 호족들의 보호를 받아들일 수밖에 없었다. 선승들은 의지할 호족들을 주체적으로 선택하였으며, 나아가 상황의 변화에 따라 미련 없이 호족들을 떠나기도 하였다. 이 과정에서 선승들이 호족들의 의견을 구하거나, 허락을 구한 것 같지는 않다. 따라서 후삼국 시기에 선승들에 대한 호족들의 지원이 적은 것은 아니었지만, 그 영향은 매우 제한적으로 나타난다 하여야 할 것이다.

한편 호족들은 흥망성쇠가 無常하여 선승들에게 장기간에 걸쳐 안정적인 보호막을 제공해 줄 수 없었다. 이에 따라 선승들은 보다 안정적이고, 장기적으로 보호막을 제공해 줄 또 다른 보호자가 필요하였다. 이런 상태에서 고려 태조의 선승들에 대한 적극적인 초청이 있었다. 선승들은 태조의 초청을 기꺼이 받아들였으며, 매우 적극적으로 태조의 독자적인 지위와 후삼국 통합의 정당성을 인정할 수 있는 논리적 기반을 제공해 주었다. 선승들이 부축을 명분으로 세속의 권력에 적극 협조하면서 그 세속 권력의 보호를 받으려 하고 있는 것이다. 이전 시기의 선승들이 세속의 권력에 일정 부분 협조하면서도 상당할 정도의 긴장관계를 유지하고 있었던 것과 비교하면 선승들의 태도에 많은 변화가 있음을 볼 수 있는 것이다. 결국 후삼국 시기의 혼란한 상황과 새로운 권력체계 형성 등의 사회상황의 변화가 선승들의 태도변화를 이끌어 낸 것으로 볼 수 있다. 물론 이러한 선승들의 태도변화 저변에는 후삼국 시기의 혼란한 사회 상황 속에 무방비 상태로 떠돌아다니던 경험들이 하나의 요인으로 자리하고 있었을 것이다.

신라 왕실과 선종은 밀접한 관계를 유지하여 선종사원의 대부분은 왕실 및 진골귀족들의 후원을 받았다. 대표적인 예인 홍녕사·성주사·보림사는 신라 왕실과 별개로 생각할 수 없을 정도로 밀접한 연관을 지니고 있었다. 신라 왕실의 선종후원은 선승들이 권력체계에 대한 정당성을 지지하거나, 지지는 아니라 할지라도 비판적인 발언을 단월들에게 하지 않도록 하는 데 목적이 있었다.

신라 왕실은 선종을 지배체제 강화에 이용하기 위하여 두 가지 방향에서 접근하였다. 하나는 선종에 대한 지원을 강화하여 그들이 지배체제의 범위에서 벗어나지 않도록 하는 것이었고, 다른 하나는 불사와 선승 개인에 대한 규제를 통하여 선종을 지배체제 내에 편입시키려 하였다.

신라 왕실은 선종사원에 거대한 규모의 토지를 희사하고, 소유토지에 대한 공인·사액 등을 통하여 독자적인 사역을 설정하여 주었다. 선종사원은 이를 바탕으로 거대한 사원세력을 형성하게 되었다.

신라 왕실은 선종사원이 경주에서 멀리 떨어진 변방의 요지에 자리하여 지방사회의 문화와 교화의 중심지였던 선종사원을 포섭하여 지방지배의 거점으로 활용하고, 선종에 우호감을 표시하던 민과 호족을 회유하여 지방지배에 안정을 꾀하려 하였다. 그러나 신라 왕실의 이와 같은 의도는 사회의 모순을 근본적으로 개혁하려는 것이 아니라 선종이 가지고 있는 지방사회에서의 영향력을 이용하여 기존의 지배체제를 유지하려는 것에 불과하였으므로 실패로 돌아가게 되면서 사회는 걷잡을 수 없는 혼란에 빠져들었다. 이에 따라 선종은 보호자를 자처하는 연고지의 왕들에게로 돌아가는 결과를 빚게 되었다.

한편 신라 왕실은 선종을 규제하였다. 선종에 대한 규제는 주로 행정적인 조치들을 통한 간접적인 방식이 채택되었는데, 대표적인 것이 불사와 선승 개인에 대한 규제였다. 신라 왕실은 불사에 대해 엄격한 행정절차를 거치게 함으로써 규제의 효과를 얻었다. 특히 토지의 희사·탑비의 건립 등은 반드시 국가의 허락을 얻도록 하였다. 그리고 승려 개인에 대해서는 출가와 수계과정에 관여하여 출가는 국가의 역역체계와 연관시켜 규제하였고, 수계는 관단에서 받도록 하여 임의적인 출가와 수계를 규제하였다.

이러한 불교계의 규제는 세속과 관련된 경우는 집사부나 국왕의 근시기구인 중사성·선교성 등의 관청에서 담당하였고, 승려나 사원 자체에 대한 것은 정법사주통·군통 등이 담당하도록 하였는데, 이들 관청 및 승관은 왕권의 직접적인 지배를 받고 있었으므로 선종 역시 왕권의 지배에서 벗어날 수 없었다.

선승들은 지배구조에 대한 개혁을 추진하였다. 선종사원들은 거대한 경제력과 인적인 자원을 보유한 지방세력으로 성장하고 있었으므로 이들을 방치한다면 지배체제의 붕괴를 초래할 위험성이 있었다. 그러므로 행정적인 규제를 통하여 선종을 지배체제 내에 편입시키고자 하였다. 이는 선종을 회유·포섭하기 위하여 거대한 규모의 토지를 제공하고서 이를 바탕으로 선종사원이 거대한 지방세력으로 성장하자 다시 이를 행정적으로 규제하는 모순을 내포한 정책이었다.

한편 고려태조는 신라 말의 불교계 분열이 신라멸망의 요인이 되었던 것으로 생각하였다. 태조는 불교가 단월들에게 행사할 수 있는 영향력을 이용하려 하여 국가의 지배하에 두면서 봉사하는 국가불교를 추구하였다. 그러나 표면적으로는 선사들을 개경에 불러 모아 존숭하고, 거주지를 제공하는 등 매우 우호적인 모습을 보였다. 이것은 자신에게 우호적인 선사들이 단월들에게 고려의 성립을 지지하는 발언을 유도하여 정당성을 확보하고, 지방의 요지에 있는 사원에 재배치하는 과정을 통하여 지배력의 확대와 집권력의 강화를 꾀한 정책적인 것이었다.

후삼국을 통합한 다음 태조는 중앙집권적인 국가체제와 왕권의 강화를 추진하면서 전통적으로 왕권과 밀착하고 있던 화엄종에 관심을 두었다. 따라서 선종 중심으로 전개되던 불교정책에도 상당한 변화가 나타났다. 고려 초는 정치적인 격동기이지만 선종에 대해서 적극적인 모습을 보인다는 점에서 신라 말의 선종정책과 다름없는 모습을 보여준다. 하지만 신라 말에 비하여 좀더 강한 통제의 모습이 보인다.

태조는 즉위 후 후삼국통일과 왕권의 안정이라는 두 가지 과제를 안게 되었으므로 이를 뒷받침할 수 있는 선종에 매우 적극적으로 접근하였다. 태조는 선승들이 머무는 사원의 대부분을 제공하였다. 물론 호족들이 제공한 사원에 선승들이 머무는 경우도 있었으나, 흥망이 무상하였으므로 안정적인 후원을 제공하지 못하였다. 고려 초 선종은 태조를 떠나서 성장을 기대할 수 없을 정도였다.

태조의 불교에 대한 관심은 선종에 국한한 것이 아니라 토착신앙에서부터 화엄종 등 교종에 이르기까지 다양한 것이었다. 군주로서 왕권의 안정과 중앙집권적인 지배체제의 구축을 위하여서는 교종에 관심을 기울이지 않을 수 없었고, 불안정한 민심의 수습을 위해서는 민의 의식세계를 지배하던 토착신에 대해서도 소홀히 할 수 없었기 때문이다.

그 결과 태조는 선종으로부터 왕으로서의 정통성을 부여받았으며, 통일전쟁의 명분과 민, 그리고 군사들의 심리상태를 안정시키는 효과도 얻었다. 이는 후삼국을 통일해 가는 과정에서 매우 중요한 역할을 하였다. 태조의 선종정책은 지방사원의 장악과 통제가 중심이었다. 선종사원은 이름난 고승을 중심으로 道·俗의 제 세력이 결집하여 사원 자체가 지방세력화되었으므로 선종사원의 장악은 통일전쟁 수행과정에서 중요한 의미를 지닐 수 있었다.

태조에 의한 사원의 장악은 개경으로 초청된 선사들을 지방의 주요 사원에 머물게 하는 재배치 과정을 통하여 이루어졌다. 개경으로 초청된 선승들은 태조에게 우호적인 성향을 지니고 있었으므로 이들을 지방사원에 재배치하는 것은 지방사회에 자신의 지배력을 침투시켜 나가는 것과 관련되어 있었다. 선종사원은 지방사회에서 문화와 교화의 중심지 구실을 하고 있었기 때문이다. 국초에 지방지배조직이 완비되지 않아 자신의 지배력을 효과적으로 행사할 수 없었던 태조는 지방의 선종사원을 거점으로 삼아 지배력을 침투시켜 지배 영역의 확대를 꾀할 수 있었던 것이다.

태조는 선종을 적극적으로 후원하면서도 규제를 강화하였다. 태조의 선종규제는 선승에 대한 규제와 사원의 건립에 대한 규제로 나누어 볼 수 있다. 태조는 선승들을 개경으로 불러 모으는 방법으로 규제하였는데, 즉위 전과 후가 다르게 나타난다. 즉위 전에 그는 선승들에 호감을 갖지 않았던 궁예의 지배를 받고 있어 선승들과 접촉하는 것이 자유롭지 못하였다. 그러므로 태조는 전장에 나갈 때 군영으로 선승을 불러 만나고, 일부 전략을 제공받는 경우가 대부분이었다.

즉위 후에는 개경으로 불러올리는 경우가 많아 군주로서의 입장이 강조되었으며, 매우 적극적이었다. 그리고 선승들을 개경 주위의 사원에 집중적으로 재배치하였는데, 여기에는 거역할 수 없는 강압적인 분위기가 작용하였다. 이러한 분위기 속에 선승들은 태조의 정책에 적극 협조하는 모습을 보여 신라 말에 왕실과 일정한 거리를 유지하던 모습과는 상당히 다른 모습을 보였다.

한편 많은 경제력과 노동력이 투입되는 사원의 건립에 대해서도 엄격한 규제를 하였다. 대표적인 예를 경청선원의 건립에서 볼 수 있다. 경청선원의 건립절차를 보면 건립의 대표자가 도평성에 보고하고, 도평성은 현지의 관원에게 확인한 다음 왕의 교지를 받아 사원건립에 대한 공문서인 도평성 첩을 주어 허락하고 있었으며, 허가사항에 대한 감독을 위하여 관리가 파견되었다.

고려 사항으로는 지주의 유무·풍수설에 입각하여 사원이 건립되는 장소가 국가의 대복전처여야 했다. 이는 사원이 국가에 이익이 되는 장소에 건립되어야 했음을 의미한다. 그리고 이러한 조건이 갖추어졌을 때만 노동력을 동원할 수 있도록 하였는데, 범위는 엄격하게 제한되어 있어 무단적인 노동력의 동원이 제한되었다. 한편 경청선원의 건립에 동원된 노동력은 노동단위로 편성되어 조직적으로 작업에 투입되었다. 노동력을 징발하는 주체는 군사지휘관이나 호족들이었으며, 직접 노동을 지휘하는 사람은 촌주 등이었다. 이때 동원된 노동력은 승속이 함께 동원되었다.

사원의 건립에 대한 엄격한 규제는 사원의 남설을 막고, 호족에 의한 임의적인 노동력의 징발을 억제하여 영향력 증대를 방지함으로써 지방사회의 안정에도 상당한 도움이 되었을 것이다. 936년 후삼국이 통합되면서 사회가 점차 안정을 찾아가고 정치권력도 개경을 중심으로 재편되어 갔다. 이와 함께 분란 중에 흩어져 있던 선종도 재편되어 고려의 지배체제 내로 흡수되어 갔다. 이는 정치권력의 재편에 따라 선종이 적응해 가는 것으로 생각된다. 대표적인 예가 흥녕사이다.

흥녕사는 궁예가 불태운 사원인데, 태조대에 재건되어 태조 말년에는 충주유씨를 중심으로 하는 정종과 광종이 패서호족과 명주세력을 결집하는 매개체로 이용하고 있었으며, 국가에 강하게 예속되어 있었다. 이들 정치세력은 940년대 왕위계승 분쟁에서 중요한 역할을 하였다. 신라 말에 선종사원이 정치권력의 도움을 받으면서도 일정한 거리를 유지하여 정치권력에 견제적인 역할을 하고 있었다면, 고려 초의 선종사원은 정치세력과 결탁해 가는 모습을 보이는 것이라 할 수 있다. 이는 선종사원이 새로운 권력에 적극적으로 적응해 가는 것이며, 한편으로 정치권력이 세력의 확장을 위해 선종사원을 이용하는 것을 보여주는 것이기도 하다.

광종의 전제정치를 이념적으로 뒷받침해 주던 대표적인 승려는 귀법사에 머물던 균여·정수·탄문 등 화엄종 승이었다. 특히 균여는 광종의 정치적인 후원을 받으면서 남·북악으로 분열하여 대립하던 화엄종단을 북악 중심으로 통합하고 전제정치를 적극적으로 뒷받침하였다. 여기에다 불교제도의 정비는 불교계를 국가권력에 강하게 예속시켜 정치에 영향을 줄 수 없을 정도의 지위로 떨어뜨렸다. 이러한 사회·정치적인 변화는 선종도 왕권에 봉사할 수 있는 사상체계를 갖추도록 강요하였다. 개인주의적·분립적 성격을 지닌 선종은 전제왕권과 중앙집권적인 권력체계하에서 더 이상 존재의 가치를 찾을 수 없게 된 것이다. 이에 따라 많은 선사들이 중국으로 유학하여 법안종을 공부하는 한편으로 천태사상 등을 공부하였다. 법안종은 '교선일치' 사상체계를 갖추고 있어서 광종의 전제정치와 완전히 일치하는 것은 아니지만, 광종의 기대에 어느 정도 부응할 수 있었다.

[ㅎ]

참고문헌

1. 기본자료

『韓國金石全文』, 『韓國金石遺文』, 『校勘譯註歷代高僧碑文』新羅篇·高麗篇1·2(李智冠 譯註), 『朝鮮金石總覽』(上·下), 『三國史記』, 『三國遺事』, 『韓國寺誌叢書』(亞細亞文化社影印), 『東國李相國集』, 『高麗史』, 『補閑集』, 『梁書』, 『崇巖山聖住寺事蹟』, 『孟子』, 『宋書』, 『高麗史節要』, 『壺山錄』, 『東文選』, 『新增東國輿地勝覽』, 『祖堂集』, 『大華嚴首座圓通兩中大師均如傳』, 『淮南子』, 『呂氏春秋』.

2. 저 서

姜晋哲, 『高麗土地制度史研究』, 高麗大學校出版部, 1980.

郭丞勳, 『統一新羅時代의 政治變動과 佛敎』, 國學資料院, 2002.

金甲童, 『羅末麗初의 豪族과 社會變動研究』, 高麗大民族文化研究所, 1990.

金福順, 『新羅華嚴宗研究』, 民族社, 1990.

김수태 외 5명 공저, 『성주사와 낭혜』, 서경문화사, 2001.

金英美, 『新羅佛敎思想研究』, 民族社, 1994.

邊太燮, 『高麗政治制度史研究』, 一潮閣, 1984.

佛敎史學會 編, 『韓國佛敎禪門의 形成史研究』, 民族社, 1989.

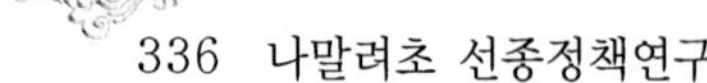

佛教史學會 編, 『高麗初期佛教史論』, 民族社, 1989.

佛教史學會 編, 『韓國華嚴思想史研究』, 民族社, 1989.

孫晉泰, 『朝鮮民族文化研究』, 乙酉文化社, 1948.

宋榮培, 『中國社會思想史』, 한길사, 1986.

李基東, 『新羅骨品制社會와 花郎徒』, 一潮閣, 1984.

李基白, 『高麗兵制史研究』, 一潮閣, 1986.

李基白, 『新羅政治社會史研究』, 一潮閣, 1992.

李基白 編, 『高麗光宗研究』, 一潮閣, 1987.

李基白, 『崔承老上書文研究』, 一潮閣, 1997.

李明植, 『新羅政治史研究』, 螢雪出版社, 1992.

李丙燾, 『高麗時代의 研究』, 亞細亞文化社, 1986.

李泰鎭, 『韓國社會史研究』, 知識産業社, 1986.

李弘稙, 『韓國古代史의 研究』, 新丘文化社, 1973.

傳樂成 辛勝夏譯, 『中國通史』上, 宇鍾社, 1982.

鄭容淑, 『高麗時代의 后妃』, 民音社, 1992.

曺凡煥, 『新羅禪宗研究』, 一潮閣, 2001.

崔光植, 『古代韓國의 國家와 祭祀』, 한길사, 1994.

추만호, 『나말려초 선종사상사연구』, 이론과실천, 1992.

許興植, 『高麗佛敎史研究』, 一潮閣, 1992.

3. 논 문

姜喜雄,「高麗惠宗朝 王位繼承亂의 新解釋」,『韓國學報』7, 1977.

郭丞勳,「新羅 皇龍寺 僧侶들의 活動」,『新羅文化祭學術發表會論文集』22, 2001.

高橋亨,「大覺國師義天の高麗佛教に對する經綸に就いて」,『朝鮮學報』10, 1956.

高翊晋,「新羅下代의 禪傳來」,『韓國佛教禪門의 形成史研究』, 民族社, 1989.

權德永,「新羅 弘覺禪師碑文의 復元試圖」,『伽山李智冠스님華甲紀念論叢 韓國佛教文化思想史』(上), 1992.

金甲童,「'高麗 初'의 州에 대한 考察」,『高麗史의 諸問題』, 三英社, 1986.

金甲童,「高麗 初期 官階의 成立과 그 意義」,『歷史學報』117, 1988.

金甲童,「高麗太祖代 郡縣의 內屬關係形成」,『韓國學報』52, 1988.

金甲童,「羅末麗初 社會變動의 歷史的 背景」,『羅末麗初의 豪族과 社會變動研究』, 高麗大出版部, 1990.

金光洙,「羅末麗初의 地方學校問題」,『韓國史研究』7, 1972.

金光洙,「羅末麗初 豪族과 官班」,『韓國史研究』23, 1979.

金南奎,「高麗兩界의 都領에 대하여」,『慶南大學論文集』4, 1977.

金杜珍,「了悟禪師順之의 相論」,『韓國史論』2, 1975.

金杜珍,「了悟禪師順之의 禪思想」,『歷史學報』65, 1975.

金杜珍,「均如의 生涯와 著述」,『歷史學報』75·76합집, 1977.

金杜珍,「高麗光宗代의 專制王權과 豪族」,『韓國學報』51, 1979.

金杜珍, 「新羅下代 崛山門의 形成과 그 思想」, 『省谷論叢』17, 1986.

金杜珍, 「王建의 僧侶結合과 그 意圖」, 『高麗初期佛教史論』, 民族社, 1989.

金杜珍, 「弓裔의 彌勒世界」, 『韓國史市民講座』10, 一潮閣, 1992.

金杜珍, 「高麗光宗代 法眼宗의 登場과 그 性格」, 『高麗初期佛教史論』, 民族社, 1989.

金杜珍, 「均如華嚴思想의 歷史的 意義」, 『高麗初期佛教史論』, 民族社, 1989.

金杜珍, 「羅末麗初 桐裏山門의 成立과 그 思想 —風水地理思想에 대한 檢討—」, 『東方學誌』57, 1988.

金杜珍, 「朗慧와 그의 禪思想」, 『韓國佛教禪門의 形成史研究』, 民族社, 1989.

金杜珍, 「新羅 下代 禪師들의 中央王室과 地方豪族과의 關係」, 『韓國學論叢』20, 1997.

金福順, 「新羅下代 佛教界의 動向」, 『新羅文化』10·11합집, 1994.

金福姬, 「高麗 初期 官階의 成立基盤 —浿西豪族의 動向과 關聯하여—」, 『釜大史學』14, 1990.

金相敦, 「新羅末 舊伽耶圈의 金海豪族勢力」, 『震檀學報』82, 1996.

金相鉉, 「新羅華嚴學僧의 系譜와 그 活動」, 『韓國華嚴思想史研究』, 民族社, 1988.

金相鉉, 「新羅中代 專制王權과 華嚴宗」, 『韓國華嚴思想史研究』, 民族社, 1989.

金壽泰, 「烏合寺」, 『성주사와 낭혜』, 서경문화사, 2001.

金映遂, 「曹溪禪宗에 就하여 —五教兩宗의 一派, 朝鮮佛教의 起源—」, 『震檀學報』9, 1938.

金煐泰, 「新羅 十聖考」, 『新羅佛教研究』, 민족문화사, 1987.

金煐泰, 「曦陽山禪派의 成立과 그 法系에 대하여」, 『韓國佛敎禪門의形成史硏究』, 民族社, 1989.

金龍善, 「光宗의 改革과 歸法寺」, 『高麗光宗硏究』, 一潮閣, 1987.

金龍善, 「玄昱·審希·璨幽와 여주 고달사」, 『韓國中世史硏究』21, 2006.

金潤坤, 「高麗代의 寺院田과 그 耕作農民 －雲門寺와 通度寺를 중심으로－」, 『民族文化論叢』, 嶺南大民族文化硏究所, 1982.

金潤坤, 「高麗代의 雲門寺와 密陽·淸道地方」, 『三國遺事硏究』上, 嶺南大民族文化硏究所, 1984.

金日宇, 「高麗初期 郡縣의 主屬關係 形成과 地方統治」, 『民族文化』12, 1989.

金槇權, 「眞鑒禪師 慧昭의 南宗禪 受容과 雙谿寺 創建 －新羅 下代 南宗禪 受容의 한 例－」, 『湖西史學』27, 1999.

金在庚, 「新羅景德王代의 彌勒信仰」, 『慶北産業大論文集』3, 1987.

金在應, 「新羅末 高麗初 禪宗寺院의 三剛典」, 『震檀學報』77, 1994.

金貞淑, 「金周元世系의 成立과 그 變遷」, 『白山學報』28, 1984.

金鍾璿, 「正倉院所藏 新羅帳籍에 나타난 奴婢」, 『歷史學報』123, 1989.

金周成, 「新羅下代 地方官司와 村主」, 『韓國史硏究』41, 1983.

金昌錫, 「統一新羅期 田莊에 관한 연구」, 『韓國史論』25, 1991.

金哲埈, 「新羅時代의 親族集團」, 『韓國史硏究』1, 1968.

金哲埈, 「後三國時代의 支配勢力의 性格」, 『韓國古代社會硏究』, 知識産業社, 1975.

金哲埈, 「문인계층과 지방호족」, 『한국사』3, 국사편찬위원회, 1976.

金惠婉, 「新羅下代의 彌勒信仰」, 『成大史林』8, 1992.

金興三, 「羅末麗初 崛山門의 開淸과 政治勢力」, 『韓國中世史研究』15, 2003.

南東信, 「羅末麗初 華嚴宗團의 對應과 ≪(華嚴)神衆經≫의 成立」, 『外大史學』5, 1994.

南豊鉉, 「高麗 初期의 帖文과 그 吏讀에 대하여 －醴泉 鳴鳳寺 慈寂禪師碑의 陰記의 解讀－」, 『古文書研究』5, 1994.

末松保和, 「新羅の村主について」, 『新羅史の諸問題』, 東洋文庫, 1954.

武田幸男, 「高麗 初期の官階」, 『朝鮮學報』41, 1966.

朴貞柱, 「新羅末 高麗初 獅子山門과 政治勢力」, 『震檀學報』77, 1994.

朴宗基, 「≪高麗史≫地理志의 ＜高麗初＞年紀實證」, 『斗溪李丙燾博士九旬紀念韓國史學論叢』, 知識産業社, 1987.

배상현, 「眞鏡審希의 활동과 鳳林山門」, 『史學研究』74, 2004.

邊太燮, 「高麗時代 中央政治機構의 行政體系」, 『高麗政治制度史研究』, 一潮閣, 1984.

邊太燮, 「高麗前期의 外官制 －地方機構의 行政體系－」, 『高麗政治制度史研究』, 一潮閣, 1984.

徐潤吉, 「高麗의 帝釋信仰」, 『佛敎學報』15, 1976.

孫晉泰, 「長栍考」, 『朝鮮民族文化研究』, 乙酉文化社, 1948.

송은일, 「新羅 下代 景文王系의 成立」, 『全南史學』22, 2004.

徐珍敎, 「高麗 太祖의 禪僧包攝과 住持派遣」, 『高麗太祖의 國家經營』, 서울대출판부, 1996.

申虎徹, 「弓裔의 政治的 性格 －특히 佛敎와의 關係를 중심으로－」,

『韓國學報』29, 一志社, 1982.

申兌鉉, 「新羅職官 및 軍制의 研究」, 『新興大學論文集』1-2, 1959.

申瀅植, 「宿衛學生考」, 『歷史敎育』11·12, 1969.

沈在明, 「高麗 太祖와 四無畏大師」, 『高麗太祖의 國家經營』, 서울대출판부, 1996.

安啓賢, 「麗代 僧官考」, 『東國史學』5, 1957.

呂聖九, 「元表의 生涯와 天冠菩薩信仰 研究」, 『國史館論叢』48, 1993.

尹炳喜, 「新羅 下代 均貞系의 王位繼承과 金陽」, 『歷史學報』96, 1982.

尹熙勉, 「新羅下代의 城主·將軍 -眞寶城主 洪術과 載巖城城主 善弼을 중심으로-」, 『韓國史研究』39, 1982.

이경복, 「新羅末·高麗初 大安寺의 田莊과 그 經營」, 『梨花史學』30, 2003.

李啓杓, 「新羅下代의 迦智山門」, 『全南史學』7, 1993.

李基東, 「羅末麗初 近侍機構와 文翰機構의 擴張」, 『新羅骨品制社會와 花郎徒』, 一潮閣, 1990.

李基東, 「新羅金入宅考」, 위의 책, 1990.

李基東, 「新羅太祖 星漢의 問題와 興德王陵碑」, 위의 책, 1990.

李基東, 「新羅下代의 浿江鎮」, 위의 책, 1990.

李基白, 「新羅統一期 및 高麗 初期의 儒敎的 統治理念」, 『大同文化研究』6·7합집, 1969·70.

李基白, 「皇龍寺와 그 創建」, 『新羅時代의 國家佛敎와 儒敎』, 韓國研究院, 1978.

李基白, 「高麗光軍考」, 『高麗兵制史研究』, 一潮閣, 1986.

李基白, 「高麗兩界의 州鎭軍」, 위의 책, 1986.

李基白, 「高麗 地方制度의 整備와 州縣軍의 成立」, 위의 책, 1986.

李基白, 「新羅六頭品研究」, 『新羅政治社會史研究』, 一潮閣, 1992.

李基白, 「新羅私兵考」, 위의 책, 1992.

李基白, 「新羅 執事部의 成立」, 위의 책, 1992.

李基白, 「新羅 下代의 執事省」, 위의 책, 1992.

李基白, 「眞表의 彌勒信仰」, 『新羅思想史研究』, 一潮閣, 1994.

李 萬, 「談禪法會에 관한 研究」, 『韓國佛敎學』10, 1985.

李珉容, 「新羅社會의 彌勒信仰」, 『東國思想』5, 1970.

李丙燾, 「太祖와 圖讖」, 『高麗時代의 研究』, 亞細亞文化社, 1986.

李銖勳, 「新羅僧官制의 成立과 機能」, 『釜大史學』14, 1990.

李泳鎬, 「新羅中代 王室寺院의 官寺的 機能」, 『韓國史研究』43,
        1983.

李載昌, 「高麗佛敎의 僧科 僧錄司制度」, 『崇山朴吉鎭博士華甲紀
        念韓國佛敎思想史』, 圓光大學校出版局, 1975.

이정신, 「고려태조의 건국이념형성과 국내외정세」, 『韓國史研究』118,
        2002.

李鍾旭, 「南山新城碑를 통하여 본 新羅의 地方統治體制」, 『歷史學報』64, 1977.

李鍾旭, 「高麗初 940年代의 王位繼承과 그 政治的 性格」, 『高麗
        光宗研究』, 一潮閣, 1987.

李泰鎭, 「高麗宰府의 成立 ―그 制度史的 考察―」, 『歷史學報』56,
        1972.

李泰鎭, 「金致陽亂의 性格」, 『韓國史硏究』17, 1977.

李泰鎭, 「統一新羅期의 村落支配와 孔烟」, 『韓國社會史硏究』, 知識産業社1986.

李弘稙, 「新羅僧官制와 佛敎政策의 諸問題」, 『白性郁博士頌壽紀念佛敎學論文集』, 1959.

李弘稙, 「羅末의 戰亂과 緇軍」, 『韓國古代史의 硏究』, 新丘文化社, 1973.

李喜寬, 「聖住寺와 金陽 －聖住寺의 經濟的 基盤에 대한 一檢討－」, 『성주사와 낭혜』, 서경문화사, 2001.

李羲權, 「高麗의 郡縣制度와 地方統治政策 －州·屬縣 考察을 中心으로－」, 『高麗史의 諸問題』, 三英社, 1986,

林丙泰, 「新羅小京考」, 『歷史學報』35·36합집, 1967.

全基雄, 「羅末麗初의 地方社會와 知州諸軍事」, 『慶南史學』4, 1987.

田美嬉, 「新羅 景文王·憲康王代의 ＜能官人＞登用政策과 國學」, 『東亞硏究』17, 1989.

井上光貞, 「日本における佛敎統制機關の確立過程」, 『日本古代國家の硏究』, 岩波書店, 1983.

鄭永鎬, 「新羅獅子山 興寧寺址 硏究」, 『白山學報』7, 1969.

鄭容淑, 「高麗 初期 婚姻政策의 추이와 王室族內婚의 成立」, 『韓國學報』 37, 1984.

鄭淸柱, 「新羅末 高麗初 豪族의 形成과 變化에 대한 一考察 －平山朴氏의 一家門의 實例檢討－」, 『歷史學報』118, 1988.

鄭淸柱, 「新羅末·高麗初의 羅州豪族」, 『全北史學』14, 1991.

曹庚時, 「新羅下代 華嚴宗의 構造와 傾向」, 『釜山史學』13, 1989.

曹凡煥, 「新羅末 鳳林山門과 新羅王室」, 『震檀學報』78, 1994.

曹凡煥, 「朗慧無染과 聖住山門」(서강대학교박사학위논문), 1998.

曹凡煥, 「新羅末 聖住山門과 新羅王室 －朗慧無染과 新羅王室의 관계를 중심으로－」, 『國史館論叢』82, 1998.

曹凡煥, 「後百濟 甄萱政權과 禪宗」, 『後百濟 甄萱政權과 全州』, 주류성, 2001.

曹凡煥, 「新羅 下代 武珍州地域 佛敎界의 動向과 雙峯寺」, 『新羅史學報』2, 2004.

曹凡煥, 「新羅 下代 禪僧과 王室」, 『新羅文化』26, 2005.

趙仁成, 「高麗兩界 州鎭의 防戍軍과 州鎭軍」, 『高麗光宗研究』, 一潮閣, 1987.

趙仁成, 「彌勒信仰과 新羅社會 －眞表의 彌勒信仰과 新羅末 農民蜂起와의 관련성을 중심으로－」, 『震檀學報』82, 1996.

中井眞孝, 「新羅における佛敎統制機關について －特にその初期に關して－」, 『朝鮮學報』59, 1961.

蔡尙植, 「淨土寺址 法鏡大師碑 陰記의 分析 －高麗初 地方社會와 禪門의 構造와 關聯하여－」, 『韓國史研究』36, 1982.

蔡尙植, 「新羅統一期의 成典寺院의 構造와 機能」, 『釜山史學』8, 1984.

蔡尙植, 「新羅史에 있어서 皇龍寺의 位相과 그 推移」, 『新羅文化祭學術發表會論文集』22, 2001.

蔡雄錫, 「高麗前期 社會構造와 本貫制」, 『高麗史의諸問題』, 一潮閣, 1986.

崔圭成, 「弓裔政權下의 知識人의 動向」, 『國史館論叢』31, 1992.

崔柄憲, 「道詵의 生涯와 羅末麗初의 風水地理說 －禪宗과 風水地理說의 關係를 중심으로－」, 『韓國史研究』11, 1975.

崔柄憲, 「新羅末 金海地方의 豪族勢力과 禪宗」, 『韓國史論』4, 1978.

崔柄憲, 「高麗時代 華嚴敎學의 變遷 －均如派와 義天派를 중심으로－」, 『韓國史研究』30, 1980.

崔柄憲, 「羅末麗初 禪宗의 社會的 性格」, 『韓國佛敎禪門의形成史研究』, 民族社, 1989.

崔柄憲, 「新羅下代 禪宗九山派의 成立」, 『韓國佛敎禪門의 形成史研究』, 民族社, 1989.

崔原植, 「新羅下代의 海印寺와 華嚴宗」, 『韓國華嚴思想史研究』, 民族社, 1988.

崔仁杓, 「新羅末 禪宗政策에 대한 一考察」, 『韓國傳統文化研究』9, 曉星女大傳統文化研究所, 1994.

崔仁杓, 「朗慧無染의 現實認識과 指向社會」, 『大丘史學』51, 1996.

崔仁杓, 「羅末麗初 師子山門의 動向」, 『韓國傳統文化研究』11, 曉星女大學傳統文化研究所, 1996.

崔仁杓, 「新羅末 高麗初 禪宗佛敎統制 －行政的인 規制를 중심으로－」, 『加羅文化』13, 慶南大加羅文化研究所, 1996.

崔仁杓, 「羅末麗初 禪宗佛敎政策 研究」, (대구가톨릭대학교박사학위논문), 1998.

崔仁杓, 「羅末麗初의 太子寺 －朗空行寂을 中心으로－」, 『안동문화』11, 안동문화원, 2003.

崔仁杓, 「新羅下代 禪宗敎團의 動向과 王室의 對應」, 『新羅文化』

27, 2006.

秋萬鎬, 「羅末 禪師들과 社會諸勢力과의 關係」, 『史叢』30, 1986.

秋萬鎬, 「심원사 수철화상능가보월탑비의 금석학적 분석」, 『역사민속학』 창간호, 1991.

河炫綱, 「高麗西京考」, 『歷史學報』35·36합집, 1967.

河炫綱, 「高麗 初期 崔承老의 政治思想 研究」, 『梨大史苑』12, 1975.

河炫綱, 「豪族과 王權」, 『한국사』4, 국사편찬위원회, 1977.

韓基汶, 「新羅末 高麗初의 戒壇寺院과 그 機能」, 『歷史敎育論集』 12, 1988.

韓基汶, 「高麗太祖의 佛敎政策 －創建寺院을 중심으로－」, 『高麗初期佛敎史論』, 民族社, 1989.

韓基汶, 「新羅 下代 興輪寺와 金堂十聖의 性格」, 『新羅文化』20, 2002.

韓㳓劤, 「勳官＜檢校＞考」, 『震檀學報』29·30, 1966.

洪承基, 「後三國의 분열과 王建에 의한 통일」, 『韓國史市民講座』6, 일조각, 1989.

洪承基, 「高麗 初期 政治와 風水地理」, 『高麗太祖의 國家經營』, 서울대학교출판부, 1996.

許興植, 「新羅佛敎界의 組織과 行政制度」, 『新羅文化祭學術發表會論文集』8, 1987.

許興植, 「開京寺院의 機能과 所屬宗派」, 『高麗佛敎史研究』, 一潮閣, 1992.

許興植, 「佛敎와 融合된 社會構造」, 위의 책, 1992.

許興植, 「國師·王師制度와 그 機能」, 위의 책, 1992.

許興植, 「佛敎와 融合된 王室의 祖上崇拜」, 위의 책, 1992.

許興植, 「禪宗九山派說의 批判」, 위의 책, 1992.

許興植, 「僧科制度와 그 機能」, 위의 책, 1992.

許興植, 「華嚴宗의 繼承과 所屬寺院」, 위의 책, 1992.

許興植, 「葛陽寺惠居國師碑」, 위의 책, 1992.

許興植, 「禪宗의 繼承과 所屬寺院」, 위의 책, 1992.

許興植, 「宗派의 起源에 대한 試論」, 위의 책, 1992.

洪再善, 「金石文에 보이는 新羅僧官」, 『素軒南都永博士華甲紀念史
學論叢』, 太學社, 1984.

• 저자 •

최인표　　•약　력•
(崔仁杓)

학　력

대구대학교 사범대학 역사교육과 졸업
대구대학교 대학원 사학과 문학석사
대구가톨릭대학교 대학원 사학과 문학박사

경　력

대구대학교, 안동대학교, 대구가톨릭대학교에서 강의, 경북과학대학 겸임교수
현재 대구대학교 지역문화연구소 연구원

•주요논저•

「연구논문」

1. 「新羅末 禪宗政策에 대한 一考察」, 『韓國傳統文化硏究』9, 曉星女子大學校韓國傳統文化硏究所, 1994. 12.
2. 「朗慧無染의 現實認識과 指向社會」, 『大丘史學』51, 大丘史學會, 1996. 6.
3. 「羅末麗初 師子山門의 動向」, 『韓國傳統文化硏究』11, 大邱曉星가톨릭大學校 韓國傳統文化硏究所, 1996. 12.
4. 「新羅末 高麗初 禪宗佛敎統制 －行政的인 規制를 중심으로－」, 『加羅文化』13, 慶南大學校 加羅文化硏究所, 1996. 12.
5. 「羅末麗初 禪宗佛敎와 王權 －政治體制의 變遷과 禪宗佛敎의 關係를 중심으로－」, 『韓國傳統文化硏究』13, 大邱曉星가톨릭大學校 韓國傳統文化硏究所, 1999. 1.
6. 「羅末麗初의 太子寺 －朗空行寂을 中心으로－」, 『安東文化』11, 안동문화원, 2003. 12.
7. 「고려 성종의 유교정치이념 채택과 역사적 의의」, 『국학연구』5, 한국국학진흥원, 2004. 12.
8. 「新羅下代 禪宗敎團의 動向과 王室의 對應」, 『新羅文化』27, 동국대학교 신라문화연구소, 2006. 2.
9. 「후삼국시기 선승의 동향과 호족」, 『국학연구』9, 한국국학진흥원, 2006. 12.

『저서』

외 다수

나말려초 선종정책연구

• 초판 인쇄	2007년 7월 31일
• 초판 발행	2007년 7월 31일
• 지 은 이	최인표
• 펴 낸 이	채종준
• 펴 낸 곳	한국학술정보㈜
	경기도 파주시 교하읍 문발리 526-2
	파주출판문화정보산업단지
	전화 031) 908-3181(대표) · 팩스 031) 908-3189
	홈페이지 http://www.kstudy.com
	e-mail(출판사업부) publish@kstudy.com
• 등 록	제일산-115호(2000. 6. 19)
• 가 격	33,000원

ISBN   978-89-534-7003-3 93910 (Paper Book)
        978-89-534-7004-0 98910 (e-Book)